»Für die Tiere ist jeden Tag Treblinka«
Über die Ursprünge des industrialisierten Tötens

CHARLES PATTERSON

»Für die Tiere ist jeden Tag Treblinka«

Über die Ursprünge des industrialisierten Tötens

Aus dem Amerikanischen von Peter Robert

ZWEITAUSENDEINS

Deutsche Erstausgabe.
1. Auflage, August 2004.

Die englische Originalausgabe »Eternal Treblinka. Our Treatment of Animals and the Holocaust« ist 2002 bei Lantern Books in New York erschienen.
Copyright © 2002 by Charles Patterson.

Alle Rechte für die deutsche Ausgabe und Übersetzung
Copyright © 2004 by Zweitausendeins, Postfach, D-60381 Frankfurt am Main.
www.Zweitausendeins.de

Alle Rechte vorbehalten, insbesondere das Recht der mechanischen, elektronischen oder fotografischen Vervielfältigung, der Einspeicherung und Verarbeitung in elektronischen Systemen, des Nachdrucks in Zeitschriften oder Zeitungen, des öffentlichen Vortrags, der Verfilmung oder Dramatisierung, der Übertragung durch Rundfunk, Fernsehen oder Video, auch einzelner Textteile.
Der gewerbliche Weiterverkauf und der gewerbliche Verleih von Büchern, CDs, CD-ROMs, DVDs, Videos, Downloads oder anderen Sachen aus der Zweitausendeins-Produktion bedürfen in jedem Fall der schriftlichen Genehmigung durch die Geschäftsleitung vom Zweitausendeins Versand in Frankfurt am Main.

Lektorat und Register der deutschen Ausgabe:
Katharina Theml (Büro W, Wiesbaden).
Korrektorat: Beate Koglin, Frankfurt/Main.
Umschlaggestaltung: Johannes Paus.
Satz und Herstellung: Dieter Kohler GmbH, Nördlingen.
Druck: Gutmann + Co GmbH, Talheim.
Einband: G. Lachenmaier, Reutlingen.
Printed in Germany.

Dieses Buch gibt es nur bei Zweitausendeins im Versand, Postfach, D-60381, Frankfurt am Main, Telefon 069-420 8000, Fax 069-415 003. Internet www.Zweitausendeins.de, E-Mail info@Zweitausendeins.de. Oder in den Zweitausendeins-Läden in Berlin, Düsseldorf, Essen, Frankfurt am Main, Freiburg, 2× in Hamburg, in Hannover, Köln, Mannheim, München, Nürnberg, Stuttgart.

In der Schweiz über buch 2000, Postfach 89, CH – 8910 Affoltern a.A.

ISBN 3-86150-649-1

Zum Gedenken
an Isaac Bashevis Singer (1904–1991)

In Gedanken hielt Herman eine Lobrede auf die Maus, die ein Stück ihres Lebens mit ihm geteilt hatte und seinetwegen aus der Welt geschieden war. »Was wissen sie schon, all diese Gelehrten, diese Philosophen, die Führer der Welt, über dich und deinesgleichen? Sie haben sich eingeredet, der Mensch, der schlimmste Übeltäter unter allen Lebewesen, sei die Krone der Schöpfung. Alle anderen Kreaturen seien nur erschaffen worden, um ihm Nahrung und Pelze zu liefern, um gequält und ausgerottet zu werden. Ihnen gegenüber sind alle Menschen Nazis; für die Tiere ist jeden Tag Treblinka.«

ISAAC BASHEVIS SINGER, »The Letter Writer«

Inhalt

Einleitung 9

Erster Teil
EIN GRUNDLEGENDES VERSAGEN 11

1. Die große Kluft 13
   Die Vorherrschaft des Menschen und die Ausbeutung der Tiere

2. Wölfe, Affen, Schweine, Ratten, Ungeziefer 41
   Die Diffamierung anderer Menschen als Tiere

Zweiter Teil
HERRENSPEZIES, HERRENRASSE 69

3. Die Industrialisierung des Schlachtens 71
   Der Weg nach Auschwitz führt durch Amerika

4. »Aufartung« 101
   Von der Tierzucht zum Völkermord

5. Ohne eine einzige Träne 133
   Mordzentren in Amerika und Deutschland

Dritter Teil
HOLOCAUST-ECHOS 163

6. »Uns ging es genauso« 165
   Die Anwälte der Tiere

7. »Dieses grenzenlose Schlachthaus« 187
   Ein großer Freund der Tiere: Isaac Bashevis Singer

8. »Denn alles beginnt im Kleinen...« 221
   Deutsche Stimmen für die Tiere

Schluss 243

Dank 245
Anmerkungen 247
Bibliografie 283
Register 297
Über den Autor 307

Einleitung

Während meines Studiums an der Columbia University in New York schloss ich Freundschaft mit einer Jüdin, die nach sechs Jahren Naziherrschaft aus Deutschland geflüchtet war und noch immer unter den davon herrührenden seelischen Belastungen litt. Ihre Geschichte bewegte mich sehr, und um mehr zu erfahren, besuchte ich Seminare und arbeitete mich durch eine umfangreiche Lektüre. Yuri Suhl, Autor von *They Fought Back. The Story of the Jewish Resistance in Nazi Europe*, und Lucjan Dobroszycki vom YIVO Institute of Jewish Research, Herausgeber von *The Chronicle of the Lodz Ghetto, 1941-1944*, waren mir eine besonders große Hilfe.

Als ich später Geschichtslehrer wurde und für meine Schüler ein Buch über die Hintergründe des Holocaust suchte, aber kein geeignetes fand, schrieb ich *Anti-Semitism. The Road to the Holocaust and Beyond*, um die Lücke zu schließen. Im Jahr darauf ging ich ans Yad Vashem Institute for Holocaust Education in Jerusalem, wo ich von Jehuda Bauer, David Bankier, Robert Wistrich und anderen Holocaust-Forschern noch mehr lernte. Nach meiner Rückkehr in die Vereinigten Staaten begann ich, Bücher für *Martyrdom and Resistance* zu rezensieren, eine Zweimonatsschrift, die jetzt von der International Society for Yad Vashem herausgebracht wird.

Erst in jüngerer Zeit ist mir bewusst geworden, in welchem Umfang unsere Gesellschaft Tiere ausbeutet und tötet. In meiner Kindheit und Jugend wie auch fast während meines ganzen bisherigen Erwachsenenlebens nahm ich überhaupt nicht wahr, wie sehr unsere Gesellschaft auf institutionalisierte Gewalt gegen Tiere gegründet ist. Ich bin gar nicht auf die Idee gekommen, diese Praxis oder die dahinter stehende Einstellung anzuprangern oder auch nur in Frage zu stellen. Der verstorbene Aids- und Tierrechtsaktivist Steven Simmons beschrieb diese Einstellung so: »Tiere sind die unschuldigen Opfer einer Weltanschauung, die behauptet, manche Leben seien wertvoller als andere, die Mächtigen hätten das Recht, die Machtlosen auszubeuten, und die Schwachen müssten zum Wohle des größeren Ganzen geopfert werden.« Als mir klar wurde, dass genau dieselbe Einstellung auch hinter dem Holocaust stand, begann ich die Zusammenhänge zu sehen, um die es in diesem Buch geht.

Ich widme das Buch dem großen jiddischen Schriftsteller Isaac Bashevis Singer (1904–1991), der als erster bedeutender Autor unseren »faschistischen« Umgang mit Tieren aufs Korn nahm. Die ersten beiden Teile des Buches (Kapitel 1–5) rücken das Thema in die historische Perspektive, und im letzten Teil (Kapitel 6–8) werden Menschen porträtiert – Juden und Deutsche –, deren Einsatz für die Tiere zumindest in gewissem Maße auf ihren Holocaust-Erfahrungen gründet.

Albert Camus' Überzeugung, es sei die Aufgabe eines Schriftstellers, »für die zu sprechen, die es nicht vermögen«, half mir, die Arbeit an diesem Buch durchzustehen. Und als ich schon glaubte, ich würde vielleicht nie einen Verleger finden, der den Mut besäße, es zu veröffentlichen (manche meinten, es sei »zu starker Tobak«), fand ich Trost bei Franz Kafka: »Ich glaube, man sollte überhaupt nur solche Bücher lesen, die einen beißen und stechen. Wenn das Buch, das wir lesen, uns nicht mit einem Faustschlag auf den Schädel weckt, wozu lesen wir dann das Buch? Damit es uns glücklich macht...? Mein Gott, glücklich wären wir eben auch, wenn wir keine Bücher hätten... Ein Buch muss die Axt sein für das gefrorene Meer in uns.«

Wenn im 21. Jahrhundert das Thema der Ausbeutung und Abschlachtung der Tiere auf die gleiche Weise in den Mittelpunkt der Aufmerksamkeit rückt wie im 19. Jahrhundert das Thema der Sklaverei in Amerika – und das glaube ich –, dann wird dieses Buch hoffentlich auch eine Rolle in der Debatte spielen.

ERSTER TEIL

EIN GRUNDLEGENDES VERSAGEN

Die wahre menschliche Güte kann sich in ihrer absoluten Reinheit und Freiheit nur denen gegenüber äußern, die keine Kraft darstellen. Die wahre moralische Prüfung der Menschheit, die elementarste Prüfung (die so tief im Innern verankert ist, daß sie sich unserem Blick entzieht) äußert sich in der Beziehung der Menschen zu denen, die ihnen ausgeliefert sind: zu den Tieren. Und gerade hier ist es zum grundlegenden Versagen des Menschen gekommen, zu einem so grundlegenden Versagen, daß sich alle anderen aus ihm ableiten lassen.

MILAN KUNDERA, *Die unerträgliche Leichtigkeit des Seins*

Wir befinden uns mit den anderen Geschöpfen dieser Erde im Krieg, seit der erste menschliche Jäger mit seinem Speer in den Urwald vorgedrungen ist. Überall hat der menschliche Imperialismus die Tiervölker versklavt, unterdrückt, ermordet und verstümmelt. Überall um uns herum liegen die Sklavenlager, die wir für unsere Mitgeschöpfe errichtet haben, die Zuchtfabriken und Vivisektionslabors, Dachaus und Buchenwalds für die besiegten Arten. Wir schlachten Tiere, um sie zu essen, zwingen sie, zu unserem Vergnügen alberne Tricks auszuführen, erschießen sie im Namen des Sports und rammen ihnen Haken ins Fleisch. Ihre frühere Heimat, die Wildnis, haben wir zerstört. Der Gattungsdünkel ist noch tiefer in uns verwurzelt als der Sexismus, und der reicht schon tief genug.

RON LEE, Gründer der Animal Liberation Front

1. Die große Kluft

Die Vorherrschaft des Menschen
und die Ausbeutung der Tiere

Sigmund Freud rückte das Thema der Vorherrschaft des Menschen 1917 in die richtige Perspektive. Er schrieb: »Der Mensch warf sich im Laufe seiner Kulturentwicklung zum Herrn über seine tierischen Mitgeschöpfe auf. Aber mit dieser Vorherrschaft nicht zufrieden, begann er eine Kluft zwischen ihr und sein Wesen zu legen. Er sprach ihnen die Vernunft ab und legte sich eine unsterbliche Seele bei, berief sich auf eine hohe göttliche Abkunft, die das Band der Gemeinschaft mit der Tierwelt zu zerreißen gestattete.«[1] Freud bezeichnete die angemaßte Herrschaft des Menschen über die anderen Erdbewohner als »menschliche Größensucht«.[2]

Mehrere hundert Jahre früher hatte der französische Schriftsteller Michel de Montaigne (1533–1592) ähnliche Gedanken über »diese großen Vorzüge« zum Ausdruck gebracht, die der Mensch »vor den andern Geschöpfen zu haben denkt«. Der Hochmut war für ihn ein »uns natürlicher und angebohrner Fehler. Der Mensch ist das elendeste und gebrechlichste unter allen Geschöpfen: und dennoch ist er das hoffärtigste ... Kann man sich etwas so lächerliches einbilden, als dieses, daß sich ein so elendes und armseliges Geschöpf, welches nicht einmal über sich selbst Herr ist ..., einen Beherrscher und Regenten der ganzen Welt nennet?«[3] Seine Schlussfolgerung lautete: »Hieraus erhellet, daß wir uns den übrigen Thieren nicht aus vernünftigen Gründen, sondern bloß aus einem thörichten Stolze und Eigensinne vorziehen, und uns ihrem Stande und ihrer Gesellschaft entziehen.«[4]

In diesem Kapitel geht es um die Entstehung der großen Kluft zwischen Menschen und Tieren sowie um die Einstellung des

Menschen, dass Macht vor Recht geht – eine Einstellung, die Montaigne als menschliche Hoffart und Freud als menschliche Größensucht gebrandmarkt hatten.

Der große Sprung nach vorn

Der Aufstieg des Menschen zur dominanten Spezies vollzog sich erst vor sehr kurzer Zeit. Wenn man, wie Carl Sagan schreibt, die bisherige, 15 Milliarden Jahre umfassende Lebensspanne des Universums auf ein einziges Jahr verdichtet, dauert es bis zum September, bis das Sonnensystem Gestalt annimmt (9. September), die Erde sich aus interstellarer Materie formt (14. September) und auf der Erde Leben entsteht (25. September). An Heiligabend tauchen die Dinosaurier auf; vier Tage später sterben sie wieder aus. Die ersten Säugetiere erscheinen am 26. Dezember, die ersten Primaten am 29. Dezember und die ersten Hominiden (unsere zweibeinigen Vorfahren im Primatenreich) am 30. Dezember. Der heutige Mensch (Homo sapiens) taucht erst am Silvesterabend um 22.30 Uhr auf, und die gesamte überlieferte Geschichte der Menschheit spielt sich in den letzten zehn Sekunden des Jahres ab.[5]

Von dem Paläontologen Richard Leakey und dem Anthropologen Roger Lewin stammt ein weiterer Versuch, die zeitlichen Dimensionen zu veranschaulichen. In *Wie der Mensch zum Menschen wurde* bitten sie die Leser, sich die Erdgeschichte als ein tausend Seiten dickes Buch vorzustellen. Wenn jede Seite viereinhalb Millionen Jahre umfasst, finden sich die Anfänge von Leben im Meer nach 750 Seiten. Hominiden tauchen erst drei Seiten vor Ende des Buches auf, und die ersten Steinwerkzeuge werden in der Mitte der letzten Seite benutzt. Die Geschichte des Homo sapiens würde in der allerletzten Zeile des Buches erzählt, und sämtliche Geschehnisse von den Höhlenmalereien und den Pyramiden bis zum Holocaust und dem Computerzeitalter wären ins letzte Wort gequetscht.[6]

Carl Sagan und Ann Druyan zufolge ist unser Status als dominante Spezies durch mehrere Merkmale gekennzeichnet: »Wir haben uns überall ausgebreitet, viele Tierarten unterjocht (was beschönigend mit Zähmung oder Domestizierung umschrieben wird), wir beuten einen Großteil der ursprünglichen photosynthetischen Ressourcen unseres Planeten aus, und wir greifen einschneidend in die Umwelt auf der Erdoberfläche ein.«[7] Sie fragen: »Warum gelang es ... ausgerechnet einer nackten, schwächlichen und verwundbaren Primatenart, sich all die übrigen unterzuordnen und diese Welt, und eines Tages vielleicht auch andere, zu ihrem Herrschaftsbereich zu machen?«[8] Für den Harvard-Professor Edward O. Wilson hat unser Aufstieg zur dominanten Spezies dem Planeten nicht unbedingt zum Vorteil gereicht. »Viele Wissenschaftler sind der Meinung, es sei insbesondere für die Welt des Lebens ein Unglück gewesen, dass ein Fleisch fressender Primat und keine gutartigere Tierart den Durchbruch geschafft hat.«[9]

Der dramatische technische Fortschritt der menschlichen Gattung – der »große Sprung nach vorn« – erfolgte nach Jared Diamond vor ungefähr 40000 Jahren, als der Homo sapiens Werkzeuge, Musikinstrumente und Lampen zu konstruieren begann, künstlerische Begabung entwickelte und erste Ansätze von Handel und Kultur hervorbrachte. »Sofern man überhaupt von einem bestimmten Zeitpunkt als dem unserer Menschwerdung sprechen kann, so war es der dieses Entwicklungssprunges.«[10] Da die genetische Ausstattung des Menschen sich nur geringfügig von der des Schimpansen unterscheidet, beruhte der Durchbruch also nur auf einem winzigen Bruchteil der menschlichen Gene. Viele Wissenschaftler, darunter auch Diamond, halten die verbale Sprachfähigkeit für den Schlüsselfaktor.[11]

Andere behaupten, unsere Menschwerdung sei in einem über zwei Millionen Jahre zurückliegenden, langen Zeitraum vonstatten gegangen, in dem unsere Vorfahren sich auf der Suche nach Nahrung über die ganze Welt ausbreiteten und als Jäger und Sammler lebten. Allen Johnson und Timothy Earle schreiben: »Unsere biologische Evolution erfolgte im Rahmen der sehr langen Wachstums- und Ausbreitungsphase einer Population menschlicher Jäger und Sammler, die auch Grundlage aller späteren kulturellen Entwicklung war.«[12] Sherwood Washburn und C. S. Lancaster sehen das ähnlich: Während die landwirtschaftliche Revolution, gefolgt von der industriellen und wissenschaftlichen Revolution, uns nun von den Bedingungen und

Beschränkungen befreie, die 99 Prozent unserer Geschichte geprägt hätten, »hat sich die Biologie unserer Spezies in jener langen Phase der Jäger und Sammler herausgebildet«.[13]

Barbara Ehrenreich glaubt ebenfalls, dass unsere »menschliche Natur« in jenen mehr als zwei Millionen Jahren geformt wurde, in denen wir in Kleingruppen lebten und Pflanzen- und Aasfresser waren. Sie vertritt jedoch den Standpunkt, es sei uns gelungen, die traumatische Erinnerung an unsere lange Geschichte, in der wir nicht selbst gejagt hätten, sondern von weitaus geschickteren Raubtieren gejagt und gefressen worden seien, fast vollständig zu verdrängen. Sie behauptet, in unseren späteren Blutopferritualen sowie unserem Hang zu Krieg und Gewalt »wird der Übergang des Menschen vom Beutetier zum beutemachenden Wesen sowohl gefeiert als auch auf schreckenerregende Weise neu inszeniert«.[14]

Diamond schreibt, was andere Primaten daran gehindert habe, unsere komplexe gesprochene Sprache zu entwickeln, »hängt anscheinend mit dem Kehlkopf, der Zunge und den entsprechenden Muskeln zusammen, die uns die genaue Aussprache bestimmter Laute ermöglichen«. Da der menschliche Stimmapparat ein komplizierter Mechanismus sei, bei dem es auf das präzise Funktionieren vieler einzelner Elemente ankomme, könne »das fehlende Etwas ... also in Veränderungen des Stimmapparats bestanden haben, durch die wir eine genauere Kontrolle und die Fähigkeit zum Bilden einer weitaus größeren Zahl von Lauten erlangten«.[15] Der Mund und die Kehle des Schimpansen sind nicht so gebaut, dass er auf unsere Weise sprechen kann; seine Sprachfähigkeit beschränkt sich auf ein paar Vokale und Konsonanten.[16] Folglich ist das Fehlen von »Mutationen, die zu einer geänderten Zungen- und Kehlkopfanatomie führten«[17], welche die menschliche Stimmbildung ermöglichte, daran schuld, dass gefangene Schimpansen in »Primatenzentren« gehalten und in Zoos und Nachtclubs, bei Raumflügen und medizinischen Experimenten ausgebeutet werden. Carl Sagan hat die treffende Frage gestellt: »Wie klug muss ein Schimpanse sein, ehe es Mord ist, ihn zu töten?«[18]

Der »große Sprung nach vorn«, der dem sprachfähigen Menschen die Entwicklung des Ackerbaus, den Gebrauch von Metallen, die Erfindung der Schrift und die Ausbreitung über den gesamten Erdball ermöglichte, erlaubte es ihm auch, die »sprachunfähigen« Erdbewohner auszubeuten.»Von da an war es nur noch ein kleiner Schritt zu den Wahrzeichen unserer Zivilisation, die eine scheinbar unüberwindliche Kluft zwischen Mensch und Tierreich errichteten«, schreibt Diamond,»Wahrzeichen wie die Mona Lisa und die Eroica-Sinfonie, der Eiffelturm und die Sputnik-Satelliten, die Öfen von Auschwitz und die Bombardierung Dresdens.«[19] Er hätte durchaus noch Versuchslabors, Massentierhaltungsbetriebe und Schlachthöfe hinzufügen können.

Die Domestizierung von Tieren

Die Ausbeutung von Ziegen, Schafen, Schweinen, Rindern und anderen Tieren als Arbeitstiere oder zwecks Gewinnung von Fleisch, Milch, Fell und Leder – euphemistisch »Domestizierung« genannt – begann vor ungefähr 11000 Jahren im Zweistromland. Nachdem unsere Vorfahren ihren Lebensunterhalt jahrtausendelang mit Jagen, Fischen und dem Sammeln von Früchten, Gemüsepflanzen, Nüssen, Schaltieren, Larven und anderer wild wachsender Nahrung bestritten hatten[20], änderten zu dieser Zeit mehrere Gemeinschaften ihre Lebensgewohnheiten; sie sammelten und jagten nicht mehr, sondern ernährten sich von Kulturpflanzen und domestizierten Tieren.[21]

Der Übergang zu Ackerbau und Viehzucht vollzog sich langsam. Jäger, die wilde Schafe und Ziegen erlegten, konzentrierten sich auf eine bestimmte Herde; diese wurde dann »ihre« Herde, der sie folgten und die sie nutzten. Da sich Jungtiere leichter einfangen und domestizieren ließen, töteten die ersten Hirten die erwachsenen Tiere, die ihre Jungen beschützten, fingen den Nachwuchs ein und hielten ihn fern von seinem natürlichen Lebensraum und seiner Brutgemeinschaft. Während sie die Tiere wegen ihres Fleisches töteten, Milch und Wolle von ihnen gewannen oder ihre Arbeitskraft nutzten, lernten die Hirten, den Bewegungsdrang, die Ernährungsweise, das Wachstum und die Vermehrung der Tiere mittels Kastration, Fußfesseln, Brandzeichen, Ohrmarkierungen und Gerätschaften wie Lederschürzen, Peitschen, Ochsenziemern und schließlich

Die große Kluft 17

Ketten und Kummets zu kontrollieren.[22] »Der Preis, den all diese [domestizierten Tiere] haben zahlen müssen, ist die Freiheit ihrer Entwicklung«, schreibt Desmond Morris. »Sie haben ihre genetische Unabhängigkeit verloren und ... sind unseren züchterischen Einfällen und Launen ausgeliefert.«[23]

Um die für ihre Bedürfnisse nützlichsten Tiere hervorzubringen, töteten oder kastrierten die Hirten die meisten männlichen Tiere, damit nur die solcherart »selektierten« Zuchttiere die Weibchen schwängerten.[24] Außerdem wollte man die männlichen Tiere durch die Kastration fügsamer machen, wie Carl Sagan erklärt:

> Stiere, Hengste und Hähne werden zu Ochsen, Wallachen und Masthähnen gemacht, weil sich Menschen an deren Machismo stören – also genau an jenem männlichen Draufgängertum, das sie wahrscheinlich an sich selber bewundern. Eine oder zwei gekonnte Bewegungen mit der Klinge – oder ein kräftiger Biß durch eine ihre Rentiere hütende Lappenfrau –, und der Testosteronspiegel des Tieres ist für den Rest seines Lebens auf ein Maß reduziert, mit dem man umgehen kann. Die Menschen wünschen sich ihre Haustiere unterwürfig, leicht kontrollierbar. Unbeschnittene Männchen sind eine unwillkommene Notwendigkeit; wir wollen gerade genügend von ihnen, um eine neue Generation von Gefangenen zu zeugen.[25]

Der Umgang heutiger Hirten mit ihren Herden gewährt uns einen Blick auf die Methoden, mit denen die frühen Hirten wahrscheinlich ihre Herden unter Kontrolle hielten. Die Kastration ist nach wie vor das zentrale Element der Nutztierhaltung. Die afrikanischen Nuer wählen die Stierkälber ihrer besten Milchkühe als Zuchttiere aus und kastrieren alle anderen. Das heißt, auf 30 bis 40 kastrierte Kälber kommt ein unversehrtes Zuchtkalb. Die Lappen in Nordskandinavien kastrieren die meisten Rentierböcke in ihren Herden und benutzen sie dann als Zug- oder Packtiere. Die Tuareg, ein in der Sahara beheimatetes Berbervolk, kastrieren Kamele, weil sie der Ansicht sind, dass diese dadurch größere Höcker bekommen, als Reittiere länger zu gebrauchen und leichter zu beherrschen sind als brünstige Kamelbullen.

Den meisten Tieren – z. B. Rindern, Pferden, Kamelen und

Schweinen – schneiden die Hirten das Skrotum auf und entfernen ihnen dann die Hoden. Afrikanische Hirten machen das mit einem Messer oder einer Speerklinge; die Menschen in Neuguinea kastrieren ihre Schweine mit einem Bambusmesser. Manche Hirten zerstören oder beschädigen die Hoden ihrer Tiere, ohne sie zu entfernen. Ein häufig praktiziertes Verfahren besteht darin, den Hodensack fest abzuschnüren, bis die Testikel verkümmern. Die Lappen fesseln das Rentier, hüllen den Hodensack in ein Tuch und zerbeißen oder zerkauen dann die Testikel. Die Sonjo in Tansania kastrieren ihre Ziegenböcke im Alter von ungefähr sechs Monaten, indem sie ihr Skrotum mit einer Bogensehne abschnüren und die Hoden dann mit einem langen Steinwerkzeug zerquetschen. Die Massai zermalmen die Testikel ihrer Schafböcke mit zwei Steinen. Nur selten nehmen die Hirten auch an den Weibchen Maßnahmen zur Fortpflanzungskontrolle vor. Die Tuareg führen allerdings manchmal einen kleinen Stein in den Uterus ihrer weiblichen Reitkamele ein, weil sie glauben, das bewirke einen sanfteren Gang.

Heutige Hirten manipulieren den Fortpflanzungszeitpunkt ihrer Tiere, damit Milch und Fleisch dann zur Verfügung stehen, wenn der Bedarf am größten ist. Kasachische Hirten in Asien kontrollieren die Fortpflanzung ihrer Schafböcke, indem sie ihnen Lederschürzen umbinden; die Tuareg verschließen die Vorhaut ihrer Ziegenböcke mit einer Schnur, die sie dann an deren Hodensack festbinden.[26]

Um die Milch der weiblichen Tiere zu gewinnen, haben die Hirten diverse Methoden entwickelt, die verhindern sollen, dass die Jungtiere in deren Genuss gelangen. Da das Kalb für gewöhnlich anwesend sein muss, damit die Milch der Mutter zu fließen beginnt, lassen die Nuer, Basuto und Tuareg das Kalb zunächst saugen, aber sobald die Milch der Mutter zu fließen beginnt, nehmen sie das Kalb weg und melken die Mutter selbst.

Wenn ein Kalb stirbt oder von den Hirten geschlachtet wird, lässt sich die Mutter nicht mehr so leicht dazu bringen, Milch zu geben. Manche Hirten häuten das tote Kalb, stopfen das Fell mit Stroh oder Gras aus und bringen es dann der Mutter. Die Nuer reiben die Attrappe mit dem mütterlichen Urin ein, um ihr einen vertrauteren Geruch zu verleihen. Die Rwala, ein arabisches Beduinenvolk, töten manchmal ein Kamelkalb bei der Geburt, um es zu essen, beschmieren dann ein anderes Junges mit dem Blut des toten Tieres und bringen es zu dem weiblichen Kamel. Nordenglische Hirten pflegten das Fell eines toten Kalbes auf eine Wiege zu spannen und diese dann gegen das Euter des Weibchens schlagen zu lassen. In Ostafrika lösen Hirten die Milchsekretion des Weibchens aus, indem sie seinen Genitaltrakt stimulieren oder seine Vagina mit Luft aufblasen.

Eine andere Methode, dem Nachwuchs die ihm zugedachte Milch vorzuenthalten, besteht darin, das Säugen und Saugen schmerzhaft und schwierig, wenn nicht gar unmöglich zu machen. Die Nuer binden dem Kalb einen Dornenring um die Schnauze, der die Mutter ins Euter sticht. Manche Hirten legen dem Kalb auch eine Art Maulkorb aus spitzen Stöcken um, damit es seiner Mutter nicht zu nahe kommt. Die Rwala setzen dem Kamelkalb einen spitzen Stift unterhalb der Nüstern ein, der das Euter der Mutter sticht, wenn es saugen will. Oder sie hüllen das Euter des Kamelweibchens in einen Sack oder ein Netz – meistens aus Ziegenhaar –, sodass das Kalb nicht an die Milch seiner Mutter herankommt. Die Lappen schmieren Exkremente auf die Euter von Rentieren, um deren Kitze am Saugen zu hindern.

Die Tuareg stecken dem Kalb einen Stock in den Rachen und binden ihn dann wie eine Trense an seinen Hörnern fest, damit es nicht bei der Mutter saugen kann. Manchmal durchbohren sie ihm zu diesem Zweck auch die Wange mit einem Stock. Eine andere Methode der Tuareg besteht darin, die Nasenscheidewand der Rinderkälber mit einem gegabelten Zweig zu durchstoßen, der das Saugen schmerzhaft macht. Um die Kamelkälber von ihren Müttern fernzuhalten, durchbohren die Tuareg auch ihre Oberlippe, stecken eine Wurzel hinein und binden sie an beiden Enden zu einem Knoten. Dadurch wird das Säugen unangenehm für die Mutter und das Saugen extrem schwierig und schmerzhaft für das Kalb. Außerdem zerschneiden die Tuareg ihren Kamel- und Rinderkälbern die Nase, damit sie nicht bei ihren Müttern saugen.[27]

Hirten schränken die Bewegungsfähigkeit ihrer Tiere ein, um

zu verhindern, dass sie sich paaren, und damit sie beim Grasen oder während einer Pause – falls sie als Transport- oder Packtiere dienen – nicht zu weit weglaufen. Die Tuareg behindern ihre Schafböcke, indem sie ihnen ein Vorder- und Hinterbein zusammenbinden. In gleicher Weise fesseln sie auch Kamelkälber, sodass sie nicht an ihre Mütter herankommen. Die Gonds aus Madhya Pradesh legen ihren Rindern eine schwere hölzerne Fußfessel an, damit sie sich nicht von der Herde entfernen.

Die Papua in Neuguinea haben sich diverse Methoden ausgedacht, um zu verhindern, dass ihre Schweine frei umherstreifen oder an unerwünschten Stellen im Boden wühlen. Im Norden Neuguineas schneiden sie ihnen ein Stück von der Schnauze ab, damit sie wund wird und das Schwein beim Wühlen Schmerzen hat. Die Menschen im Quellgebiet des Sepik schränken die Bewegungsfähigkeit ihrer Schweine ein, indem sie ihnen die Augäpfel entfernen, sie mit einem Stock durchbohren, »um das Wasser herauszulassen«, und die zerstörten Augen dann wieder in die Höhlen einsetzen. Wenn es dann an der Zeit ist, töten und essen sie die geblendeten Tiere.[28]

Eine gängige Kastrationsmethode in den Vereinigten Staaten besteht heutzutage darin, das Tier zu Boden zu drücken, ihm den Hodensack mit einem Messer aufzuschlitzen und die Testikel freizulegen. Dann packt man die Testikel und reißt sie von den Samenleitern ab.[29] Manchmal kastriert man die Tiere auch mit einem Ring. Der amerikanische Rancher Herb Silverman beschreibt, wie das vor sich geht: »Ich finde es schrecklich, sie zu kastrieren. Es ist wirklich furchtbar. Nachdem man dem Kalb den Ring um den Hodensack gezogen hat, legt es sich hin, tritt eine halbe Stunde oder länger um sich und schlägt mit dem Schwanz, bevor der Hodensack schließlich taub wird. Es leidet offenkundig Höllenqualen. Dann dauert es noch ungefähr einen Monat, bis ihm die Eier abfallen.«[30]

Die Domestizierung von Tieren gilt ebenso wie die Kultivierung von Pflanzen traditionell als Grundelement der »landwirtschaftlichen Revolution«, und man verkündet stolz, sie sei der Schlüsselfaktor beim Triumphmarsch unserer Gattung aus der Steinzeit in die Zivilisation gewesen. Mit wie viel Grausamkeit dies verbunden war, bleibt dabei meist unerwähnt.

Unbarmherzigkeit und Gleichgültigkeit

Die Versklavung und Domestizierung der Tiere hatten Auswirkungen auf die Beziehungen der Menschen sowohl zu ihren gefangenen Tieren als auch zueinander. In Jäger- und Sammlergesellschaften hatten sich die Menschen den Tieren oftmals verwandt gefühlt, was sich im Totemismus und in Mythen über Tiere oder Mischwesen als Schöpfer und Vorfahren der Menschheit spiegelte. Jagdtiere lebten frei von menschlicher Herrschaft, bis sie aufgespürt und getötet wurden.[31] Kaum waren die Tiere jedoch domestiziert, bauten die Hirten und Bauern mit Hilfe von Gleichgültigkeit, Rationalisierung, Leugnung und Beschönigung eine emotionale Distanz zu ihren Gefangenen auf.[32]

In erster Linie versuchten sich die Menschen jedoch der veränderten Situation anzupassen, indem sie die Einstellung entwickelten, sie seien anders als die übrigen Tiere und diesen moralisch überlegen – jene Einstellung, die Freud zu Beginn des Kapitels beschrieb. Die Beziehung der Menschen zu anderen Lebewesen wandelte sich zu derjenigen, die sie heute ist – eine von Macht, Kontrolle und Manipulation geprägte Beziehung –, und seither entscheiden die Menschen über Leben und Tod »ihrer« Tiere. »Wie Abhängige im Haushalt eines Patriarchen«, schreibt Tim Ingold, »haben sie den Status von Unmündigen, die der Autorität ihres menschlichen Herrn unterstehen.«[33]

Gewalt erzeugt Gewalt, und so hat die Versklavung der Tiere zu einem größeren Maß an Herrschaft und Zwang in der menschlichen Geschichte geführt. Sie ließ repressive, hierarchische Gesellschaften entstehen und entfesselte gewaltige, zuvor unbekannte Kriege. Einige Anthropologen glauben, dass mit dem Übergang zu Ackerbau und Viehzucht auch im politischen Leben eine interventionistische Denkweise Einzug hielt. Sie verweisen darauf, dass in Gesellschaften wie der polynesischen, in denen man vom Anbau von Gemüse und Feldfrüchten lebt und dabei mit einem geringen Maß an Eingriffen auskommt, bei den Menschen die Überzeugung vorherrscht, man solle der Natur ihren Lauf lassen und im Gegenzug auch ihnen zutrauen, mit einem Minimum an Kontrolle von oben für sich selbst zu sorgen.

Auch der Historiker Keith Thomas geht davon aus, dass die

Domestizierung der Tiere eine autoritärere Denkweise förderte, weil »die Herrschaft des Menschen über die niedrigeren Geschöpfe das geistige Analogon lieferte, auf dem viele politische und soziale Regelungen beruhten«.[34] Jim Mason behauptet, mit der Entscheidung für die intensive Viehzucht als Fundament unserer Gesellschaft hätten wir Unbarmherzigkeit, Gleichgültigkeit und gesellschaftlich akzeptierte Gewalt und Grausamkeit gleichsam ins Mark unserer Kultur eingeschrieben und dadurch die Bande einer größeren Verwandtschaft mit den anderen Bewohnern der natürlichen Welt zerschnitten.[35]

Einmal institutionalisiert und als Bestandteil der natürlichen Ordnung akzeptiert, öffnete die Ausbeutung der Tiere die Tür zu einem ähnlichen Umgang mit Menschen und ebnete damit den Weg zu solchen Abscheulichkeiten wie der Sklaverei und dem Holocaust.[36] »Nirgends«, schreibt Aviva Cantor, »zeigt sich die eiserne Faust des Patriarchats so unverhüllt wie in der Unterdrückung der Tiere, die als Modell und Trainingsgelände für alle anderen Formen der Unterdrückung dient.«[37]

Der englische Philosoph Jeremy Bentham (1748–1832) erkannte, dass die Domestizierung der Tiere nichts als brutale Gewaltherrschaft war, und hoffte, dass sich die Dinge irgendwann ändern würden: »Der Tag wird kommen, an dem der Rest der belebten Schöpfung jene Rechte erwerben wird, die ihm nur von der Hand der Tyrannei vorenthalten werden konnten.«[38]

Menschensklaverei

Für Karl Jacoby ist es »wohl nicht nur ein Zufall, dass aus jener Region, aus der die ersten Indizien für Landwirtschaft stammen, dem Nahen Osten, auch die ersten Indizien für Sklaverei stammen«.[39] Tatsächlich war die Sklaverei im alten Nahen Osten laut Jacoby »wenig mehr als die Ausweitung der Domestizierung auf Menschen«.[40] Die meisten Studien zum Thema Menschensklaverei gehen nicht näher darauf ein, dass die Versklavung der Tiere als Modell und Anreiz für die Versklavung von Menschen diente; allerdings gibt es bemerkenswerte Ausnahmen.[41]

So glaubt etwa Elizabeth Fisher, dass die Domestizierung der Tiere das Vorbild für die in sämtlichen bekannten Zivilisationen der Welt praktizierte sexuelle Unterdrückung der Frauen war. »Die Domestizierung der Frauen folgte auf die Einführung der Tierhaltung«, schreibt sie. »Damals begannen die Männer, die Fortpflanzungsfähigkeit der Frauen zu kontrollieren, die Frauen zur Keuschheit zu zwingen und sie sexuell zu unterdrücken.«[42] Fisher behauptet, die vertikale, hierarchische Struktur der Beziehung des menschlichen Herrn zu seinem Tiersklaven habe die menschliche Grausamkeit gesteigert und die Grundlage für die Menschensklaverei geschaffen; die Vergewaltigung der Tiere habe die Vergewaltigung der Menschen beschleunigt.

> Erst freundeten sich die Menschen mit den Tieren an, indem sie diese bei sich aufnahmen und fütterten, doch dann töteten sie sie. Dazu mussten sie Teile ihrer eigenen Empfindungsfähigkeit abtöten. Als sie die Fortpflanzung der Tiere zu manipulieren begannen, waren sie in noch stärkerem Maße persönlich an Praktiken beteiligt, die Grausamkeit, Schuldbewusstsein und schließlich Gefühllosigkeit zur Folge hatten. Es scheint, als hätte die Tierhaltung ein Modell für die Versklavung von Menschen abgegeben, insbesondere für die groß angelegte Ausbeutung weiblicher Gefangener zu Zucht- und Arbeitszwecken.[43]

Fisher glaubt, dass der hohe Grad an repressiver Machtausübung in patriarchalen Gesellschaften von der Gewalt herrührt, die bei der Unterjochung und Ausbeutung der Tiere eingesetzt wurde.[44] Sie glaubt ferner, dass die Männer von domestizierten Tieren lernten, welche Rolle sie im Fortpflanzungsprozess spielen, und dass die zwangsweise Paarung von Tieren sie auf die Idee brachte, Frauen zu vergewaltigen. Auch Mary O'Brien ist davon überzeugt, dass die Versklavung von Tieren das Trainingsgelände für männliche Gewalt war.[45]

In Mesopotamien endete ein Krieg zwischen rivalisierenden Stadtstaaten in der Regel mit der Massentötung der männlichen Gefangenen und der Versklavung der Frauen und Kinder. Sklavinnen waren nicht nur als Arbeiterinnen gut zu gebrauchen, sondern auch deshalb wertvoll, weil sie weitere Sklaven zeugen konnten. Die Mädchen blieben bei ihren Müttern in weiblichen Arbeitstrupps, während man die Jungen wie Stiere kastrierte und in Arbeitslager steckte. Jene siegreichen Stadtstaaten, die nicht automatisch alle männlichen Gefangenen töteten, kastrierten diese stattdessen und blendeten sie oft obendrein, bevor sie zur Sklavenarbeit verurteilt wurden.

In Sumer, einem der ersten und mächtigsten der alten mesopotamischen Stadtstaaten, wurden die Sklaven genauso behandelt wie das Vieh. Die Sumerer kastrierten die Männer und ließen sie wie domestizierte Tiere arbeiten, die Frauen steckten sie in Arbeits- und Zuchtlager. Das sumerische Wort für kastrierte Sklavenjungen – amar-kud – bezeichnet auch junge, kastrierte Esel, Pferde und Rinder.[46]

Sklaven als Haustiere

In Sklavenhaltergesellschaften hielt man die Sklaven mit denselben Methoden unter Kontrolle wie die Tiere – man kastrierte sie, brandmarkte sie, peitschte sie aus, legte sie in Ketten und schnitt ihnen die Ohren ab. Das Postulat der menschlichen Vorherrschaft, mit dem die Menschen sich von der Fürsorge und Verantwortung für die Tiere lossagten, schreibt Keith Thomas, »legitimierte auch die Misshandlung jener Menschen, die angeblich auf der Stufe von Tieren standen«.[47] Und wenn jemand auf der »Stufe von Tieren« stand, dann waren es zweifellos die Sklaven. In den europäischen Kolonien, so Thomas, »war die Sklaverei mit ihren Märkten, ihren Brandmalen und ihrer immerwährenden Arbeit eine Form des Umgangs mit Menschen, die man als Tiere betrachtete«.[48]

Ein englischer Reisender berichtete, dass die Portugiesen Sklaven brandmarkten »wie wir die Schafe, mit einem heißen Eisen«. Ein anderer Reisender sah auf dem Sklavenmarkt in Konstantinopel, wie Käufer Sklaven ins Innere eines Hauses mitnahmen, um sie nackt zu untersuchen, und sie anfassten, »wie wir Tiere anfassen, um festzustellen, wie wohl genährt und stark sie sind«. Ein Goldschmied aus dem 18. Jahrhundert pries »silberne Vorhängeschlösser für Schwarze und Hunde« an. Per Zeitungsanzeige gesuchte entlaufene Sklaven waren oft mit einem eisernen Halsband abgebildet.[49]

In amerikanischen Kolonien wie North und South Carolina, Virginia, Pennsylvania und New Jersey wurden Sklaven, wenn sie eine weiße Person schlugen oder wegliefen, zur Strafe kastriert. In manchen Kolonien waren die Kastrationsgesetze so formuliert, dass sie für alle Schwarzen galten, Freie wie Sklaven. Die Kastration hatte keinerlei Grundlage im englischen Recht; sie war eine rein amerikanische Methode, die viele Amerikaner als notwendig verteidigten, um ein lüsternes und barbarisches Volk im Zaum zu halten.[50] »Die Kastration von Schwarzen deutete unverkennbar auf das Bedürfnis weißer Männer hin, sich zu vergewissern, dass sie wirklich die Herren und in jeder Hinsicht überlegen waren«, schreibt Winthrop Jordan, »und sie illustrierte dramatisch, mit welcher Leichtigkeit sie dazu übergingen, ihre Neger wie ihre Stiere und Hengste zu behandeln, deren ›Feuer‹ durch die Entmannung gedämpft werden konnte.«[51]

Die Brandmarkung wurde bis ins späte 18. Jahrhundert hinein überall in Nord- und Südamerika zur Kennzeichnung und Identifizierung von Sklaven eingesetzt.[52] Die Spanier brandmarkten indianische Sklaven im Gesicht; jedes Mal, wenn der Sklave den Besitzer wechselte, verwendeten sie einen neuen Satz Lettern, und so trugen manche Sklaven neben dem königlichen Brandmal so viele Brandzeichen, dass ihr ganzes Gesicht beschrieben war.[53] Im 19. Jahrhundert war die Brandmarkung im amerikanischen Süden eine Strafe für entlaufene und aufsässige Sklaven, diente aber auch manchmal noch zur Identifizierung. In South Carolina war die Brandmarkung erlaubt, und Sklavenhalter durften Sklaven, die eines Verbrechens beschuldigt wurden, dort noch bis 1833 die Ohren abschneiden.[54] Ein Sklavenbesitzer aus Georgia bestrafte seine entflohenen Sklaven, indem er ihnen mit einer Zange einen Zehennagel ausriss.[55]

In Lateinamerika wurden zurückgebrachte entflohene Sklaven von ihren Herren an der Schulter gebrandmarkt. Als die Sklavenhalter jedoch herausfanden, dass die Sklaven das Brandmal als Ehrenzeichen betrachteten, trennten sie den wiederergriffenen Flüchtlingen eine Achillessehne durch.[56] 1838 annoncierte ein Sklavenbesitzer in North Carolina, seine entlaufene Sklavin sei vor kurzem »mit einem heißen Eisen in der linken Gesichtshälfte gebrandmarkt worden; ich versuchte, den Buchstaben M zu formen«. Und zehn Jahre später nannte ein Sklavenhalter aus Kentucky als Identifizierungsmerkmal seines entlaufenen

Sklaven ein Brandzeichen »auf der Brust, so etwas wie ein verschmiertes L«.[57]

Mitte des 19. Jahrhunderts war das Brandmarken und Verstümmeln von Sklaven im Rückgang begriffen, in einigen Staaten blieb es jedoch weiterhin legal. Mississippi und Alabama bestraften Sklaven nach wie vor durch ein »Brandmal an der Hand« für Vergehen, auf die nicht die Todesstrafe stand. 1831 berichtete ein Gefängniswärter aus Louisiana, er habe einen entflohenen Sklaven in Gewahrsam, der »kürzlich kastriert worden und noch nicht wieder ganz auf den Beinen« sei. Ein anderer Louisianer berichtete, sein Nachbar habe »drei seiner Männer kastriert«.[58] Einem Mann, der erwischt wurde, als er Sklaven bei einem Fluchtversuch half, brannte man die Buchstaben SS (für »slave stealer«, Sklavendieb) in die Hand.[59]

Sklavenhalter legten ihren Sklaven aus denselben Gründen Fußfesseln an wie Hirten ihren Tieren: um ihre Bewegungsfähigkeit einzuschränken. Ein Sklavenhalter aus Mississippi ließ einer entlaufenen Sklavin namens Maria »die Beine mit zwei Schellen aneinander ketten«. Als ein entlaufener Sklave namens Albert zurückgebracht wurde, legte ihm sein Besitzer »ein eisernes Halsband um«. Einem Sklaven namens Woodson, der immer wieder floh, ließ er »die Kette mit der Eisenkugel an die Beine legen«. Ein Einwohner von Kentucky erinnerte sich, in seinem Staat Sklaven gesehen zu haben, die ein eisernes Halsband trugen, manchmal mit Glöckchen daran. Offenbar erzielten diese Fesseln jedoch nicht die gewünschte Wirkung, denn in vielen Anzeigen, mit denen in Südstaatenzeitungen nach entlaufenen Sklaven gesucht wurde, hieß es, die vermissten Sklaven hätten bei der Flucht Fußfesseln getragen. Drei Eintragungen in einem Tagebuch von 1844 lauten: »Alonzo flüchtete mit angelegten Eisen« (17. Juli); »Alonzo wurde ohne seine Eisen zurückgebracht« (30. Juli); »... legte Alonzo wieder in Eisen« (31. Juli). Ein entlaufener Sklave aus Louisiana namens Peter »hatte bei seiner Flucht einen Eisenring an jedem Bein, verbunden mit einer kurzen Kette«.[60] In Amerika fielen Schwarze – Freie wie Sklaven – juristisch in dieselbe Kategorie wie Haustiere.[61]

Die große Kluft 27

Die Herrschaft des Menschen über die Tiere

Als sich in den Flusstälern des alten Ägypten, Mesopotamien, Indien und China Zivilisationen herausbildeten, war die Ausbeutung gefangener Tiere als Nahrungs-, Milch- und Fellieferanten sowie als Arbeitstiere bereits ein so fester Bestandteil des Lebens, dass die in diesen Zivilisationen entstehenden Religionen – darunter auch die jüdisch-christliche Tradition – die Vorstellung sanktionierten, die Welt sei für die Menschheit erschaffen worden.[62]

Dem Ersten Buch Mose zufolge machte Gott »die Tiere des Feldes, ein jedes nach seiner Art, und das Vieh nach seiner Art und alles Gewürm des Erdbodens nach seiner Art«. Dann schuf Gott den Menschen nach seinem Bilde und gab ihm die Herrschaft »über die Fische im Meer und über die Vögel unter dem Himmel und über das Vieh und über alles Getier, das auf Erden kriecht«.[63] Laut Philip Kapleau vertreten so manche Umweltschützer und Historiker die Ansicht, »diese verhängnisvollen Bibelworte [hätten] 2000 Jahre lang den zerstörerischen Weg der westlichen Zivilisation bestimmt«.[64] In einem Vortrag zu der Frage, welche Haltung der Mensch der abendländischen Kultur gegenüber der natürlichen Welt einnimmt, sagte der Umweltschützer und Gesellschaftskritiker Ian McHarg:

> Wenn Sie einen einzigen Text suchen würden, der – ob man ihn nun wortwörtlich geglaubt und zur Richtschnur seines Handelns gemacht oder nur implizit akzeptiert hat, ohne seine theologischen Ursprünge zu kennen – den gesamten Raubbau und die Zerstörung erklären würde, die der Mensch der abendländischen Kultur in diesen letzten 2000 Jahren angerichtet hat, dann hätten Sie ihn in diesem haarsträubenden, verhängnisvollen Text gefunden.[65]

Wenn der Mensch, wie es in der Genesis heißt, das erste Mal sündigte, als Adam die verbotene Frucht im Garten Eden aß, dann, so Kapleau, »bestand seine zweite große Sünde sicherlich darin, dass er der Versuchung erlegen ist, seine Mitgeschöpfe zu töten und zu verzehren«. Kapleaus Ansicht nach könnte der Übergang zum Fleischverzehr in einer der prähistorischen Eiszeiten stattgefunden haben, als die Pflanzen, die ursprüngliche Nahrung des Menschen, unter einer dicken Eisdecke verschwanden; vielleicht habe aber auch das Prestige eine Rolle gespielt, das mit dem Töten der großen Säugetiere verbunden gewesen sei, die weite Teile der Erde beherrschten.»Jedenfalls kann man durchaus die Meinung vertreten, dass Terror, Gewalt, Blutvergießen, das Niedermetzeln von Menschen und letztendlich auch der Krieg aus dieser verhängnisvollen Begegnung erwachsen sind.«[66]

Die Passage in der Genesis, die dem Menschen die Herrschaft über andere Geschöpfe überträgt, spiegelt die politische und soziale Wirklichkeit der Zeit, in der sie geschrieben wurde.[67] Wie Milan Kundera anmerkt, wurde das Erste Buch Mose von einem männlichen Standpunkt aus verfasst:

> Am Anfang der Genesis steht geschrieben, daß Gott den Menschen geschaffen hat, damit er über Gefieder, Fische und Getier herrsche. Die Genesis ist allerdings von einem Menschen geschrieben, und nicht von einem Pferd. Es gibt keine Gewißheit, daß Gott dem Menschen die Herrschaft über die anderen Lebewesen tatsächlich anvertraut hat. Viel wahrscheinlicher ist, daß der Mensch sich Gott ausgedacht hat, um die Herrschaft, die er an sich gerissen hat über Kuh und Pferd, heiligzusprechen. Jawohl, das Recht, einen Hirsch oder eine Kuh zu töten, ist das einzige, worin die ganze Menschheit einhellig übereinstimmt, sogar während der blutigsten Kriege.[68]

Obwohl die hebräische Bibel das Prinzip der göttlich sanktionierten menschlichen Vorherrschaft aufrechterhält, schränken ihr Verbot, Tieren körperlichen oder psychischen Schmerz zuzufügen (tsa'ar ba'alei chajim), und ihre Missbilligung der Tierquälerei dieses Prinzip in gewissem Maß ein. »Der Judaismus erkennt an, dass Tiere gewisse Grundrechte besitzen. Darin ist er radikal«, schreiben Dan Cohn-Sherbok und Andrew Linzey. »Diese Rechte kommen in einer Vielzahl von Vorschriften zum Ausdruck, die sich im hebräischen Recht finden; sie erlauben zwar, dass Menschen Tiere nutzen, lehren aber zugleich, dass sie keinem Geschöpf Gottes Leid zufügen sollen.«[69]

Die jüdische Tradition des Mitgefühls mit Tieren wurzelt in

den Ge- und Verboten der Thora: Tiere sollen am Sabbat ruhen, starke und schwache Tiere sollen nicht gemeinsam ins Joch gespannt werden, den Ochsen soll man grasen lassen, wenn er drischt, und so weiter. Jesaja drückte den Sachverhalt ganz unverblümt aus, wie es Propheten zu tun pflegen:»Wer einen Stier schlachtet, gleicht dem, der einen Mann erschlägt.«[70]
Später führten der Talmud und die Responsa diese Tradition weiter aus: Sie verboten Sportarten, bei denen Tiere zu Tode kamen, darunter die Vergnügungsjagd, und verlangten von den Juden, dass sie ihre Tiere fütterten, bevor sie sich selbst zu Tisch setzten. Die Pflicht, für seine Tiere zu sorgen, war so wichtig, dass ein Jude sogar die Ausführung eines rabbinischen Gebots unterbrechen durfte, um ihnen Futter zu geben.[71] Im Shulchan Aruch, einem Kompendium des jüdischen Religionsgesetzes und Rechts, heißt es dazu kurz und bündig:»Dem Gesetz der Thora gemäß ist es verboten, einem Lebewesen Schmerz zuzufügen. Im Gegenteil ist es unsere Pflicht, die Schmerzen jedes Geschöpfs zu lindern.«[72]

Die Bibel erinnert an eine weniger gewalttätige Vergangenheit und hofft auf eine weniger gewalttätige Zukunft. Dem Ersten Buch Mose zufolge lebten Adam, Eva und die Tiere zu Beginn der Menschheitsgeschichte friedlich und harmonisch miteinander im Paradies, und Gottes Wille war, dass Mensch und Tier einander nicht fressen sollten.[73] »Die Mensch und Tier von Gott dem Schöpfer zugewiesene Kost«, schreibt der protestantische Theologe Karl Barth, »ist – ob uns das durchführbar und lustig däucht oder nicht – die vegetarische Kost.«[74] In der jüdischen Überlieferung gibt es zudem die Vorstellung, dass die Gewaltlosigkeit, die bei der Schöpfung herrschte, in der kommenden messianischen Zeit wiederhergestellt wird. Bis dahin bleibt im Judentum, das den Fleischverzehr größtenteils erst noch überwinden muss, die Tradition des Mitgefühls mit Tieren ein viel versprechendes Potenzial, das darauf wartet, in vollem Umfang verwirklicht zu werden.

In den überlieferten Texten der griechisch-römischen Kultur finden sich keine derart humanen Gefühle. Mit der Behauptung, den Tieren fehle die Vernunft und darum gehörten sie zur selben Kategorie wie unbeseelte Gegenstände, errichteten Aristoteles und die anderen Schriftsteller der klassischen Antike eine hohe, dicke Mauer zwischen Menschen und Tieren. Aristoteles schrieb in seiner *Politik*, Tiere seien »der Menschen wegen da«; die Natur habe sie alle um der Menschen willen gemacht.[75] Ähnlich lehrten die Stoiker, die Natur existiere nur, um den Interessen des Menschen zu dienen.[76]

Aristoteles behauptete, die Herrschaft des Menschen über die Tiere erstrecke sich auch auf die Sklaven und beinhalte zudem die Herrschaft des Mannes über die Frau. Auch diese Ansicht spiegelte die politische Realität jener Zeit, da Menschensklaverei und die Unterordnung der Frau im alten Griechenland gang und gäbe waren. In seiner *Politik* schrieb Aristoteles, Menschen, die »hinter anderen zurückstehen«, ähnelten domestizierten Tieren, weil sie »Sklaven von Natur« seien, »für die es besser ist, wenn sie auch thatsächlich als solche beherrscht werden«.[77] Da der Sklave zu einem Leben in ewiger Knechtschaft verurteilt sei, so Anthony Pagden, »unterscheiden sich seine Pflichten nicht von denen des Arbeitstieres, und seine Erwerbung lässt sich mit der Jagd vergleichen«.[78]

Im ersten vorchristlichen Jahrhundert behauptete der römische Philosoph und Staatsmann Cicero, alles in der Welt sei um etwas anderes willen geschaffen worden: »So wurden das Korn und die Früchte der Erde um der Tiere willen geschaffen, und die Tiere um der Menschen willen«.[79] Eine Figur in einer seiner Schriften erklärt, die Menschen könnten »die Tiere für ihre eigenen Zwecke benutzen, ohne Unrecht zu tun«.[80] Cicero brachte den griechisch-römischen Standpunkt zur Herrschaft des Menschen über die Natur mit folgenden Worten zum Ausdruck:

> Wir sind unumschränkte Herren dessen, was die Erde hervorbringt. Wir erfreuen uns an den Bergen und den Ebenen. Die Flüsse sind unser. Wir legen die Saat und pflanzen die Bäume. Wir machen die Erde fruchtbar. Wir gebieten den Flüssen Einhalt und bestimmen ihren Verlauf; kurz, von unserer Hand – durch unsere vielfältigen Anstrengungen in dieser Welt – erschaffen wir gewissermaßen eine neue Natur.[81]

Wie unser heutiges Recht klassifizierte auch das römische Recht Tiere als Eigentum und folglich als Sache ohne eigene Rechte.

Dass die Menschen die Tiere ihres Lebens und ihrer natürlichen Freiheiten berauben durften, war im römischen Denken und Recht so tief verwurzelt, dass es immer als erwiesen vorausgesetzt wurde und niemals gerechtfertigt werden musste.[82] Matt Cartmill zufolge wurden Tiere in der griechisch-römischen Welt »in aller Selbstverständlichkeit mit einer Mischung aus brutaler Gleichgültigkeit und Sadismus behandelt«.[83] Tatsächlich finden sich in der griechisch-römischen Literatur nur zwei Fälle einer gewissen Missbilligung der Tierquälerei. In einem Fall schrieb Plutarch, dass die Athener einen Mann aus der Stadt jagten, weil er einen Widder bei lebendigem Leibe abgehäutet hatte.

Der zweite Vorfall ereignete sich im Jahr 55 v. Chr. bei einer von Pompeius veranstalteten Schaujagd in einem großen römischen Amphitheater. Verschiedene gefangene Tiere, von Löwen bis zu Hirschen, wurden in die Arena getrieben, wo schwer bewaffnete Männer sie zur Unterhaltung der Zuschauer jagten und töteten. Cassius Dio zufolge trieben die Römer an einem der letzten Tage von Pompeius' Spielen 18 Elefanten in die Arena. Als die Bewaffneten sie angriffen, wehrten sich die verwundeten Elefanten jedoch nicht; »ihre Rüssel zum Himmel erhoben, liefen sie herum und klagten ... bitterlich«, sodass sie »gegen Pompeius' Wunsch ... Begnadigung durchs Volk«[84] fanden. Cicero, der bei dem Vorfall zugegen war, schrieb einem Freund, es »regte sich so etwas wie Mitleid und das Gefühl: dieser Koloß hat irgendwie etwas Menschenähnliches«.[85]

Das Christentum übernahm die Doktrin von der Vormachtstellung des Menschen sowohl von den Griechen als auch aus der Hebräischen Bibel (jedoch ohne ihre Lehren über das Mitgefühl mit Tieren). Augustinus (354–430) schrieb, das sechste Gebot (»Du sollst nicht töten«) gelte nur für Menschen, nicht für »vernunftlose Lebewesen, ob sie nun fliegen, schwimmen, laufen oder kriechen, weil sie uns durch den Mangel an Vernunft ... nicht zugesellt sind. Darum hat auch die gerechteste Anordnung des Schöpfers ihr Leben und ihr Sterben unserem Nutzen angepaßt.«[86]

Der mittelalterliche Theologe Thomas von Aquin (1225–1274) erklärte, es sei nicht verwerflich, Tiere zu töten, denn sie seien nicht um ihrer selbst willen, sondern für den Menschen geschaffen.⁸⁷ Er stellte nicht nur in Abrede, dass Tiere Vernunft besäßen, sondern sprach ihnen auch ein Leben nach dem Tod ab. Wie Aristoteles, dessen Werk er in seine Theologie einbezog, glaubte Aquin, nur der denkfähige Teil der Seele lebe nach dem Tode weiter. Und da Tieren das Denkvermögen fehle, existierten ihre Seelen im Gegensatz zu denen der Menschen nicht über den Tod hinaus.

Mit der Absage an ein ewiges Leben der Tiere bewahrte Aquin die Christen vor der beunruhigenden Aussicht, im Jenseits den rachsüchtigen Geistern der Tiere zu begegnen, denen sie auf Erden so viel Leid zugefügt hatten. Sein Standpunkt bestärkte das christliche Europa darin, dass es keinen Grund hatte, sich moralisch-ethische Gedanken um andere Geschöpfe zu machen oder sich schuldig zu fühlen, weil es sie ausbeutete und tötete. Er ging sogar so weit, tierfreundliche Passagen des Alten Testaments neu zu deuten, um zu belegen, dass die Menschen den Tieren gegenüber keinerlei moralische Verpflichtung hätten.⁸⁸

Ungeachtet dieser Tradition kirchlicher Unterstützung der Theorie von der Kluft zwischen Mensch und Tier gibt es seit der frühen apokryphen Literatur eine beständige tierfreundliche Unterströmung im Christentum. Zu ihr gehören etwa die Kirchenväter Basilius und Ambrosius im vierten Jahrhundert, die keltischen Heiligen, Franz von Assisi, Antonius von Padua, Bonaventura, C. S. Lewis und viele moderne Theologen und Gelehrte wie Andrew Linzey, John Cobb und andere.⁸⁹ In einem Artikel im *L'Osservatore Romano*, der Zeitung des Vatikans, vom 7. Dezember 2000 schrieb die päpstliche Beamtin Marie Hendrickx unter der Überschrift »Für eine gerechtere Beziehung zu den Tieren«, die menschliche »Herrschaft« über die natürliche Welt bedeute nicht, dass man Tiere wahllos töten und ihnen unnötiges Leid zufügen dürfe. Hendrickx zweifelte daran, dass unser gegenwärtiger Umgang mit Tieren moralisch vertretbar sei, insbesondere angesichts der Grausamkeiten bei der Nahrungsmittelproduktion, der Pelztierzucht, bei Tierversuchen und beim Stierkampf.⁹⁰

Die große Kette der Wesen

Im Konzept der großen Kette der Wesen, entwickelt von Aristoteles' Lehrer Platon, manifestierte sich der Glaube der Griechen, sie seien von höherem Rang als Nichtgriechen, Frauen, Sklaven und – natürlich – Tiere. Auf die Frage, weshalb ein vollkommener Schöpfer eine Welt mit unvollkommenen Geschöpfen erschaffen sollte, antwortete Platon, die Vollständigkeit der Welt verlange ein komplettes Sortiment unterschiedlicher Lebewesen, hierarisch angeordnet entlang einer Kette, die von den unsterblichen Göttern im Himmel über die Menschen bis zu den Tieren, den Pflanzen, den Steinen und dem Staub ganz unten reiche. Das menschliche Stück der Kette war ebenso hierarchisch gegliedert: Ganz oben standen die zivilisierten Griechen, ganz unten die Sklaven.[91]

Die mittelalterliche Christenheit übersetzte Platons Kette in eine Leiter, an deren Kopfende sich Gott befand. Die europäischen Christen standen auf der obersten Sprosse, eine Position, dank derer sie das göttliche Mandat besaßen, als Gottes Aufseher und Verwalter über den Rest der Leiter unter ihnen zu herrschen. Die Vorstellung, dass die Position des (europäischen) Menschen auf der Erde, so fehlerhaft und sündig er sein mochte, mit Gottes Position im Universum vergleichbar sei, spielte bald eine zentrale Rolle im religiösen und philosophischen Denken der westlichen Zivilisation, was den Platz des Menschen in der Natur betraf.[92] Demgemäß hatte der (europäische) Mensch die praktisch uneingeschränkte Befugnis, die natürliche Welt als »Vizeregent und Stellvertreter des allmächtigen Gottes«[93] zu regieren.

Im 15. Jahrhundert betrachtete der Rechtsgelehrte Sir John Fortescue die hierarchische Ordnung aller Dinge als Widerspiegelung von Gottes vollkommener Ordnung des Universums, in dem »ein Engel im Himmelreich dem Range nach über dem anderen steht; Mensch steht über Mensch, Tier über Tier, Vogel über Vogel und Fisch über Fisch, auf der Erde, in der Luft und im Meer.« Fortescue behauptete, es gebe »keinen Wurm, der auf dem Boden kriecht, keinen Vogel, der hoch in den Lüften fliegt, keinen Fisch, der in den Tiefen der Meere schwimmt, den die

Kette dieser Ordnung nicht in harmonischster Eintracht bindet«. Seine Schlussfolgerung lautete, dass sich in unserem durch und durch hierarchischen Universum »vom höchsten Engel bis zum niedrigsten seiner Art kein einziger Engel findet, dem keiner übergeordnet und keiner untergeordnet ist«, und dass es »vom Menschen bis hinunter zum niedrigsten Wurm kein Geschöpf gibt, das nicht in irgendeiner Hinsicht einem anderen Geschöpf übergeordnet und untergeordnet ist«.[94]

Die große Kette der Wesen erklärte, weshalb in einer Gesellschaft, in der jede soziale Schicht ihren göttlich vorherbestimmten Platz hatte, bestimmte Schicht von Natur aus anderen untergeordnet waren. In der christlichen Kunst des Mittelalters, schreibt John Weiss, »wurden Fürsten und Geistliche an der Spitze der Gesellschaftspyramide abgebildet, darunter kam der Adel, dann kamen die Kaufleute, Handwerker und Bauern und ganz unten waren die Bettler, Schauspieler und Huren zusammen mit den Juden angesiedelt«.[95]

Diese Hierarchie, die auch die sozialen Rangstufen in der menschlichen Gesellschaft beinhaltete, war nach damaliger Ansicht lückenlos, weil es im vollkommenen Gefüge von Gottes Schöpfung keine Lücken geben konnte. Der Theologe Nikolaus von Kues schrieb, dass »die oberste Eigengestalt der einen Gattung mit der untersten der unmittelbar Höheren koinzidiert und so ein zusammenhängendes, vollkommenes Gesamt entsteht«.[96]

Dieses Konzept einer kontinuierlichen, graduell abgestuften Hierarchie der Natur führte laut Anthony Pagden zur Entstehung der Kategorie des »Untermenschen«, »eines ›Menschen‹ so nah an der Grenze zum Tier, dass er von anderen Menschen nicht mehr vollständig als Angehöriger ihrer eigenen Spezies erkennbar ist«.[97] Die meisten, die in diese Kategorie fielen, waren dazu ausersehen, »beseelte Werkzeuge« (Sklaven) zu sein, wie Thomas von Aquin sie nannte. Die untersten Angehörigen dieser Grenzkategorie hielt man jedoch für dermaßen degeneriert, dass sie, wie Hayden White schreibt, »noch unter den Tieren stehen; jeder Mensch steht ihnen feindlich gegenüber, und sie dürfen im Allgemeinen straflos erschlagen werden«.[98] So dachten die Europäer zur Zeit ihrer ersten Begegnungen mit den Eingeborenenvölkern von Afrika, Asien und Amerika.

Noch in der Renaissance und der Aufklärung glaubten die führenden Denker Europas an die Verbindung ineinander greifender Gattungen, wie sie in der großen Kette der Wesen imaginiert wurde. So berühmte Philosophen wie Gottfried Leibniz und John Locke glaubten an die Existenz von Kreaturen, die halb Mensch und halb Tier waren. Carolus Linnaeus, Erfinder der modernen wissenschaftlichen Klassifikation von Pflanzen und Tieren, fand in seinem System Platz für den Homo ferus, einen wilden Menschen »mit vier Beinen, stumm und behaart«.[99] Die nach Europa gelangenden Berichte von neu entdeckten Völkern in Afrika, Asien und Amerika regten die allgemeine Fantasie mit bizarren Erzählungen von Wesen an, die halb Mensch und halb Tier waren.[100]

Die Kluft zwischen Mensch und Tier

Bis in die frühe Neuzeit hinein herrschte die Überzeugung vor, der Mensch sei die Krone der Schöpfung. »Wenn wir auf die Zweckursachen blicken, [kann der Mensch] als der Mittelpunkt der Welt betrachtet werden«, schrieb der englische Philosoph und Staatsmann Francis Bacon (1561–1629), »und zwar derart, daß, wenn der Mensch aus der Welt genommen würde, der Rest völlig verstreut erscheinen würde, ohne Ziel und Zweck.«[101] Bacons anthropozentrischer Sichtweise zufolge waren die Tiere für den Menschen gemacht; jedes einzelne war speziell dazu erschaffen, ein menschliches Bedürfnis zu befriedigen. Affen und Papageien dienten »zur Erbauung des Menschen«, und Singvögel waren dazu da, »die Menschheit zu unterhalten und zu entzücken«.[102]

Den weitreichendsten Versuch, die Kluft zwischen Mensch und Tier zu vertiefen, stellte eine ursprünglich 1554 von einem spanischen Arzt aufgestellte Doktrin dar, die der französische Philosoph und Wissenschaftler René Descartes jedoch in den 30er Jahren des 17. Jahrhunderts noch einmal neu formulierte und anschließend berühmt machte. Diese von seinen Schülern weiter entwickelte und ausgearbeitete Doktrin lautete, Tiere seien reine Maschinen oder Automaten, wie Uhren, fähig zu komplexem Verhalten, aber ganz und gar außerstande zu sprechen, vernünftig zu denken und – in manchen Interpretationen – sogar etwas zu fühlen.[103]

Descartes' Schüler behaupteten, Tiere empfänden keinen Schmerz, und ihre Schreie und ihr Gezappel seien rein äußerliche, mit keinerlei inneren Empfindungen verbundene Reflexe. Diese enorme Vertiefung der Kluft zwischen Mensch und Tier war die bislang weitaus beste Rationalisierung der Ausbeutung der Tiere durch den Menschen. Der Cartesianismus sprach Gott nicht nur von dem Vorwurf frei, unschuldigen Tieren unrechterweise Leid zuzufügen, indem er den Menschen erlaubte, sie zu misshandeln, sondern er rechtfertigte auch die Vorherrschaft der Menschen und befreite sie vom Verdacht eines Verbrechens, auch wenn sie noch so oft Tiere aßen oder töteten.

Keith Thomas schreibt, indem man den Tieren die Unsterblichkeit abgesprochen habe, »räumte man etwa noch vorhandene Zweifel am Recht der Menschen aus, die Tiere auszubeuten«.[104] Besäßen Tiere nämlich das Potenzial zur Unsterblichkeit, so die Cartesianer, dann »ließe sich der willkürliche Umgang der Menschen mit ihnen unmöglich rechtfertigen; und mit dem Eingeständnis, dass Tiere Empfindungen haben, würde das menschliche Verhalten unerträglich grausam erscheinen«.[105]

Indem Descartes den Menschen zum Herren der Natur erhob, trennte er ihn endgültig von dieser und ebnete ihm damit den Weg zur ungehinderten Ausübung seiner Herrschaft. James Serpell zufolge versah uns die Kombination der frühchristlichen (und aristotelischen) Überzeugung, Tiere seien nur zum Nutzen der Menschheit geschaffen worden, und des cartesianischen Standpunkts, Tiere könnten kein Leid empfinden, »mit der Berechtigung zum Töten, einer Erlaubnis, andere Lebensformen völlig straflos zu gebrauchen oder zu mißbrauchen«.[106]

In England und auch andernorts in der abendländischen Welt wurde diese Doktrin der menschlichen Vormachtstellung zur allgemein akzeptierten, unangefochtenen Wahrheit. »Beim Aufstieg vom Tier zum Menschen«, schrieb Oliver Goldsmith (1730–1774), »gibt es eine scharf gezogene, gut markierte und unüberschreitbare Linie.« Für den Zoologen William Bingley (1774–1823) war »die Grenze, die Menschen von Tieren trennt, unverrückbar und unveränderlich«. In einer Zivilisation, die

Tiere mit aller Selbstverständlichkeit ausbeutete, tötete und verzehrte, hätte eine andere Denkweise auch zu viele beunruhigende moralisch-ethische Fragen aufgeworfen.[107]

Das negative Tierbild erlaubte es den Menschen, eigene ungeliebte Eigenschaften auf die Tiere zu projizieren, und half ihnen bei der Entwicklung ihres Selbstbildes, indem sie das Verhalten der Tiere mit den angeblich so typischen und bewundernswerten Aspekten des menschlichen Verhaltens kontrastierten. »Die Menschen schrieben den Tieren natürliche Antriebe zu, die sie an sich selbst am meisten fürchteten – Grausamkeit, Gefräßigkeit und Sexualität«, schreibt Thomas. »Dabei waren es Menschen und nicht Tiere, die Krieg gegen Angehörige ihrer eigenen Gattung führten, sich den Wanst bis zum Gehtnichtmehr vollschlugen und sexuell das ganze Jahr hindurch aktiv waren.«[108]

Diese tiefe Kluft zwischen menschlichen und nichtmenschlichen Tieren rechtfertigte (und rechtfertigt noch heute) die Jagd, den Fleischverzehr, Tierversuche und alle erdenklichen Grausamkeiten, die Tieren zugefügt werden. Wie Carl Sagan und Ann Druyan schreiben: »Eine scharfe Trennlinie zwischen Mensch und ›Tier‹ ist wichtig, wenn wir Tiere unserem Willen unterwerfen, wenn wir sie für uns arbeiten lassen, sie schinden und ihr Fleisch essen wollen – ohne jeden beunruhigenden Beigeschmack von Schuld und Bedauern.« Ihr Verlust ist für uns ohne Bedeutung, weil Tiere nicht so sind wie wir. »Wir lieben es nicht«, schrieb Charles Darwin, »Tiere, die wir zu unseren Sklaven gemacht haben, als ebenbürtig zu betrachten.«[109]

Minderwertig

Die tiefe Kluft zwischen Mensch und Tier lieferte einen Maßstab zur Beurteilung anderer Menschen, in der eigenen unmittelbaren Umgebung wie auch anderswo. Wenn man das Wesen des Menschlichen so definierte, dass es aus einer bestimmten Eigenschaft oder einer Gruppe von Eigenschaften wie Vernunft, verständliche Sprache, Religion, Kultur oder Umgangsformen bestand, dann folgte daraus, dass jeder, der diese Eigenschaften nicht in vollem Maße besaß, ein »Untermensch« war. Solche

»Minderwertigen« galten entweder als nützliche Tiere, die man an die Kandare nahm, domestizierte und fügsam hielt, oder als Raubtiere oder Ungeziefer, das ausgerottet werden musste.[110] Dieses hierarchische Denken – ein Produkt der Versklavung und Domestizierung von Tieren, die vor 11 000 Jahren begonnen hatten – duldete und begünstigte die Unterdrückung von Menschen, die man als Tiere oder tierähnlich betrachtete. Die Moralphilosophie der menschlichen Herrschaft, die die Ausbeutung der Tiere befürwortet und rechtfertigt, legitimierte auch die Unterdrückung von Menschen, die angeblich auf der Stufe von Tieren standen. Der deutsche Biologe und Philosoph Ernst Haeckel (1834–1919), dessen Ideen starken Einfluss auf die faschistische Ideologie hatten, stellte die Behauptung auf, da nichteuropäische Rassen »psychologisch den Säugetieren (Affen und Hunden) näher stehen als den zivilisierten Europäern«, müssten wir »ihrem Leben einen vollkommen anderen Wert zuschreiben«.[111]

Für die Europäer war der Kolonialismus die natürliche Erweiterung der menschlichen Vorherrschaft über das Tierreich, denn »für viele Europäer schien es klar zu sein, dass die weiße Rasse, da sie die niederen Menschenrassen unter ihre Gewalt gebracht, sich als ihnen überlegen erwiesen hatte, genau wie die Gattung Mensch im ganzen sich als den Tieren überlegen erwiesen hatte, da sie diese beherrschte und bezähmte«.[112] In Afrika, Indien und anderen europäischen Kolonien wurden Großwildjagdexpeditionen zu perfekten Symbolen der Herrschaft europäischer Weißer über das Land, seine Tiere und seine Menschen.

So hatte etwa ein weißer Jäger in Britisch-Ostafrika auf einer Safari für gewöhnlich 40 bis 100 schwarze Eingeborene als Träger und Diener dabei. Sie wurden »Boy« gerufen und schliefen im Freien, während der Jäger in seinen Jagdkleidern mit »Master« angeredet wurde und in einem komfortablen Zelt nächtigte. Die Eingeborenen marschierten Tag für Tag mit bis zu 30 Kilo schweren Traglasten auf dem Kopf, der Jäger hingegen trug nichts, nicht einmal sein Gewehr; für diese Aufgabe hatte er einen »Gunboy«. Das Jagdritual ließ für niemanden den geringsten Zweifel daran, wer das Sagen hatte. So erinnerte der berühmte Tigerjäger Ralph Stanley-Robinson seine Gefährten vor einer Safari: »Bei dieser Jagd geht es um Ziele des Empire. Wir sind hier die Herrscher.«[113]

Nachdem die Tiere bereits als »niedrigere Lebensform« eingestuft worden waren, der es bestimmt war, ausgebeutet und geschlachtet zu werden, ebnete der Vergleich »minderwertiger« Menschen mit Tieren den Weg zur Unterjochung und Vernichtung dieser Menschen. In *Genocide. Its Political Use in the Twentieth Century* schreibt Leo Kuper: »Die Tierwelt war eine besonders fruchtbare Quelle von Metaphern der Entmenschlichung«, sodass Menschen, die man als Tiere bezeichnete, »oftmals wie Tiere gejagt und zur Strecke gebracht wurden«.[114]

Im nächsten Kapitel befasse ich mich mit der Diffamierung von Menschen durch den Vergleich mit Tieren, dem Vorspiel zu ihrer Verfolgung, Ausbeutung und Ermordung.

2. Wölfe, Affen, Schweine, Ratten, Ungeziefer

Die Diffamierung anderer Menschen als Tiere

Nachdem Freud in der bereits erwähnten Abhandlung auf die tiefe Kluft zu sprechen gekommen war, die der Mensch zwischen sich und seine Mitgeschöpfe gelegt hat, führte er aus, »diese Überhebung« sei das Ergebnis »einer späteren anspruchsvollen Entwicklung« und liege dem kleinen Kind noch fern, weil es keinen Unterschied zwischen dem eigenen Wesen und dem des Tieres empfinde (»es läßt die Tiere ohne Verwunderung im Märchen denken und sprechen«). Erst wenn das Kind erwachsen sei, so Freud, »wird es sich dem Tiere soweit entfremdet haben, daß es den Menschen mit dem Namen des Tieres beschimpfen kann«.[1]

Die Domestizierung der Tiere diente nicht nur als Modell und Inspirationsquelle für Menschensklaverei und tyrannische Herrschaftsformen. Sie legte auch das Fundament für das abendländische hierarchische Denken und für europäische wie auch amerikanische Rassentheorien, die zur Bezwingung und Ausbeutung »minderwertiger Rassen« aufriefen und deren Angehörige zugleich als Tiere verunglimpften, um ihre Unterwerfung voranzutreiben und zu legitimieren.

Europäische Forschungsreisende und Kolonisten, die zu Hause Tiere in einem bis dahin unerreichten Ausmaß misshandelten, schlachteten und aßen, segelten in andere Teile der Welt – »Repräsentanten einer der theologisch arrogantesten und gewaltbereitesten religiösen Kulturen«, so David Stannard, »die die Welt je gesehen hatte.«[2] Die Bewohner Afrikas, Asiens und Amerikas waren für sie »Tiere«, »Primitive« und »Wilde«, was die mörderische Brutalität noch steigerte, mit der die Europäer ihnen begegneten.

Wenn Menschen als Tiere beschimpft werden, ist das immer ein Unheil verkündendes Zeichen, denn damit werden die Weichen zu ihrer Erniedrigung, Ausbeutung und Ermordung gestellt. So ist es beispielsweise bezeichnend, dass die ottomanischen Türken in den Jahren, die dem Völkermord an den Armeniern vorausgingen, diese als *rajah* (Rinder) titulierten.[3] »Die Verwendung von Tiermetaphern – etwa die Darstellung der Juden als Ratten seitens der Nazis und die der Tutsi als Insekten seitens der Hutu – ist ein besonders böses Omen«, schreibt Neil Kressel. »Solche Anspielungen auf das Untermenschentum der Feinde sind ein frühes Indiz dafür, dass es zu massenhaftem Blutvergießen kommen könnte.«[4]

Afrikaner

Die Europäer, die im 16. Jahrhundert nach Afrika segelten, beschrieben die Menschen, die sie dort antrafen, als »primitiv und tierhaft« und »wilden Tieren ähnlich«. Ein englischer Reisender beklagte sich, er könne die Mosambikaner nicht verstehen, denn ihre Sprache sei »so ein verdammtes, affenähnliches Geschnatter«.[5]

Die schärfste Kritik der Engländer blieb den »hässlichen und verabscheuungswürdigen« Hottentotten vorbehalten, die sie als »unansehnliches, stinkendes, abstoßendes Volk« beschrieben; sie liefen »in Herden« herum wie ihre Tiere und schienen »eher wie Hühner oder Truthähne zu gackern als wie Menschen zu sprechen«. Sir Thomas Herbert schrieb im Jahr 1626: »Ihre Worte klingen, als stammten sie eher von Affen als von Menschen ... Und wenn man ihre Nachäfferei, ihre Redeweise und ihre Visagen vergleicht, dürften viele von ihnen wohl auch kaum bessere Vorfahren gehabt haben als Affen.« 1714 äußerte sich Daniel Beeckman so über die Hottentotten: »Diese schmutzigen Tiere verdienen es kaum, als vernunftbegabte Geschöpfe bezeichnet zu werden.«[6] Reverend John Ovington, der 1696 als Schiffskaplan der *Benjamin*, eines Schiffes der Ostindiengesellschaft, nach Afrika fuhr, bezeichnete die Hottentotten als »das genaue Gegenteil von Menschen« und verglich sie mit den Helachoren (ostindischen Unberührbaren), »nur noch armseliger und schmutziger«. Seine Schlussfolgerung lautete:»Wenn es ein Mittelding zwischen einem vernunftbegabten und einem wilden Tier gibt, dann kann der Hottentotte mit dem meisten Recht als diese Gattung gelten.«[7]

Im 17. und 18. Jahrhundert gab es viele Abhandlungen über die Tierhaftigkeit der Schwarzen – Freier wie Sklaven –, ihre »animalische Sexualität« und ihr »primitives Wesen«, dank deren sie auf der hierarchischen Leiter ganz unten bei den Tieren angesiedelt wurden.[8] In seiner *History of Jamaica* (1774) schrieb Edward Long, der Orang-Utan sei dem »Neger« näher als der »Neger« dem Weißen. 1799 analysierte der englische Arzt Charles White die »regelmäßige Stufenfolge vom weißen Europäer durch die gesamte menschliche Gattung bis hinunter zum primitiven Tier, nach der es den Anschein hat, als würde in jenen Punkten, in denen der Mensch über dem Tier steht, der Europäer über dem Afrikaner stehen«.[9]

Bis ins 19. Jahrhundert hinein stellten europäische Wissenschaftler die verschiedensten Theorien über die menschliche Ungleichheit aufgrund von Rassen-, Geschlechts- und Klassenzugehörigkeit auf. In diesen Theorien standen weiße, männliche Europäer stets über Nichteuropäern, Frauen, Juden und – am Fuß der Leiter – Afrikanern. Im abendländischen wissenschaftlichen Denken waren die Überlegenheit der weißen Rasse und die größere Intelligenz der Gebildeten und Reichen unhinterfragte Selbstverständlichkeiten. Ausgehend von der weithin gehegten Überzeugung, zwischen Intelligenz und Gehirngröße bestünde ein direkter Zusammenhang, errichteten Wissenschaftler eine hierarchische Rangordnung von Rassen und Klassen mit den Weißen an der Spitze; unter ihnen standen die Indianer und unter allen anderen, nahe bei den Tieren, die Schwarzen.

»Das Gehirn des Buschmanns ... geht in Richtung des Gehirns der Simiadae (Affen)«, schrieb Sir Charles Lyell (1797–1875), der Begründer der modernen Geologie. »Jede Menschenrasse hat ihren Platz, ganz wie die niederen Tiere.«[10] Georges Cuvier (1769–1832), ein Pionier der vergleichenden Anatomie, der in Frankreich als der Aristoteles seiner Zeit gerühmt wurde, bezeichnete die Afrikaner als »die verkommenste der menschlichen Rassen, deren Gestalt den Tieren nahekommt«.[11] Als eine Afrikanerin, die als »hottentottische Venus« bekannt war, in Paris verstarb, schrieb Cuvier, sie habe ihre ungeheuer wulstigen Lippen immer auf eine Art geschürzt, »wie wir sie beim Orang-Utan beobachten«, und ihre Bewegungen »erinnerten an die eines Affen«. Sie habe die typischen Merkmale eines Tieres gehabt, schloss Cuvier. »Ich habe nie einen affenähnlicheren Menschenkopf erblickt als den dieser Frau.«[12]

Paul Broca (1824–1880), ein französischer Pathologe, Anthropologe und Pionier der Neurochirurgie, vermaß menschliche Schädel, um die These zu belegen, dass es einen Zusammenhang zwischen dem Gehirnvolumen und der Intelligenz gäbe. Er behauptete, die Gehirne und folglich auch die Intelligenz wohlsituierter weißer Männer seien größer als die von Frauen, Armen und Angehörigen der nichteuropäischen »niedrigeren Rassen«. Seine Schlussfolgerung lautete, dass »in der Regel das Gehirn bei reifen Erwachsenen größer ist als bei alten Menschen, bei Männern größer als bei Frauen, bei hervorragenden Männern größer als bei jenen mittelmäßiger Begabung und bei höherstehenden Rassen größer als bei minderwertigen Rassen«.[13]

Wie Broca bei seinen Forschungen herausfand, lag das *Foramen magnum*, das Loch in der Schädelbasis, beim Menschen weiter vorn als bei den Menschenaffen und noch weiter vorn als bei anderen Säugetieren. Das veranlasste ihn, die Schädel von Weißen und Schwarzen zu untersuchen. Er stellte fest, dass das *Foramen magnum* der Weißen weiter vorn lag, und schloss daraus, dass »der Körperbau des Negers in dieser Hinsicht wie in vielen anderen dem des Affen angenähert ist«.[14] Der deutsche Anthropologe E. Huschke schlug 1854 in dieselbe Kerbe: Er behauptete, Hirn und Rückenmark des Negers seien »demjenigen des Affen ähnlich«.[15]

Auch amerikanische Wissenschaftler trugen ihren Teil zur Aufrechterhaltung weißer Vorurteile bei, denen zufolge Schwarze und andere »minderwertige« Menschen am unteren Ende der Rassenleiter rangierten. Der amerikanische Paläontologe und Evolutionsbiologe Edward D. Cope (1840–1897) erklärte, niedrigere menschliche Lebensformen seien in vier Gruppen einzuordnen: Frauen, Nichtweiße, Juden und die Unterschichten innerhalb höherstehender Rassen.[16]

Im 19. Jahrhundert verkündeten amerikanische Wissenschaftler, die per Schädelvermessung die Gehirngröße zu ermitteln und die Menschen in ein hierarchisches System einzuordnen suchten (Craniometrie), dass Ausländer sowie jene Amerikaner, die am Fußende der sozialen Leiter stünden, im Grunde aus minderwertigem Material seien (defekte Gehirne, schlechte Gene usw.). Samuel George Morton (1799–1851), ein berühmter Arzt und Naturgeschichtler aus Philadelphia, häufte eine gewaltige Sammlung menschlicher Schädel – hauptsächlich von Indianern – an, die er vermaß, um die Größe des Gehirns zu bestimmen und eine Rangordnung menschlicher Rassen festzulegen. In seinen drei großen veröffentlichten Werken über menschliche Schädel stellte Morton eine hierarchische Stufenleiter der Rassen auf: Ganz oben standen die Weißen, in der Mitte die Indianer und ganz unten die Schwarzen. Die Hottentotten, so Morton, kämen »den niedrigen Tieren am nächsten«; ihre Frauen seien »noch abstoßender von Erscheinung ... als die Männer«.[17] Die Weißen untergliederte und sortierte er noch weiter – Teutonen und Angelsachsen rangierten an der Spitze, in der Mitte standen die Juden und unten die Hindus.[18]

Dass die Afrikaner vom weißen Amerika sowohl während als auch noch nach der Zeit der Sklaverei als domestizierte Tiere betrachtet und behandelt wurden, entsprach Jim Mason zufolge dem »dringenden Bedürfnis der weißen Gesellschaft, die ›tierhaften‹ Schwarzafrikaner zu bändigen und unter Kontrolle zu halten. Dies erforderte einen noch wesentlich höheren emotionalen Einsatz als die Kontrolle ihrer Nutztiere, denn die Bedrohung war erheblich größer, und es stand viel mehr auf dem Spiel.«[19] In *Grausamkeit. Der Peiniger und sein Opfer* schreibt Philip P. Hallie, nach dem Bürgerkrieg hätten die Vorurteile der Weißen dafür gesorgt, dass »die Neger nach wie vor als passive Opfer weißer Macht, als eine Art Haustiere« betrachtet wurden.[20]

1893 brachte der *Southwestern Christian Advocate*, eine Zeitung aus New Orleans, einen Artikel von B. O. Flower mit dem Titel »Feuertod von Negern im Süden«, in dem dieser einen kurz zuvor begangenen Lynchmord kritisierte, aber zugleich bekannte, er empfinde wenig Mitgefühl mit dem Opfer. »Würden wir dieses Verbrechen vom Standpunkt jener höheren Gerechtigkeit aus wägen, so sähe man, dass bestenfalls ein sehr geringer Unterschied zwischen diesem armen, primitiven Menschen und dem Gorilla oder dem Löwen seiner Heimat Afrika bestand. Manche seiner Vorfahren gehörten wahrscheinlich zu den brutalsten und degeneriertesten Stämmen des dunklen Kontinents.«[21]

In einem Aufsatz, der 1906 im *American Journal of Anatomy* erschien, schrieb Robert Bennett Bean, ein Arzt aus Virginia, er habe bei seinen Schädelmessungen an weißen und schwarzen Amerikanern festgestellt, dass das Hinterhirn bei Schwarzen größer sei als das Stirnhirn, und sei daraufhin zu dem Schluss gelangt, dass Schwarze ein Zwischenglied zwischen Mensch und Orang-Utan seien.[22] Im Leitartikel der *American Medicine* vom April 1907 wurden Beans Ansichten lobend erwähnt; was er nachgewiesen habe, sei »die anatomische Grundlage dafür, daß die Negerschulen kein höheres Wissen vermitteln können – das Negerhirn kann es genauso wenig fassen wie ein Pferd den Dreisatz«.[23]

Amerikanische Ureinwohner

Vor ihrer Ausrottung wurden die amerikanischen Ureinwohner auf ähnliche Weise verunglimpft. Stannard zufolge produzierten die europäischen Forschungsreisenden und Kolonisten, die nach Amerika kamen, ganz ähnlich wie später die Nazis in Europa »viele Bände hochtrabender rassistischer Apologien für den völkermörderischen Holocaust, den sie verübten«. Sie hielten die »minderwertigen Rassen«, denen sie in Amerika begegneten, nicht nur für geheimnisvoll, sündig, unzüchtig, unmenschlich und unchristlich – und folglich gefährlich nah an den Tieren –, sondern betrachteten den Kontakt mit ihnen auch als moralisch verwerflich.

Das christliche Europa glaubte, so Stannard, »Gott stehe immer auf der Seite der Christen. Und Gott wünsche, dass solche gefährlichen wilden Tiere und primitiven Geschöpfe vernichtet würden. Dieser Wunsch war den Christen Befehl.«[24] Stannard weist auch darauf hin, dass die Begegnung mit den Völkern Amerikas vor dem Hintergrund des »alt eingewurzelten und pathologischen Hasses« des christlichen Europa »auf die Juden und alles Jüdische«[25] stattfand. Und er hält es für bezeichnend, dass Kolumbus 1492 in See stach, um die Neue Welt zu finden – im selben Jahr, in dem die Spanier die Juden aus Spanien vertrieben.

In Anbetracht des Umgangs der Europäer mit den Tieren war es ein tödlicher Vorbote der kommenden Ereignisse, dass sie die amerikanischen Ureinwohner als »wilde Tiere« titulierten.[26] Die gebildetsten und kultiviertesten Teilnehmer von Kolumbus' zweiter Fahrt – die Stannard für »den wahren Beginn der Invasion Amerikas« hält – verachteten die Eingeborenen, auf die sie trafen. Der italienische Edelmann Cuneo, ein Jugendfreund von Kolumbus, bezeichnete sie als »Tiere«, weil sie auf Matten statt in Betten schliefen und »aßen, wenn sie Hunger hatten«. Der Schiffsarzt, Diego Chanca, beschrieb die Eingeborenen als barbarische, unintelligente Kreaturen, »degenerierter als irgendein Tier auf der Welt«.[27]

In seinem Bericht über die ersten Jahre der spanischen Conquista schrieb Bartolomé de Las Casas (1474–1566), die spanischen Gräueltaten an den amerikanischen Ureinwohnern erinnerten an den Umgang der Spanier mit den Tieren in ihrer Heimat. »Die Spanier ..., welche zu Pferde und mit Schwertern und Lanzen bewaffnet waren, richteten ein greuliches Gemetzel und Blutbad unter ihnen an«, schrieb er. »Sie drangen unter das Volk, schonten weder Kind noch Greis, weder Schwangere noch Entbundene, rissen ihnen die Leiber auf, und hieben alles in Stücken, nicht anders, als überfielen sie eine Herde Schafe, die in den Hürden eingesperrt wäre.«[28] Bei einem Massaker in Kuba, das er miterlebte, fielen spanische Soldaten über eine Gruppe von Männern, Frauen, Kindern und alten Menschen her, um »jene Schafe und Lämmer ... niederzustechen, ihnen die Bäuche aufzuschlitzen und sie umzubringen«. Sie drangen in ein großes Haus in der Nähe ein und brachten darin so viele Menschen um, »daß das Blut in Strömen floß, als hätten sie viele Kühe getötet«.[29] Die indianischen Überlebenden ihrer Massaker dienten als »Lasttiere« und mussten sich mit untergeschlagenen Füßen hinsetzen »wie Lämmer«.[30]

Die Spanier zwangen ihre indianischen Sklaven, sich buchstäblich zu Tode zu schuften. Wer sich sträubte, wurde auf der Stelle getötet, denn – wie Juan de Matienzo es ausdrückte – Indianer waren »Tiere, die keinerlei Vernunft besitzen, sondern von ihren Leidenschaften beherrscht werden«.[31] Tzvetan Todorov zufolge wurden Indianer »mit Schlachtvieh gleichgesetzt, man schneidet ihnen sämtliche Extremitäten ab, Nase, Hände, Brüste, Zunge, Geschlechtsorgane, und verwandelt sie dadurch in formlose Torsi, so wie man vielleicht einen Baum stutzen würde«.[32]

Die europäischen Siedler in Nordamerika brachten den Eingeborenen, auf die sie trafen, dieselbe Verachtung entgegen. Für die Engländer waren sie von Anfang an immer nur »wilde Tiere«, und die ganze aufgestaute Gewalt, die der Begriff implizierte, wartete nur darauf, entfesselt zu werden. Der englische Seemann Martin Frobisher (1535?–1594) fand in Kanada amerikanische Ureinwohner vor, die in Höhlen lebten und ihre Beute auf die gleiche Weise jagten, »wie es der Bär und andere wilde Tiere tun«. Robert Johnson, Autor von *Nova Britannia* (1609), sah Indianer, die »in Scharen hierhin und dorthin wanderten, wie Rotwildrudel in einem Wald«.[33]

Samuel Purchas (1577?–1626), ein englischer Pfarrer, der auch eine Sammlung von Reiseberichten herausgab, erklärte in den 20er Jahren des 17. Jahrhunderts, die Indianer in Amerika hätten »außer der Gestalt wenig Menschliches« an sich, und fuhr fort: »Sie kennen keinerlei Höflichkeit und wissen nichts von Kunst und Religion; sie sind primitiver als die Tiere, die sie jagen, wilder und unmenschlicher als das menschenleere wilde Land, das sie weniger bewohnen als vielmehr durchstreifen.«[34] Als die Indianer in Virginia sich gegen die wachsende Zahl englischer Siedler zur Wehr zu setzen begannen, verkündete John Smith (ca. 1580–1611), die Indianer seien »grausame Bestien ... von einer unnatürlicheren Rohheit als die Tiere.«[35] 1689 behauptete ein englischer Pfarrer nach seiner Rückkehr von den westindischen Inseln, die Indianer stünden »nur eine Stufe (wenn überhaupt) über dem Affen«.[36] Richard Drinnon zufolge war der Tenor solcher Äußerungen bis zur endgültigen Unterwerfung und Vernichtung der amerikanischen Ureinwohner immer derselbe: »Wenn es Schwierigkeiten gab, waren die Eingeborenen stets wilde Tiere, die man aus ihren Höhlen, Sümpfen und Dschungeln treiben und ausrotten musste.«[37]

Hugh Brackenridge (1748-1816), ein Jurist und Romanschriftsteller, meinte, die Ausrottung wäre das Angebrachteste für »die Tiere, die man gemeinhin als Indianer bezeichnet«.[38] 1823 schrieb John Marshall (1755-1835), Präsident des Obersten Bundesgerichts: »Die Indianerstämme, die dieses Land bewohnten, waren unzivilisierte Wilde, die sich ständig bekriegten und ihre Nahrung hauptsächlich aus dem Wald bezogen ... Das Gesetz, das die Beziehungen zwischen dem Sieger und dem Besiegten regelt und im Normalfall auch regeln soll, war auf ein Volk, das in solchen Umständen lebte, nicht anwendbar.«[39] Mit solchen Worten negierte man jedwede moralische Verpflichtung gegenüber den Indianern (wie auch gegenüber den Tieren) und entzog ihnen den Schutz des Rechts. »Wenn man einen Menschen als Wilden bezeichnet«, schreibt Francis Jennings in *The Invasion of America,* »rechtfertigt man damit seinen Tod und sorgt dafür, dass er unbekannt bleibt und dass niemand um ihn trauert.«[40]

Josiah Clark Nott, Craniologe und Mitverfasser des bekannten Werkes *Types of Mankind* (1856), gelangte bei seinen Untersuchungen an Menschenschädeln zu dem Ergebnis, dass bei Weißen jene Schädelpartien entwickelt seien, die auf Denkvermögen schließen ließen; indianische Schädel hingegen deuteten auf eine starke »animalische Neigung« hin. Seine Schlussfolgerung lautete, die Indianer hätten sich »höchstens in sehr geringem Maße über die Tiere des Feldes hinausentwickelt«. Francis Parkman (1823-1893), der anerkannteste Historiker seiner Zeit, betrachtete die bevorstehende Ausrottung der Indianer – die er als »Mensch, Wolf und Teufel in einem« beschrieb – zwar mit Bedauern, glaubte aber, der Indianer sei selbst schuld an seiner Vernichtung. Da der Indianer »die Künste der Zivilisation nicht erlernen will, muss er zusammen mit seinem Wald zugrunde gehen.«[41]

Stannard zufolge bezeichneten die Weißen in Kalifornien – und nicht nur dort – die Indianer »als hässliche, schmutzige und unmenschliche ›Bestien‹, ›Schweine‹, ›Hunde‹, ›Wölfe‹, ›Schlangen‹, ›Ferkel‹, ›Halbaffen‹, ›Gorillas‹ und ›Orang-Utans‹, um nur ein paar der häufiger in der Presse vorkommenden Charakterisierungen anzuführen«. Einige Weiße erklärten die Indianer nach dem Grundsatz »Im Zweifel für den Angeklagten« nicht gleich ganz zu Tieren, sondern meinten nur, von allen Menschen in Nordamerika seien sie den Vierfüßlern am nächsten. Andere jedoch waren nicht so gnädig und behaupteten, schon bei der Berührung eines Indianers »ein Gefühl des Abscheus« zu verspüren, »als hätte ich eine Kröte, eine Schildkröte oder eine große Echse angefasst«. Es verstand sich von selbst, so Stannard, dass die Ausmerzung solch widerwärtiger Kreaturen »den meisten nur wenig Gewissensbisse bereiten konnte«.[42]

Für den berühmten Harvard-Professor für Anatomie und Physiologie Oliver Wendell Holmes (1809–1894), den Vater des späteren gleichnamigen Bundesrichters, waren Indianer nicht mehr als eine »halb ausgefüllte Umrisszeichnung des Menschen« und ihre Auslöschung eine logische und notwendige Endlösung des Problems. Seiner Ansicht nach hatten sie in Amerika nur so lange eine Daseinsberechtigung, bis der weiße Mensch (»der wahre Herr der Schöpfung«) kam und Anspruch darauf erhob. Holmes hielt es für ganz natürlich, dass der Weiße den Indianer hasste und »ihn wie die wilden Tiere des Waldes zur Strecke bringt«, sodass »die Rötelzeichnung ausradiert wird und die Leinwand für ein Bild der Menschheit bereit ist, das ein wenig mehr Gottes Ebenbild ähnelt«.[43]

Charles Francis Adams Jr. (1835–1915) glaubte, Amerika habe die Indianer zwar »hart« angefasst, doch habe ihre Niederwerfung »den angelsächsischen Stamm davor bewahrt, ein Volk von Mischlingen zu werden«. Für Stannard sind Adams' Worte »sowohl ein schreckliches Echo früherer Apologien genozidalen Rassenkriegs als auch eine bedrückende Vorwegnahme eugenischer Rechtfertigungen späterer Völkermorde, denn dieser berühmte Spross von Amerikas stolzester Familie zog die beabsichtigte Ausrottung einer ganzen Menschenrasse der ›Verunreinigung‹ durch Rassenmischung vor«.[44] Anlässlich der Hundertjahrfeier der amerikanischen Unabhängigkeitserklärung befürwortete der führende Literat des Landes, William Dean Howells (1837–1920), im Jahr 1876 »die Ausrottung der roten Wilden der Prärie«, die er als schreckliche Dämonen bezeichnete, »deren bösartige Charakterzüge kaum etwas anderes als Abscheu einflößen können«.[45]

Kurz vor dem Massaker an fast 200 Indianern – Männern, Frauen und Kindern – bei Wounded Knee in South Dakota im Jahr 1890 trat der Herausgeber des in diesem Staat erscheinenden *Aberdeen Saturday Pioneer*, L. Frank Baum, der später als Autor des *Zauberer von Oz* zu Ruhm gelangte, für die Ausrottung der Indianer ein:

> Die Würde der Rothaut ist dahin, und die paar Übriggebliebenen sind eine Meute winselnder Köter, die die Hand lecken, die sie schlägt. Die Weißen sind durch das Gesetz des Siegers und mit dem Recht der Zivilisation Herren des amerikanischen Kontinents, und die Sicherheit der Siedlungen im Grenzland wird am besten durch die vollkommene Vernichtung der wenigen verbliebenen Indianer gewährleistet. Und warum sollte man sie auch nicht vernichten? Ihre Pracht ist vergangen, ihr Geist gebrochen, ihr Mannesmut ausgelöscht; besser, sie stürben, statt als die erbärmlichen armen Teufel weiterzuleben, die sie sind.[46]

Nach dem Massaker bei Wounded Knee schrieb Baum: »Um unsere Zivilisation zu schützen, hätten wir lieber nachsetzen und diese ungezähmten und unbezähmbaren Kreaturen vom Antlitz der Erde tilgen sollen.«[47]

Der führende Psychologe und Pädagoge des Landes, Granville Stanley Hall (1844–1924), betrachtete die Angelegenheit aus globaler Perspektive und lobte die rasche Ausrottung der »hoffnungslos dekadenten« minderwertigen Rassen in aller Welt, die »wie Unkraut im menschlichen Garten ausgerupft« würden. Anteilnahme am Schicksal der Opfer sei unangebracht, so Hall, weil »wir aufgerufen sind, uns über die Moral zu erheben und die Bühne der Welt frei zu machen, auf dass jene überleben können, die am stärksten und darum am geeignetsten sind.«[48]

Obwohl das weiße Amerika sowohl die Indianer als auch die afrikanischen Sklaven für Tiere hielt, gab es doch einen Unterschied zwischen ihnen: Sklaven waren Nutztiere, Indianer hingegen wilde Tiere (Raubtiere und Ungeziefer), und als solche sollten sie auch behandelt werden.[49] Gegen Ende des 19. Jahrhunderts, als die Ausrottung der letzten freien Indianer so gut wie abgeschlossen war, schrieb der *California Christian Advocate*, trotz seines großen Mitgefühls mit den Indianern angesichts ihrer »Leiden unter den weißen Schurken, denen es Vergnügen bereitet, diese apathischen Wilden in Rage zu versetzen«, könne er sie nicht bewahren »vor dem höheren Verdikt der Menschheit: der Ausrottung«. Das christliche Blatt versicherte seinen Lesern, die »primitive, tierhafte, blutrünstige Tigernatur« der Indianer werde »unweigerlich vom höheren Gesetz der Zivilisation ausgemerzt werden«.[50]

Einer derjenigen, bei denen die Vernichtung der amerikanischen Ureinwohner auf allergrößte Bewunderung stieß, war Adolf Hitler. Die Eroberung des nordamerikanischen Kontinents durch die weißen Angelsachsen inspirierte ihn und überzeugte ihn davon, dass genozidale Maßnahmen gegen rassisch minderwertige Völker durchführbar waren. Sein Biograf John Toland schreibt, dass Hitler »sich im engsten Kreise oftmals lobend darüber äußerte, wie effizient die roten Wilden, die durch die Gefangenschaft nicht gezähmt werden konnten, mit Hilfe von Nahrungsentzug und militärischer Übermacht ausgerottet worden waren«.[51]

»Injun Warfare« auf den Philippinen

Im Krieg wird noch häufiger und intensiver mit Tiermetaphern und Schimpfnamen gearbeitet, denn die Verunglimpfung der Feinde als Tiere reduziert die Hemmungen und erleichtert das Töten. John Dower schreibt: »Indem man ein Zerrbild des Feindes zeichnete, ihn als dumm, tierhaft oder sogar als untermenschlichen Schädling hinstellte, verhinderte man, dass er als vernunftbegabtes oder gar menschliches Wesen wahrgenommen wurde, und erleichterte den Massenmord. Den Menschen – jedenfalls den meisten – fällt es weniger schwer, Tiere zu töten als ihre Mitmenschen.«[52]

Ende des 19. Jahrhunderts, als den Amerikanern die »wilden Indianer«, die man jagen und töten konnte, im eigenen Land endlich auszugehen schienen, kam die US-Armee durch die Eroberung der Philippinen im Gefolge des spanisch-amerikanischen Krieges (1898) zu zahlreichen neuen »Indianern«. Die

Militäraktion, bei der schätzungsweise 20000 »Aufständische« und 200000 Zivilisten ums Leben kamen, erinnerte an die früheren Indianerkriege im amerikanischen Westen. Tatsächlich waren die meisten amerikanischen Offiziere, die auf die Philippinen geschickt wurden, ehemalige Indianerkämpfer mit umfangreichen Erfahrungen in der Jagd auf »Wilde«.[53] Der erste Führer des amerikanischen Expeditionskorps war Generalmajor Wesley Merritt, ein Bürgerkriegsheld, der unter General George Custer zum erfahrenen Indianerkämpfer geworden war. Merritts Nachfolger, General Ewell Otis, ebenfalls ein Veteran des Bürgerkriegs und der Indianerkriege, betrachtete es als seine Aufgabe, die Filipinos in »gute Indianer« zu verwandeln. Auch andere amerikanische Generäle hatten zuvor gegen die Indianer gekämpft und führten nun Krieg gegen die Filipinos, so etwa Generalmajor Henry Lawton, der den großen Indianerhäuptling Geronimo gefangen genommen hatte; Generalmajor Arthur MacArthur, Militärgouverneur der Philippinen (1900-1901); und Generalmajor Adna Chaffee, der sich im Kampf gegen Komantschen, Cheyenne, Kiowas und Apachen hochgearbeitet hatte.[54]

Das Vokabular und die Tiermetaphern der Indianerkriege kamen auch beim Philippinen-Feldzug nahezu unverändert zum Einsatz. Die Filipinos galten routinemäßig als »Wilde«; General Chaffee bezeichnete sie als »Gorillas«, die sich im Busch versteckten. 1901 sprach einer der Generäle von dem Problem, dass man den Feind nicht kenne: »Was die Sache noch schwieriger macht, ist die angeborene Hinterhältigkeit dieser Leute, ihre große Zahl und daß man die aktiven unmöglich von den passiven Schurken unterscheiden kann« – eine von der Vernichtung indianischer Gemeinschaften in Amerika her vertraute Terminologie.[55]

Bei seiner Militäraktion auf Samar wandte General Jacob Smith dieselbe Taktik an, die er erfolgreich gegen Geronimo eingesetzt hatte, der mit seiner Hilfe ergriffen, eingesperrt und in ein Reservat deportiert worden war. Zunächst einmal befahl er allen Eingeborenen unter Androhung der Todesstrafe, aus dem Landesinneren herauszukommen. Diejenigen, die zur Küste strömten, wurden sofort in »Konzentrationslager« gesteckt.[56] Die amerikanischen Soldaten bezeichneten den Kampf auf den Philippinen als »Injun Warfare« (»Krieg gegen die Indianer«) und die Filipinos als »Nigger«, »tückische Wilde« und »hinterhältige Gugus« (oder »Goo-goos«), ein abschätziger Begriff, der sowohl im Zweiten Weltkrieg als auch im Vietnamkrieg als »Gooks« wieder auftauchte. Ein Soldat erklärte einem Reporter, das Land werde erst befriedet sein, wenn die »Nigger« genauso kalt gemacht worden seien wie die Indianer.

Wie so oft in den Indianerkriegen waren Massaker an Gefangenen, Verwundeten, Frauen und Kindern eher die Regel als die Ausnahme, und manchen bereiteten sie sogar noch mehr Vergnügen als das Abschießen von Tieren.[57] A. A. Barnes vom dritten Artillerieregiment berichtete in einem Brief nach Hause über die Zerstörung von Titatia, bei der über tausend Männer, Frauen und Kinder niedergemetzelt wurden. »Ich werde wohl langsam hartherzig, denn ich genieße es richtiggehend, wenn ich mein Gewehr auf eine Schwarzhaut richten und abdrücken kann. Sag all meinen wissbegierigen Freunden, dass ich mein Bestes für die amerikanische Flagge und mein geliebtes Amerika gebe.«[58]

Ein Soldat des Washington-Regiments erzählte, Filipinos zu erschießen mache ihm mehr Spaß als Kaninchen zu töten. Obwohl die Angehörigen des Regiments einen schlammigen Bachlauf durchqueren mussten, wobei ihnen das Wasser bis zur Taille reichte, »machte es uns nicht das Geringste aus, wir waren in Kampfstimmung, und jeder von uns wollte ›Nigger‹ töten«. Menschen zu erschießen sei ein »tolles Spiel« und tausendmal besser als »Kaninchen zu töten«, schrieb er. »Wir griffen sie an. So ein Gemetzel habt ihr noch nie gesehen. Wir haben sie niedergemacht wie Kaninchen; Hunderte, ja Tausende von ihnen.«[59]

Als der Feldzug in eine Serie von Massakern mündete, nahmen die Tiermetaphern an Häufigkeit zu. Ein Bataillonssoldat der Utah Battery schrieb in einem Brief an seine Angehörigen daheim vom »Fortschritt dieser ›goo goo‹-Jagd« und erklärte, ihre Vorgehensweise bestünde darin, »die Schwarzen mit Blei vollzupumpen, noch bevor man herausfindet, ob sie Freunde oder Feinde sind ... Zu diesen hirnlosen Affen kann man gar nicht grausam genug sein«.[60] Ein Korrespondent berichtete nach dem Besuch eines Lagers, die in Lumpen gehüllten und an Krankheiten sterbenden Gefangenen seien größtenteils »ein elend aussehender Haufen kleiner brauner Ratten.«[61] Als die Ausrottung schließlich ganz offen ins Werk gesetzt werden sollte, verteidigten amerikanische Offiziere dies bedenkenlos. Am 11. November 1901 druckte der *Philadelphia Ledger* den Brief eines Offiziers ab: »Unsere Männer waren gnadenlos, sie haben Männer, Frauen und Kinder, Gefangene und Festgenommene, aktive Aufständische und Verdächtige von zehn Jahren aufwärts getötet, um sie auszumerzen. Dabei stand ein Gedanke im Vordergrund: Der Filipino ist nicht viel besser als ein Hund.« Ein anderer Offizier schrieb einem Reporter: »Sagen wir es ganz offen. Wir haben die Indianer ausgerottet, und ich glaube, die meisten von uns sind stolz darauf, der Zweck heiligte zumindest die Mittel; und wir dürfen keine Skrupel haben, diese andere Rasse auszulöschen, die dem Fortschritt und der Aufklärung im Weg steht.«[62]

»Gelbe Affen«

John Dower zufolge wurden die Japaner im Zweiten Weltkrieg als »Tiere, Reptilien oder Insekten (Affen, Halbaffen, Gorillas, Hunde, Mäuse und Ratten, Nattern und Klapperschlangen, Kakerlaken, Ungeziefer – oder indirekter als ›japanische Meute‹ und dergleichen)« diskriminiert. Diese Diffamierungskampagne habe einem »gnadenlosen Krieg« im Pazifik den Weg bereitet, einem Krieg, der im Abwurf von Atombomben auf Hiroshima und Nagasaki gipfelte.[63] Und der amerikanische Journalist Ernie Pyle schrieb in einem seiner ersten Berichte aus dem Pazifik: »In Europa haben wir unsere Feinde, so schrecklich und tödlich sie auch waren, immer noch als Menschen betrachtet. Aber hier draußen bekam ich bald mit, dass die Japaner als etwas Abstoßendes und unter dem Menschen Stehendes angesehen wurden; verbunden mit ähnlichen Empfindungen, wie sie Kakerlaken und Mäuse manchmal auslösen.«[64]

Als der Krieg ausbrach, wurden Amerikaner japanischer Abstammung in den Vereinigten Staaten buchstäblich wie Tiere behandelt. Kurz nach den Ereignissen von Pearl Harbor wurden sie zusammengetrieben und für Wochen oder gar Monate in Tierhaltungsanlagen untergebracht, bevor sie in Lagern interniert wurden. Regierungsbeamte im Staat Washington schickten 2000 japanischstämmige Amerikaner in einen Viehhof, wo sie in ein einziges Gebäude gepfercht wurden und auf strohgefüllten Jutesäcken schlafen mussten. In Kalifornien wurden sie in Pferdeställe an Rennbahnen gesteckt, so z. B. in Santa Anita, wo die Pferde 8500 Internierten Platz machten. Andere wurden in Pferde- und Viehställe auf Viehmärkten eingewiesen. Und an der Sammelstelle von Puyallup im Staat Washington mussten sie in Schweineställen leben.[65]

Vor dem Krieg hatte Churchill Präsident Roosevelt erklärt, er verlasse sich darauf, dass dieser »den japanischen Hund im Pazifik an die Kandare« nehme. Nach Ausbruch der Kampfhandlungen wurden »tollwütige Hunde« und »gelbe Hunde« zu gängigen Schimpfnamen für die Japaner. Ein Amerikaner, der vor dem Krieg fünf Jahre in Japan gelebt hatte, schrieb einen Artikel über einen seiner japanischen Bekannten, einen ehemaligen Journalisten, der nun jedoch ein Offizier der »tollwütigen Hunde« sei. Der Amerikaner kam zu dem Ergebnis, dass »tollwütige Hunde nur wahnsinnige Tiere sind, die man erschießen sollte«.

Die Japaner wurden auch als Bienen, Ameisen, Schafe und Rinder dargestellt. Ein amerikanischer Soziologe beschrieb sie als »sehr diszipliniertes und konformistisches Volk – ein richtiger menschlicher Bienenstock oder Ameisenhaufen«. Ein Journalist berichtete, im Kampf »verwandelten sich die Japse in Ameisen, je mehr man tötete, desto ingrimmiger griffen sie an«. General Slim, der britische Oberbefehlshaber in Birma, schrieb in seinen Memoiren: »Wir hatten den Ameisenhügel umgestoßen, und nun liefen die Ameisen verwirrt durcheinander. Dies war der richtige Moment, um sie zu zertreten.« *Yank*, die Wochenzeitschrift der US-Armee, sprach von der »schafsähnlichen Unterwürfigkeit« der Japaner und bezeichnete sie als »dumme Tiersklaven«. Ein australischer Kriegsberichterstatter schrieb: »Viele der japanischen Soldaten, die ich gesehen habe, waren primitive, ochsenartige Trottel mit stumpfem Blick und zweieinhalb Zentimeter hoher Stirn.«[66]

Dower stellt fest, dass der Affe das gebräuchlichste Tierbild der westlichen Journalisten und Karikaturisten war, weil das Primatenbild »vielleicht die elementarste aller Metaphern ist, mit denen Vertreter der Theorie der weißen Vorherrschaft nichtweiße Völker erniedrigen«. Schon vor dem Krieg bezeichnete Sir Alexander Cadogan, Staatssekretär im britischen Außenministerium, die Japaner in seinem Tagebuch regelmäßig als »widerwärtige kleine Affen«. Während der ersten Monate der japanischen Invasion in Südostasien nannten westliche Journalisten die japanischen Soldaten »Affen in Khaki«. Unter dem Titel »Die Affenmenschen« zeigte eine ganzseitige Karikatur in der Januar-Ausgabe der britischen Zeitschrift *Punch* aus dem Jahr 1942 Affen, die sich behelmt und mit Gewehr über der Schulter durch den Dschungel schwangen.

Amerikanische Marineinfanteristen rissen Witze darüber, eine Granate in einen Baum zu werfen, sodass »drei Affen herausfliegen – zwei Schlitzaugen und der echte«. Ende 1942 brachte der *New Yorker* eine Karikatur, die später im *Reader's Digest* nachgedruckt wurde und dadurch ein viel größeres Publikum erreichte. Sie zeigte zwei weiße Infanteristen, die mit dem Gewehr im Anschlag vor einem dichten Dschungel liegen, in dessen Bäumen es von Affen und japanischen Heckenschützen wimmelt. »Gib acht«, sagt der eine zum anderen, »nur die in Uniform.« Ein amerikanischer Rundfunksprecher erklärte seinen Zuhörern, die Japaner seien aus zwei Gründen Affen: Erstens imitiere ein Affe im Zoo seinen Trainer, und zweitens: »Unter seinem Pelz ist er nach wie vor ein wildes kleines Tier.«

Wenn der amerikanische Admiral Halsey die Japaner nicht gerade als »gelbe Bastarde« titulierte, beschimpfte er sie als »gelbe Affen«, »Affenmenschen« und »dumme Tiere«. Vor einer Militäraktion erklärte er, er könne »es kaum erwarten, endlich aufzubrechen«, um sich »noch ein bisschen Affenfleisch« zu besorgen. Später erklärte er auf einer Pressekonferenz, er halte es mit dem chinesischen Sprichwort, dass »die Japaner ein Produkt der Paarung weiblicher Affen mit den schlimmsten chinesischen Verbrechern« seien, »die von China in die Verbannung geschickt worden waren«. Auch die amerikanischen und britischen Medien griffen während des Krieges immer wieder gern zur

Affenterminologie: »Affenjapse«, »Japes« (eine Kombination von »Japs« und »apes«), »gelbsüchtige Paviane«, »ein kurzsichtiger Affenknirps mit vorstehenden Hasenzähnen«.[67]

Als sich das Schlachtenglück zu wenden begann, wurden die Japaner immer häufiger als auszumerzendes Ungeziefer bezeichnet. Die von der Marineinfanterie herausgegebene Zeitschrift *Leatherneck* stellte den Japaner zeichnerisch als großes, bizarres Insekt mit schräg gestellten Augen und vorstehenden Zähnen dar, das die amerikanischen Marines ausrotten sollten. Andere Karikaturisten bildeten die Japaner als Ameisen, Spinnen, »japanische Käfer« und Ratten ab, die vernichtet werden mussten. Eine der größten Attraktionen bei einer riesigen patriotischen Parade mit einer halben Million Teilnehmern und drei Millionen Zuschauern, die im Juni 1942 in New York City abgehalten wurde – der größten Parade, die bis dahin in New York stattgefunden hatte –, war ein Wagen mit der Aufschrift »Tokio: Wir kommen«. Der *New York Herald Tribune* vom 14. Juni 1942 zufolge zeigte der Wagen »einen großen amerikanischen Adler, der an der Spitze einer Bomberstaffel auf eine Schar gelber Ratten hinabstieß, die in alle Richtungen auseinander liefen«. Die Menge »war hellauf begeistert«.[68]

»Chinesische Schweine«

Auch die Japaner erniedrigten ihre Feinde – vor allem die Chinesen – mit Tiermetaphern. Kurz nach dem Fall von Nanking im Jahr 1937 schrieb ein japanischer Soldat in sein Tagebuch, die abertausend gefangen genommenen chinesischen Soldaten »krochen alle wie Ameisen auf dem Boden dahin« und marschierten wie »eine Herde dummer Schafe«.[69] Als ein Chinese japanische Soldaten an der Vergewaltigung seiner Frau zu hindern versuchte, zogen sie ihm einen Draht durch die Nase und banden das andere Ende des Drahts an einen Baum, »wie bei einem Bullen«. Dann stachen sie unter den Augen seiner Mutter abwechselnd mit ihren Bajonetten auf ihn ein.[70]

Die Japaner führten mit ihren neuen Rekruten gleich bei deren Ankunft in China »Desensibilisierungsübungen« durch, bei denen sie chinesische Zivilisten töten mussten. Ein japanischer

Soldat schilderte seine Erlebnisse: »Eines Tages sagte Leutnant Ono zu uns: ›Ihr habt bis jetzt noch niemanden umgebracht, also werden wir heute ein paar Tötungsübungen durchführen. Ihr dürft die Chinesen nicht als menschliche Wesen betrachten; sie sind weniger wert als ein Hund oder eine Katze.‹«[71]

Zur psychologischen Vorbereitung auf die Invasion des chinesischen Festlands hatten japanische Lehrer ihren Schülern in den 30er Jahren des 20. Jahrhunderts beigebracht, das chinesische Volk zu hassen und zu verachten. In einer Klasse sollte ein Junge einen Frosch sezieren. Als er deswegen in Tränen ausbrach, gab ihm sein Lehrer eine Ohrfeige. »Warum weinst du über einen mickrigen Frosch?«, brüllte der Lehrer. »Wenn du groß bist, wirst du ein- oder zweihundert Gelbe umlegen müssen.«[72]

Für das japanische Militär waren die Chinesen Untermenschen, deren Ermordung moralisch ebenso wenig verwerflich war, als würde man ein Schwein schlachten oder eine Wanze zerquetschen. Ein japanischer General erklärte einem Kriegsberichterstatter: »Sie betrachten die Chinesen als Menschen, während ich in ihnen Schweine sehe«, und ein Soldat schrieb in sein Tagebuch, dass »ein Schwein wertvoller ist als das Leben eines [chinesischen] Menschen, da man Schweine essen kann«. Ein Offizier in Nanking, der chinesische Gefangene in Zehnergruppen aneinander fesselte, in Gruben stieß und verbrannte, erklärte später, er habe dabei nichts anderes empfunden als beim Schweineschlachten.[73]

Die Japaner konfiszierten die geliebten und nützlichen Büffel der chinesischen Bauern, spießten sie auf und rösteten sie bei lebendigem Leibe.[74] In *Long the Imperial Way* schilderte Hanama Tasaki, ein ehemaliger japanischer Soldat, wie japanische Soldaten chinesischen Bauern immer wieder die Esel wegnahmen und sie zwangen, zu ihrer Unterhaltung zu kopulieren.[75]

»Vietnamesische Termiten« und »irakische Kakerlaken«

Nicht viel mehr als zwei Jahrzehnte nach dem Ende des Krieges im Pazifik tauchte im Vietnamkrieg wieder eine ganz ähnliche Rhetorik und Tiermetaphorik auf. Amerikanische Soldaten bezeichneten Vietnam als »Indianerland« und die Vietnamesen als »Schlitzaugen«, »Gooks« und »Dinks«. Nach ihrem Tod wurden sie zu »body counts« (Anzahl der getöteten Feinde). In offiziellen Verlautbarungen der Regierung hieß es, das Land sei von Vietnamesen »verseucht«. John Mecklin, Pressechef der amerikanischen Botschaft in Saigon, erklärte, der Verstand eines Vietnamesen entspreche »dem verkümmerten Bein eines Polio-Opfers« und in Bezug auf seine Geisteskräfte stehe er »nicht weit über der Stufe eines sechsjährigen Amerikaners«.[76]

In seiner Aussage vor dem Kongress bezeichnete General Maxwell Taylor die Vietnamesen als »Indianer«. Für General William C. Westmoreland waren sie hingegen »Termiten«. Westmoreland vertrat die Ansicht, die Vereinigten Staaten sollten in dem Konflikt nicht zu viele Soldaten einsetzen, und erklärte zur Begründung, mit einer zu hohen Dosis von Termitenvernichtungsmitteln riskiere man den Einsturz der Böden oder des Fundaments. »Wir müssen das richtige Maß von Termitenvernichtungsmitteln finden, um die Termiten loszuwerden, ohne dabei das Haus zu zerstören.«[77]

Als amerikanische Piloten im Golfkrieg 1991 auf dem Rückzug befindliche irakische Soldaten töteten, nannten sie dies »Truthahnjagd«; eilig Deckung suchende Zivilisten bezeichneten sie als »Kakerlaken«. Wie immer in Kriegszeiten entmenschlichen Tiermetaphern den Feind und erleichtern seine Vernichtung. Stannard schreibt: »Neben vielem anderen gehört es nämlich zum Krieg, dass die gesamte gegnerische Bevölkerung zeitweilig als überflüssig und entbehrlich definiert wird – erst nach einer solchen Neudefinition können die meisten Nichtpsychopathen Unschuldige massakrieren, ohne massive Schuldgefühle zu entwickeln.«[78] Nichts trägt mehr zu dieser Neudefinition bei, als Feinde zu Tieren zu erklären.

Die Verunglimpfung der Juden

Der Brauch, Juden als Tiere zu verunglimpfen, reicht bis in die Frühgeschichte des Christentums zurück. Einer der größten Kirchenväter, der heilige Johannes Chrysostomus (ca. 347–407), Patriarch von Konstantinopel, nannte die Synagoge »ein Nest für wilde Tiere« und schrieb über die Juden:»In Schamlosigkeit und Gier übertreffen sie noch die Schweine und Ziegen.« Und eine so ehrwürdige Persönlichkeit wie der heilige Gregorius von Nyssa (ca. 335–ca. 394), ebenfalls ein Kirchenvater, bezeichnete die Juden als »ein Otterngezücht«.[79]

In Deutschland begann man die Juden auf diese Weise zu diffamieren, lange bevor die Nazis an die Macht gelangten. Martin Luther (1483–1546), Initiator der protestantischen Reformation, lobte die Juden zunächst, weil sie die falschen Lehren des päpstlichen »Antichristen« ablehnten. Doch als sich bald darauf herausstellte, dass sie nicht allzu erpicht darauf waren, zu seiner Form des Christentums zu konvertieren, beschimpfte er sie ebenfalls: Wenn er jemals einen Juden taufen solle, werde er ihn lieber wie eine giftige Schlange ersäufen. »Ich kann die Juden nicht bekehren ... Aber ich kann ihnen den Schnabel schließen, so daß ihnen nichts anderes übrigbleibt, als auf dem Boden ausgestreckt liegen zu bleiben.« John Weiss zufolge ließ Luther keinen Zweifel daran, dass »der Tod seine persönliche Endlösung der ›Judenfrage‹ war.[80]

1575 hieß es in einem mit vielen Illustrationen ausgestatteten deutschen Buch über wundersame Ereignisse, eine Jüdin habe in der Nähe von Augsburg zwei kleine Schweine zur Welt gebracht.[81] Der deutsche Philosoph Georg Wilhelm Friedrich Hegel (1770–1831) behauptete, die Juden könnten nicht in die deutsche Kultur assimiliert werden, da ihr Materialismus und ihre Habgier »lediglich eine animalische Existenz« erlaubten.[82] Im späten 19. Jahrhundert beendete ein führendes Mitglied der Deutschkonservativen Partei seine Brandrede gegen die Juden im Reichstag mit dem Aufruf, diese »Raubtiere« auszurotten.[83]

Paul de Lagarde (1827–1891), ein deutscher Orientalist und Fachmann für semitische Sprachen, nannte die Juden »Bazillen« und sagte, sie seien »Träger der Verwesung«, die »jede nationale Kultur ansteckten«. Dieses »wuchernde Ungeziefer« müsse vernichtet werden, bevor es zu spät sei, verlangte er. »Mit Trichinen und Bazillen wird nicht verhandelt ... sie werden so rasch und so gründlich wie möglich vernichtet.«[84] Anfang des 20. Jahrhunderts lobte der deutsche Kronprinz Wilhelm II. (1859–1941) das blutige Pogrom gegen russische Juden in Kichenew, und als jüdische Flüchtlinge aus Russland nach Deutschland kamen, verkündete er: »Hinaus mit diesen Schweinen!«[85] Der deutsche Komponist Richard Wagner (1813–1883) schrieb, die jüdische Rasse sei der »geborene Feind der Menschheit« und vergifte die deutsche Kultur. Seine Frau Cosima schmähte die Juden immer wieder als Würmer, Läuse, Insekten und Bazillen.[86]

Hitler benutzte eine ähnliche bakteriologische Terminologie mit völkermörderischen Untertönen. »Denken Sie nicht, daß Sie die Rassentuberkulose bekämpfen können, ohne zu sorgen, daß das Volk frei wird von dem Erreger der Rassentuberkulose«, sagte er im August 1920.[87] Vier Jahre später bezeichnete er in *Mein Kampf* die Juden als »Bazillenträger«, die Kunst und Kultur verseuchten, die Wirtschaft infiltrierten, die staatliche Autorität untergrüben und die Erbgesundheit anderer Völker vergifteten.[88] In nach dem Krieg veröffentlichten Bemerkungen bezeichnete Hitler die Juden als »die Spinne, die dem Volke langsam das Blut aus den Poren saugt, eine sich blutig bekämpfende Rotte von Ratten, der Parasit im Körper anderer Völker, ... der ewige Blutegel«.[89]

Es bestand wenig Zweifel daran, was Hitler meinte, als er in *Mein Kampf* schrieb: »Die Nationalisierung unserer Masse wird nur gelingen, wenn bei allem positiven Kampf um die Seele unseres Volkes ihre internationalen Vergifter ausgerottet werden.«[90] So wenig Hitler die praktischen Implikationen seiner Äußerungen aus den 20er Jahren durchdacht haben mochte, für Ian Kershaw ist »die inhärente Zielrichtung Völkermord ... nicht zu leugnen. Wenn auch noch undeutlich, so war in Hitlers Kopf die Verbindung zwischen ›Judenvernichtung‹, Krieg und ›nationaler Erlösung‹ bereits hergestellt.«[91] Als Hitler später die Endlösung in die Wege leitete, setzte er die Juden erneut mit Bazillen gleich und erklärte, der Versuch, sie zu eliminieren, sei »der gleiche Kampf, den Pasteur und Koch haben kämpfen müssen«.[92]

John Roth und Michael Berenbaum zufolge bezeichnete die Nazi-Propaganda die Juden permanent als »Parasiten, Ungeziefer und Raubtiere – mit einem Wort, als Untermenschen«.[93] 1932, ein Jahr vor der Machtergreifung der Nazis, erntete ein nationalsozialistischer Redner im wohlhabenden Berliner Stadtteil Charlottenburg begeisterten Applaus, als er die Juden als Insekten bezeichnete, die ausgerottet gehörten.[94] In dem Nazi-Propagandafilm *Der ewige Jude* erklärt der Erzähler zu Bildern zahlloser durcheinander wimmelnder Ratten, diese »stellen unter den Tieren das Element der heimtückischen, unterirdischen Zerstörung dar – nicht anders als die Juden unter den Menschen«.[95]

Im Zweiten Weltkrieg erklärte das deutsche Oberkommando an der Ostfront, russische Kommunisten stünden noch unter den Tieren: »Es hieße die Tiere beleidigen, wollte man die Züge dieser zu einem hohen Prozentsatz jüdischen Menschenschinder tierisch nennen.«[96] Bei einem Besuch im Ghetto von Lodz zu Beginn des Krieges sagte Propagandaminister Joseph Goebbels beim Anblick der dortigen Juden: »Das sind keine Menschen mehr. Das sind Tiere.«[97] Der Gendarmeriemeister Fritz Jacob berichtete 1942 in einem Brief nach Hause, er habe in Polen »schreckliche Gestalten von Juden« gesehen. »Es waren keine Menschen, sondern Affenmenschen.«[98]

Heinrich Himmler, für den die Juden »geistig, seelisch tiefer stehend als jedes Tier«[99] waren, betrachtete den Krieg als einen Rassenkampf auf Leben und Tod gegen die vom jüdischen Bolschewismus beherrschte Horde »asiatischer Tiere«. 1943 erklärte er in der deutschen Hafenstadt Stettin vor Einsatztruppen der Waffen-SS, der Krieg sei »ein Weltanschauungskampf und ein Kampf der Rassen«. Auf der einen Seite stehe der Nationalsozialismus als Verteidiger des germanischen nordischen Blutes (»im ganzen eine frohe, schöne, kulturerfüllte Welt«), auf der anderen »ein 180-Millionen-Volk, ein Gemisch aus Rassen und Völkern, deren Namen schon unaussprechlich sind, und deren Gestalt so ist, daß man sie bloß ohne Gnade und Barmherzigkeit zusammenschießen kann. Diese Tiere ... [sind] vom Juden in einer Religion, in einer Weltanschauung zusammengefaßt, die Bolschewismus genannt wird.«[100]

Deutsche titulierten die Juden häufig als »Ratten«[101] und beleidigten sie auch mit anderen Tiernamen, aber ihre liebsten Beschimpfungen waren »Schwein«, »Judenschwein«, »Sau« und »Saujude«.[102] Ernst Schumann, Mitglied einer Werkstatteinheit, brachte gegenüber seinem Vorgesetzten, Untersturmführer Täubner, seine Verwunderung darüber zum Ausdruck, dass Angehörige dieser Einheit an Judentötungen teilnehmen sollten. Täubner lachte ihn aus und entgegnete ihm, »für ihn käme erst das Schwein, dann eine ganze Zeit gar nichts und erst dann der Jude«.[103] Als eine österreichische Volkssturm-Einheit gegen Ende des Krieges erfuhr, dass tags darauf eine Gruppe ungarischer Juden durch ihre Stadt kommen würde, befahl der Gruppenführer seinen Männern, sich auf deren Ermordung vorzubereiten: »Diese Hunde und Schweine verdienen es alle miteinander, totgeschlagen zu werden.«[104] Nachdem Alois Häfele im Todeslager von Chelmno über ein Jahr lang Dienst getan hatte, erklärte er einem ehemaligen Vorgesetzten, man gewöhne sich daran: »Männlein oder Weiblein, das sei alles eins – als ob man einen Käfer zertrete. Beim Reden machte Häfele mit dem Fuß eine Drehbewegung auf dem Boden.«[105]

Auch bei ihrer biomedizinischen Forschung an Menschen griffen die Nazis zu Tiernamen. Insassinnen des Frauenkonzentrationslagers Ravensbrück, denen mit Gasbrandbazillen infizierte Wunden beigebracht worden waren und an denen man Knochentransplantationsexperimente vorgenommen hatte, hießen bei den Deutschen »Kaninchen«. Eine Häftlingsärztin in Auschwitz, Magda V., sagte, Josef Mengele habe Juden »wie Labortiere« behandelt, denn »in seinen Augen waren wir tatsächlich biologisch minderwertig«.[106] Jedes Mal wenn er wegen der Häftlingsärzte einen Wutausbruch bekam, nannte er sie »Hunde und Schweine«.[107]

Diese Verunglimpfung und Entmenschlichung der Opfer durch Tiermetaphern erleichterten es der SS im Verein mit den grauenhaften und menschenunwürdigen Zuständen in den Lagern, ihre Arbeit zu erledigen, denn wenn man die Häftlinge wie Tiere behandelte, dann fingen sie auch irgendwann an, wie Tiere auszusehen und zu riechen.[108] »Dadurch war der Massenmord für die Mörder weniger schrecklich«, erklärt Terrence Des Pres, »denn die Opfer sahen nicht mehr wie Menschen aus, sondern eben wie Untermenschen.«[109] In *Hitlers willige Vollstrecker* stellt Daniel Jonah Goldhagen fest: »Die Deutschen benutzten die Juden häufig als Spielzeuge, zwangen sie wie Zirkustiere Possen zu treiben, die die Juden entwürdigten und ihre Folterer amüsierten.«[110]

Je »minderwertiger« und erniedrigter die menschlichen Opfer sind, desto leichter fällt es einer auf der Ausbeutung und Schlachtung von Tieren begründeten Zivilisation, sie zu töten. Als Gitta Sereny 1971 in einem Düsseldorfer Gefängnis Franz Stangl interviewte, den Lagerkommandanten von Treblinka, fragte sie ihn: »Wenn sie sie sowieso umbringen wollten, warum dann all diese Demütigungen und Grausamkeiten?« Er antwortete: »Um die, die diese ›Maßnahme‹ ausführen mußten, vorzubereiten; um sie zu ›konditionieren‹. Damit sie das tun konnten, was sie dann taten.«[111]

Die Nazis waren nicht die Letzten, die Juden als Tiere bezeichneten. Auf dem Höhepunkt erneuter Spannungen in der Golfregion verkündete Abd-al Latif Hamin im November 1998 in einer vom irakischen Staatsrundfunk übertragenen Predigt: »Im Koran findet sich Allahs Versprechen, die Juden, diese Söhne von Affen und Enkel von Schweinen, an einem Ort zu versammeln, sodass die Muslime sie auslöschen können.«[112] In seiner wöchentlichen Freitagspredigt, die von der Stimme Palästinas ausgestrahlt wird, sprach der Mufti der palästinensischen Autonomiebehörde, Ikrama Sabri, ebenfalls von der tierlichen Abstammung der Juden. »Allah wird im Namen seines Propheten Rache an den kolonialistischen Siedlern nehmen, die Nachkömmlinge von Affen und Schweinen sind«, versprach er. »Vergib uns, o Mohammed, die Taten dieser Affen und Schweine, die deine Heiligkeit entweihen wollten.«[113]

In Russland würdigt antisemitische Rhetorik die Juden ebenfalls zu Tieren herab. So schrieb Vladislav Shumsky in einem Artikel in *Ja-russkij*, in dem er einen antisemitischen Duma-Abgeordneten pries: »Es gibt keine guten Juden, wie es auch keine guten Ratten gibt ... Mit ihrer Lüsternheit und ihrer übermäßigen Habgier sind die Juden nicht besser als Schweine und Ziegen.«[114]

Auseinandersetzung mit dem Holocaust

In ihrem Buch *Holocaust Project. From Darkness into Light* erzählt die Künstlerin Judy Chicago von ihrem Weg zu der Erkenntnis, dass die Herabwürdigung der Juden zu Tieren der erste Schritt dahin war, sie auch wie Tiere zu behandeln – und abzuschlachten. Sie räumt allerdings ein, dass es eine Weile dauerte, bis ihr dies klar wurde, weil sie den Menschen immer vertraut und daran geglaubt hatte, dass es auf der Welt einigermaßen anständig und gerecht zuging. Sie wusste, dass schreckliche Dinge geschehen waren, hielt sie jedoch für Einzelfälle.

Ihre Begegnung mit dem Holocaust erschütterte sie deshalb bis ins Mark; ihre Grundeinstellung zu den Menschen und zur Welt geriet ins Wanken. »Die Auseinandersetzung mit dem Holocaust konfrontierte mich mit einer Ebene der Realität, mit der ich in meinem bisherigen Leben nicht einmal ansatzweise in Berührung gekommen war: Millionen von Menschen waren ermordet, weitere Millionen versklavt und in großes Leid gestürzt worden, während die Welt die Augen vor der Durchführung der Endlösung verschloss.«[115] Sie konnte es einfach nicht fassen, weil es zu schmerzhaft war, und sie wusste, dass es noch einige Zeit dauern würde, bis sie begriff, was es über die Menschen und die Welt aussagte, in der sie lebte.

Nachdem ihr die schlachthofähnlichen Aspekte des Holocausts zu Bewusstsein gekommen waren, erkannte sie die Zusammenhänge zwischen der industrialisierten Tötung von Tieren und von Menschen. Bei einem Auschwitz-Besuch sah sie ein maßstäbliches Modell eines der vier Krematorien. Da ging ihr auf, »dass es in Wirklichkeit riesige Verarbeitungsanlagen waren – nur dass sie keine Schweine verarbeiteten, sondern zu Schweinen erklärte Menschen«.[116]

Im Rahmen ihrer immer intensiveren Beschäftigung mit dem Holocaust wurde Chicago klar, dass man Menschen zunächst und vor allem entmenschlichen muss, bevor man sie abschlachten kann, und dass die Juden darum durch Ghettoisierung, Aushungerung, Dreck und Brutalität in »Untermenschen« verwandelt worden waren. Das Nazi-Regime hatte die Juden fortwährend als »Ungeziefer« und »Schweine« bezeichnet und die deutsche Öffentlichkeit so davon überzeugt, dass es notwendig war, sie zu vernichten.

Als Judy Chicago in Auschwitz über das Modell des Krematoriums nachsann, dachte sie »plötzlich an die ›Verarbeitung‹ anderer Lebewesen, die für die meisten von uns alltäglich ist und über die wir wenig nachdenken«. Ihr fiel ein, dass Schweine in der industriellen Revolution zu den ersten »Dingen« auf dem Fließband gehörten.[117] »Ich begann mich zu fragen, ob es wirklich einen ethischen Unterschied zwischen der Verarbeitung von Schweinen und zu Schweinen erklärten Menschen gibt. Viele würden einwenden, moralische Erwägungen bräuchten nicht auf Tiere ausgedehnt zu werden, aber genau dasselbe sagten die Nazis in Bezug auf die Juden.«[118] Das Beunruhigende an ihrem Aufenthalt in Auschwitz war für sie, »wie seltsam vertraut es einem vorkam«. Da manches von dem, was die Nazis in den Lagern taten, im Rest der Welt ständig geschieht, waren die in Auschwitz angewandten »Verarbeitungs«-Methoden »eine bizarre Form eben jener modernen Technologien, von denen wir alle abhängig sind. Viele Lebewesen werden in widerwärtigen Behausungen zusammengepfercht; ohne Nahrung und Wasser transportiert; in Schlachthöfe getrieben, wo man ihre Körperteile ›effizient‹ zur Herstellung von Wurst, Schuhen oder Dünger verwertet.«[119] Da hatte sie auf einmal eine Eingebung:

> Ich sah den gesamten Erdball in Auschwitz symbolisiert, und er war mit Blut besudelt: Menschen werden manipuliert und benutzt; Tiere werden in sinnlosen Experimenten gequält; Männer jagen des »Nervenkitzels« wegen hilflose, verletzliche Geschöpfe; Menschen werden durch unzulängliche Unterbringung, ungenügende medizinische Versorgung und Nahrungsmangel niedergedrückt; Männer misshandeln Frauen und Kinder; Menschen verschmutzen die Erde mit unzähligen Giftstoffen, die Luft, Erdreich und Wasser verseuchen; Andersdenkende werden ins Gefängnis gesperrt; politische Gegner werden eliminiert; wer anders aussieht, fühlt oder handelt, wird unterdrückt.[120]

Judy Chicagos ganzheitliche Vision ist ein passender Abschluss für den ersten Teil dieses Buches. Im nächsten Teil (Kapitel 3–5) untersuche ich die Zusammenhänge von institutionalisierter Gewalt gegen Tiere einerseits und Menschen andererseits in zwei modernen Industriestaaten – den Vereinigten Staaten und Deutschland.

ZWEITER TEIL

HERRENSPEZIES, HERRENRASSE

Ich will es deutlich sagen: Rings um uns herrscht ein System der Entwürdigung, der Grausamkeit und des Tötens, das sich mit allem messen kann, wozu das Dritte Reich fähig war, ja es noch in den Schatten stellt, weil unser System kein Ende kennt, sich selbst regeneriert, unaufhörlich Kaninchen, Ratten, Geflügel, Vieh für das Messer des Schlächters auf die Welt bringt.

J. M. COETZEE, *Das Leben der Tiere*

Die Entrüstung über begangene Grausamkeiten wird umso geringer, je unähnlicher die Betroffenen den normalen Lesern sind, je brunetter, ›schmutziger‹, dagohafter. Das besagt über die Greuel selbst nicht weniger als über die Betrachter. Vielleicht ist der gesellschaftliche Schematismus der Wahrnehmung bei den Antisemiten so geartet, daß sie Juden überhaupt nicht als Menschen sehen.
  Die stets wieder begegnende Aussage, Wilde, Schwarze, Japaner glichen Tieren, etwa Affen, enthält bereits den Schlüssel zum Pogrom. Über dessen Möglichkeit wird entschieden in dem Augenblick, in dem das Auge eines tödlich verwundeten Tiers den Menschen trifft. Der Trotz, mit dem er diesen Blick von sich schiebt – ›es ist ja bloß ein Tier‹ –, wiederholt sich unaufhaltsam in den Grausamkeiten an Menschen, in denen die Täter das ›nur ein Tier‹ immer wieder sich bestätigen müssen, weil sie es schon am Tier nie ganz glauben konnten.

THEODOR W. ADORNO, *Minima Moralia*

3. Die Industrialisierung des Schlachtens
Der Weg nach Auschwitz führt durch Amerika

In diesem zweiten Teil des Buches (Kapitel 3–5) untersuche ich die neuzeitliche Verflechtung der industrialisierten Tötung von Tieren und Menschen und zeige, wie die amerikanische Eugenik und Fließbandschlachtung den Atlantik überquerten und in Nazideutschland auf fruchtbaren Boden fielen.

In *American Holocaust. The Conquest of the New World* schreibt der Historiker David Stannard, der Weg nach Auschwitz habe durch Amerika geführt, und die religiöse und kulturelle Mentalität der Europäer, die den Völkermord an den amerikanischen Ureinwohnern hervorgebracht habe, sei auch für den Holocaust verantwortlich gewesen.[1] Stannard bekräftigt Elie Wiesels Feststellung, der Weg nach Auschwitz sei schon in den frühesten Tagen der Christenheit geebnet worden, fügt aber eine weitere Schlussfolgerung hinzu: »Der Weg nach Auschwitz führte mitten durch die westindischen Inseln sowie durch Nord- und Südamerika.«[2]

Der Philosoph Theodor W. Adorno (1903–1969) schrieb in seinen *Minima Moralia*: »Der Trotz, mit dem er [der Mensch] diesen Blick [eines tödlich verwundeten Tiers] von sich schiebt – ›es ist ja bloß ein Tier‹ –, wiederholt sich unaufhaltsam in den Grausamkeiten an Menschen, in denen die Täter das ›nur ein Tier‹ immer wieder sich bestätigen müssen, weil sie es schon am Tier nie ganz glauben konnten.«[3] Wenn das zutrifft – und davon bin ich überzeugt –, dann muss Stannards Schlussfolgerung erweitert werden: Der Weg nach Auschwitz beginnt im Schlachthof.

Tierschlachtung in den Kolonien

Christoph Kolumbus brachte das Rind nach Amerika. Bei seiner zweiten Reise, die als Auftakt der europäischen Invasion Amerikas gilt, hatte er 34 Pferde und zahlreiche Rinder an Bord, die er im Januar 1494 an der Küste von Haiti entlud. Die spanischen Galeeren, die ihm folgten, brachten weitere Rinder mit und verteilten sie über die ganzen westindischen Inseln.

Gregorio de Villalobos, der Anfang des 16. Jahrhunderts eine spanische Expedition auf das mexikanische Festland anführte, hatte ebenfalls Rinder dabei. Als Vizegouverneur von Neuspanien schleuste er weitere Siedler, Vorräte, Pferde und Rinder nach Mexiko. Und im Gefolge von Hernando Cortez' Sieg über die Azteken bevölkerten die Spanier das reiche Weideland zwischen Veracruz und Mexiko City mit Rindern, die sie ihres Fleisches und Leders wegen schlachteten.[4]

In Amerika beuteten die europäischen Siedler die Tiere genauso als Arbeitskräfte, Transportmittel sowie Nahrungs- und Kleidungslieferanten aus, wie sie es früher zu Hause getan hatten. »Es waren die Spanier, die Pferde, Rinder, Schafe und Schweine in die Neue Welt brachten«, schreibt Keith Thomas. »Zudem aßen die Europäer im Vergleich zu den Völkern des Ostens, die sich von Pflanzen ernährten, außerordentlich viel Fleisch.«[5]

Nirgends in Europa war die Abhängigkeit von Tieren stärker als in England und Holland. In der frühen Neuzeit hatte der Einsatz von Pferden als Arbeitstiere dort enorm zugenommen; die Folge war, dass die Ochsen in wachsendem Maße als Nahrungslieferanten dienten. Ausländische Besucher in England staunten über die große Zahl von Fleischereien und den gewaltigen Fleischverzehr. »Unsere Schlachthäuser«, erklärte der Elisabethaner Thomas Muffett, »versetzen Europa, ja wahrlich die ganze Welt in Erstaunen.«[6]

In Nordamerika begann die Tierschlachtung fast zeitgleich mit der Ankunft der Engländer. Als im Winter 1607/1608 bei den ersten englischen Siedlern in Jamestown eine Hungersnot ausbrach, schlachteten und verzehrten sie sämtliche Schweine, Schafe und Rinder, die sie aus England mitgebracht hatten.

Sobald der Viehbestand der Kolonie wieder aufgestockt war, schlachteten die Siedler die überzähligen Tiere immer zu Winteranfang, da die Kälte das Fleisch bis zum Frühling konservierte. Bald pökelten sie Schweinefleisch ein, packten es fassweise ab und verkauften es mit Mengenrabatt. Bis 1635 schlachteten Siedler in der Massachusetts Bay Colony das Vieh im Freien und verkauften die Rümpfe ganz, halb und in Vierteln an Fleischer und einzelne Haushalte.

Mitte des 17. Jahrhunderts entwickelte sich die holländische Kolonie New Amsterdam zur Schlachthauszentrale Nordamerikas. Jimmy Skaggs, Professor für Geschichte an der Wichita State University, schreibt, dass die Schlachthäuser und Viehgehege im Landschaftsbild der Kolonie, die 1664 in New York umbenannt wurde, »fast so hervorstachen wie die Windmühlen in Holland«.[7] Entlang der Palisade, die später zur Wall Street wurde, standen Schlachthäuser über dem Graben, in dem das Blut und Gedärm geschlachteter Tiere in einen kleinen Strom namens »Bloody Run« floss, der sich in den East River ergoss.

Im Jahr 1656, als die Zahl der in New Amsterdam jährlich geschlachteten Rinder, Schweine und Lämmer auf die 10 000 zuging, verlangte die Kolonie erstmals Schlachtgenehmigungen. Außerdem wurden die Schlachthäuser mit Rücksicht auf die Öffentlichkeit, die vom Anblick, den Geräuschen und Gerüchen des Schlachtens verschont bleiben wollte, auf die andere Seite des Staketenzauns verbannt, der sich an der Wall Street entlang zog. Mit dem Wachstum New Yorks wurden die Schlachthäuser immer weiter nach Norden verlegt. In den 30er Jahren des 19. Jahrhunderts waren sie auf das Gebiet nördlich der 42. Straße beschränkt; im Bürgerkrieg befanden sie sich bereits nördlich der 80. Straße.

Da sich Schweinefleisch besser konservieren ließ als Rind- und Lammfleisch, bevorzugten die Fleischer der Kolonien Schweine. Die Geburtsstunde des kommerziellen Fleischgroßhandels in Nordamerika schlug um 1660 herum in einem Lagerhaus in Springfield, Massachusetts, wo William Pynchon Schweine schlachtete, die er anschließend nach Boston transportierte, um sie dort in der Region und auf den westindischen Inseln auf den Markt zu bringen.

Die kolonialen Fleischwarenhersteller schlugen die Schweine mit Knüppeln bewusstlos, stachen sie ab und hängten sie mit dem Kopf nach unten auf, um sie ausbluten zu lassen. Viele tauchten die Tierkörper auch in Bottiche mit kochend heißem Wasser, damit sich die Borsten leichter entfernen ließen. Man nahm die Schweine aus und warf die Innereien weg, bis Mitte des 19. Jahrhunderts kommerzielle Verwendungsmöglichkeiten dafür gefunden wurden. Arbeiter zerlegten die Rümpfe in vier Teile und diese wiederum in Keulen, Seiten, Schultern und Rippen. Sie rieben das Fleisch mit diversen Salzpräparaten ein und packten es in große Fässer ab, die man »Hogsheads« (Schweineköpfe) nannte.

Die Stadt des Schweinefleischs

Elisha Mills gründete 1818 in Cincinnati eine Schweinefleischfabrik und wurde damit zum ersten kommerziellen Fleischwarenhersteller im Ohio Valley. Cincinnati entwickelte sich rasch zum Zentrum des aufblühenden Schweinefleischhandels in der Region: 1848 gab es 26 Schlachthäuser in der Stadt; drei Jahre später waren es bereits 40. Die meisten Schlachthäuser lagen in der Nähe von Viehgehegen am oder unweit des Ohio River. Einige Viehtreiber und Farmer töteten die Schweine auf den Viehhöfen und schleiften die toten Tiere durch die unbefestigten Straßen zum Schlachthaus, das »packinghouse« (Abpackerei) genannt wurde, weil das Fleisch dort verarbeitet und abgepackt wurde; andere zogen es vor, die Schweine zur Tür der Abpackerei zu treiben, sie dort mit Knüppelschlägen gefügig zu machen und ihnen die Kehle durchzuschneiden.[8] Die rohe Behandlung der Farmtiere durch die Amerikaner fiel neuen europäischen Einwanderern auf. Ein Holländer schrieb seinen Freunden in den Niederlanden, die amerikanischen Farmer sprängen äußerst rücksichtslos mit ihren Tieren um.[9]

Der erste Schritt zu jener Arbeitsteilung, die die amerikanische Fleischindustrie bald von Grund auf verändern sollte, war Mitte des 19. Jahrhunderts in Cincinnati bereits deutlich zu erkennen. Einige der größeren Betriebe in der Stadt begannen, die Schlachtung und die Fleischwarenherstellung zu kombinieren.

Skaggs schreibt, nachdem die Arbeiter die Schweine in ein großes Gehege neben der Fabrik gepfercht hätten, »liefen sie buchstäblich über ihre Rücken und versetzten jedem mit einem speziell dazu konstruierten zweispitzigen Hammer einen tödlichen Schlag auf den Kopf«.[10] Dann nahmen andere Arbeiter die toten oder betäubten Tiere an Haken und schleiften sie in den Schlachtraum, wo sie ihnen den Hals durchschnitten und sie an den Hinterbeinen aufhängten, um sie ausbluten zu lassen. Dabei »lief das Blut auf die mit Sägemehl bestreuten Böden, wo sich ein zähflüssiger Matsch bildete«.[11]

Der ausgeblutete Kadaver wurde in einen Bottich mit kochendem Wasser geworfen und anschließend auf einen großen Holztisch gelegt, wo Arbeiter die Haare und Borsten herausrupften und die Haut mit scharfen Messern abschabten. Dann trugen sie den Tierkörper zur nächsten Station und hängten ihn für den »Ausnehmer« an einen Haken. Dieser entfernte die Innereien des Schweins, die »auf das Sägemehl fielen und sich dort zusammen mit anderen Körperflüssigkeiten ansammelten, bis der Schmutz unerträglich wurde«.[12]

Sobald das Schwein gesäubert und ausgenommen war, wurde es in den Kühlraum gebracht, häufig einfach ein Bereich des Lagerhauses, wo es im Winterwind abkühlen konnte. Dort blieb es 24 Stunden, bis es so hart war, dass die Zerleger mit ihren Hackmessern Kopf, Füße, Beine und Kniegelenke abtrennen, den Rumpf zerteilen und in Keulen, Schultern und Mittelstücke zerlegen konnten. Auf diese Weise wurden aus einem 400 Pfund schweren Schwein 200 Pfund Schweinefleisch und 40 Pfund Schweineschmalz. Am Ende des Tages wischten die Arbeiter das blutgetränkte Sägemehl auf, sammelten die Innereien und andere übrig gebliebene Körperteile ein und warfen alles in den Ohio River. Da das Fleisch verderblich war und der Transport auf der Straße oder dem Fluss lange dauerte, blieb die Fleischwarenherstellung in Cincinnati ein saisonales, begrenztes Geschäft, und nur wenige der Betriebe beschäftigten jemals mehr als 100 Arbeiter.[13]

Die Union Stock Yards

Obwohl sich das Zentrum der Fleischproduktion durch die Ausweitung des Schienennetzes in den 50er Jahren und Anfang der 60er Jahre des 19. Jahrhunderts bereits nach Chicago verlagert hatte, verwandelte erst die Errichtung der offiziell am ersten Weihnachtsfeiertag 1865 eröffneten Union Stock Yards die Fleischwarenherstellung in eine Großindustrie und machte Chicago zur neuen Schlachthauptstadt Amerikas.

Der riesige Komplex mit seinen Hotels, Restaurants, Saloons und Büros und seinem labyrinthischen System von 2300 miteinander verbundenen Viehpferchen nahm mehr als zweieinhalb Quadratkilometer Land im Südwesten von Chicago ein. Er stellte alle anderen Industriebetriebe jener Zeit in den Schatten und war das größte Unternehmen seiner Art in der Welt. Fleischwarenhersteller wie Armour und Swift beschäftigten in ihren Anlagen in den Yards jeweils mehr als 5000 Arbeiter. 1886 waren die Yards von einem über 160 Kilometer langen Schienennetz umgeben, und jeden Tag wurden Hunderte Waggons voller Schafe, Schweine und Longhorn-Rinder in das gewaltige Stallsystem der Yards entladen. Um mit der zunehmenden Zahl von Tieren fertig zu werden, die per Eisenbahn über die Great Plains herangeschafft wurden, und um den Fleischhunger der wachsenden Bevölkerung zu stillen, führten die Fleischwarenhersteller das Förderband ein. Damit wollten sie das Tempo und die Effizienz der ersten Massenproduktionsindustrie der Nation steigern. Rifkin schreibt, durch den Einsatz des Fließbandes konnte ein Tier »in kürzester Zeit« getötet, zerlegt, gereinigt und in handelsübliche Stücke geschnitten werden.[14]

Mit der Ausweitung ihrer Märkte und ihrer Produktpalette baute die Fleischindustrie auch ihr Geflecht von Zweigniederlassungen, Eisenbahnanlagen, Lagereinrichtungen und Vertriebsorganisationen aus. Überdies profitierten die Fleischproduzenten vom Wachstum der Nebenproduktindustrien. Unternehmen, die Dünger, Leim, Seife, Öl und Talg herstellten, schossen um die Schlachthöfe herum aus dem Boden und verwandelten ehemaligen Abfall wie Blut, Knochen, Hörner, Hufe, verdorbenes Fleisch und tote Tiere in kommerziell wertvolle Waren. Zwar gab es in den Yards neben Armour, Swift, Morris, National und Schwartzschild auch noch viele kleine, unabhängige Fleischwarenhersteller, doch diese »großen Fünf« schlachteten über 90 Prozent aller Tiere. Von der Eröffnung der Union Stock Yards bis zum Jahr 1900 wurden dort ingesamt 400 Millionen Tiere geschlachtet.[15] Diese Zahl ist jedoch nichts im Vergleich zu dem, was gegenwärtig geschieht. In der heutigen Zeit brauchen die amerikanischen Schlachthöfe keine zwei Wochen, um so viele Tiere zu töten.

Der Fleischbedarf stieg mit der Ankunft neuer Wellen europäischer Einwanderer aus Ländern, in denen Rindfleisch und anderes hochwertiges Fleisch in erster Linie für die Tafeln der Aristokraten und Kaufleute reserviert gewesen waren. In Europa, schreibt Carson I. A. Ritchie, war »das brutzelnde Beefsteak, das saftige Kotelett, das Bratenstück ... ein ebenso überzeugendes Zeichen des Wohlstands wie ein gestärkter Hemdkragen, ein Mantel aus feinem Tuch oder ein Zylinder«.[16] Fleischverzehr wurde zu einem Symbol des neu erworbenen Wohlstands besser gestellter amerikanischer Arbeiter und zu einem Ritus des ersehnten Aufstiegs in die amerikanische Mittelschicht. Die Arbeiter verzichteten oftmals auf die Befriedigung anderer Bedürfnisse, weil der Verzehr von Roastbeef und Steak als untrügliches Zeichen des Erfolgs galt. In einigen Branchen stellten die Arbeiter ihren verbesserten Status dadurch zur Schau, dass sie sich jeden Tag ein Steak zum Frühstück leisteten. Ein deutscher Einwanderer staunte: »Wo in der alten Heimat findet man einen Arbeiter, der dreimal am Tag Fleisch auf den Tisch bringen kann?«[17]

Der übermäßige Fleischverzehr der Amerikaner war für ausländische Besucher manchmal ziemlich beunruhigend. Ein chinesischer Gelehrter wurde nach der Rückkehr von seinem ersten Besuch in Amerika zu Beginn des 20. Jahrhunderts gefragt, ob die Amerikaner zivilisiert seien. »Zivilisiert?«, fragte er. »Ganz und gar nicht. Sie verschlingen gewaltige Mengen Fleisch von Ochsen und Schafen. Es wird in riesigen Stücken ins Speisezimmer gebracht, oftmals noch halb roh. Sie zerschneiden und zerreißen es und essen mit Messern und Gabeln, was einen zivilisierten Menschen recht nervös machen kann. Man kommt sich vor, als wäre man unter die Schwertschlucker gefallen.«[18]

Als die Lobby der Fleischindustrie im Jahr 1905 die Verabschiedung eines Gesetzes im Kongress verhinderte, das Normen für die Fleischbeschau eingeführt hätte, beschloss ein sozialistisches Wochenblatt namens *The Appeal to Reason*, eine eigene Untersuchung durchzuführen. Die Zeitung beauftragte Upton Sinclair, einen Sozialisten, Sozialkritiker und Aufdecker von Missständen in der besten Tradition jener Zeit, in der Fleischindustrie von Chicago zu recherchieren. Sinclair stammte aus Baltimore; er hatte 1897 seinen Abschluss am City College von New York gemacht und war dann an die Columbia Law School gegangen, um Jurist zu werden, hatte das Studium jedoch wieder aufgegeben und stattdessen eine Laufbahn als Schriftsteller und Journalist eingeschlagen.

In Chicago sammelte Sinclair sieben Wochen lang Informationen über die Union Stock Yards und die Lebensbedingungen der Arbeiter in den umliegenden Wohnvierteln. Jeden Tag betrat er die Yards in abgerissener Kleidung, seinen Henkelmann in der Hand, und machte sich ausführliche Notizen über alles, was er sah. Nach seiner Rückkehr in den Osten zog er sich neun Monate lang in eine winzige Blockhütte in Princeton, New Jersey, zurück und schrieb *Der Dschungel*.

Der Roman über eine Schlachthofarbeiterfamilie aus Chicago erschien in Fortsetzungen im *Appeal* und erregte rasch Aufmerksamkeit über die proletarische Leserschaft der Zeitung hinaus. Fünf Verleger äußerten ihr Interesse, den Fortsetzungsroman als Buch herauszubringen, bekamen dann aber, eingeschüchtert von der Macht der Fleischindustrie, allesamt kalte Füße. Daraufhin wandte Sinclair sich mit einem Brief an die Leser des *Appeal* und bat um vorausbezahlte Vorbestellungen, damit das Wochenblatt das Buch selbst veröffentlichen konnte. Als 1200 Vorbestellungen eintrafen, kam der New Yorker Verlag Doubleday, Page and Company zu dem Schluss, dass der potenzielle Profit, der mit dem Buch zu machen war, die Risiken überwog.

Zum Schutz vor möglichen Prozessen schickte Doubleday einen seiner Lektoren, Isaac Marcosson, nach Chicago; er sollte den Wahrheitsgehalt von Sinclairs Schilderungen überprüfen.

»Es gelang mir, an das Abzeichen eines Fleischbeschauers zu kommen. Dadurch hatte ich Zugang zu den geheimen Regionen des Fleischimperiums«, schrieb Marcosson. »Tag und Nacht streifte ich in seinem übel riechenden Reich umher und sah mit eigenen Augen Dinge, von denen Sinclair noch nicht einmal gehört hatte.«[19]

Tod in monumentalem Ausmaß

Dem Historiker James Barrett zufolge beherrschte »der Anblick, Klang und Geruch des Todes in monumentalem Ausmaß« die amerikanischen Schlachthöfe Anfang des 20. Jahrhunderts. Die Geräusche der Todesmaschinerie und die Laute der sterbenden Tiere attackierten in einem fort das Ohr. »Inmitten all dieses Quiekens und Kreischens mahlten Zahnräder«, schreibt er. »Tierkörper schlugen gegeneinander; Hackmesser und Äxte spalteten Fleisch und Knochen.«[20]

Der Dschungel gewährte zum ersten Mal einen Einblick in die Welt des Schlachthofs, gesehen mit den Augen des Protagonisten, eines jungen litauischen Einwanderers namens Jurgis Rudkus. Im dritten Kapitel wird Rudkus zusammen mit anderen kürzlich eingetroffenen litauischen Immigranten von einem Landsmann in die Union Stock Yards mitgenommen, wo er sich am nächsten Tag zur Arbeit melden soll. In den Yards bringt der Führer die Gruppe auf eine Galerie, von der aus man die weite Fläche von Pferchen überblicken kann, »alle voll – nie hätte man gedacht, dass es so viele Rinder überhaupt gab«.[21] Bei dem Anblick »stockte ihnen der Atem«. Als ein Mitglied der Gruppe fragt, was mit all den Rindern geschehen wird, sagt der Führer: »Bis heute abend sind die alle geschlachtet, ausgenommen und zerteilt. Dort drüben hinter den Fleischfabriken befinden sich noch mehr Gleise. Die sind zum Abtransport.«

Auf dem Weg zu einem nahe gelegenen Gebäude sehen sie einen nicht abreißenden Strom von Schweinen, die über eine Reihe von Rampen bis zum obersten Stockwerk hinaufsteigen. Der Führer erklärt, die Schweine würden von ihrem eigenen Gewicht »im Laufe der für ihre Umwandlung in Büchsenfleisch notwendigen Verarbeitungsprozesse« wieder heruntergefördert.

Er führt die Gruppe zur Besuchergalerie hoch oben über der Schlachthalle. Dort beobachten sie, wie ein Arbeiter das erste hereinkommende Schwein am Hinterbein packt und an ein großes, sich drehendes Eisenrad kettet, das es in die Luft reißt. Dann wird es an eine Transportschiene übergeleitet, an der es, zu Tode erschrocken und kreischend, durch die Halle schwebt.

> Inzwischen wurde ein zweites hochgerissen, ein drittes, ein viertes und immer so weiter, bis sie in Doppelreihe da baumelten, jedes aufgehängt an einem Bein, wild um sich schlagend – und quiekend! Der Lärm war grauenhaft; er drohte das Trommelfell zu zerreißen, und man befürchtete, daß dieser Krach die Wände sprengen oder die Decke zum Einsturz bringen müsse. Da war hohes Quieken und tiefes Quieken, grimmiges Grunzen und qualvolles Wimmern; zwischendurch verebbte es mal kurz, setzte aber gleich wieder von neuem ein, noch greller und durchdringender, schwoll an, wie es ohrenbetäubender nicht mehr ging. Für manche der Zuschauer war es zu viel – die Männer schauten einander an und lächelten verkrampft; die Frauen standen mit zusammengepreßten Händen da, das Blut schoß ihnen ins Gesicht, und ihre Augen wurden feucht.

Weder das Quieken der Opfer noch die Tränen der Zuschauerinnen haben jedoch irgendwelche Auswirkungen auf diese »Schweinefleischgewinnung per Fließband«. Arbeiter stechen die Schweine blitzschnell ab, bis »das Quieken zusammen mit dem Herzblut« versiegt.

Während Rudkus zusieht, wie ein Schwein nach dem anderen »in einen riesigen Kessel mit kochendem Wasser plumpste und darin verschwand«, geht ihm durch den Kopf, dass »selbst der unsentimentalste Mensch nicht umhin [konnte], an die Tiere zu denken. Sie waren so arglos, trotteten so vertrauensselig herbei, wirkten in ihrem Protest so menschlich – und waren mit ihm so im Recht!« Die Zuschauer weinen zwar gelegentlich, aber »diese Schlachtmaschine lief ja auch, wenn gar keine da waren«. Für Rudkus ist es »wie ein Verbrechen, das in einem Verlies begangen wird, unbemerkt und unbeachtet, vor aller Augen verborgen und sogleich aus dem Bewußtsein verdrängt«.

Rudkus beobachtet, wie ein vollkommen verbrühtes Schwein aus dem Kessel kommt. Dann beginnt der lange Prozess, in dessen Verlauf es Stockwerk für Stockwerk nach unten befördert wird. Arbeiter schaben seine Haut ab, trennen ihm den Kopf ab (»der auf den Boden fiel und durch ein Loch verschwand«), schlitzen ihm den Bauch auf, zersägen das Brustbein und ziehen die Innereien heraus, die ebenfalls durch ein Loch im Boden davongleiten. Nachdem das Schwein weiter abgeschabt, gesäubert, zurechtgestutzt und abgespült worden ist, karren sie den aufgeschnittenen Schweinekörper in die Kühlhalle, wo er über Nacht bei den anderen bleibt.

In der nächsten Phase zerteilen die »Spalter« und »Zerleger« die abgekühlten Schweinekörper in Keulen, Vorderviertel und Seitenstücke. Diese rutschen dann in Pökelräume, Einsalzräume und Räucherkammern im Stockwerk darunter, wo andere Männer inmitten eines »ekelerregenden Gestanks« die Gedärme entzotten und waschen, damit sie als Wursthäute Verwendung finden können. In einem anderen Raum werden die Reste ausgekocht, um aus dem Fett Seife und Schmalz herzustellen, während wieder woanders »Schinken und Speckseiten in wasserfestes Ölpapier gewickelt und dann etikettiert und zugenäht« werden. Die Arbeiter packen das verarbeitete Fleisch in Kisten und Fässer, die auf Karren zur Bahnrampe geschoben werden, wo Waggons auf die Beladung warten.

Der Rundgang geht auf der anderen Straßenseite weiter und führt in ein Gebäude mit einer hohen Halle, »die gleichsam ein riesiges Zirkusrund bildete«, wo zwischen 400 und 500 Rinder pro Stunde geschlachtet werden. Wenn die Tiere hereinkommen, werden sie in einen schmalen Gang getrieben und in Einzelboxen gesperrt, in denen sie sich weder bewegen noch umdrehen können. Während sie noch brüllen, beugt sich einer der mit einem Vorschlaghammer bewaffneten »Betäuber« über den Rand der Box und wartet auf eine günstige Gelegenheit für einen Schlag. »Von den schnell aufeinander folgenden Schlägen hallte der ganze Raum wider. Kaum war das Rind zusammengebrochen, wandte sich der Betäuber schon dem nächsten zu, während ein zweiter Mann einen Mechanismus betätigte, der die eine Boxwand hochgehen ließ, so dass das Tier, noch immer ausstoßend und zuckend, aus der Falle mit ihrem leicht schrägen Boden hinausrutschte.« Wie bei den Schweinen schlingt ein

Arbeiter eine Kette um das Bein des Rindes und drückt einen Hebel nieder, sodass der Körper in die Luft gehievt wird. »Es gab fünfzehn oder zwanzig solcher Boxen, und die entsprechende Zahl Rinder zu töten und aufzuhängen war Sache von ein, zwei Minuten. Dann öffneten sich die Schranken erneut, und der nächste Schub drängte herein.«

Die Männer verrichten »hochspezialisierte Arbeit, und jeder hatte seine festumrissene Aufgabe«. Sie »arbeiteten ruckzuck und buchstäblich im Laufschritt«. Der »Stecher« rennt die Reihen der Rinder entlang und schneidet ihnen mit einem Streich die Kehle durch, »so schnell geführt, dass man ihm gar nicht mit den Augen folgen konnte – man sah nur das Messer aufblitzen«. Hinter dem Stecher schießen Sturzbäche hellroten Blutes auf den Fußboden. »Auf dem stand bereits zollhoch das Blut, obwohl ein paar Männer unentwegt bemüht waren, es in Abflusslöcher zu schwabbern«.

Anschließend werden die ausgebluteten Rinderkörper auf den Boden heruntergelassen, wo schon andere Arbeiter warten. Ein »Kopfschlächter« sägt den Kopf ab, dann schlitzen »Enthäuter« die Haut auf, ziehen sie ab und entfernen sie, sorgsam darauf bedacht, sie nicht einzuschneiden oder zu beschädigen. Sodann wird der abgehäutete, enthauptete Rumpf wieder hochgezogen und auf den weiteren Weg geschickt; Arbeiter zerteilen ihn, nehmen und schaben ihn aus und hacken ihm die Füße ab. Danach spritzen sie den zerlegten Tierkörper ab und fahren ihn in die Kühlhalle. Der Führer erklärt, dass sämtliche übrig gebliebenen Teile einer sinnvollen Verwendung zugeführt werden (aus Köpfen und Füßen wird Leim gemacht, die Knochen werden zu Dünger zermahlen). »Nicht das kleinste Fitzelchen organischer Materie blieb ... ungenutzt.«

Am Ende des Rundgangs erklärt der Führer der Gruppe, die Union Stock Yards, die 30000 Arbeiter beschäftigten und 250000 Menschen in der Umgebung ihr Brot gäben, bildeten »die größte Anballung von Arbeitskraft und Kapital, die es je an einem Ort gegeben hat«. Für Rudkus sind sie »etwas so Gewaltiges wie das Weltall«, und er glaubt in aller Naivität, »dieses Riesenunternehmen habe ihn unter seine Fittiche genommen«.

Als er zu arbeiten beginnt, verflüchtigt sich seine naive Begeisterung jedoch rasch. Während er in den Yards einen Job nach dem anderen übernimmt, lernt er die harte Wahrheit kennen: Das System beutet die Arbeiter genauso aus wie die Tiere. Gegen Ende des Romans denkt er an seinen ersten Besuch in den Yards zurück, bei dem er Zeuge der Schweineschlachtung geworden ist, und findet sie »grausam und brutal«. Obwohl er froh ist, kein Schwein zu sein, erkennt er nun, dass er »damals doch eins gewesen ist – ein Schwein im Besitz der Fabrikanten«. Diese wollen aus dem Schwein den höchstmöglichen Profit herausholen, denkt Rudkus, ebenso wie aus dem Arbeiter und der Gesellschaft. »Was das Schwein davon hält und was es leidet, bleibt außer Betracht ... Schlachten scheint ganz besonders roh und grausam zu machen.«[22]

Aufgrund seiner Erkenntnisse wird Rudkus zum Sozialisten; krankes, verfaultes Fleisch erscheint ihm als Metapher für das kranke, verfaulte kapitalistische System. Die Fleischindustrie ist für ihn nun »die Verkörperung blinder, gefühlloser Habgier«, »ein mit tausend Rachen schlingendes ... Ungeheuer«, »der große Schlächter«, »der inkarnierte Geist des Kapitalismus«. Rudkus' Offenbarung endet mit einer »Vision, die ... herrlich war: Das Volk von Packingtown zog in die Union Stock Yards ein und nahm sie in Besitz!«[23]

Eine der drastischsten Passagen des Buches beschreibt die Wurstherstellung. In die Wurstmasse wandern unter anderem verdorbenes Fleisch, das in die Fabrik zurückgeschickt wurde; auf den Boden gefallenes Fleisch, vermischt mit Dreck, Sägemehl und der Spucke der Arbeiter; fauliges Wasser, Schmutz, Rost, ja sogar Nägel aus Abfallfässern; nachts auf dem Fleisch hinterlassener Rattenkot; vergiftetes Brot, mit dem man die Ratten töten wollte; und hin und wieder auch ... eine tote Ratte![24] Angeblich warf Präsident Roosevelt nach der Lektüre dieser Passage seine Frühstückswürstchen aus dem Fenster des Weißen Hauses.[25]

Der Dschungel enthält einige der bedrückendsten Szenen der amerikanischen Literatur. Als das Buch im Januar 1906 veröffentlicht wurde, war es sofort eine Sensation. Die Fleischindustrie dementierte die darin aufgestellten Behauptungen vehement, aber vergeblich. Der Aufschrei der Gesellschaft über das kranke und verfaulte Fleisch, das sie aß, war so laut, dass der Kongress binnen sechs Monaten nach dem Erscheinen des Buches zwei neue Gesetze zur Fleischbeschau verabschiedete – den Pure Food and Drug Act und den Beef Inspection Act. Zu Sinclairs großer Enttäuschung erzielten seine Enthüllungen über die Ingredienzien des Fleisches bei den Lesern des Buches jedoch weitaus mehr Wirkung als seine sozialistische Botschaft.

Der Roman machte seinen 27-jährigen Autor schlagartig berühmt und etablierte ihn rasch als wichtige Stimme für die Arbeiterrechte. Sinclair schrieb noch viele weitere Bücher, die in 50 Sprachen übersetzt wurden. Ein Komitee führender Intellektueller mit Albert Einstein an der Spitze nominierte ihn für den Literaturnobelpreis. 1934 – während der Depression – kandidierte er auf der Liste der Sozialisten für das Amt des Gouverneurs von Kalifornien und unterlag nur knapp. Sinclair blieb Sozialist und Sozialreformer, bis er 1968 im Alter von 90 Jahren starb. Am meisten bedauerte er, dass sein berühmtestes Buch so wenig dazu beitrug, in den Vereinigten Staaten den Sozialismus einzuführen. Trotz des phänomenalen Erfolgs des *Dschungels* hielt Sinclair das Buch für einen Fehlschlag. »Ich habe aufs Herz der Gesellschaft gezielt«, schrieb er in seiner Autobiografie, »und sie aus Versehen in den Magen getroffen.«[26]

Wenig Neues

Die heutige Tierschlachtung unterscheidet sich von jener zu Beginn des 20. Jahrhunderts in erster Linie durch die viel höheren Geschwindigkeiten der Schlachtbänder und die enorm gestiegenen Mengen. Das »grausame, schnelle, straff organisierte, gewinnorientierte System von Folter und Mord«, wie ein Tierrechtler es nennt, »in dem man die Tiere kaum als Lebewesen betrachtet und ihr Leiden und Sterben für belanglos hält«[27], tötet heute an einem einzigen Tag mehr Tiere als alle Schlachthöfe zu Sinclairs Zeit in einem Jahr.

Die grundlegenden Arbeitsabläufe der Fließbandschlachtung sind jedoch noch weitgehend die gleichen wie vor hundert Jahren. Bei Rindern beginnt die Prozedur noch immer mit dem

Betäuber. Dieser benutzt heutzutage allerdings keinen Vorschlaghammer mehr, sondern einen Bolzenschussapparat, der dem Tier einen zehn Zentimeter langen Stahlbolzen ins Gehirn schießt. Der Spalter ist nach wie vor der fachkundigste Arbeiter im Tötungsraum, auch wenn er den Rumpf jetzt mit einer Bandsäge und nicht mehr mit einem riesigen Hackmesser zerteilt. Die Entbeiner und Trimmer schneiden das Fleisch weiterhin mit rasiermesserscharfen Messern vom Tierkörper, und Messer und Fleischerhaken sind nach wie vor die Grundwerkzeuge der Branche.[28]

Selbst am Rattenproblem hat sich seit Sinclairs Tagen nicht allzu viel geändert. In der eidesstattlichen Versicherung einer Fleischbeschauerin hieß es kürzlich: »Eine Ratte kam aus dem Boxenraum und lief über den Boden. Die Fleischbeschauerin ließ das Band abstellen, nachdem die Ratte ihr über den Fuß gelaufen war. Nun hätten eigentlich alle Boxen nach weiteren Ratten und nach Exkrementen untersucht werden müssen, die nicht mit dem Rindfleisch vermischt werden dürfen.« Aber der eidesstattlichen Versicherung zufolge lachte der Veterinär nur und ließ den Boden abspritzen. Nachdem er dann erlaubt hatte, das Band in fünf bis zehn Minuten wieder anzustellen, wurden das Jagen und Töten von Ratten »für die Fleischbeschauer zu einer Mischung zwischen einem Sport und einem schlechten Scherz.« Mitarbeiter der Firma erzählten der Fleischbeschauerin, dass »es nachts in den Kühlräumen von Ratten wimmelte, die auf dem Fleisch herumliefen und es annagten«.[29]

Auch Kakerlaken, Insekten und andere Nagetiere sind nach wie vor ein Problem. Ein Fleischbeschauer berichtete: »Die Insekten haben ein Festmahl veranstaltet. Überall gab es Spuren von Nagetierbefall und bis zu fünf Zentimeter lange Kakerlaken.« Außerdem seien die Fleischerzeugnisse regelmäßig mit Urinlachen auf dem Eingeweidetisch in Berührung gekommen. »Das Unternehmen ließ den Fußboden mit einer Lösung zum Schutz vor Maden besprühen, aber die Abflüsse sind häufig verstopft, und die Tierkörper werden mit Schmutzwasser besprizt, selbst wenn sie nicht von der Schiene fallen.«[30]

Die Industrialisierung des Schlachtens

Familienbetrieb

In den 90er Jahren bereiste die politische Künstlerin Sue Coe sechs Jahre lang Schlachthöfe im ganzen Land. Ihre daraus resultierenden Zeichnungen und Schilderungen, die sie in ihrem Buch *Dead Meat* veröffentlicht hat, vermitteln einen unmittelbaren Eindruck von einer Vielzahl von Schlachtprozeduren – in kleinen Familienbetrieben wie auch in riesigen Fleischkonzernen, die mit der allerneuesten Technik arbeiten.

Coe schildert ihren Besuch in einem kleinen Schlachthof in Pennsylvania. Er liegt direkt an einem Highway, und »auf dem Gelände stehen rostige Lastwagen und ein paar Farmhäuser herum«. Der Schlachthof gehört Martha Reed und ihrem Bruder Danny. Sie haben das Geschäft von ihrem Vater übernommen. Coe betritt die Anlage kurz vor der Mittagspause: »Wir betreten einen großen Raum, und als ich nach oben schaue, sehe ich die Kadaver riesiger, gehäuteter Tiere. Das Neonlicht spiegelt sich in dem weißen Fett. Ich fühle mich wie in einer bizarren Kathedrale.« Sie folgt Martha und weicht dabei geschickt den hin und her schwingenden, riesigen Rinderkörpern, herunterfallenden Mägen und Elektrowerkzeugen aus. Der Boden ist extrem glitschig, und Martha sagt, sie solle aufpassen, dass sie nicht ausrutsche. »Um nichts in der Welt will ich in das ganze Blut und die Innereien fallen«, schreibt Coe. »Die Arbeiter tragen rutschfeste Stiefel, gelbe Schürzen und Plastikhelme. Es ist ein einziges kontrolliertes, mechanisiertes Chaos.«[31]

Wie in den meisten Schlachthöfen »ist es hier schmutzig, ja sogar dreckig, und überall schwirren Fliegen herum. Die Wände, die Fußböden, alles ist mit Blut besudelt, wohin man auch schaut. Die Ketten sind von getrocknetem Blut verklebt.« Rinder, die von Huf zu Huf dreieinhalb Meter messen, sind so hoch oben aufgehängt, dass die Arbeiter auf Plattformen stehen müssen.

Als sie den Tötungsraum betritt und sich mit ihrem Skizzenbuch im Durchgang zu dem Raum mit den aufgereihten Schlachtkühen postiert, ertönt plötzlich eine laute Sirene, und die Arbeiter gehen zum Mittagessen. »Ich bleibe also allein mit sechs tropfenden, enthaupteten Leichen. Blut ist an die Wände gespritzt und ist auch schon auf meinem Skizzenbuch. Ich gewöhne mich allmählich daran, dass die Fliegen sich überall auf mir niederlassen, genau wie auf den Kadavern.«[32] Da nimmt sie zu ihrer Rechten eine Bewegung wahr und tritt näher an die Betäubungsbox heran, um besser sehen zu können.

Darin ist eine Kuh. Man hat sie nicht betäubt, und sie ist in dem Blut ausgerutscht und hingefallen. Die Männer sind essen gegangen und haben sie hier zurückgelassen. Die Zeit vergeht. Hin und wieder versucht sie sich hochzurappeln und tritt dabei mit den Hufen gegen die stählerne Wand. Da dies eine Metallbox ist, hört man ein lautes Hämmern, dann Stille, dann wieder Hämmern. Einmal hebt sie den Kopf hoch genug, um aus der Box herauszuschauen, doch als sie die hängenden Kadaver sieht, lässt sie ihn wieder sinken. Man hört das Blut tropfen. Aus einem Lautsprecher kommt Radiomusik. Es sind die Doors, eine ganze Plattenseite.[33]

Coe beginnt zu zeichnen, doch als sie wieder in die Box schaut, bemerkt sie, dass die Kuh sich durch ihr eigenes Gewicht Milch aus dem Euter gedrückt hat. Die Milch fließt in einem kleinen Strom zum Abflussbereich und vermischt sich unterwegs mit Blut, sodass beide Flüssigkeiten gemeinsam in den Abfluss rinnen. Ein Bein der verletzten Kuh ragt unter der stählernen Einfriedung hindurch. »Ich könnte um dieses Tier weinen, verdränge aber das Mitgefühl aus meinem Bewusstsein, wie es auch die Arbeiter tun.« Als sie Martha gegenüber später bemerkt, die Kühe kämen ihr sehr jung vor, um schon geschlachtet zu werden – sie seien ja noch gar nicht ausgemolken –, erklärt diese, die Farmer könnten es sich angesichts der sinkenden Milchpreise nicht leisten, ihre Kühe zu behalten, und brächten sie deshalb auf den Markt.

Als die Arbeiter von der Mittagspause zurückkommen, binden sie sich ihre gelben Schürzen um und machen sich wieder ans Werk. Im eigentlichen Tötungsraum arbeiten nur zwei Männer. »Danny schneidet dem Tier die Kehle durch, enthauptet es, wäscht den Kopf und hackt die Vorderhufe ab, dann treibt er eine neue Kuh hinein.« Der andere Mann, der sechs Meter höher auf einer Plattform steht, enthäutet die Tiere mit einer Motorsäge.

Wenn er fertig ist, trägt die Transportschiene die Kuh in einen anderen Bereich.

Coe sieht einen Mann hereinkommen, den sie zuvor noch nicht bemerkt hat. Er versetzt der verletzten Kuh drei, vier brutale Tritte, damit sie aufsteht, aber das kann sie nicht. Danny beugt sich über den Rand der Box, um ihr mit seiner Druckluft-Betäubungspistole einen zehn Zentimeter langen Bolzen ins Gehirn zu jagen. Als er glaubt, die richtige Schussposition gefunden zu haben, feuert er und »es gibt einen lauten Knall, genau wie bei einer kleinen Handfeuerwaffe«.

Danny geht zu einer Fernbedienung hinüber, betätigt sie, und die Seitenwand der Box fährt hoch und gibt die zusammengesunkene Kuh frei. Er geht zu ihr hinüber, schlingt ihr die Kette um ein Bein und zieht sie hoch. Sie zappelt und tritt um sich, während sie kopfüber hin und her schwingt. Coe sieht, dass manche Tiere vollständig betäubt sind, andere dagegen überhaupt nicht. »Sie zappeln wie wild, während Danny ihnen den Hals durchschneidet. Danny spricht mit denjenigen, die noch bei Bewusstsein sind. ›Na komm, Mädel, ganz ruhig‹.« Coe beobachtet, wie das Blut hervorschießt, »als hätte jemand ein Fass angestochen.« Danny geht nach nebenan und treibt die nächste Kuh mit einem elektrischen Viehtreiber vorwärts. Sie leistet heftigen Widerstand und tritt um sich, denn die Kühe haben schreckliche Angst. Während er sie in die Betäubungsbox treibt, sagt Danny in eintönigem Singsang: »Na komm, Mädel.«

In kleinen Fleischverarbeitungsbetrieben erledigen Arbeiter wie Danny verschiedene Aufgaben. In den Großbetrieben ist die Arbeit dagegen in immer gleiche, hoch spezialisierte Tätigkeiten aufgespalten. Wenn Danny eine Kuh mit dem Bolzenschussgerät niedergestreckt hat, schneidet er ihr den Hals durch. Sobald der Blutstrom halbwegs versiegt ist, hackt er ihr die Vorderhufe ab, häutet ihren Kopf und trennt den gehäuteten Kopf ab. Er bringt den Kopf zum Waschbecken, hängt ihn an einen Haken und wäscht ihn mit einem Schlauch. Dann kehrt er zu der Reihe enthaupteter Tierkörper zurück und schiebt sie weiter, um für den nächsten Platz zu machen. »Die nächste Kuh sieht alles«, schreibt Coe. »Dann kommt sie an die Reihe.«[34]

Hightech-Schlachtung

Obwohl die Arbeit in den großen Fleischfabriken von heute genauso hochgradig spezialisiert ist, wie es Sinclair in *Der Dschungel* beschrieben hat, setzt man dort auch moderne Technik wie z. B. Computer ein.[35] Bei ihrem Besuch in einer großen Hightech-Fabrik in Utah stellt Coe fest, dass die Atmosphäre dort ganz anders ist als in kleineren Schlachthöfen. Durch den Kontakt mit einem Rancher, der sein Vieh in der Fabrik schlachten lässt, gelingt es ihr, eine Besichtigungstour zu arrangieren.

Die Fabrik, die 11000 Arbeiter beschäftigt und in der täglich 1600 Rinder geschlachtet werden, sieht aus wie »eine Raketenbasis, mit bewaffneten Wachleuten in Wachdienstuniform an vielen Vorposten«. Coe wird in eine Umkleidekabine geschickt, wo sie »einen knielangen weißen Kittel, Gummistiefel, Schutzhelm, Schutzbrille, Ohrstöpsel und ein Haarnetz« anlegt. Die Kleidung, die sie tragen muss, ist für sie »ein Panzer, der uns (Menschen) bereits von den Tieren getrennt hat, die in ihrer schrecklichen Verwundbarkeit keine zweite Haut, ja überhaupt keine Haut haben.«[36]

Der Führer geht mit der Gruppe in die Schlachthalle, aber nicht in den eigentlichen Tötungsbereich, weil Besucher dort – angeblich aus Sicherheitsgründen – keinen Zutritt haben. Coe kann jedoch eine Stahlbox mit einer Klappe am hinteren Ende sehen, die auf den Rücken des Tieres fällt und es hineintreibt. In der Box betäubt es ein Arbeiter mit einem Bolzenschussgerät und zieht es anschließend hoch. Dann schneidet ein anderer dem Rind die Kehle durch, rammt ihm sein Messer tief in den Körper und dreht es hin und her, um das Herz zu durchbohren.

Förderbänder erstrecken sich in endlose Ferne. In einer Halle von der Größe eines Flugzeughangars sieht Coe Hunderte von abgehäuteten Köpfen auf einem Förderband und Hunderte von Herzen auf einem anderen; beide bewegen sich im gleichen Tempo vorwärts. In einem weiteren Raum arbeiten Männer »mit unmenschlicher Geschwindigkeit« an Vorder- und Hintervierteln, tänzeln dabei um schaukelnde Tierkörper herum und schlängeln sich zwischen ihnen hindurch. Die Arbeiter wirken dabei »so maschinenartig, wie man es sich nur vorstellen kann.«

»Dies ist Dantes Inferno«, schreibt Coe, »Dampf, Lärm, Blut, Gestank und Geschwindigkeit. Sprinkler waschen Fleisch ab, riesige Vakuumverpackungsmaschinen schweißen 22 Stück Fleisch pro Minute unter Hitze ein.« Arbeiter legen Rinderhack in Glykol und Wasser, und lange Wurstgebilde rollen umher, werden per Laser gescannt und ladenfertig verpackt. »Ein Computer scannt jedes Paket, um seinen Bestimmungsort aufzuzeichnen. Fünfunddreißigtausend Kisten am Tag.«[37]

Coes Anspielung auf Dantes Inferno erinnert an Franz Stangls Reaktion bei seiner Ankunft im Todeslager Treblinka, wo er seinen Dienst als Lagerkommandant antreten sollte. Er schilderte sie in seinem Interview mit Gitta Sereny:

> »Treblinka an diesem Tag war das Fürchterlichste, das ich während der ganzen Zeit des Dritten Reichs gesehen habe.« – Er vergrub das Gesicht in seinen Händen. »Es war Dantes Inferno«, sagte er durch seine Finger hindurch. »Dantes Inferno war Wirklichkeit geworden. Als das Auto auf dem Sortierungsplatz stehenblieb, versank ich bis zu den Knien in Geld. Ich wußte nicht, wo ich mich hindrehen sollte, wohin ich gehen sollte. Ich watete in Münzen, Papiergeld, Diamanten, Juwelen, Kleidungsstücken. Die waren überall, sie waren über den ganzen Platz verstreut. Der Geruch war unbeschreiblich: Hunderte, nein Tausende verwesender, zerfallender Leichen.«

Wie Stangl sich erinnerte, waren nur ein paar hundert Meter weiter jenseits des Stacheldrahtzauns am Waldrand und um das ganze Lager herum »Zelte und Feuer mit Gruppen von Ukrainern und Mädchen – Huren aus dem ganzen Gebiet, wie ich später herausfand –, die betrunken herumtorkelten, tanzten, sangen und musizierten«.[38]

Als Coe die Fabrik in Utah verlässt, sieht sie eine Kuh mit gebrochenem Rückgrat in der heißen Sonne liegen. Sie geht ein paar Schritte auf sie zu, aber Wachmänner versperren ihr den Weg und begleiten sie vom Gelände.[39]

»Mir kommt immer wieder der Holocaust in den Sinn, und das macht mich rasend«, schreibt Coe einmal in ihrem Buch. Angesichts der Holocaust-Vergleiche in Tierrechtszeitschriften frage sie sich, ob dies »die tröstliche Messlatte ist, nach der alle Schrecknisse bewertet werden?«

Verschärft wird mein Ärger noch dadurch, dass das Leid, das ich jetzt mitansehe, nicht für sich stehen kann, sondern in die hierarchische Kategorie eines »geringerwertigen tierlichen Leidens« fallen muss. In der fernsehkompatiblen Wirklichkeit der amerikanischen Kultur ist der einzige akzeptable Genozid ein historischer. Wie tröstlich – er ist vorbei. 20 Millionen ermordete Menschen verdienen es, mehr zu sein als ein bloßer Bezugspunkt. Es ärgert mich, dass ich meine Eindrücke nicht auf wirksamere Weise vermitteln kann als zu stammeln: »Es ist wie der Holocaust.«[40]

Neue Entwicklungen

In den letzten Jahrzehnten des 20. Jahrhunderts hat sich in der amerikanischen Fleischindustrie einiges verändert. So gibt es nun zum Beispiel weniger, aber dafür größere Schlachthöfe, in denen mehr Tiere schneller zu Tode gebracht werden können. Laut Gail Eisnitz, Hauptrechercheurin der Humane Farming Association (HFA) und Autorin von *Slaughterhouse*, wurden in den 80er und 90er Jahren »über 2000 kleine bis mittlere Schlachthöfe durch eine Hand voll Konzernfabriken ersetzt, die jeweils mehrere Millionen Tiere pro Jahr töten können. Es gibt jetzt weniger Schlachthöfe, die jedoch eine stetig wachsende Zahl von Tieren umbringen – nicht nur für den Inlandsmarkt, sondern auch für den expandierenden Weltmarkt.«[41]

Zugleich haben sich die Bandgeschwindigkeiten in kurzer Zeit verdoppelt und teilweise sogar verdreifacht. Dieser Prozess begann während der Regierungszeit von Ronald Reagan, als die neue Agrarpolitik der »zügigen Inspektion« dazu führte, dass die Zahl der Fleischbeschauer sank und die »Selbstkontrolle« der Fleischindustrie gestärkt wurde. Heute transportieren die Schlachtbänder stündlich bis zu 1100 Tiere. Das bedeutet, dass ein einzelner Arbeiter alle paar Sekunden ein Tier töten muss. Eisnitz zufolge schlachtet eine von ihr besichtigte Fabrik 150 000 Schweine pro Woche.[42]

Infolge der höheren Bandgeschwindigkeiten und der ungeheuren Zunahme der Zahl getöteter Hühner (jetzt über acht Milliarden pro Jahr) hat sich die Anzahl der in den Vereinigten Staaten geschlachteten Tiere in den letzten 25 Jahren des

20. Jahrhunderts mehr als verdoppelt: Sie stieg von 4 auf 9,4 Milliarden (mehr als 25 Millionen pro Tag).[43]

Einen neuen Trend gibt es auch in Bezug auf die hohe Mauer des gesetzlichen Schutzes für den Umgang der amerikanischen Fleisch- und Milchwirtschaft mit den Tieren. Gerade in einer Zeit, in der viele Amerikaner irrtümlich glauben, die Tierschutzgesetze würden Nutztiere vor Misshandlung und Vernachlässigung schützen, werden in einem Staat nach dem anderen Gesetze verabschiedet, die »zur Nahrungsmittelerzeugung genutzte Tiere« von staatlichen Tierschutzbestimmungen ausnehmen.[44] Heute, schreibt Gene Bauston, Mitbegründer von Farm Sanctuary, einer Zuflucht für gerettete Nutztiere, würden in 30 Staaten im ganzen Land »entsetzliche Grausamkeiten als legal erachtet, wenn sie Tieren zugefügt werden, die zur ›Nahrungsmittelerzeugung‹ genutzt werden«.[45] Diese Entwicklung verläuft konträr zu jener in Europa, wo der Trend zu einer Ausweitung statt zu einer Reduzierung des Schutzes für Nutztiere geht. Der amerikanischen Fleisch- und Milchwirtschaft ist es jedoch gelungen, ihre Freunde in den staatlichen Gesetzgebungskörperschaften und im Kongress zu überzeugen, dass der Umgang des Agrobusiness mit den Tieren keiner gesetzlichen Regelungen bedürfe.

Henry Ford: Vom Schlachthof zum Todeslager

Am Anfang dieses Kapitels stand die Behauptung, der Weg nach Auschwitz beginne im Schlachthof. Dementsprechend schließt es nun mit Henry Ford, dessen Wirkungsgeschichte im 20. Jahrhundert – metaphorisch gesprochen – in einem amerikanischen Schlachthof begann und in Auschwitz endete.

In seiner Autobiografie *Mein Leben und Werk* bekannte Ford schon 1922, dass er die Anregung zur Einführung der Fließbandproduktion als junger Mann beim Besuch eines Schlachthofs in Chicago erhalten hatte. »Ich glaube, es war die erste bewegliche Montagebahn, die je eingerichtet wurde«, schrieb er. »Im Prinzip ähnelte sie den Schiebebahnen, deren sich die Chicagoer Fleischpacker bei der Zerlegung der Rinder bedienen.«[46]

In einem von der Firma Swift and Company finanzierten Buch über die Fleischproduktion aus jener Zeit wurde das von Ford übernommene Prinzip der Arbeitsteilung beschrieben: »Die geschlachteten Tiere, die kopfüber von einer Laufkette oder einem Fördergerät herunterhängen, passieren einen Arbeiter nach dem anderen, von denen jeder einen bestimmten Arbeitsgang durchführt.« Um sicherzustellen, dass den Fleischwarenproduzenten die verdiente Anerkennung für die Fließbandidee zuteil wurde, schrieben die Autoren: »Dieses Verfahren hat sich als so effizient erwiesen, dass es von vielen anderen Industriezweigen übernommen wurde, beispielsweise bei der Montage von Automobilen.«[47]

Mit diesem Prozess, bei dem Tiere an Ketten aufgehängt und rasch von einer Station zur nächsten befördert wurden, bis sie sich schließlich in Fleischstücke verwandelt hatten, wurde unsere moderne industrielle Zivilisation um ein neues Element bereichert: die Neutralisierung des Tötens, verbunden mit einem noch höheren Grad der Distanzierung. »Zum ersten Mal wurden Maschinen zur Beschleunigung des Massenschlachtens eingesetzt«, schreibt Rifkin, »und der Mensch sah sich zum bloßen Komplizen gemacht, der sich dem Tempo und den Vorgaben des Fließbandes anzupassen hatte.«[48]

Wie das 20. Jahrhundert zeigen sollte, war es nur ein Schritt vom industrialisierten Töten in amerikanischen Schlachthöfen bis zum fließbandmäßig organisierten Massenmord der deutschen Nazis. In J. M. Coetzees Roman *Das Leben der Tiere* erklärt die Protagonistin Elizabeth Costello ihrem Publikum: »Chicago hat es uns vorgemacht; von den Schlachthöfen in Chicago haben die Nazis gelernt, wie man Körper verarbeitet.«[49]

Nur die wenigsten wissen, welche zentrale Rolle der Schlachthof in der Geschichte der amerikanischen Industrie spielte. Rifkin schreibt:

> Während die Wirtschaftswissenschaftler ihre Theorien über die Anfänge der amerikanischen Industrialisierung vor allem an der Stahl- und Automobilindustrie orientierten, kamen in Wirklichkeit viele der bedeutendsten technischen Erfindungen erstmalig in den Schlachthöfen zum Einsatz ... Es kann nicht verwundern, daß es den Historikern späterer Zeiten angenehmer war, die Vorzüge des Montagebandes und der Massenproduktion am Beispiel der Automobilindustrie hervorzuheben.[50]

Die geistige Abstumpfung der Fließbandarbeiter war zwar beunruhigend, aber doch etwas ganz anderes als das Blutvergießen im Tötungsraum. In den neuerdings mechanisierten Schlachthöfen Chicagos, so Rifkin, »war der Geruch des Todes, das Klirren der von den Deckenbändern herunterhängenden Ketten, das Gedränge ausgeweideter Tiere, die in endloser Prozession vorüberschaukelten, so betäubend, daß auch die Begeisterung des überzeugtesten Befürworters der neuen Prouktionskonzepte gedämpft wurde«.[51]

In seiner Studie über die Arbeiter in Chicagos Fleischverarbeitungsbetrieben Anfang des 20. Jahrhunderts schreibt James Barrett: »Die Historiker haben die Fleischwarenhersteller ihres rechtmäßigen Titels als Pioniere der Massenproduktion beraubt, denn nicht Henry Ford, sondern Gustavus Swift und Philip Armour entwickelten die Fließbandtechnik, die bis heute die rationalisierte Arbeitsorganisation symbolisiert.«[52]

Henry Ford, der so beeindruckt war von den effizienten Schlachtmethoden der Fleischwarenhersteller in Chicago, leistete dennoch seinen eigenen, speziellen Beitrag zur Abschlachtung von Menschen in Europa. Er führte nicht nur die Fließbandmethode in seiner Branche ein, mit der die Deutschen die Juden töteten, sondern startete auch eine üble antisemitische Hetzkampagne.

Die Kampagne begann am 22. Mai 1920, als Fords Wochenzeitung, der *Dearborn Independent*, auf einmal ihre Aufmachung änderte und anfing, Juden zu attackieren. Zu jener Zeit hatte die Zeitung eine Auflage von ca. 300 000 Exemplaren[53] und wurde im ganzen Land von Ford-Händlern vertrieben.[54] Damals war das nationale Klima stark von Vorurteilen gegenüber Einwanderern geprägt. Ein virulenter Rassismus und Antisemitismus breitete sich aus, und die Nation traf Anstalten, die Zuwanderung aus Ost- und Südeuropa mit Hilfe eines Quotensystems einzudämmen. Der Antisemitismus, der 1915 mit dem Lynchmord an Leo Frank, einem jüdischen Geschäftsmann aus Atlanta, deutlich zutage getreten war, wuchs mit der raschen Verbreitung der schwarzen-, katholiken- und judenfeindlichen Botschaft des Ku Klux Klan, der 1924 in den Vereinigten Staaten mehr als vier Millionen Mitglieder hatte.

In der ersten Phase von Fords Kampagne, vom Mai 1920 bis zum Januar 1922, veröffentlichte der *Independent* eine Serie von 91 Artikeln, die auf den *Protokollen der Weisen von Zion* beruhten, einer antisemitischen Fälschung, die in den 1890er Jahren von einem Agenten der russischen Geheimpolizei in Paris angefertigt worden war. Ernest Liebold, Fords rechte Hand und Leiter der Kampagne, hatte ein Exemplar des Pamphlets von Boris Brasol bekommen, einem russischen Flüchtling, der für die zaristische Regierung gearbeitet hatte und die *Protokolle* in Amerika bekannt zu machen versuchte.[55] Die *Protokolle* bestanden aus 24 fiktiven Ansprachen der »Weisen« des Judaismus, in denen sie ihren angeblichen Geheimplan zur Beherrschung der Welt ausbreiteten.

Dieses antisemitische Traktat – eines der bösartigsten, das je in Umlauf gesetzt wurde – hatte bereits diverse Pogrome gegen jüdische Gemeinden in Russland ausgelöst. Nach dem Ersten Weltkrieg wurden die *Protokolle* weltweit bekannt, als die Zerstörungen des Krieges, die russische Revolution und die Unruhen in Deutschland Antisemiten die Chance boten, ihre Behauptung zu verbreiten, hinter dem ganzen Chaos stecke eine internationale jüdische Verschwörung. Wie Keith Sward schrieb: »Kein Leitfaden zum Thema Judenhatz hatte mehr zu bieten.«[56]

Ford veröffentlichte darüber hinaus vier antisemitische Broschüren, die jeweils auf 20 oder mehr der 91 im *Independent* erschienenen Artikel basierten, sowie eine Sammlung der Artikel in Buchform mit dem Titel *Der internationale Jude*. Obwohl der *Independent* selbst von 1922 bis 1924 nur noch sporadisch auf die Juden eindrosch, verbreiteten sich Fords antisemitische Publikationen in dieser Zeit in aller Welt. *Der internationale Jude* wurde in die meisten europäischen Sprachen übersetzt und von Antisemiten in großem Umfang unter die Leute gebracht, darunter vor allem von dem deutschen Verleger Theodor Fritsch, einem frühen Unterstützer Hitlers. Die Broschüren und *Der internationale Jude* beeinflussten viele Leser, schreibt David Lewis, »umso mehr, weil sie nicht unter dem Impressum irgendeines spinnerten Hinterhofverlegers erschienen, sondern unter dem eines der berühmtesten und erfolgreichsten Männer der Welt«.[57]

Der Herausgeber des *Independent*, William J. Cameron, lektorierte und aktualisierte den Text der *Protokolle* so wirkungsvoll, dass Antisemiten in aller Welt von da an die Ford-Version bevorzugten. Und eine finanzkräftige Werbekampagne sowie das Prestige des Namens Ford sorgten dafür, dass *Der internationale Jude* sowohl in den Vereinigten Staaten als auch international ein Riesenerfolg wurde. In den Staaten waren schätzungsweise eine halbe Million Exemplare im Umlauf[58], und die deutschen, russischen und spanischen Übersetzungen erreichten ebenfalls große Leserzahlen.

Sein empfänglichstes Publikum fand *Der internationale Jude* in Deutschland. Ford war dort ungeheuer populär; als er bekannt gab, in Deutschland ein Werk errichten zu wollen, standen Deutsche nächtelang Schlange nach Ford-Aktien, und die deutsche Ausgabe von Fords Autobiografie war binnen kurzem das meistverkaufte Buch im Land. Nach dem Ersten Weltkrieg wurde *Der Internationale Jude* zur Bibel der antisemitischen Bewegung, und Fritschs Hammer-Verlag brachte zwischen 1920 und 1922 sechs Auflagen heraus.

Nachdem Hitler und seine Anhänger in München auf Fords Buch aufmerksam geworden waren, verwendeten die Nazis eine gekürzte Version in ihrem Propagandafeldzug gegen die deutschen Juden. 1923 berichtete ein Korrespondent der *Chicago Tribune* in Deutschland, Hitlers Organisation »versendet Mr. Fords Buch ... in rauen Mengen«.[59] Der Reichsjugendführer der NSDAP, Baldur von Schirach – Sohn eines aristokratischen deutschen Vaters und einer amerikanischen Mutter (zwei ihrer Vorfahren hatten zu den Unterzeichnern der Unabhängigkeitserklärung gehört) –, sagte beim Nürnberger Kriegsverbrecherprozess, nachdem er *Der internationale Jude* gelesen habe, sei er im Alter von 17 Jahren zum überzeugten Antisemiten geworden.[60] »Dieses Buch hat damals auf mich und meine Freunde einen so großen Eindruck gemacht«, sagte er, »weil wir in Henry Ford einen Repräsentanten des Erfolgs, den Repräsentanten aber auch einer fortschrittlichen Sozialpolitik sahen.«[61]

Hitler betrachtete Ford als Kampfgefährten. In seinem Büro in der NSDAP-Zentrale in München hing neben dem Schreibtisch ein lebensgroßes Porträt des Amerikaners an der Wand. Hitler sprach seinen Anhängern gegenüber in glühenden Worten von

Ford und prahlte häufig mit dessen finanzieller Unterstützung.[62] Als er 1923 hörte, dass Ford eine Kandidatur für das Präsidentenamt der Vereinigten Staaten erwog, erklärte er einem amerikanischen Reporter, er wolle ihm helfen. »Ich wünschte, ich könnte einige meiner SA-Männer nach Chicago und in andere amerikanische Großstädte schicken, um bei den Wahlen zu helfen«, sagte er. »Wir betrachten Heinrich Ford als den Führer der wachsenden faschistischen Bewegung in Amerika ... Wir haben gerade seine antijüdischen Artikel übersetzen und veröffentlichen lassen. Das Buch wird in Millionen Exemplaren in ganz Deutschland verbreitet.«[63]

Hitler fand stets lobende Worte für Ford. Er wird als einziger Amerikaner in *Mein Kampf* namentlich erwähnt. Dabei geht es um den Kampf gegen jüdische Bankiers und Gewerkschafter in Amerika: »Juden sind die Regenten der Börsenkräfte der amerikanischen Union. Jedes Jahr läßt sie mehr zum Kontrollherrn der Arbeitskraft eines Einhundertzwanzig-Millionen-Volkes aufsteigen; nur ein einziger Großer, Ford, steht auch heute noch, zu ihrem Zorne, unabhängig da.«[64] 1931 antwortete Hitler auf die Frage eines Reporters der *Detroit News*, was Fords Porträt an der Wand für ihn bedeute: »Ich betrachte Henry Ford als meine Inspiration.«[65]

Um die angebliche jüdische Geheimverschwörung aufzudecken, von der in den *Protokollen* und in *Der internationale Jude* die Rede war, bekam Fords persönlicher Sekretär Ernest Liebold den Auftrag, in New York eine Ermittlungsagentur einzurichten, die prominente amerikanische Juden bespitzeln sollte. In der Hoffnung, ihr Komplott zur weltweiten Machtübernahme zu enthüllen, beschatteten Fords Detektive mehrere führende jüdische Persönlichkeiten, darunter Louis Brandeis, Richter am Obersten Bundesgericht. »Wenn wir mit den Juden fertig sind«, sagte Liebold, »wird kein einziger von ihnen es mehr wagen, in der Öffentlichkeit sein Haupt zu erheben.«[66]

Die Anti-Defamation League und andere jüdische Organisationen in Amerika protestierten heftig gegen die permanente antisemitische Hetzkampagne des *Independent* und gegen die Veröffentlichung von *Der internationale Jude*, aber Ford ignorierte ihre Proteste. Obwohl es nie einen formellen Boykott gab, kauften viele jüdische Firmen und Einzelpersonen keine Ford-Autos mehr.[67] Ford begann, seine Kampagne mit etwas anderen Augen zu sehen, als ihn ein jüdischer Anwalt, der in einer weiteren antisemitischen Artikelserie im *Independent* der Beteiligung an einem jüdischen Komplott zur Kontrolle des Weizenmarkts beschuldigt worden war, wegen Verleumdung verklagte. Als der Fall in Detroit zur Verhandlung kam, führte Ford eine außergerichtliche Einigung herbei.[68]

In die Defensive gedrängt wurde er darüber hinaus durch eine von über 100 prominenten Amerikanerinnen und Amerikanern – darunter der ehemalige Präsident Taft, die Sozialreformerin und Frauenrechtlerin Jane Addams, der berühmte Strafverteidiger Clarence Darrow und der Lyriker Robert Frost – unterzeichnete Erklärung, in der diese die Authentizität der *Protokolle* in Zweifel zogen und die Juden verteidigten. Überrascht von der heftigen Reaktion, um die Autoverkäufe besorgt und darauf bedacht, seinen Namen reinzuwaschen, schrieb Ford im Juni 1927 einen Brief an Louis Marshall, den Präsidenten des American Jewish Committee. Darin behauptete er, er habe nicht gewusst, was seine Zeitung gedruckt hatte, und leugnete jede Verantwortung für die judenfeindlichen Artikel im *Independent* wie auch für *Der internationale Jude*. Zum Zeichen seiner Aufrichtigkeit stellte Ford den *Independent* Ende 1927 ein und erklärte sich bereit, *Der internationale Jude* vom Buchmarkt zu nehmen.

Anfang der 30er Jahre tauchten jedoch überall in Europa und Lateinamerika wieder zahlreiche Exemplare des Buches auf, und in den Vereinigten Staaten vertrieb der Deutsch-Amerikanische Bund die deutsche Ausgabe der Hetzschrift sowie englischsprachige Nachdrucke der antisemitischen Artikel des *Independent*. 1933 ging ein Kongressausschuss Berichten nach, denen zufolge Ford als Gegenleistung für Hitlers Versprechen, die Artikel des *Independent* nachzudrucken, die Nazis mit massiven Spenden unterstützt hatte.[69]

Obwohl Ford einen Brief an Fritsch schrieb und ihn darin aufforderte, die weitere Veröffentlichung der deutschen Ausgabe zu stoppen, übte *Der internationale Jude* in Deutschland weiterhin einen starken und nachhaltigen Einfluss aus. Die ganzen 30er Jahre hindurch warben deutsche Antisemiten für das Buch und vertrieben es, wobei sie die Namen von Henry Ford und Adolf Hitler oftmals zusammen auf den Umschlag setzten. Ende 1933 hatte Fritsch 29 Auflagen herausgebracht, jeweils mit einem Vorwort, in dem Ford für den »großartigen Dienst« gelobt wurde, den er Amerika und der Welt mit seinen Angriffen auf die Juden erwiesen habe.[70]

1938 verflogen jedoch alle Hoffnungen, dass Ford sich wirklich ernsthaft von seiner antisemitischen Vergangenheit distanzieren wollte. In diesem Jahr nahm er anlässlich seines 75. Geburtstags in Detroit das Großkreuz des deutschen Adlerordens an, die höchste Auszeichnung, die Nazideutschland an Ausländer zu vergeben hatte. Bei der Feier in Fords Büro verliehen ihm zwei deutsche Konsuln, Karl Kapp aus Cleveland und Fritz Hailer aus Detroit, den Nazi-Verdienstorden (einer der drei anderen Ausländer, die auf diese Weise geehrt wurden, war Mussolini).[71] Bei Fords Geburtstagsfest am selben Abend verlas Kapp die Ehrenrede noch einmal in Anwesenheit von 1500 prominenten Bürgern Detroits und übermittelte ihm Hitlers persönliche Glückwünsche.[72]

Am 7. Januar 1942 – genau einen Monat nach dem japanischen Angriff auf Pearl Harbor, der den Eintritt der Vereinigten Staaten in den Zweiten Weltkrieg zur Folge hatte – schrieb Ford einen Brief an Sigmund Livingston, den Bundesvorsitzenden der Anti-Defamation League, in dem er »einige allgemeine Missverständnisse bezüglich meiner Haltung gegenüber meinen Mitbürgern jüdischen Glaubens richtigzustellen« versuchte. Ford erklärte, er missbillige den Hass »auf den Juden oder irgendeine andere rassische oder religiöse Gruppe«, und forderte alle seine Mitbürger eindringlich auf, keine Bewegung zu unterstützen, deren Ziel es sei, Hass auf irgendeine Gruppe zu schüren. »Ich hoffe aufrichtig«, schloss er, »dass der Judenhass, gemeinhin als Antisemitismus bekannt, und der Hass auf jede andere rassische oder religiöse Gruppe in diesem Land und in der ganzen Welt ein für allemal aufhörten, wenn dieser Krieg zu Ende ist und wieder Frieden einkehrt.«[73]

Als Ford seinen Brief schrieb, hatten die deutschen Einsatzgruppen im Osten schon Hunderttausende jüdischer Männer, Frauen und Kinder ermordet, und das erste deutsche Vernich-

Die Industrialisierung des Schlachtens

tungslager in Kulmhof (Chelmno) war bereits in Betrieb. Ein paar Monate später nahmen auch die drei Todeslager der Aktion Reinhard die Arbeit auf – Belzec (März 1942), Sobibor (Mai 1942) und Treblinka (Juni 1942). In Auschwitz, laut Himmler das Hauptinstrument für die Endlösung der jüdischen Frage in Europa[74], begann im Frühjahr 1942 ebenfalls die Vernichtung der Juden – wenige Monate, nachdem Ford seinen Brief abgeschickt hatte.

Viele Jahre nach dem Krieg enthüllten Dokumente – gesammelt von einer Anwaltskanzlei in Washington, die im Auftrag einer zur Zwangsarbeit in Fords deutscher Tochtergesellschaft gezwungenen Russin Schadensersatzansprüche gegen den Ford-Konzern geltend machte –»Fords tatkräftige Zusammenarbeit mit dem Dritten Reich«. Nachdem die Ford Motor Company 1925 ihre Zweigstelle in Berlin aufgemacht und sechs Jahre später ein großes Werk in Köln errichtet hatte – zwei Jahre vor Hitlers Machtergreifung –, trug Fords hohes Ansehen bei Hitler und seinen Nazi-Anhängern sicher dazu bei, dass die deutsche Ford Motor Company Aktiengesellschaft (später umbenannt in Ford-Werke AG) in der Nazizeit florierte.[75] Als die Ford-Tochter einer der größten Fahrzeugausrüster der deutschen Wehrmacht wurde, wuchs ihr Wert um mehr als das Doppelte. Während des gesamten Krieges behielt die Mutterfirma in Dearborn, Michigan, die Aktienmehrheit an ihrer deutschen Tochter, die von Zwangsarbeit profitierte. Nach Kriegsende half die Ford Company der Ford-Werke AG wieder auf die Beine. Als 1948 der zehntausendste Ford-Lastwagen vom Kölner Nachkriegsfließband rollte, war Henry Fords Enkel, Henry Ford II, der im September 1945 Präsident des Unternehmens geworden war, zur Feier des Tages dabei.[76]

4. »Aufartung«

Von der Tierzucht zum Völkermord

Henry Fords Propagandafeldzug gegen die Juden und sein vom Schlachthof inspiriertes Fließband waren nicht die einzigen amerikanischen Einflüsse auf Deutschland. Sie gehörten zu einem viel umfassenderen kulturellen Phänomen, das auch Bestrebungen beinhaltete, die Bevölkerung beider Länder qualitativ zu verbessern. Diese Bestrebungen, deren Grundlage und Leitmotiv die Tierzucht war – nur die erwünschtesten Exemplare dürfen sich fortpflanzen, alle anderen werden kastriert oder getötet[1] –, führten in den Vereinigten Staaten zur Zwangssterilisation und in Nazideutschland zu Zwangssterilisation, Euthanasie und Völkermord.

Die Entstehung der Eugenik

Der Wunsch, die Erbeigenschaften der Bevölkerung zu verbessern, tauchte zum ersten Mal in den 60er Jahren des 19. Jahrhunderts auf, als Francis Galton, ein englischer Wissenschaftler und Cousin von Charles Darwin, sich von der Meteorologie ab- und dem Studium der Erblehre zuwandte. Er prägte 1881 den Begriff »Eugenik«[2]. Am Ende des Jahrhunderts wurde das wissenschaftliche Denken von Theorien beherrscht, die auf der Annahme basierten, die Vererbung beruhe auf starren, nur in geringem Maße von der gesellschaftlichen Umwelt beeinflussten genetischen Mustern. Amerikanische und deutsche Wissenschaftler akzeptierten die Ungleichheit der Menschen als selbstverständlich. Sie sortierten Menschengruppen hierarchisch nach Intelligenz und Kultur und etikettierten bestimmte Menschen als »minderwertig«, weil sie angeblich unmoralisch, verworfen, kriminell oder einfach nur so andersartig waren, dass sie als Bedrohung empfunden wurden.

Mit Beginn des 20. Jahrhunderts strebte die Eugenikbewegung in erster Linie danach, die Fortpflanzung jener Menschen, die als Last für die Gesellschaft und als Gefahr für die Zivilisation galten, durch Sterilisation zu unterbinden, und sowohl in den Vereinigten Staaten als auch in Deutschland gelang es den Eugenikern, die Zwangssterilisation einzuführen. In Deutschland, wo die Eugenikbewegung später ihren tödlichen Höhepunkt erreichen sollte, wollten Wissenschaftler, die von *Aufartung durch Ausmerzung* sprachen, die Erbmasse des deutschen Volkes durch die Eliminierung seiner minderwertigen Angehörigen sowie in seiner Mitte lebender Rassenfremder verbessern.[3]

Die American Breeders' Association

Luther Burbanks Züchtungsversuche mit Pflanzen in den 1890er Jahren und das erneute Interesse an Mendels Vererbungstheorie weckten in Amerika das Bedürfnis nach einer Organisation, die die Interessen und Fähigkeiten von Tierzüchtern und Genetikern vereinte. Burbanks Erfolge überzeugten den amerikanischen Landwirtschaftsminister James Wilson und den Leiter der Minnesota Experiment Station, Willet M. Hays, dass eine Organisation, die Genetik und Tierzucht verband, wichtige wissenschaftliche Ergebnisse erzielen könnte. Hays und mehrere andere Amerikaner, die 1899 an der ersten Internationalen Konferenz über Hybridisierung in London teilnahmen, kehrten mit dem festen Entschluss in die Staaten zurück, eine Vereinigung zu gründen, die sich der Aufgabe widmen sollte, das Wissen über die Vererbungs- und Zuchtgesetze zu mehren.[4]

Wilson setzte die erste Tagung der geplanten Gruppe im Jahr 1903 anlässlich der Dezembersitzung der American Association of Agricultural Colleges and Experiment Stations (AAACES) in St. Louis an. Die 40 bis 50 Personen, die zu der Tagung erschienen, tauften ihre neue Organisation »American Breeders' Association« (ABA) und wählten Hays zu deren Vorsitzendem. Als erste nationale Organisation zur Förderung der Forschung über Genetik und menschliche Vererbung in den Vereinigten Staaten versuchte die neue ABA, Tierzüchter und Wissenschaftler aus dem ganzen Land zusammenzubringen, damit »jeder den Standpunkt des anderen verstehen und das Problem des anderen erkennen kann«.[5] Den Kern der Organisation bildeten kommerzielle Züchter, Professoren an Landwirtschaftscolleges und Versuchsstationen sowie Forscher des Landwirtschaftsministeriums.[6]

Auf der zweiten Tagung der ABA im Jahre 1905 gab Hays bekannt, dass der Verband bereits 726 Mitglieder hatte, und schlug vor, ihn so bald wie möglich auf mehrere tausend zu vergrößern. Anlässlich diverser Berichte über die großen Erfolge bei der selektiven Züchtung von Pflanzen und Tieren fragten Delegierte auf der Tagung, weshalb solche Techniken nicht auch auf Menschen anwendbar seien.

Bei der dritten ABA-Tagung 1906 einigte man sich darauf, die Arbeit des Verbands unter drei Hauptkategorien – allgemeine Themen, Tierzucht und Pflanzenzucht – auf Ausschüsse aufzuteilen. Die 15 Tierzuchtausschüsse befassten sich mit Geflügel, Schafen und Ziegen, Schweinen, mehreren Pferdearten, Wildvögeln, wildlebenden Säugetieren, Pelztieren, Fischen, Bienen und anderen Insekten. Die Gründung des Ausschusses für menschliche Erblehre – später auch Eugenik genannt –, war das Startsignal für die amerikanische Eugenikbewegung.

Mrs. Edward Henry Harriman, die Witwe eines Eisenbahnmagnaten, sah einen ernsthaften Forschungsbedarf beim Thema Vererbung und stellte umfangreiche finanzielle Mittel zur Verfügung, sodass 1910 das Eugenics Record Office (ERO) in Cold Spring Harbor auf Long Island im Staat New York gegründet werden konnte.[7] Direktor des Instituts wurde der Geflügelforscher Charles B. Davenport, ein angesehener Biologe und aktives Mitglied der ABA.

Die amerikanische Eugenikbewegung

Davenport, der schon bald an der Spitze der Bewegung in Amerika stand, beschrieb Eugenik als »die Wissenschaft von der Aufwertung der menschlichen Rasse durch verbesserte Fortpflanzung«.[8] Er betonte die Bedeutung der genetischen Geschichte eines Menschen und freute sich auf die Zeit, in der eine Frau einen Mann, »ohne seine bio-genealogische Geschichte zu kennen«, ebenso wenig akzeptieren würde wie ein Viehzüchter »ein Vatertier für seine Fohlen oder Kälber, das keinen Stammbaum hat«.[9]

Davenport und andere Eugeniker hielten soziale Abweichung für genetisch determiniert; Kriminalität war für sie eine Folge schlechter Gene. Ihr Lösungsvorschlag für gesellschaftliche Probleme bestand darin, von akzeptierten sozialen Normen abweichende Menschen an der Fortpflanzung zu hindern. Sie befürworteten zudem eine Einwanderungspolitik, die Einzelpersonen und Familien mit mangelhaften Erbanlagen die Einreise verwehrte. Davenport setzte sich dafür ein, die Familiengeschichte aller potenziellen Immigranten zu überprüfen, damit Menschen, die »zu Geistesschwäche, Epilepsie, Geisteskrankheit, Kriminalität, Alkoholismus und sexueller Unmoral neigen«, identifiziert und ferngehalten werden könnten. Überdies trat er für die Zwangssterilisation von Menschen mit genetischen Defekten ein, »um die Quellen auszutrocknen, die den Sturzbach mangelhaften und degenerierten Protoplasmas nähren«.[10] Einem künftigen Förderer erklärte er, »die fortschrittlichste Revolution in der Geschichte« ließe sich erreichen, wenn »menschliche Paarungen auf einer genauso hohen Stufe angesiedelt werden könnten wie bei der Pferdezucht«.[11]

Bei der ersten Nationalen Konferenz zum Thema Rassenverbesserung (1914) drängte Davenport sein Publikum, »bei den Wertvollsten unseres Volkes ein Interesse an der Erblehre zu wecken, damit bei der Vermählung die alten Ideale der Zuchtwahl wieder aufleben«. Er beklagte, die alten Neuengland-Familien seien ausgestorben, weil sie es nicht geschafft hätten, sich per Fortpflanzung zu erhalten, und legte den »guten Amerikanern« ans Herz, sich über die »Bedeutung der Heirat, der guten Heirat und gesunder, erfolgreicher Kinder – und zwar sehr vieler Kinder«[12], klar zu werden.

Bei derselben Konferenz betonte der Harvard-Professor Robert DeC. Ward, bestimmten Ausländergruppen müsse die Einreise verwehrt werden, und hob hervor, dass das Land bei den importierten Rinderrassen wählerischer sei als bei den Einwanderern, die es hereinlasse. Er drängte »jeden Bürger, der das

Blut der Rasse rein erhalten will«[13], sich dafür einzusetzen, dass Lese- und Schreibfertigkeiten zur Einwanderungsbedingung gemacht würden. Ein paar Jahre später wurde diese Bedingung gesetzlich verankert.

Viele amerikanische Eugeniker waren offen antisemitisch. Madison Grant äußerte sich 1916 über das Problem »des polnischen Juden, dessen zwergenhafte Statur, eigentümliche Mentalität und skrupellose Konzentration auf das eigene Interesse dem Grundstock der Nation aufgepfropft werden«. Ein Kollege schrieb ihm daraufhin: »Unsere Vorfahren haben die Baptisten aus der Massachusetts Bay nach Rhode Island vertrieben, aber es gibt keinen Ort, wohin wir die Juden treiben könnten.«[14] Ihr Lösungsvorschlag für das »Judenproblem« wurde durch die Gesetze zur Zuwanderungsbeschränkung der 20er Jahre verwirklicht.

Diese Gesetze hatten katastrophale Auswirkungen für viele europäische Juden, denn sie dämmten die Einwanderung aus Ost- und Südeuropa zu einem Rinnsal ein. Stephen Jay Gould schreibt:

> Während der ganzen 30er Jahre wollten jüdische Flüchtlinge, die ihre Vernichtung ahnten, auswandern, wurden aber nicht eingelassen. Die gesetzlichen Quoten und die fortwährende eugenische Propaganda schlossen sie sogar in Jahren aus, als die übertrieben hohen Quoten für west- und nordeuropäische Nationen nicht erfüllt wurden ... Wir wissen, was mit vielen geschehen ist, die weg wollten, aber nirgendwo hin konnten. Die Wege der Vernichtung sind häufig indirekt, doch können Ideen genauso tödlich sein wie Kanonen und Bomben.[15]

Harry H. Laughlin, Davenports rechte Hand in Cold Spring Harbor – ein Mann, der ebenfalls Erfahrung in der Manipulation von Tieren besaß –, wurde rasch zu einem der prominentesten und aktivsten Eugeniker Amerikas. Der Sohn eines Predigers aus dem Mittelwesten und Absolvent der Kirksville Normal School in Missouri begann sich in Iowa für Landwirtschaft zu interessieren. Dort hatte er mehrere Schulposten inne und besuchte Landwirtschaftskurse an einem staatlichen College. 1907 kehrte er als Leiter der Einmann-Abteilung für Landwirtschaft, Botanik und Naturkunde an die Kirksville Normal School zurück. Nachdem er Charles Davenport einmal schriftlich um Rat bezüglich Züchtungsexperimenten gefragt hatte, die er an Hühnern vornahm (Davenports Spezialgebiet), ging Laughlin nach Cold Spring Harbor und nahm dort an einem Sommerkurs teil, den er als »die gewinnbringendsten sechs Wochen meines bisherigen Lebens« bezeichnete. Aufgrund dieser Erfahrung absolvierte er ein richtiges Fachstudium und wurde Biologe mit dem Spezialgebiet Erblehre.

Während er das Eugenics Record Office leitete, machte er an der Princeton University seinen Doktor in Biologie, veröffentlichte Abhandlungen über Genetik und erlangte in seinem Beruf nationale Anerkennung. Seine eugenischen Forschungen etablierten ihn als Kapazität für »Schwachsinn« und die genetischen Merkmale von Immigranten. Voller Stolz auf seine familiäre Abstammung, die bis zur amerikanischen Revolution zurückreichte, blickte Laughlin auf die süd- und osteuropäischen Einwanderer herab, die er für biologisch minderwertig hielt. In Washington wurde er Kongressexperte für die »biologische« Seite der Einwanderungsfrage. Außerdem entwickelte er sich zu einem ausdrücklichen Befürworter der Zwangssterilisation; so erklärte er: »Es sollte ein eugenisches Verbrechen sein, mögliche Väter und Mütter mit mangelhaften Genen auf die Bevölkerung loszulassen.«[16]

Familienstudien

Das Eugenics Record Office wurde zum amerikanischen Zentrum für eugenische Forschung, insbesondere für Forschungsarbeiten über »genetisch minderwertige« Familien. Es rief jedermann dazu auf, genealogische Informationen über die Erbeigenschaften der eigenen Familie zu einer kostenlosen Analyse einzusenden, und bildete Interviewer dazu aus, genetisch minderwertige Familien vor Ort zu untersuchen. Obwohl die amerikanische Eugenikbewegung eine große Zahl von Studien zu Themen von Alkoholismus bis Zoologie hervorbrachte, hatten ihre Familienstudien den größten Einfluss.

Die beiden populärsten und einflussreichsten solchen Studien waren Henry H. Goddards *Die Familie Kallikak. Eine Studie über die Vererbung des Schwachsinns* (1912 erschienen) und Richard L. Dugdales »*The Jukes*«. *A Study in Crime, Pauperism, Disease and Heredity*, die 1877 veröffentlicht wurde.[17] Diese Familienstudien zeichneten ein grelles Bild von degenerierten Hinterwäldlerfamilien, die in dreckigen Hütten hausten und Generationen von Armen, Kriminellen und Schwachsinnigen in die Welt setzten. Implizit und manchmal auch explizit gingen sie davon aus, dass dem genetisch minderwertigen Teil der Bevölkerung das Recht zur Fortpflanzung verwehrt werden sollte. *The Hill Folk* (1912) warnte, wegen der raschen Vermehrung der Armen und Schwachsinnigen müssten Maßnahmen ergriffen werden, um »die Fortpflanzung von Menschen mit schweren genetischen Mängeln zu unterbinden«.[18]

Die Verfasser der Studien gaben ihren Forschungsobjekten so entwürdigende Spitznamen wie Rotten Jimmy, Crazy Jane und Jake Rat und bezichtigten sie der sexuellen Verworfenheit (»Zügellosigkeit«, »Unzucht«, »Hurerei«). Sie arbeiteten auch mit Tier- und Insektenmetaphern: Die Betreffenden »paaren sich« und »wandern«, sie »nisten« mit ihrer »Brut« in »Brutstätten, wo Massen menschlicher Maden in die Welt gesetzt werden«. Die Jungen der Hills laufen im Sommer nackt herum »wie kleine wilde Tiere«. Ein weibliches Familienmitglied der Hills sieht »eher wie ein Tier aus als wie eine Frau«, während Angehörige des Dack-Clans einen »affenähnlichen Instinkt besitzen, Dinge zu stehlen und zu verstecken«.[19] Diese Familienstudien schufen den Mythos vom »*white trash*«, dem »weißen Gesindel«; er lieferte der Eugenikbewegung ihr zentrales Bild und bestätigte ihre wichtigste Behauptung, dass soziale Probleme in erster Linie genetischen Ursprungs seien.

Die Eugenik hatte einen starken Einfluss auf die im Entstehen begriffenen Gesellschaftswissenschaften – Psychologie, Strafrechtspflege, Soziologie und Sozialarbeit – und inspirierte eine Gesetzgebung, die wichtige Vorgaben für eine Sozialpolitik im Hinblick auf Verbrechensbekämpfung, Erziehung, Heirat und Geburtenkontrolle, Alkoholkonsum, geistige Retardierung, Armutsbekämpfung und Sterilisation formulierte. Führende amerikanische Psychologen, Soziologen und andere Sozialwissenschaftler bezogen eugenische Prinzipien in ihre Arbeit ein. Die Unterstützung der Eugenik bedeutete jedoch mehr als nur die Akzeptanz des Prinzips, dass Charaktereigenschaften und Verhalten erblich bedingt seien. »Sie erlegte der Gesellschaft auch die Verpflichtung auf, etwas zur Vererbungskontrolle zu unternehmen«, schreibt Carl Degler, »eine Verpflichtung, die sich gewöhnlich darin ausdrückte, dass die Fortpflanzung Geisteskranker oder zur Kriminalität neigender Menschen verhindert wurde.«[20] Mit den Worten eines Sozialwissenschaftlers: Die Gesellschaft kann sich nicht auf die Selbstregulierung »des neuropathischen Elements« der Bevölkerung verlassen.[21]

Zwangssterilisation

In Amerika war die Sterilisation zunächst eine Methode der Verbrechensbekämpfung. 1887 veröffentliche der Leiter des Cincinnati Sanitarium die erste öffentliche Empfehlung zur Sterilisation von Verbrechern, sowohl zur Strafe wie auch als Mittel zur Verhinderung weiterer Verbrechen. Die Methode der Sterilisation männlicher Krimineller, die die zuständigen Stellen anwandten, war dieselbe, mit der Farmer ihre nicht zur Zucht ausgewählten männlichen Tiere unfruchtbar machten: Kastration. Bis 1899 wurden männliche Straftäter auf diese Weise sterilisiert, dann wurde eine praktischere Methode eingeführt, die Vasektomie, bei der ein Stück des Samenleiters operativ entfernt wird.

Die erste amerikanische Institution, die offiziell Sterilisationen durchführte, war das Indiana State Reformatory, die staatliche Besserungsanstalt in Indiana. In einem einzigen Jahr nahm Dr. Harry Sharp dort Vasektomien an mehreren Dutzend Jungen vor, um sie auf diese Weise vom Masturbieren abzuhalten. Die eugenische Bedeutung seiner Operationen erkannte er erst später, als »mir der Gedanke kam, dass dies eine gute Methode wäre, die Fortpflanzung der Kranken und körperlich Untauglichen zu verhindern«.[22]

Indiana verabschiedete 1907 das erste staatliche Sterilisationsgesetz. Darin hieß es, »unverbesserliche Kriminelle, Idioten, Schwachsinnige mittleren Grades und Vergewaltiger« dürften gegen ihren Willen sterilisiert werden, wenn ein Expertengremium ihre Fortpflanzung nicht für ratsam halte. Sehr bald folgten auch andere Staaten Indianas Beispiel. Bis 1915 hatten 13 Staaten die Sterilisation Krimineller und Geisteskranker in staatlichen Einrichtungen erlaubt. 1930 hatte bereits über die Hälfte der amerikanischen Staaten derartige Gesetze erlassen.[23] Die Eugenik wurde zum allseits akzeptierten Bestandteil der progressiven Bestrebungen in Amerika. Kalifornien lag dabei mit über 60 Prozent der insgesamt 12000 Zwangssterilisationen bis 1930 an der Spitze. Die Vereinigten Staaten wurden zum Modell für andere Länder, die ihre »Kranken« sterilisieren wollten. 1929 erließ Dänemark als erstes europäisches Land ein solches Gesetz; die anderen skandinavischen Staaten schlossen sich in rascher Folge an. In Deutschland wurde das Sterilisationsgesetz 1933 verabschiedet, kurz nach der Machtergreifung der Nazis.[24]

In den Vereinigten Staaten musste sich das Oberste Bundesgericht 1927 mit einer Klage gegen das Gesetz von Virginia befassen, demzufolge die dortigen staatlichen Einrichtungen Patienten sterilisieren durften, die laut Diagnose unter einer »erblichen Form von Geisteskrankheit oder Imbezilität« litten. Bei dem Fall (*Buck* gegen *Bell*) ging es um eine junge Frau, die ebenso wie ihre Mutter und ihre Tochter als »schwachsinnig« diagnostiziert worden war. Richter Oliver Wendell Holmes, der die Urteilsbegründung für die mit acht Stimmen getroffene Mehrheitsentscheidung zugunsten des Gesetzes von Virginia abfasste, verteidigte die eugenischen Prinzipien hinter dem Sterilisationgesetz. Er schrieb, die »Erfahrung hat gezeigt, dass die Vererbung eine wichtige Rolle bei der Übertragung von Wahnsinn, Imbezilität und dergleichen spielt«, und vertrat die Ansicht, wenn ein Staat das Recht habe, einen jungen Mann in Kriegszeiten zum Dienst in den Streitkräften zu zwingen, dann könne er zweifellos auch »jenen, die ihm ohnehin die Kraft aussaugen, diese geringeren Opfer abverlangen ..., um zu verhindern, dass wir von Unfähigkeit überschwemmt werden«.[25]

Holmes schloss mit ganz ähnlichen Argumenten, wie sie bald darauf die Nazis zur Rechtfertigung ihrer eigenen eugenischen Maßnahmen benutzen sollten. Er schrieb:

> Es ist für alle Welt besser, wenn die Gesellschaft bei jenen, die offenkundig nichts taugen, die Vermehrung von ihresgleichen

unterbinden kann, statt darauf zu warten, bis degenerierter Nachwuchs für seine Verbrechen hingerichtet wird oder man ihn aufgrund seines Schwachsinns verhungern lässt. Das Prinzip, das der Zwangsimpfung zugrunde liegt, ist umfassend genug, um auch die Durchtrennung der Eileiter einzuschließen. Drei Generationen von Imbezilen sind genug.[26]

Anfang der 30er Jahre genoss die Zwangssterilisation breite Unterstützung in den Vereinigten Staaten. Collegepräsidenten, Geistliche, Psychotherapeuten, Schulrektoren und viele andere gehörten zu ihren stärksten Befürwortern.

Eugenik in Deutschland

Deutsche Wissenschaftler waren von Amerikas eugenischen Fortschritten beeindruckt. Nachdem Alfred Ploetz, der Begründer der deutschen Eugenik, vom ersten internationalen Kongress für Eugenik in London (1912) zurückgekehrt war, erklärte er dem *Berliner Tageblatt,* einer der größten Zeitungen Deutschlands, die Vereinigten Staaten hätten in der Eugenik weltweit die unangefochtene Führungsrolle inne. Im Jahr darauf rühmte ein weiterer deutscher Eugeniker den »kraftvollen und entschlossenen« Amerikaner: Nachdem er die Bedeutung der Vererbung für die Festlegung der geistigen und körperlichen Eigenschaften der gesamten Bevölkerung erkannt habe, zögere er nicht, von der theoretischen Reflexion zur energischen praktischen Tat zu schreiten und Gesetze zu erlassen, die zur Veredelung der Rasse führen würden.[27]

In den Jahren nach dem Ersten Weltkrieg schlug die Eugenik unter dem Namen »Rassenhygiene« tiefe Wurzeln in medizinischen und wissenschaftlichen Kreisen Deutschlands. 1920 brachten zwei angesehene Akademiker – Karl Binding, ein durch viele Veröffentlichungen bekannter Jurist, und Alfred Hoche, Professor für Psychiatrie mit dem Fachgebiet Neuropathologie – eine Schrift mit dem Titel *Die Freigabe der Vernichtung lebensunwerten Lebens* heraus. Darin vertraten sie die Ansicht, das deutsche Gesetz solle den »Gnadenakt« der Tötung lebensunwerter Anstaltspatienten erlauben, also solcher Patienten, die an »unheilbarem Blödsinn« litten und deren Leben »absolut zwecklos«

und eine Belastung für ihre Angehörigen und die Gesellschaft sei.[28] Die Begriffe, mit denen sie diese Patienten beschrieben (»Ballastexistenzen«, »Defekte«, »geistig Tote« und »leere Menschenhülsen«), gingen später in die Nazi-Terminologie ein.[29] Hoche hielt nichts von der althergebrachten Vorstellung, dass Ärzte niemandem Schaden zufügen sollten, und tat den hippokratischen Eid als »Doktoreid der früheren Zeit« ab. Stattdessen hob er die Vorteile der Tötung geistig behinderter Patienten für die wissenschaftliche Arbeit hervor: Ihre Leichen böten neue Forschungsmöglichkeiten, insbesondere für die Gehirnforschung.

Nach dem Ersten Weltkrieg, in dem die Amerikaner und die Deutschen auf verschiedenen Seiten gestanden hatten, versuchte vor allem Charles Davenport, die deutschen Eugeniker wieder in die internationale Bewegung einzubeziehen. 1925 trat Deutschland abermals der internationalen Eugenikbewegung bei, und die deutschen und amerikanischen Eugeniker pflegten erneut freundschaftliche Beziehungen.[30]

Deutsche Eugenikzeitschriften berichteten regelmäßig über die Entwicklungen in den Vereinigten Staaten, insbesondere über die Fortschritte der Amerikaner bei der Umsetzung der Rassentheorie in Sterilisations-, Rassentrennungs- und Einwanderungsbeschränkungsgesetze. Fritz Lenz erklärte ein wenig defensiv, Deutschland hinke bei der eugenischen Gesetzgebung hinter den Vereinigten Staaten her, weil die Deutschen mehr zu wissenschaftlicher Forschung neigten als zu praktischer Staatskunst.[31]

Seit den 20er Jahren unterstützten amerikanische Stiftungen die deutsche Eugenikforschung mit umfangreichen finanziellen Zuwendungen. Die Rockefeller Foundation, bei weitem der größte Spender, finanzierte die Forschungsarbeit führender deutscher Eugeniker und gründete und unterstützte das Kaiser-Wilhelm-Institut für Psychiatrie, das Kaiser-Wilhelm-Institut für Anthropologie, menschliche Erblehre und Eugenik sowie andere große wissenschaftliche Einrichtungen in Deutschland. In der Weimarer Zeit brachten deutsche Eugeniker ihre Bewunderung für die eugenischen Errungenschaften der Amerikaner zum Ausdruck und warnten davor, dass Amerika die unangefochtene

Führungsrolle in Rassenfragen einnehmen werde, wenn die Deutschen keine Fortschritte machten.[32]

Der dritte internationale Kongress für Eugenik fand 1932 in New York statt, weniger als ein Jahr vor der Machtübernahme der Nazis. Das Thema lautete: »Ein Jahrzehnt des Fortschritts in der Eugenik.« Der Kongress gab eine Presseerklärung heraus, in der es stolz hieß: »In bisher unerreichtem Ausmaß beherrschen wir nun die Evolution der niedrigeren Organismen.«[33]

Als die Nazis an die Macht kamen, waren an deutschen Universitäten schon mehr als 20 Institute für Rassenhygiene eingerichtet worden. Das Ziel der Rassenhygiene bestand nach den Worten Friedrich Zahns, des Vorsitzenden der Deutschen Statistischen Gesellschaft, in der »Verhinderung der Fortpflanzung minderwertigen Lebens, der erbgesundheitlichen Entartung« durch »eine Hochwertigkeitsauslese einerseits, eine Ausmerze erbbiologisch unerwünschter Volksteile andererseits«.[32] 1932 war die Rassenhygiene in Deutschland bereits als wissenschaftliche Orthodoxie etabliert. Sie wurde an den medizinischen Fakultäten der meisten deutschen Universitäten gelehrt und war das zentrale Forschungsgebiet solch renommierter Institutionen wie des Kaiser-Wilhelm-Instituts für Anthropologie in Berlin (1927–1945) und des Kaiser-Wilhelm-Instituts für Genealogie in München (1919–1945). »Die Expansion dieses Fachbereichs fand weitgehend vor Hitlers Machtergreifung statt«, schreibt Robert Proctor. »Die meisten der rund ein Dutzend Zeitschriften zum Thema Rassenhygiene wurden beispielsweise lange vor dem Triumph des Nationalsozialismus gegründet.«[33]

Die Sterilisation wurde zum ersten »Rassensäuberungsprojekt« der neuen Naziregierung. Am 14. Juli 1933 erließ sie das »Gesetz zur Verhütung erbkranken Nachwuchses«, das die Sterilisation körperlich oder geistig behinderter Patienten in staatlichen Krankenhäusern und Pflegeanstalten gebot. Erbkrank im Sinne des neuen Sterilisationsgesetzes war, wer an angeborenem Schwachsinn, Schizophrenie, manisch-depressivem Irresein, erblicher Fallsucht, erblichem Veitstanz, erblicher Blindheit, erblicher Taubheit und schwerer erblicher körperlicher Missbildung litt.[34]

Einige Nazis hätten den Geltungsbereich des neuen Gesetzes

gern auch auf die Juden ausgedehnt. Bevor die Nazis an die Macht kamen, hatte Arthur Gütt (später Abteilungsleiter im Reichsministerium des Inneren) die Massensterilisation von Juden – vor allem osteuropäischen Juden – befürwortet. 1935 setzte sich der Reichsärzteführer Gerhard Wagner dafür ein, dass das Gesetz auch auf Juden angewandt wurde, doch dieser Plan wurde überflüssig, als die Nazis noch viel weiter gingen und ihre radikalere Lösung des »Judenproblems« in Angriff nahmen.[35]

Zur Durchführung des Sterilisationsgesetzes richtete die Nazi-Regierung in ganz Deutschland 181 Erbgesundheitsgerichte und Erbgesundheitsobergerichte ein, die zumeist den Amts- bzw. Oberlandesgerichten angegliedert waren. Sie bestanden jeweils aus zwei Ärzten, von denen einer Fachmann für »genetische Pathologie« sein musste, und einem Richter. Die deutschen Ärzte waren verpflichtet, jeden Erbkrankheitsfall, von dem sie Kenntnis hatten, registrieren zu lassen; taten sie es nicht, wurden sie mit einer Geldstrafe belegt. Außerdem mussten alle Ärzte an einem einschlägigen Institut eine Schulung in genetischer Pathologie machen. Die Nazis hatten schließlich eine Menge nachzuholen. Als sie 1933 mit ihrem Sterilisationsprogramm begannen, hatten die Vereinigten Staaten bereits über 15 000 Menschen sterilisiert, die zumeist in Haft saßen oder in Anstalten für Geisteskranke eingesperrt waren.[36]

Die deutsch-amerikanische Partnerschaft

Die Sterilisationsgesetze, die Rassentrennung und die Einwanderungsbeschränkungen in Amerika machten auf Hitler und die Nazis einen solch positiven Eindruck, dass Nazideutschland den Vereinigten Staaten eine Führungsrolle in Rassenfragen zubilligte. Otto Wagener, von 1931 bis 1933 Leiter der Wirtschaftspolitischen Abteilung der NSDAP, berichtete, Hitler habe besonderes Interesse an den eugenischen Entwicklungen in den Vereinigten Staaten gehabt. Wagener zufolge sagte Hitler: »Nachdem uns die Erbgesetze bekannt sind, ist es möglich, in großem Umfang zu verhindern, daß Ungesundes und Schwerbelastetes geboren wird. Ich habe mit Interesse die Gesetze einiger amerikanischer Staaten studiert über die Verhinderung der Fortpflanzung von Menschen, deren Nachzucht aller Voraussicht nach wertlos oder volksschädlich wäre.«[37]

In seiner unveröffentlichten Autobiografie erzählte Leon Whitney, Sekretär der American Eugenics Society, eine Geschichte, die Hitlers ausgeprägtes Interesse an der amerikanischen Eugenik illustrierte. 1934 wurde Whitney von einem Angehörigen von Hitlers Mitarbeiterstab brieflich gebeten, dem Führer eine Kopie seines jüngst erschienenen Buches *The Case for Sterilization* zu schicken. Kurz nachdem Whitney das Buch nach Deutschland gesandt hatte, erhielt er ein von Hitler unterzeichnetes Dankschreiben. Als Whitney es später Madison Grant zeigte, schlug dieser lächelnd eine Aktenmappe auf seinem Schreibtisch auf und zeigte Whitney einen Brief, der ebenfalls von Hitler stammte. Darin dankte der deutsche Diktator Grant dafür, dass er *Der Untergang der großen Rasse. Die Rassen als Grundlage der Geschichte Europas* geschrieben hatte, und erklärte, »das Buch sei seine Bibel«.[38]

Das besondere Interesse der Deutschen galt den amerikanischen Sterilisationsgesetzen. Die Zeitschrift *Volk und Rasse* lobte die Entscheidungen des Obersten Bundesgerichts der Vereinigten Staaten, mit denen die Zwangssterilisation legalisiert wurde. 1939 schrieb das rassistische Nazi-Blatt *Archiv für Rassen- und Gesellschaftsbiologie*, seit der Verabschiedung der ersten amerikanischen Sterilisationsgesetze hätten die Vereinigten Staaten »etwas Großes erreicht«. Einige deutsche Eugeniker hielten die amerikanischen Sterilisationspraktiken jedoch teilweise für zu »radikal« und brachten ihre Missbilligung über die willkürlichen Methoden bei der Vollstreckung der Sterilisationsgesetze wie auch über den Einsatz der Sterilisation als Strafe in manchen Staaten zum Ausdruck. Hochmütig wiesen sie auf den ausgeklügelten Entscheidungsfindungsprozess ihrer Erbgesundheitsgerichte hin, der vom deutschen Gesetz vorgeschrieben werde.[39]

Wie die amerikanischen Eugeniker stolz registrierten, beruhte das deutsche Gesetz, das die Nazis nur sechs Monate nach ihrer Machtübernahme verabschieden konnten, auf dem kalifornischen Sterilisationsgesetz und dem von Harry Laughlin 1922 entwickelten Entwurf eines eugenischen Sterilisationsgesetzes. Das deutsche Gesetz orientierte sich zwar in den Grundzügen an

Laughlins Entwurf, verzichtete aber auf die darin vorgesehene Sterilisation von Kriminellen, Alkoholikern und sozial Schwachen. Dennoch blieb das deutsche Gesetz so nah an dem amerikanischen Modell, dass die amerikanische Zeitschrift *Eugenic News* zu folgender Schlussfolgerung gelangte: »Wenn man sich in der Geschichte der eugenischen Sterilisation in Amerika auskennt, liest sich der deutsche Gesetzestext fast wie der amerikanische Gesetzentwurf.«[40]

1935 berichtete ein Vertreter eines amerikanischen Gesundheitsausschusses, der sich zu Beratungen mit Funktionären des Sterilisationsprogramms und Richtern der Erbgesundheitsgerichte in Nazideutschland aufhielt: »Die Führer der deutschen Sterilisationsbewegung erklären immer wieder, dass ihre Gesetze erst nach gründlicher Befassung mit Mr. Gosneys und Dr. Popenoes Berichten über das kalifornische Experiment formuliert wurden. Es wäre ihren Worten zufolge unmöglich gewesen, ein solches Wagnis zu unternehmen, von dem mehr als eine Million Menschen betroffen sind, ohne sich auf bereits vorhandene Erfahrungen zu stützen.«[41]

Eugene S. Gosney war Präsident der Human Betterment Foundation, der größten eugenischen Organisation Kaliforniens. In einem Begleitbrief an den Leiter einer protestantischen deutschen Wohltätigkeitsorganisation lobte er, dass »mit der Annahme eines eugenischen Gesetzes durch Deutschland nun mehr als 150 Millionen zivilisierte Menschen unter einem solchen Gesetz leben«. Paul Popenoe erklärte, das deutsche Gesetz gelte für »die größte Zahl von Menschen, die jemals von einem solchen Gesetz erfasst wurden«. In seinen Augen verwirklichte das deutsche Sterilisationsgesetz die eugenischen Prinzipien Kaliforniens und war den Sterilisationsgesetzen der meisten amerikanischen Staaten überlegen.[42]

Bei der Durchführung des Gesetzes war Nazideutschland bald effizienter als die Vereinigten Staaten. Genaue Angaben liegen zwar nicht vor, aber die Gesamtzahl der von den Nazis sterilisierten Deutschen beläuft sich auf schätzungsweise 300000 bis 400000 Personen.[43] Einigen Rassenhygienikern reichte das jedoch nicht. So behauptete etwa Fritz Lenz, einer der prominentesten deutschen Vertreter der Theorie von der Überlegenheit der nordischen Rasse, 10 bis 15 Prozent der deutschen Bevölkerung seien erbkrank und sollten sterilisiert werden.[44]

Die Nazis stützten sich auch auf die Familienstudien, mit denen amerikanische Eugeniker ihre Sterilisation »Degenerierter« gerechtfertigt hatten. Goddards Buch über die Kallikaks war bereits 1914 übersetzt und in Deutschland veröffentlicht worden; im November 1933 – nach ihrer Machtübernahme – gaben die Nazis eine zweite Auflage heraus. Im Vorwort zu dieser zweiten Auflage hieß es, die Kallikak-Studie bestätige die Notwendigkeit des im Juli erlassenen nazistischen Sterilisationsgesetzes. Die *Zeitschrift für Rassenkunde* lobte Richard L. Dugdales frühere Studie über die Jukes als erste Arbeit, die den erblichen Charakter der »Minderwertigkeit« beweise.[45]

Die amerikanischen Einwanderungsgesetze, die den Zuzug von Menschen mit Erbkrankheiten und von Bürgern nichtnordischer Länder unterbanden, beeindruckten die Deutschen ebenfalls. 1934 erklärte der deutsche Rassenanthropologe Hans F. K. Günther seinen Zuhörern an der Münchner Universität, die amerikanischen Einwanderungsgesetze sollten Deutschland als Richtschnur und Anregung dienen.[46]

Die deutschen Rassenkundler bewunderten auch die amerikanischen Rassentrennungsgesetze, die unter anderem die Eheschließung oder auch nur sexuelle Beziehungen zwischen Angehörigen verschiedener Rassen untersagten. Nazitheoretiker beklagten, die deutsche Rassenpolitik hinke hinter der amerikanischen her, und wiesen darauf hin, dass in bestimmten Südstaaten eine Person, die zu einem Zweiunddreißigstel von schwarzen Vorfahren abstamme, im juristischen Sinne schwarz sei, während in Deutschland noch ein »Achteljude« oder in vielen Fällen sogar ein »Vierteljude« juristisch als arisch gelte. Amerikas Rassentrennungsgesetze wurden in Deutschland sorgfältig studiert, und in medizinischen Fachzeitschriften fanden sich Tabellen, die den aktuellen Stand der Rassenbeziehungen in den USA zeigten und Staaten auflisteten, in denen Ehen zwischen Schwarzen und Weißen verboten oder erlaubt waren, in denen Schwarze Stimmrecht hatten oder nicht etc.

Das *Archiv für Rassen- und Gesellschaftsbiologie*, Deutschlands führende Zeitschrift für Rassenhygiene, meldete 1939 beifällig, die Universität von Missouri lasse keine schwarzen Studenten zu. Mehrere Monate später berichtete die Zeitschrift mit demselben Tenor von der Weigerung der American Medical Association (AMA), schwarze Ärzte als Mitglieder aufzunehmen. Da deutsche Ärzte erst kurz zuvor jüdische Kollegen daran gehindert hatten, ihren Beruf auszuüben – außer an anderen Juden –, konnten die deutschen Rassenkundler nun argumentieren, dass Deutschland nicht als einziges Land seine Rassenreinheit zu erhalten suche.[47]

Amerikanische Unterstützung für die Nazi-Eugenik

Amerikanische Eugeniker waren die nachdrücklichsten ausländischen Befürworter der nazistischen Rassenpolitik. 1934 verkündete *Eugenic News*, »die Eugenik als angewandte Wissenschaft« sei »in keinem Land der Welt aktiver als in Deutschland«, und pries das Sterilisationsgesetz der Nazis als historischen Fortschritt:

> ... es blieb Deutschland vorbehalten, sich 1933 an die Spitze der großen Weltnationen zu setzen, was die Anerkennung der biologischen Grundlagen des Nationalcharakters betraf. Die Sterilisationsgesetze mehrerer amerikanischer Staaten wie auch das Sterilisationsgesetz Deutschlands werden in der Rechtsgeschichte wahrscheinlich einen Meilenstein im Kampf um die Kontrolle über die menschliche Fortpflanzung durch die höchstentwickelten Völker der Welt darstellen, der in seiner Bedeutung nur mit der gesetzlichen Kontrolle der Eheschließung in den Vereinigten Staaten vergleichbar ist.[48]

In Virginia, wo der Prozess *Buck* gegen *Bell* stattgefunden hatte und das bezüglich der Anzahl durchgeführter Sterilisationen an zweiter Stelle hinter Kalifornien rangierte, beschwerte sich im Jahr 1934 Joseph S. DeJarnette, Führer der dortigen Eugenikbewegung, es würden nicht genug Menschen sterilisiert. Er drängte den Staat, den Geltungsbereich seines Sterilisationsgesetzes zu erweitern, damit es mehr dem deutschen entspreche, und erklärte: »Die Deutschen schlagen uns in unserem eigenen Spiel.«[49]

Die *Rassenpolitische Auslandskorrespondenz*, eine Zeitschrift, die internationale Reaktionen auf Deutschlands Rassenprogramme verfolgte, brachte elf Berichte über eugenische Aktivitäten in Amerika, davon vier über die Unterstützung der amerikanischen Eugenikbewegung für die Rassenpolitik der Nazis.[50] Die umfangreiche Berichterstattung der amerikanischen Medien über die eugenischen Entwicklungen in Deutschland ermutigte die amerikanischen Eugeniker. Leon Whitney betrachtete die große Aufmerksamkeit, die amerikanische Zeitungen Hitlers Plan zur Sterilisierung von 400000 Deutschen widmeten, als Hauptgrund für die merkliche Zunahme des Interesses an Eugenik in der amerikanischen Öffentlichkeit. Dankbar stellte er fest, dass Hitlers ehrgeiziger Plan Diskussionen »unter Tausenden von Menschen [in den Vereinigten Staaten]« auslöste, »die vorher vielleicht niemals echtes Interesse an dem Thema hatten«.[51]

Harry Laughlin, der die deutschen Nazis mit Begeisterung unterstützte, hatte schon Zeitungsausschnitte über sie gesammelt, bevor sie 1933 an die Macht kamen. Auf den Rand eines solchen Zeitungsausschnitts schrieb er: »Hitler sollte zum Ehrenmitglied der ERA [Eugenics Research Association] ernannt werden!« Laughlin nutzte seine Stellung als Leiter des Eugenics Record Office, um die eugenische Botschaft der Nazis in die amerikanische Öffentlichkeit zu tragen.

Besonders beeindruckte ihn die Macht des Films als Werkzeug zur Verbreitung der eugenischen Botschaft. Er beschaffte sich eine englische Version von *Erbkrank*, einem von fünf Stummfilmen zum Thema Sterilisation, die das Rassenpolitische Amt der NSDAP zwischen 1935 und 1937 produzierte. *Erbkrank* gefiel Hitler so sehr, dass er eine Folgeproduktion als Tonfilm unter dem Titel *Opfer der Vergangenheit* in Auftrag gab und dafür sorgte, dass sie 1937 in allen deutschen Kinos gezeigt wurde.[52] In den Bildunterschriften und Kommentaren von *Erbkrank* und anderen derartigen Nazi-Propagandafilmen werden die »Erbkranken« als »Kreaturen«, »Wesen«, »Existenzen«, »lebensunwertes Leben«, »Idioten« und »Karikaturen menschlicher Gestalt und menschlichen Geistes« tituliert.

In einigen Filmen finden sich auch Vergleiche geistig und körperlich behinderter Menschen mit Tieren. *Erbkrank* zeigt einen kahlköpfigen Jugendlichen, der eine Hand voll Gras isst. In anderen Nazi-Filmen heißt es, die Behinderten stünden noch unter der Stufe von Tieren, insbesondere im Vergleich zu reinrassigen Jagdhunden und Rennpferden, die oft gezeigt werden, um die Vorzüge der selektiven Zucht zu illustrieren.[55] *Erbkrank* führt verschiedene geistig Behinderte vor, und einer der Untertitel des Films erklärt: »Tief unter dem Tier stehen viele Idioten.« Der Untertitel der letzten Szene, die einen Mann und eine Frau beim Pflanzen zeigt, lautet: »Der Bauer, der das Überwuchern des Unkrauts verhindert, fördert das Wertvolle.« In der Einführung fasst Walter Groß, Leiter des Rassenpolitischen Amtes der NSDAP, die Botschaft des Films zusammen: »Wo den Nachkommen von Säufern, Verbrechern und Schwachsinnigen Paläste gebaut werden, indes der Arbeiter und Bauer mit einer kümmerlichen Hütte vorlieb nehmen muß, da geht ein solches Volk mit Riesenschritten seinem Ende entgegen.«[56]

Obwohl es in dem Film hieß, Juden neigten besonders zu Geisteskrankheit und Unmoral, bestand Laughlin in *Eugenic News* darauf, dass der Film »keine Rassenpropaganda irgendwelcher Art« enthalte. Sein einziger Zweck, so behauptete er beharrlich, sei »die Aufklärung der Menschen bezüglich der Gesundheit des familiären Erbguts – in körperlicher, geistiger und seelischer Hinsicht –, ungeachtet der Rasse«.[57]

Besuch aus Amerika

Nach dem Regierungsantritt der Nazis im Jahr 1933 kamen amerikanische Anthropologen, Psychologen, Psychiater und Genetiker in Scharen nach Deutschland und wurden dort herzlich empfangen. Man arrangierte für sie hochrangige Zusammenkünfte mit Naziführern und Wissenschaftlern, zeigte ihnen aber auch Institute für Rassenhygiene, Gesundheitsministerien und Erbgesundheitsgerichte. Berichteten die Amerikaner nach ihrer Rückkehr in Fachzeitschriften und Mitteilungsblättern von ihrem Besuch, lobten sie das deutsche Sterilisationsprogramm und erklärten, die Erbgesundheitsgerichte böten die Gewähr dafür, dass auch »untaugliche« Mitglieder der deutschen Gesellschaft stets faires Gehör bekämen.

Die Nazi-Regierung erhielt sich die Unterstützung ausländischer Wissenschaftler auch durch die Verleihung akademischer Ehrentitel renommierter deutscher Universitäten. So zeichnete etwa die Johann Wolfgang Goethe-Universität in Frankfurt 1934 den berühmten amerikanischen Paläontologen Henry Fairfield Osborn aus. Osborn, einer der ersten und bedeutendsten Vertreter der amerikanischen Eugenikbewegung, war 25 Jahre lang Direktor des Museum of Natural History in New York gewesen und hatte die biologische Fakultät der Columbia University gegründet. Außerdem war er der Begründer der American Eugenics Society und hatte 1921 als Präsident des zweiten internationalen Kongresses für Eugenik fungiert. Geehrt von dem prestigeträchtigen akademischen Grad, kam Osborn zur Verleihung nach Deutschland.[58]

Die 550-Jahr-Feier der Heidelberger Universität nutzten die Nazis, um zu demonstrieren, dass ein neuer bildungs- und wissenschaftsorientierter Geist in Deutschland eingekehrt war, und sie verliehen einer Reihe hervorragender deutscher und nichtdeutscher Wissenschaftler Ehrentitel, darunter den Amerikanern Foster Kennedy und Harry Laughlin. Kennedy, ein Psychiater und Mitglied der Euthanasia Society of the United States, war bekannt dafür, dass er öffentlich für die Tötung geistig Behinderter eintrat.[59]

Laughlin gehörte zu den amerikanischen Eugenikern, die in Nazideutschland am meisten bewundert wurden. Als Dr. Carl Schneider, Dekan der medizinischen Fakultät und Professor der Rassenhygiene an der Heidelberger Universität, Laughlin im Mai 1936 schriftlich mitteilte, Heidelberg wolle ihm einen Ehrendoktortitel der Medizin verleihen, war Laughlin außer sich vor Freude über eine solche Ehrung durch eine der renommiertesten Universitäten der Welt. Er reiste zwar nicht persönlich zu der Verleihung an, nahm den Doktortitel jedoch am 8. Dezember 1936 im deutschen Konsulat in New York City stolz in Empfang.

In der Verleihungsurkunde wurde Laughlin als »erfolgreicher Pionier der praktischen Eugenik und weitsichtiger Repräsentant der Rassenpolitik in Amerika« gewürdigt. Seine Eugenikerkollegen gratulierten ihm, und sowohl die deutsche als auch die amerikanische Presse zollten ihm Anerkennung.[60] Drei Jahre später wurde Professor Schneider, der Laughlin für den Titel vorgeschlagen hatte, wissenschaftlicher Berater des Euthanasieprogramms der Nazis, in dessen Rahmen Tausende geistig und körperlich behinderter Deutscher in den Gaskammern ermordet wurden.[61]

Selbst nach Ausbruch des Zweiten Weltkriegs – allerdings nur bis zum Kriegseintritt der Vereinigten Staaten – kamen amerikanische Eugeniker noch nach Deutschland. Im Winter 1939/40 reiste der Genetiker T. U. H. Ellinger nach Berlin, um an einer Reihe von Zusammenkünften mit Hans Nachtsheim teilzunehmen, einem Genetiker am Kaiser-Wilhelm-Institut für Anthropologie, menschliche Erblehre und Eugenik. Ellinger traf sich auch mit Wolfgang Abel, einem für seine Forschungen über Zigeuner und afrikanische Buschmänner bekannten Anthropologen, der außerdem Mitglied der SS war. Abel erörterte mit Ellinger die Ergebnisse der deutschen Forschungen über das »jüdische Element« in der deutschen Bevölkerung. Nach seiner Rückkehr in die Vereinigten Staaten erklärte Ellinger im *Journal of Heredity*, die Behandlung der Juden in Deutschland habe nichts mit religiöser Verfolgung zu tun, sondern sei vielmehr »ein groß angelegtes Züchtungsprojekt mit dem Ziel, die Erbeigenschaften der semitischen Rasse aus dem Volkskörper zu tilgen«. Ellinger bekannte, er sei sehr beeindruckt, welch »erstaunliche Menge vorurteilsloser Informationen« über die körperlichen und psychologischen Eigenschaften der Juden das Kaiser-Wilhelm-Institut gesammelt habe.[62]

Als der bekannte amerikanische Anthropologe Lothrop Stoddard im Jahr 1940 vier Monate in Deutschland verbrachte, wiesen die Nazis stolz darauf hin, dass er und andere berühmte Amerikaner Deutschland auch nach Beginn des Krieges weiterhin besuchten. Offiziell war Stoddard als Journalist der North American Newspaper Alliance dort, aber sein Ruf als berühmter Eugeniker verschaffte ihm Zugang zu den höchsten Kreisen der Regierung und der wissenschaftlichen Forschung.[63]

In seinem bekanntesten Werk, *The Rising Tide of Color Against White-World Supremacy*, das 1920 erschienen war, hatte Stoddard geschrieben, Fortschritt und Zivilisation seien das

Resultat »nordischen Blutes ... sauberen, kraftvollen Blutes, das geniale Schöpferkraft in sich trägt und durch die Zeiten strömt dank des unfehlbaren Vorgangs der Vererbung, der sich in einer auch nur ansatzweise günstigen Umgebung vervielfachen, unsere Probleme lösen und uns höheren und edleren Bestimmungen entgegentragen wird«. In *Der Kulturumsturz* und seinen weiteren, überall im Westen hoch gelobten Büchern warnte Stoddard vor der Bedrohung der nordischen Überlegenheit durch die weniger zivilisierten Völker Süd- und Osteuropas und die farbigen Völker Afrikas und Asiens.[64]

Stoddard besuchte in Deutschland diverse Institute für Rassenhygiene und traf sich mit führenden Wissenschaftlern und Regierungsmitgliedern, unter anderem auch mit Hitler und Himmler. Außerdem nahm er an einer Sitzung des Erbgesundheitsobergerichts in Berlin teil, das aus den beiden regulären Richtern, einem Psychopathologen und einem Kriminalpsychologen bestand. Er schrieb über die Fälle, die dort verhandelt wurden: ein geistig zurückgebliebenes Mädchen, eine Taubstumme mit mehreren »unglücklichen« Erbeigenschaften in ihrer Familie, ein Manisch-Depressiver (Stoddard schrieb: »Es stand außer Zweifel, dass er sterilisiert werden sollte.«); und ein »affenähnlicher« Mann mit fliehender Stirn, geblähten Nasenflügeln und homosexueller Vergangenheit, der mit einer Jüdin verheiratet war und drei kleine »Taugenichtse« als Kinder hatte.

Als Stoddard die Sitzung verließ, war er tief beeindruckt von der erfolgreichen Arbeit des Gerichts bei der Eliminierung »minderwertiger Elemente« und überzeugter denn je, dass das deutsche Sterilisationsgesetz »unter strikter Beachtung seiner Bestimmungen angewandt wurde und dass die Urteile, wenn überhaupt, fast zu vorsichtig waren«. Stoddard versicherte seinen amerikanischen Lesern, die Nazis sonderten »die schlechtesten Rassenmerkmale im deutschen Erbgut auf wissenschaftliche und wahrhaft humanitäre Weise aus«. Was das »Judenproblem« betreffe, so sei es »im Prinzip bereits bewältigt« und werde »durch die physische Eliminierung der Juden aus dem Dritten Reich bald auch in der Praxis gelöst werden«.[65]

Himmler, Darré, Höss

Wie die Amerikaner Davenport und Laughlin kam auch Heinrich Himmler, Reichsführer SS und einer der Hauptverantwortlichen des Holocaust, über die Tierzucht zur Eugenik. Durch sein Landwirtschaftsstudium und seine Erfahrungen in der Hühnerzucht gelangte er zu der Überzeugung, alle Verhaltensmerkmale wären erblich und die Zukunft einer (menschlichen oder nichtmenschlichen) Population ließe sich darum am effektivsten durch Zuchtprojekte gestalten, die das Erwünschte förderten und das Unerwünschte ausmerzten.[66]

Himmlers leidenschaftliches Interesse an Ackerbau und Viehzucht entwickelte sich erst nach seinem Abitur. Gegen den Willen seiner Eltern beschloss er, eine Ausbildung zum Diplomlandwirt zu machen, obwohl er keinerlei Erfahrungen auf diesem Gebiet hatte. Er schrieb sich an der technischen Hochschule München ein, studierte dort Agronomie und absolvierte ein zweimonatiges Abschlusspraktikum bei einem Landwirtschaftsmaschinenhersteller. In seinem letzten Studienjahr (1920/21) trat er mehreren landwirtschaftlichen Vereinigungen bei. Er suchte eine Stellung als Verwalter auf einem bayerischen Bauernhof, war aber zu jung und zu unerfahren.

Mitte der 20er Jahre wurde Himmler politisch aktiv. Er unterstützte die junge NSDAP; in seinen Reden hob er die Tugenden der deutschen Bauern hervor und erklärte, es sei ihnen bestimmt, die rassische Vorhut des neuen Deutschland zu sein. Von Anfang an stellte er sich als Fachmann für Landwirtschaft dar. Einem Schriftsteller schrieb er in einem Brief vom 22. April 1926, in dem es um landwirtschaftliche Fragen ging: »Ich bin selbst ein Bauer, obwohl ich keinen Bauernhof habe.« In dieser Zeit betrieb er auch eine Hühnerfarm, was seine obsessive Begeisterung für Eugenik und die Aufwertung menschlichen wie tierlichen Erbguts steigerte. Wie Fritz Redlich schreibt: »Sein Interesse für die Zucht und das Töten von Hühnern übertrug er später auf die Menschen.«[67]

Nach der Lektüre diverser rassistischer Pamphlete war Himmler erst recht von den Vorteilen des rassebewussten Züchtens überzeugt. Die Aufgabe politischer Führung bestand für ihn darin, es dem Fachmann für Pflanzenzucht gleichzutun, der zunächst einmal über das Feld gehe, um die unerwünschten Pflanzen auszumerzen, wenn er aus einer erprobten, durch zu viele Kreuzungen ausgelaugten Gattung eine reinrassige neue Art züchten wolle.[68] Nach dem Krieg sagte einer seiner SS-Offiziere aus, Himmlers Erfahrungen in der Landwirtschaft seien der Hintergrund seines Rassenzuchtwahns gewesen. So ebnete die Ausbeutung der Tiere – Zucht, Auslese und Schlachtung – den Weg zum Völkermord.

Als Hitler und die anderen Naziführer zu Beginn der 40er Jahre eine Lösung für das lästige Problem der deutsch-jüdischen Mischlinge suchten, ging Himmler wie üblich aus seiner Tierzüchterperspektive an die Sache heran. Er schrieb an Martin Bormann: »Wir müssen hier ... ein ähnliches Verfahren durchführen, wie man es bei einer Hochzucht bei Pflanzen und Tieren anwendet.« Nachdrücklich setzte er sich für eine mindestens ein paar Generationen zurückreichende, obligatorische rassische Überprüfung der Abkömmlinge von Mischlingsfamilien ein und schlug vor, sie müssten »im Falle der rassischen Minderwertigkeit sterilisiert und damit aus dem weiteren Erbgang ausgeschaltet werden«.[69]

In seiner Position konnte Himmler die Prinzipien und Methoden der Tierzucht in einer Weise auf Menschen anwenden, wie es keinem amerikanischen Eugeniker jemals vergönnt war.[70] Jochen von Lang schreibt, er »wollte nach seinem Mißerfolg als Geflügelzüchter ein Menschenzüchter werden«.[71] Rassisch reine SS-Männer sollten die Zuchtbullen abgeben, »Untaugliche« und »Störenfriede« sollten ausgemerzt werden. Es verstehe sich von selbst, erklärte Himmler, dass der größte Teil der Zucht von der SS, der rassischen Elite des germanischen Volkes, durchgeführt werden müsse. In 20 bis 30 Jahren müssten die Nazis imstande sein, ganz Europa mit seiner führenden Klasse auszustatten.[72] Seinem Biografen Richard Breitman zufolge betrachtete Himmler seine Opfer nicht als Menschen, daher ließen ihn ihr Leid und ihr Schicksal völlig kalt. »Er sah in ihnen Ungeziefer und Schädlinge, wie jeder Landwirt sie vernichten mußte, wenn er sich und seine Familie ernähren wollte.«[73]

Wie Himmler hatte auch Richard Walther Darré, der führende

Agrarexperte der Nazipartei und einer ihrer ersten und wichtigsten Ideologen, Landwirtschaft studiert und kannte sich mit der Tierzucht aus. Darré trug die Titel »Reichsernährungsminister und Reichsbauernführer«. Er hielt die Bauernschaft für die Schatzkammer der rassischen Stärke der Nation und war der Ansicht, dass die Bevölkerungspolitik der Nazis von den Prinzipien der Tierzucht geleitet sein sollte (»Wir behaupten, daß ein Volk geistig-moralische Harmonie nur erreichen kann, wenn ein durchdachter Zuchtplan das Zentrum seiner Kultur bildet.«).[74]

Darré überzeugte Himmler davon, dass Deutschland eine rassische Elite brauche, und half ihm, aus der SS eine arische Vorhut zu machen. Himmler wiederum ernannte Darré zum Ehrenmitglied der SS. Wie Himmler glaubte Darré an die Heraufzüchtung der Erbgesundheit des deutschen Volkes durch die Ausrottung seiner unerwünschten Elemente.[75] Der einzige echte Besitz der deutschen Nation sei ihr gutes Blut. Wolle man die Erbmasse rein halten, könne man nur mit der Ausrottung des schwächeren Blutes beginnen.[76]

Auch Rudolf Höss, der Lagerkommandant von Auschwitz, war ein nachdrücklicher Befürworter der Eugenik mit bäuerlichem Hintergrund. Höss und Himmler kannten sich seit 1921 oder 1922; nach 1930 standen sie in engerem Kontakt miteinander. »Beide waren begeisterte Landwirte«, schreibt Breitman, »so ging ihnen der Gesprächsstoff nie aus.«[77] Als Auschwitz noch ein kleines Lager war, schmiedeten die beiden Pläne zur Errichtung eines Netzes von Nebenlagern; sie wollten den Komplex zu einem großen Landwirtschaftszentrum ausbauen. In seiner Autobiografie schrieb Höss später, Himmlers kühne Pläne hätten ihn als Bauern fasziniert. »Auschwitz wird *die* landwirtschaftliche Versuchsstation für den Osten. Dort sind Möglichkeiten wie wir sie bisher in Deutschland nicht hatten. Arbeitskräfte sind genug vorhanden ... Große Laboratorien und Pflanzenzuchtabteilungen müssen entstehen. Viehzucht aller Arten und Rassen, die von Bedeutung sind.«[78]

Höss erfuhr jedoch bald, dass es andere Pläne für das Lager gab. »Sommer 1941. Himmler läßt mich nach Berlin kommen, um mir den so verhängnisvollen und so harten Befehl zur Massen-Vernichtung der Juden aus fast ganz Europa zu erteilen, demzufolge aus dem KL Auschwitz die größte Vernichtungsanstalt der Geschichte wurde.«[79] Im Sommer 1942 herrschte dann bereits Hochbetrieb in Auschwitz, einem allumfassenden Eugenikzentrum zur Aufartung von Deutschlands menschlicher und tierlicher Bevölkerung, komplett ausgestattet mit Viehzuchtzentren und dem Vernichtungslager Birkenau zur Ausmerzung von Juden, Zigeunern und anderen »Untermenschen«.

Deutschlands T4-Programm und die Erfindung der Gaskammer

1939 trat Deutschlands eugenischer Feldzug in eine neue, tödliche Phase ein – mit einem Befehl Hitlers, der, so Yisrael Gutman und Michael Berenbaum, »die systematische Ermordung geistig zurückgebliebener, seelisch gestörter und körperlich untauglicher Deutscher in Gang setzte, die den Mythos der arischen Überlegenheit störten«.[80] 1929 hatte Hitler auf dem NSDAP-Parteitag in Nürnberg erklärt: »Würde Deutschland jährlich eine Million Kinder bekommen und siebenhunderttausend bis achthunderttausend der schwächsten beseitigen, dann würde am Ende das Ergebnis vielleicht sogar eine Kräftesteigerung sein.«[81]

Als Hitler dieses Projekt im Jahr 1935 endlich in Angriff nehmen konnte, erklärte er dem Reichsärzteführer Dr. Gerhard Wagner, er wolle die Nation von ihrem behinderten Bevölkerungsanteil befreien. Da er jedoch eine ungünstige Reaktion der öffentlichen Meinung in Deutschland und im Ausland befürchtete, hielt er es für besser, bis zum Krieg zu warten, »wenn alle Welt auf den Gang der Kampfhandlungen schaut und der Wert des Menschenlebens ohnehin minder schwer wiegt«. Dann sei »die Befreiung des Volkes von der Last der Geisteskranken« leichter.[82] Michael Burleigh schreibt, der geheime Gesetzentwurf »sah die Tötung von Menschen vor, die an schweren angeborenen geistigen oder körperlichen ›Mißbildungen‹ litten, da diese einer besonders langwierigen Pflege bedürften, bei ihren Mitmenschen ›Schauder‹ hervorriefen und im übrigen auf ›niedrigster tierischer Stufe‹ stünden«.[83]

Hitler betraute Philip Bouhler, den Leiter der Kanzlei des Führers, und Karl Brandt, seinen Begleitarzt, mit »der systematischen und geheimen Hinrichtung von Alten, Geistesgestörten, unheilbar Kranken oder missgebildeten Kindern sowie anderen Personen in Pflegeheimen, Krankenhäusern und Anstalten mit Hilfe von Gas, tödlichen Injektionen und verschiedenen anderen Methoden«, wie es die Anklage des amerikanischen Militärgerichts im Nürnberger Ärzteprozess formulierte.[84]

Die Ermordung deutscher Kinder begann im Oktober 1939 in der Landesanstalt Brandenburg-Görden und wurde in 21 zusätzlich eingerichteten »Kinderfachabteilungen« im Reich weiter geführt. Nachdem die Kinder erfasst und eingewiesen worden waren, ließen die Ärzte, Schwestern und Pfleger sie verhungern oder verabreichten ihnen tödliche Dosen Luminal (ein Beruhigungsmittel), Veronal (Schlaftabletten), Morphium oder Skopolamin. Wenn ein Kind die Medikamente nicht in flüssiger oder fester Form schlucken wollte, wurden sie ihm injiziert.[85]

Mit dem Eintritt ins nächste Stadium – die Ermordung behinderter Erwachsener – erweiterte sich der Umfang des Euthanasieprogramms erheblich. Der Übergang von der Sterilisation zur Vernichtung war für die Nazis logisch. Zuerst führte das Regime die Zwangssterilisation ein, um die Geburtenrate untauglicher Kinder zu reduzieren. Als nächstes folgte die Kindereuthanasie mit dem Ziel, sämtlichen Nachwuchs zu beseitigen, dessen Geburt durch das Sterilisationsprogramm nicht verhindert worden war. Der letzte Schritt war das Euthanasieprogramm für Erwachsene, mit dem das Land ein für allemal von seinen körperlichen und geistigen Parias befreit werden sollte.[86]

Wie beim Kinderprogramm lag auch die Organisation des Erwachsenenprogramms bei Hitlers Kanzlei in Berlin. Seines größeren Umfangs wegen musste die Kanzlei jedoch zusätzliches Personal einstellen und den Operationsstab in ein neues Domizil verlegen, eine konfiszierte jüdische Villa in der Tiergartenstraße 4. Diese Adresse gab dem Programm seinen Namen – Operation T4 oder einfach T4. Die Auswahl der Patienten für die »Behandlung« oblag einer Gruppe medizinischer Berater. Sie bestand aus vierzig eigens berufenen Ärzten, davon neun Universitätsprofessoren der Medizin. Für die eigentliche Tötung waren jedoch T4-Psychiater zuständig. Im Gegensatz zu den

Kindern, die in den »Kinderfachabteilungen« ermordet wurden, mussten die erwachsenen Patienten erst von der »Abgabeanstalt« zum Tötungsort transportiert werden.[87]

Es hatte viele Diskussionen darüber gegeben, wie man die Patienten am effizientesten töten könnte. Die meisten T4-Ärzte und Techniker sprachen sich für den Einsatz von Kohlenmonoxidgas aus. Binding hatte schon 20 Jahre zuvor das Gas empfohlen und sich aufgrund eigener Erfahrungen mit laufenden Automotoren und nicht richtig funktionierenden Öfen für dessen Wirksamkeit verbürgt. Brandt erörterte die Angelegenheit mit Hitler, und dieser akzeptierte seinen Vorschlag, Gas zu verwenden. Der Chemiker Albert Widmann hatte angeregt, das Gas in den Krankenstationen freizusetzen, während die Patienten schliefen, aber die T4-Manager gelangten zu der Überzeugung, dass dies zu unpraktisch war. Statt das Gas zu den Patienten zu bringen, beschlossen sie, die Patienten zu Vergasungszentren zu transportieren. Widmann hatte die Vergasung an Mäusen und Ratten erprobt, bevor er sie für Menschen empfahl.[88]

Im Winter 1939/40 führten die Deutschen in einer von der SS erbauten Anlage in der Stadt Brandenburg eine zweitägige Demonstrationsvergasung durch. Nachdem bei einem Probelauf acht männliche Patienten auf zufriedenstellende Weise getötet worden waren, richtete T4 sechs Vergasungsanstalten ein: Brandenburg und Grafeneck nahmen im Januar den Betrieb auf, Hartheim und Sonnenstein im Mai und im Juni, und Bernburg und Hadamar ersetzten Ende 1940 Brandenburg und Grafeneck. Obwohl die Nazi-Regierung ihre T4-Aktion zur Ausrottung der geistig und körperlich Behinderten im August 1941 offiziell einstellte, ging die Ermordung der »Untauglichen« den ganzen Krieg hindurch weiter. Im Rahmen des offiziellen T4-Programms wurden schätzungsweise 70 000 bis 90 000 Patienten umgebracht. Da die Ermordung der Geisteskranken jedoch nicht auf das T4-Programm beschränkt war und noch weit über 1941 hinaus fortgesetzt wurde, lag die Gesamtzahl der Opfer annähernd doppelt so hoch.[89]

Im Jahr 1942 – nicht lange nachdem deutsche Psychiater ihre letzten Patienten in die Gaskammern geschickt hatten – erschien im *Journal of the American Psychiatric Association* ein Artikel, in dem die Tötung geistig zurückgebliebener Kinder (»Irrtümer der Natur«) gefordert wurde.[90]

Von der Ausbeutung der Tiere zum Massenmord

Nach der offiziellen Beendigung des T4-Programms im August 1941 wurden große Teile der Ausrüstung sowie mindestens 90 fachkundige Mitarbeiter nach Polen geschickt, um dort Vernichtungslager einzurichten und zu betreiben. Die bereits entwickelte Technik für den Transport, die Täuschung und Ermordung der T4-Patienten wurde zum Standardverfahren des Massenmords an den Juden. Henry Friedlander beschreibt den Beitrag des T4-Programms zur Endlösung:

> Das Tötungsverfahren war der wichtigste Beitrag, den das Euthanasieprogramm von T4 zur Endlösung lieferte. Zu diesem Verfahren gehörten die technischen Einrichtungen wie auch die genaue Kenntnis des Mordvorgangs. Es umfasste nicht nur Gaskammern und Krematorien, sondern auch die Methode, die Opfer in die Gaskammern zu locken, sie in Massen zu ermorden und ihre Leichen zu verwerten. Diese Techniken, einschließlich der Entfernung von Zahngold, wurden von T4 entwickelt und nach Osten exportiert.[91]

»Auch wenn das Euthanasieprogramm wahrscheinlich nicht bewusst als Übungsfeld für das zur Durchführung der Endlösung benötigte Personal konzipiert war«, schreibt John Roth, »so kann es doch kein reiner Zufall sein, dass sich Mitarbeiter aus Schloss Hartheim und anderen Zentren in Polen erneut zusammenfanden, um in den Todeslagern Dienst zu tun.«[92]

Die Euthanasiemorde waren der erste Akt des Nazi-Genozids. »Der Massenmord an den Behinderten fand vor dem Mord an Juden und Zigeunern statt; die sog. Endlösung folgte auf die sog. Euthanasie«, schreibt Friedlander. »Die Mörder, die in den Euthanasie-Mordzentren Brandenburg, Grafeneck, Hartheim, Sonnenstein, Bernburg und Hadamar ihr Handwerk gelernt hatten, stellten auch das Personal für die Mordzentren Belzec, Sobibor und Treblinka.«[93]

Die Wiege des eugenischen Denkens in den Vereinigten Staaten und Deutschland – die Viehzucht – brachte eine Reihe führender T4-Mitarbeiter hervor, darunter viele von denen, die später als Personal der Todeslager nach Polen geschickt wurden. Victor Brack, Leiter des T4-Programms, hatte Landwirtschaft und Wirtschaftswissenschaft an der Technischen Hochschule München studiert, und Hans Hefelmann, Leiter jener Dienststelle, welche die Ermordung behinderter Kinder koordinierte, besaß einen Doktortitel der Agrarwissenschaften.[94] Friedrich Lorent, Leiter der Hauptwirtschaftsabteilung von T4, hatte eine landwirtschaftliche Lehre absolviert, bevor er hauptberuflich für die NSDAP zu arbeiten begann. Jacob Wöger, Sohn eines Landwirts und Aufseher im T4-Mordzentrum Grafeneck, wäre 1941 zusammen mit anderen T4-Mitarbeitern in den Osten versetzt worden, um in einem polnischen Todeslager zu arbeiten, aber ein schwerer Verkehrsunfall beendete seine Laufbahn.[95]

Bruno Bruckner, der über zwei Jahre im Mordzentrum Hartheim in Österreich tätig war, hatte zuvor als Träger in einem Schlachthof in Linz gearbeitet.[96] Otto Horn, der sowohl in Sonnenstein als auch in Treblinka Dienst tat, war Landarbeiter und Krankenpfleger gewesen, bevor er von T4 rekrutiert worden war. Werner Dubois hatte einen landwirtschaftlichen Umsiedlungskursus absolviert und auf einem Bauernhof in der Nähe von Frankfurt an der Oder gearbeitet, bevor er in die Dienste der Nazis trat, zunächst als Fahrer bei einer SS-Kraftfahrerstaffel im Konzentrationslager Sachsenhausen, dann als Fahrer jener T4-Busse, mit denen die todgeweihten Patienten nach Grafeneck, Brandenburg, Hadamar und Bernburg gebracht wurden. Dubois transportierte auch Leichen und Urnen und wurde schließlich »Brenner«; seine Aufgabe bestand darin, die Toten aus den Gaskammern zu holen, ihnen die Goldzähne zu ziehen und die Leichen zu verbrennen. Zuletzt bediente er im Todeslager Belzec den Dieselmotor der Gaskammer.

Willi Mentz, ein besonders sadistischer Wärter in Treblinka, war Melker gewesen. 1940 bot ihm die Landwirtschaftskammer in Münster eine entsprechende Stelle im Mordzentrum Grafeneck an. T4 übertrug ihm die Verantwortung für die Kühe und Schweine in Grafeneck und dann auch in Hadamar. Im Juli 1942 wurde er nach Treblinka versetzt. Anfangs bestand seine Aufgabe darin, im oberen Lager, wo die Vergasungen durchgeführt wurden, Leichen zu verbrennen. Später erschoss er im »Lazarett«, der Pseudo-Krankenstation, Mütter und kleine Kinder. August Miete, ein weiterer T4-Mitarbeiter, der nach Treblinka geschickt wurde, hatte seinen Job in Grafeneck ebenfalls über die örtliche Landwirtschaftskammer bekommen.[97] Kurt Franz, der letzte Kommandant von Treblinka, hatte vor seinem Eintritt in die SS eine Metzgerlehre gemacht. Karl Frenzel, der als Brenner in Hadamar arbeitete, bevor er nach Sobibor versetzt wurde, war ebenfalls Fleischer gewesen.[98] Gitta Sereny, die Franz Stangl interviewte, den Kommandanten von Treblinka, bezeichnete Franz, Miete und Mentz als »die drei schlimmsten Mörder der SS«. Sie standen ganz oben auf der Liste derjenigen, die von den Häftlingen »exekutiert« worden wären, wenn die Revolte vom 2. August 1943 Erfolg gehabt hätte.[99]

Für die T4-Mitarbeiter, die nach Polen geschickt worden waren, um in den Todeslagern Dienst zu tun und die Juden zu vernichten, erwies sich die Erfahrung in der Ausbeutung und Schlachtung von Tieren als ausgezeichnetes Training.

5. Ohne eine einzige Träne

Mordzentren in Amerika und Deutschland

Bisher habe ich dargelegt, dass die Domestizierung bzw. Versklavung von Tieren als Modell und Anregung für die Menschensklaverei diente, dass die Tierzucht zu solchen eugenischen Maßnahmen wie Zwangssterilisation, Euthanasiemorden und Genozid führte und dass die industrialisierte Schlachtung von Rindern, Schweinen, Schafen und anderen Tieren zumindest indirekt den Weg zur Endlösung ebnete.

Im Verlauf der gesamten Geschichte unseres Aufstiegs zur »Herrenspezies« war unser brutaler Umgang mit den Tieren sowohl Modell als auch Grundlage für unseren brutalen Umgang miteinander. Wenn man sich mit der Menschheitsgeschichte beschäftigt, erkennt man das Muster ganz deutlich: Zuerst beuten die Menschen die Tiere aus und töten sie; dann behandeln sie andere Menschen wie Tiere und verfahren mit ihnen genauso.

Es ist bezeichnend, dass die Nazis mit ihren Opfern wie mit Tieren umgingen, bevor sie sie umbrachten. Boria Sax zufolge zielten viele Praktiken der Nazis darauf ab, die Ermordung von Menschen so erscheinen zu lassen, als würden Tiere geschlachtet. »Die Nazis zwangen die Todeskandidaten, sich vollständig zu entkleiden und eng zusammenzurücken, was Menschen normalerweise nicht tun. Nacktheit suggeriert, dass es sich um Tiere handelt, und nackte, zusammengedrängte Leiber erinnern an eine Rinder- oder Schafherde. Diese Form der Entmenschlichung erleichterte es, die Opfer zu erschießen oder zu vergasen.«[1]

Im 20. Jahrhundert brachten zwei der modernen Industriestaaten der Welt – die Vereinigten Staaten und Deutschland –

Millionen Menschen und Milliarden anderer Lebewesen zu Tode.[2] Jedes der beiden Länder leistete seinen eigenen, einzigartigen Beitrag zum Blutbad dieses Jahrhunderts: Amerika schenkte der Welt den Schlachthof. Und Nazideutschland schenkte ihr die Gaskammer.

Obwohl die beiden Mordoperationen des 20. Jahrhunderts, um die es hier geht, sich sowohl in Bezug auf die Identität der Opfer als auch hinsichtlich des Zwecks der Morde unterscheiden, haben sie mehrere Gemeinsamkeiten.

Reibungsloser Ablauf

In den Mordzentren[3] sind Geschwindigkeit und Effizienz von zentraler Bedeutung für den Erfolg der Operation. Man benötigt genau die richtige Mischung aus Täuschung, Einschüchterung, körperlicher Gewalt und Schnelligkeit, um die Gefahr der Panik oder des Widerstands, die den Ablauf stören könnten, möglichst gering zu halten. Im polnischen Todeslager Belzec erfolgte alles »in höchstmöglicher Geschwindigkeit..., damit die Opfer keine Gelegenheit hatten, zu erfassen, was vor sich ging. Sie sollten in ihren Reaktionen gelähmt sein, um einem Fluchtversuch oder Widerstandshandlungen vorzubeugen. Schließlich sollte der schnelle Ablauf die Tötungskapazität des Lagers vergrößern. So konnten an einem Tag mehrere Transporte aufgenommen und vernichtet werden.«[4] Friedlander beschreibt den durchorganisierten Ablauf in T4-Einrichtungen: »Vom Augenblick ihrer Ankunft in den Mordzentren an wurden die Kranken unerbittlich durch einen Prozess getrieben, der so gestaltet war, dass ihre Ermordung glatt und effizient verlief.«[5]

Ein möglichst reibungsloser Ablauf trägt auch dazu bei, dass den Mördern gar nicht erst moralische Skrupel kommen. Dem Sozialpsychologen Neil Kressel zufolge versuchen die Organisatoren von Völkermorden, die Akte des Massenmords so routinemäßig, mechanisch, eintönig und planmäßig wie möglich zu gestalten. »Die routinemäßige Durchführung des Massakers reduziert die Notwendigkeit, nachzudenken und Entscheidungen zu treffen, und verringert damit das Risiko, dass den Beteiligten die moralische Dimension ihrer Taten bewusst wird.«[6] In den

Union Stock Yards in Chicago staunte Upton Sinclairs Protagonist Jurgis Rudkus über »die kaltblütige, unpersönliche Weise«, in der die Schlachthofarbeiter die Schweine in die Luft hievten, »ohne auch nur die Vorspiegelung einer Abbitte, ohne Opferung einer einzigen Träne«.[7] Als die Deutschen 1944 Ungarn besetzten und dessen großen jüdischen Bevölkerungsanteil nach Auschwitz zu deportieren begannen, war der gewaltige Menschenschlachthof auf dem Gipfel seiner Effizienz. Lange Züge transportierten die ungarischen Juden zum Nebenlager Birkenau. Ein dreispuriges Rangiergleis führte direkt zu den neuen, mit voller Leistung arbeitenden Krematorien, sodass die Züge in schneller Folge ankommen und entladen werden konnten. Noch während die letzten Leichen aus den Gaskammern geholt und in die Brandgrube hinter dem Krematorium geschleift wurden, zogen sich diejenigen, die als nächste vergast werden sollten, bereits in der Halle aus.[8]

Obgleich die amerikanische Fleischindustrie über ein Jahrhundert Zeit hatte, ihre Produktionsverfahren durchzurationalisieren, hat die Erhöhung der Bandgeschwindigkeiten in den letzten 25 Jahren das Tempo, mit dem die Fleisch- und Geflügelindustrie Tiere schlachtet, noch einmal erheblich beschleunigt. Während die staatlichen Fleischbeschauer früher das Band anhielten, wenn sie mangelhaftes Fleisch oder nicht richtig betäubte Tiere fanden, läuft es heutzutage weiter, weil man befürchtet, dass schon eine einzige Minute Stillstand die Gewinne beeinträchtigen könnte. Ein Schlachthofarbeiter drückte es so aus: »Die lassen das Band wegen nichts und niemandem langsamer laufen.«[9]

Die Inspektoren des Landwirtschaftsministeriums der Vereinigten Staaten lernen schnell, welche Gefahren mit ihrem Job verbunden sind. Laut Tom Devine vom Government Accountability Project (GAP) sind »Inspektoren, die das Band anhalten wollten, gemaßregelt, versetzt, von Mitarbeitern des Unternehmens tätlich angegriffen und dann wegen Teilnahme an Schlägereien bestraft worden; man gab ihnen schlechtere Beurteilungen, führte strafrechtliche Ermittlungen gegen sie durch, feuerte sie oder zahlte es ihnen auf andere Weise heim«.[10]

Die Arbeiter stehen permanent unter dem Druck, das Band

mit Höchstgeschwindigkeit laufen zu lassen. »So lange es läuft«, sagt ein Arbeiter, »ist es denen scheißegal, was du tust, um das Schwein ans Band zu kriegen. Du musst ein Schwein an jeden Haken hängen, sonst hast du sofort den Vorarbeiter am Hals.«[11] Wer auch nur einen Haken leer laufen lässt, riskiert seinen Job. »Die Treiber töten die Schweine, die es nicht durch den Treibergang schaffen, mit Eisenrohren. Und wenn ein Schwein nicht in den Treibergang rein will und die Produktion aufhält, schlägt man es ebenfalls tot. Dann schiebt man es beiseite und hängt es später auf.«[12]

Treibergang, Trichter, Schlauch

In den Mordzentren hat das letzte Wegstück der Opfer in den Tod unterschiedliche Namen – »Treibergang«, »Trichter«, »Schlauch« oder »Tötungsgang«. In Sioux Falls, South Dakota, heißt die lange, unterirdische Passage, durch die das Vieh aus dem Viehhof zur Fleischwarenfabrik Morrell getrieben wird, »Tunnel des Todes«.[13]

In seinem Buch über Fleischwarenherstellung und Viehzucht in den Vereinigten Staaten beschreibt Jimmy Skaggs den »Treibergang« in dem fast 60 Quadratkilometer großen Iowa-Beef Packers-Betrieb in Holcomb, Kansas. Jeden Tag »treiben Cowboys 3700 Stück Vieh in einen Gang, der dem Zerlegungsband das Rohmaterial zuführt«. Sobald ein Ochse den Treibergang betreten hat, ist sein Schicksal besiegelt. Kommt er aus diesem Gang in den Schlachthof, jagt man ihm sofort »mit einer Luftdruckpistole ein gelbes Schrotkorn in den Schädel«. Wenn der Ochse dann »mit glasigen Augen niederbricht«, schlingen die Arbeiter eine Kette um einen Hinterhuf. Dann reißt ein Flaschenzug das »komatöse Tier« hoch, sodass es zappelnd kopfüber durch die Tötungshalle schaukelt, in der »Männer mit langen Messern im Blut stehen, jedem Ochsen die Kehle durchschneiden und die Drosselvene durchtrennen«.[14]

In einer anderen IBP-Anlage heißt die Rampe, über die das Vieh der Reihe nach in den Schlachthof getrieben wird, »Rindertrichter«. Die Rampe wird »allmählich schmaler, während sie im Bogen zur Betäubungsbox hoch über der Tötungshalle hinaufführt«, so Donald Stull, Sozialwissenschaftler an der University of Kansas. Zwei Betäuber schießen den herankommenden Rindern aus kürzester Distanz Stahlbolzen in den Schädel, um sie zu betäuben oder zumindest zu lähmen, damit sie nicht um sich treten können. Sobald ein Ochse angehakt ist und an der Kette hängt, »fällt er kopfüber nach vorn und wird von einer automatischen Förderschiene an der Decke schaukelnd in die Halle hinausgefahren, wobei er mit dem Kopf nach unten am linken Hinterbein hängt«.[15]

In Belzec, Sobibor und Treblinka wurde der letzte Teil des Weges zu den Gaskammern als »Schlauch« bezeichnet. In Sobibor war der Schlauch ein rund drei Meter breiter und 150 Meter langer, links und rechts mit Stacheldraht eingezäunter Gang; in den Stacheldraht waren Zweige geflochten. Die SS-Männer und deren Hilfskräfte trieben ihre nackten Opfer durch den Schlauch zu den Gaskammern.[16] Der Leiter der Lagerverwaltung, Hans-Heinz Schutt, sagte: »In diesem sogenannten Schlauch, der von der Scheune bis zum Vernichtungslager führte, gab es dann kein Entkommen mehr.«[17]

In Treblinka führte der 70 bis 80 Meter lange und viereinhalb Meter breite Schlauch von den »Entkleidungsräumen« im unteren Lager zu den Gaskammern im oberen Lager. Er verlief knapp 30 Meter weit zur Ostseite des Lagers, knickte dann scharf, fast rechtwinklig ab und führte direkt auf die Gaskammern im oberen Lager zu. Stacheldrahtzäune, gut getarnt mit Holz, Büschen und Bäumen, umschlossen den Schlauch und entzogen ihn den Blicken. Die Wärter zwangen ihre nackten Opfer mit Fäusten, Peitschen und Gewehrkolben, jeweils zu viert oder zu fünft nebeneinander mit erhobenen Armen durch den Schlauch zu laufen.[18]

Bei den SS-Leuten in Treblinka und Sobibor hieß der Schlauch »Himmelfahrtsstraße«.[19] In Treblinka verhängten die Deutschen den Eingang des Gaskammergebäudes mit einem schwarzen Vorhang, den sie aus einer Synagoge gestohlen hatten. Darauf stand in Hebräisch: »Dies ist das Tor, durch das die Gerechten eingehen.«[20]

Dieselbe Mischung aus höhnischer Ironie und Selbstrechtfertigung findet man auch in den Vereinigten Staaten. Temple

Grandin, eine Tierzuchtwissenschaftlerin in Diensten der Fleischindustrie, nennt die von ihr entworfene Kombination aus Rampe und Doppelgeländer-Förderband, über die das Vieh zur Schlachtung transportiert wird, »Stairway to Heaven«. In der Swift-Fleischwarenfabrik von Tolleson, Arizona, für die sie ihre erste »Himmelsleiter« konstruierte, erlebte sie ihre Initiation: Sie tötete ihr erstes Tier. »Als ich nach Hause kam, konnte ich nicht glauben, dass ich es getan hatte«, sagte sie. »Es war sehr aufregend. Ich hatte Angst, dass ich nicht richtig treffen würde, denn es erfordert einiges Geschick.«[21]

Umgang mit Kranken, Schwachen und Verletzten

Wer krank, geschwächt oder verletzt in einem Mordzentrum eintrifft, stört den effizienten Betriebsablauf. Jedes derartige Zentrum muss Mittel und Wege finden, mit denen fertig zu werden, die nicht mit den anderen mithalten können.

In Treblinka wurden die Neuankömmlinge zunächst von einem Mitglied des Lagerpersonals aufgefordert, ihr Gepäck und ihre Wertsachen abzugeben und sich für die Dusche fertig zu machen, die vor der Weiterreise erforderlich sei. Dann schickte man die Alten, Kranken und Verletzten sowie die Mütter mit kleinen Kindern zur »ärztlichen Versorgung« in die »Krankenstation«. Das verstärkte den Eindruck, dass es sich bei der ganzen Aktion tatsächlich, wie von den Deutschen behauptet, um eine Umsiedlung in ein Arbeitslager weiter östlich handelte. Während die einen Wärter also diejenigen, die vergast werden sollten, zum Entkleidungsbereich trieben, führten andere die Kandidaten für die »Krankenstation« zur Hinrichtungsgrube.

An der Grube mussten sie sich auf Befehl der Wärter ausziehen und sich zusammen auf einen Erdhügel nahe der Grube setzen. Dann wurden sie von den Wärtern erschossen, zunächst mit Gewehren, später jedoch mit Pistolen und per Genickschuss. Die meisten Erschießungen führten die deutschen Wärter selbst durch, aber wenn es viel zu tun gab, mussten ihnen ukrainische Hilfskräfte assistieren.[22]

Tiere, die krank, geschwächt oder verletzt in amerikanischen Viehhöfen und Fleischwarenfabriken eintreffen, waren lange ein

Problem für die Fleischindustrie. Kurz nach dem Bürgerkrieg schilderte ein Leitartikel der *New York Times*, auf welch unmenschliche Weise die Tiere zur Schlachtung befördert wurden, und gelangte zu dem Ergebnis: »Wie lebendes Vieh zum Schlachthaus geschleift oder getrieben wird, ist ein Verbrechen gegen die Gefühle jedes Menschen, der sich nicht schon derart an die barbarischsten Formen der Grausamkeit gewöhnt hat, dass er völlig abgestumpft ist.«[23]

In dieser Hinsicht hat sich seit 1865 wenig geändert. Die Tiere, die heutzutage in Viehhöfen, Auktionshäusern und Schlachthöfen eintreffen, sind oftmals so krank, schwach oder verletzt, dass sie nicht mehr stehen können. Kälber und Schweine, die von Geburt an in kleinen Käfigen und Boxen gehalten werden, sind besonders übel dran. Nachdem sie in überfüllte Lastwagen gesperrt worden sind, werden sie gleich bei ihrer Ankunft von den Arbeitern geschlagen, getreten und mit elektrischen Viehtreibern traktiert. Die Tiere fallen auf rutschigen Rampen hin, brechen sich die Knochen und werden niedergetrampelt. Tiere, die so schwach oder so schwer verletzt sind, dass sie nicht mehr aufstehen können, nennt man »Downer«.

1989 drehte Becky Sanstedt einen Film über die elende Lage solcher Downer in den United Stockyards von South St. Paul, Minnesota. Die gefilmten Szenen unterschieden sich kaum von jenen, die 124 Jahre zuvor im Leitartikel der *Times* beschrieben wurden: Tiere, die nicht mehr stehen und laufen können und die man tagelang in Pferchen liegen lässt, wo sie weder an Futter noch an Wasser herankommen; verletzte Kühe, die an den Hinterbeinen hinter Lastwagen hergeschleift werden, wobei die schweren Ketten ihnen die Gelenke zerreißen und die Knochen brechen; Bulldozer, die verletzte Kühe vom Boden schaufeln und auf »Kadaverhaufen« abladen. Im Winter sah Sanstedt verletzte Kühe und Schweine, die am Boden festgefroren waren. Nachdem sie 40 Stunden Videomaterial gesammelt hatte, veröffentlichte sie ihre Ergebnisse. Ihre Enthüllungen zwangen den Viehhof schließlich, seinen Umgang mit nicht stehfähigen Tieren öffentlich zu revidieren.[24]

Weil Downer im Viehhof und Schlachthof den Betrieb aufhalten, lassen die Arbeiter sie für gewöhnlich dort liegen, wo sie hingefallen sind, oder schleifen sie aus dem Weg, bis sie sich später mit ihnen befassen können. Wenn ein solches Tier tot ist oder tot aussieht, wird es zu einem »Kadaverhaufen« geschleift. Stellt sich später heraus, dass es noch lebt, wird es für den menschlichen Verzehr getötet. Ist es tot, kommt es in die Abdeckerei, wo ihm die wertvollen Körperteile entnommen werden. Aus dem Rest macht man Tierfutter. Verletzte Kühe, so genannte »Hauler«, müssen durch den Tötungsgang zur Betäubungsbox geschleift werden und kommen darum »total bekleckert [mit Kuhscheiße]« ans Band, wie ein Arbeiter sagt.[25]

Kranken und verletzten Schweinen ergeht es nicht besser. Ein Fleischbeschauer, der in einer Notschlachterei im mittleren Westen gearbeitet hat, bezeichnete den Betrieb als Endstation für ausgelaugte, kranke und verkrüppelte Schweine: »Die meisten dieser Tiere sind gar nicht so alt, man hat sie bloß schlecht behandelt – sie sind unterernährt, haben Frostbeulen und andere Verletzungen. Haufenweise Tiere, die bei der Ankunft schon tot sind. Sauen mit gebrochenem Becken, die sich mit den Vorderbeinen durch die Gegend ziehen und schon so lange auf dem Bauch herumrutschen, dass sie völlig abgemagert sind. Die nennt man ›Scooter‹.«[26] Fleisch aus solchen Notschlachtereien, das die Inspektion unbeanstandet passiert, wird für Würste, Hot Dogs, Schinken und Nebenprodukte aus Schweinefleisch verwendet, der Rest landet in Tierfutter, Kosmetikartikeln, Kunststoffen und diversen Haushalts- und Industrieprodukten.

Eine Arbeiterin auf einer Schweinefarm erzählte, dass Sauen, die auf Beton leben müssen, so schmerzhafte Gebrechen entwickeln, dass sie nicht mehr laufen können: »Auf der Farm, wo ich arbeite, schleifen sie die lebenden Sauen, die nicht mehr aufstehen können, aus dem Käfig. Sie binden ihnen ein Metallseil ums Ohr oder ums Bein und schleifen sie durchs ganze Gebäude. Die Tiere schreien vor Schmerzen. Sie schleifen sie über den Beton, der ihnen die Haut aufreißt, und das Metallseil zerreißt ihnen die Ohren.«[27] Völlig erschöpfte Sauen wirft man auf einen Haufen, wo sie bis zu zwei Wochen liegen bleiben, bis sie mit dem Lastwagen zur Abdeckerei gebracht und dort gewinnbringend zu Tiermehl verarbeitet werden.[28]

Es gibt wohl kein Tier, das unfähiger zu stehen und verwundbarer ist als ein gebärendes Weibchen. In einem Dallas Crown Packing-Betrieb in Texas, in dem täglich 1500 Pferde für den europäischen Markt – hauptsächlich für Frankreich – getötet werden, wurde Sue Coe Zeugin einer Geburt. Bei ihrem Besuch in dem Betrieb fiel ihr eine weiße Stute auf, die vor einem nahe gelegenen Pferch in den Wehen lag. Coe schrieb auf, was sie sah: »Zwei Arbeiter schlagen während des Geburtsvorgangs mit einer fast zwei Meter langen Peitsche auf die Stute ein, damit sie sich beeilt und in den Tötungsraum geht. Das Fohlen wird in einen Eimer geworfen. Der Boss mit seinem Cowboyhut steht oben auf dem Steg und sieht zu.«[29]

Tötung von Jungtieren und Kindern

Da die Fleischindustrie die Tiere zum Schlachten schickt, sobald sie genug Fleisch auf den Knochen haben (und keinen Tag später), wird die natürliche Lebenszeit dieser ganz jungen Tiere um ein Vielfaches verkürzt. Masthähnchen – die überwältigende Mehrheit der Tiere, die getötet und gegessen werden – sind bei der Schlachtung erst sieben Wochen alt. Da ihre natürliche Lebensspanne 15 bis 20 Jahre beträgt, ist diesen künstlich aufgeblähten Tierbabys also nur weniger als ein Prozent dieser Zeit vergönnt. Karen Davis, Gründerin und Präsidentin von United Poultry Concerns, sagt: »Alle Hähnchen, die man im Laden findet, sind Vogelbabys mit riesigen, aufgedunsenen Leibern.«[30] Schweine und Lämmer werden mit fünf bis sieben Monaten gschlachtet. Kälber sind vier Monate alt, wenn sie den Käfig verlassen und ihren ersten Gang antreten – zum Lastwagen, der sie zum Schlachthof bringt.

Robert Louis Stevenson schrieb einmal: »Nichts erregt stärkeren Abscheu in uns als Kannibalismus, und dennoch rufen wir genau dasselbe Gefühl bei Vegetariern hervor, denn wir ernähren uns von kleinen Kindern, wenn auch nicht von unseren eigenen.«[31] Manche der Tiere, die Menschen als Nahrung dienen, sind »Babys« im wortwörtlichsten Sinn. Spanferkel, die getötet und im Ganzen verkauft werden, wiegen 9 bis 16 Kilo; Milchlämmer, die als »Delikatesse« gelten, sind zum Zeitpunkt der Schlachtung erst eine bis neun Wochen alt. Und es gibt

Kälber, die einen bis fünf Tage alt sind, wenn sie geschlachtet und gegessen werden. Auch den weiblichen Tieren, die von der Molkerei- und Eierindustrie zur Gewinnung von Milch und Eiern ausgebeutet werden, bleibt nur ein kleiner Teil ihrer natürlichen Lebensspanne, bevor sie verbraucht sind und zum Schlachten geschickt werden. Milchkühe, die in einer gesunden Umgebung ein Alter von 25 Jahren erreichen könnten, werden für gewöhnlich mit drei oder vier Jahren geschlachtet und zu Hackfleisch verarbeitet, während Legehennen weniger als ein Zehntel ihrer normalen Lebenszeit vergönnt ist.

Die Tötung der Jungtiere stellt für die Schlachthofarbeiter manchmal ein Problem dar. Ein englischer Beobachter schreibt: »Es ist interessant, was noch ans verhärtete Herz eines Schlachters rührt – verhärtet von der Arbeit, die er im Auftrag des Konsumenten ausführt. Beim einen sind es die Ziegen. ›Sie schreien genau wie Babys.‹ Und ein langjähriger Schlachthofarbeiter bringt es nur schwer über sich, drei Tage alte Kälber zur Tötungsbox zu tragen und mit einem Bolzen auszulöschen.«[32]

Ein amerikanischer Arbeiter berichtete, dass er und seine Kollegen acht oder neun Kälber zugleich in die Betäubungsbox pferchten, um den Tötungsvorgang zu beschleunigen: »Sobald sie reingehen, fängt man an zu schießen. Die Kälber springen herum und fallen übereinander. Man weiß nicht, welche man schon erwischt hat und welche noch gar nichts abgekriegt haben, und die untersten vergisst man.« Sie werden lebend aufgehängt und fahren zappelnd und laut blökend am Band entlang. »Die ganz kleinen – zwei, drei Wochen alt – konnte ich nicht töten.«[33] Damit tat er ihnen jedoch keinen Gefallen; es bedeutete nämlich, dass sie bei vollem Bewusstsein waren, als die Arbeiter weiter vorn am Band sie aufhängten, entbluteten und zerlegten.

In England hat Alan Long, der als Forschungsberater der Vegetarian Society of the United Kingdom regelmäßig Schlachthöfe besucht, bei manchen Arbeitern eine gewisse Zimperlichkeit in Bezug auf die Tötung von Jungtieren bemerkt. Einige gestanden ihm, es sei der härteste Teil ihres Jobs, Lämmer und Kälber zu töten, weil »sie noch Babys sind«. Long sagt, es sei ein schmerzlicher Moment,»wenn ein verwirrtes kleines Kalb, das gerade eben von seiner Mutter getrennt wurde, in der Hoffnung auf Milch an den Fingern des Schlachters saugt und nur menschliche Grausamkeit findet«. Was in den Schlachthöfen geschieht, bezeichnet er als »ein unerbittliches, erbarmungsloses, reueloses Geschäft«.[34]

Long spricht in den Pausen häufig mit den Arbeitern. »Ich bin oft mit dem ganzen Trupp blutbesudelter Schlachter in ihre Baracke gegangen. Ich versuche, so viel wie möglich zu erfahren, auch über ihre Sicht der Dinge. Eine verräterische Bemerkung, die sie alle machen, lautet: ›Es ist schließlich nicht gesetzwidrig, oder?‹ Und sie scheinen selbst ein bisschen überrascht darüber zu sein.«[35]

Long erlebte auch »sentimentale Anwandlungen«, wenn es um Tierbabys geht.

> Manchmal gebiert ein Mutterschaf im Schlachthof, und sie wollen das Lämmchen nicht schlachten; sie füttern es und verhätscheln es. Aber es bringt ja auch nicht viel, ein so kleines Lamm zu schlachten, weil es kaum Fleisch hat; es besteht fast nur aus Knochen. Die Schlachter behalten es also eine Weile bei sich und geben es schließlich einem Farmer. Etwas später kommt es dann unerkannt zurück und wird geschlachtet wie alle anderen.[36]

Gordon Latto schildert einen ähnlichen Vorfall:

> In einem Schlachthof sprang ein Lamm während der Lunchpause aus seinem Pferch und näherte sich unbemerkt ein paar Schlachtern, die in einem Kreis saßen und ihre Sandwiches aßen. Das Lamm kam ganz nah heran und knabberte an einem kleinen Stück Salat, das ein Mann in der Hand hielt. Die Männer gaben dem Lamm noch mehr Salat, und am Ende der Lunchpause waren sie so gerührt vom Verhalten des Lamms, dass keiner von ihnen bereit war, dieses Geschöpf zu töten. Es musste woandershin geschickt werden.[37]

Den meisten Mitgliedern der Einsatzgruppen in den KZ's fiel es schwerer, Kinder zu töten als Männer und Frauen. Deshalb warben viele Einheiten Einheimische an, um die Frauen und Kinder oder auch nur die Kinder zu erschießen. In der Ukraine beispielsweise überließ das Einsatzkommando 4a die Erschießung der Kinder seinen ukrainischen Hilfskräften; die Männer und Frauen töteten die Deutschen selbst.

Kinder zu erschießen war unter anderem deshalb problematischer, weil es aus nächster Nähe geschah. Im Prozess gegen Albert Rapp, den Leiter des Sonderkommandos 7a, der angeklagt war, im März 1942 Zigeunerfrauen und -kinder im Gebiet von Smolensk erschossen zu haben, sagten Zeugen aus, dass die Mütter ihre Babys zu der als Massengrab vorgesehenen Grube trugen. Dort rissen ihnen die Henker die Kinder aus den Armen, hielten sie auf Armeslänge von sich, schossen ihnen ins Genick und warfen sie dann in die Grube. Einigen Zeugen zufolge wurden die Erschießungen in solcher Eile vorgenommen, dass viele Opfer lebend in die Grube fielen oder geworfen wurden. »Der Stapel der wirr in der Grube gehäuften Opfer blieb in Bewegung und hob und senkte sich.«[38]

Der SS-Mann Ernst Göbel, der eine solche Mordaktion leitete, missbilligte die Brutalität, mit der einer seiner Schergen – ein Mann namens Abraham – Kinder tötete: »Einige Kinder faßte er an den Haaren an, hob sie vom Erdboden ab, schoß ihnen in den Hinterkopf und warf sie dann in die Grube.« Göbel sagte, nach einer Weile habe er das nicht mehr mitansehen können und ihm gesagt, er solle das sein lassen. »Damit meinte ich, er solle die Kinder nicht an den Haaren hochheben, er solle sie anständiger töten.«[39]

Einige Deutsche sträubten sich gegen derartige Aufträge. Nach dem Krieg sagte der SS-Mann Ernst Schumann aus, als er Untersturmführer Täubner vor einer Massenerschießung seine Bedenken mitgeteilt habe, sei er von diesem als Feigling beschimpft worden. Er habe ihm erklärt, er sei nicht nach Russland gekommen, um Frauen und Kinder zu erschießen, er habe selbst eine Frau und Kinder zu Hause.[40]

Da der Erfolg der deutschen Mordaktionen von der Fähigkeit der Mörder abhing, unbeirrt ihr tödliches Handwerk zu verrichten, achteten die Feldkommandeure ständig auf Anzeichen für seelische Probleme und suchten nach Methoden, die Belastung zu verringern. Dem Holocaust-Historiker Raul Hilberg zufolge betrieben die Nazis umfangreiche Forschungen zur Entwicklung von

Verfahren und Methoden, die die Neigung zu unkontrolliertem
Verhalten zügelten und zugleich die auf den Tätern lastende
schwere psychologische Bürde erträglicher machten. Der Bau
von Gaswagen und Gaskammern, der Einsatz von ukrainischen,
litauischen und lettischen Hilfswilligen bei der Tötung jüdischer
Frauen und Kinder und die Verwendung von Juden bei der Bestattung und Verbrennung der Leichen – all diese Maßnahmen
zielten in die gleiche Richtung.[41]

In der Ukraine bewirkte die Entdeckung einer Gruppe zurückgelassener jüdischer Kinder einen unerwarteten Aufschub bei
einer Mordaktion. Mehrere deutsche Soldaten fanden die Kinder in einem Haus, das von einem ukrainischen Posten bewacht
wurde. Sie meldeten ihre Entdeckung zwei deutschen Militärkaplanen, die in einem nahe gelegenen Feldlazarett stationiert
waren. Da die Kaplane nicht wussten, auf wessen Befehl der
Ukrainer dort Wache hielt, meldeten sie die Angelegenheit dem
katholischen und protestantischen Divisionspfarrer. Als diese
der Sache nachgingen, stießen sie auf 90 jüdische Kinder, von
Säuglingen bis zu Siebenjährigen, die sich in zwei oder drei Räumen zusammendrängten. Die Kinder hatten schon mindestens
einen Tag lang nichts zu essen und zu trinken bekommen. Einige
lagen in ihren eigenen Exkrementen; andere leckten an den
Wänden.

Die Pfarrer benachrichtigten den 1. Generalstabsoffizier der
Division. Dieser fand heraus, dass ein deutsches Sonderkommando die Eltern der Kinder erschossen hatte und dass die Kinder ebenfalls »beseitigt« werden sollten. Man teilte ihm mit, die
Sache liege in den Händen eines SS-Leutnants, der Anweisungen »von höchster Stelle« habe. Der Generalstabsoffizier setzte
sich mit dem Hauptquartier der Heeresgruppe Süd in Verbindung und verlangte, die Aktion so lange auszusetzen, bis die
Sache geklärt werden könne. In der Zwischenzeit ließ er den
Kindern Brot und Wasser bringen.

Daraufhin wurde er zu einer Besprechung gebeten, bei der
ihm die anwesenden hochrangigen Divisionsoffiziere erklärten,
die Liquidation der jüdischen Kinder sei dringend erforderlich,
und ihn kritisierten, weil er die Aktion verzögert habe. Sie gaben
Befehl, die Tötung der Kinder unverzüglich durchzuführen, be-

auftragten damit jedoch nicht das Sonderkommando, das die Eltern getötet hatte, sondern ukrainische Milizionäre des Heeres. Nach dem Krieg sagte SS-Obersturmführer Häfner aus, der Auftrag habe den Ukrainern überhaupt nicht gefallen (»sie standen herum und zitterten«). Er erzählte dem Gericht auch von einem kleinen Mädchen, das ihn kurz vor ihrer Erschießung an der Hand genommen hatte.[42]

Einer der von dem israelische Psychologen Dan Bar-On für sein Buch über die »Kinder von Nazi-Tätern« interviewten Deutschen berichtete, sein Vater habe ihm von einem Kind erzählt, das er getötet habe.

> Er kam zu mir, kurz bevor er starb. In seiner Beichte sagte er mir, dass in all den Jahren ihm die braunen Augen eines sechsjährigen Mädchens keine Ruhe gelassen hätten. Er war ein Wehrmachtsoldat in Warschau während des Aufstandes im Ghetto. Sie hatten die Bunker zu räumen, und eines Morgens kam ein sechsjähriges Mädchen aus einem dieser Bunker zu ihm gelaufen und hielt ihm die ausgestreckten Arme entgegen. Er konnte sich noch an den Blick in ihren Augen erinnern, erschreckt und vertrauensvoll zugleich. Dann befahl ihm sein Vorgesetzter, sie mit dem Bajonett niederzustechen – was er auch tat. Er hat sie getötet. Aber der Blick in ihren Augen hat ihn sein Leben lang verfolgt.[43]

In den Todeslagern hatte man ebenso wenig Erbarmen mit den Kindern. Yankel Wiernik beschreibt, wie kleine Kinder in Treblinka im Winter stundenlang nackt im Freien standen und warteten, bis sie in den immer stärker ausgelasteten Gaskammern an die Reihe kamen. »Ihre Fußsohlen froren am eisigen Boden fest. Sie standen da und weinten; einige von ihnen erfroren.« Währenddessen gingen Deutsche und Ukrainer an den Reihen der Wartenden entlang und schlugen und traten sie. Wiernik sagte, einem der Deutschen, einem Mann namens Seep, habe es besonderes Vergnügen bereitet, Kinder zu quälen. Wenn die Frauen, die er herumschubste, ihn baten, damit aufzuhören, weil sie Kinder bei sich hatten, riss er ihnen oftmals ein Kind aus den Armen und versuchte, es zu zerreißen, oder er packte es an den Beinen, zerschmetterte ihm den Schädel an einer Mauer und warf die Leiche weg. Wiernik berichtete, das seien keineswegs

Einzelfälle gewesen. »Solche tragischen Szenen spielten sich dauernd ab.«[44]

Nach dem Krieg erzählte der Auschwitz-Überlebende Perry Broad, er habe hin und wieder versteckte kleine Kinder in den riesigen Kleiderhaufen gefunden, die er im Sommer 1944 nach jedem neuen Transport ungarischer Juden, der in die Gaskammern geschickt wurde, aus dem Umkleideraum schaffen musste: »Manchmal krähte noch unter einem Kleiderbündel das Stimmchen eines Kindes, das man vergessen hatte. Es wurde herausgezerrt, hochgehalten und von irgendeinem der völlig vertierten Henkersknechte durch den Kopf geschossen.«[45]

Sehr selten gab es auch Abweichungen vom üblichen Verfahren in den Lagern. So schonte die SS im Todeslager Kulmhof (Chelmno) in Ostpolen aus einem unbekannten Grund das Leben des 13-jährigen Juden Simon Srebnik und behielt ihn als eine Art Maskottchen, während sie die 100 000 Juden des Warthelands liquidierte. Der Junge sang ihnen polnische Volkslieder vor, und sie brachten ihm dafür deutsche Marschlieder bei. Die Lieder retteten ihn jedoch nicht. Als das Lager aufgelöst wurde, schossen die Deutschen ihm in den Kopf und ließen ihn auf einem Leichenhaufen liegen, weil sie ihn für tot hielten. Ein Pole fand ihn und verbarg ihn in einem Schweinestall. Srebnik überlebte den Krieg.[46]

Auch wenn einzelne Mitglieder der Mordkommandos vielleicht Skrupel hatten, Kinder zu töten, die Deutschen änderten ihre Politik nicht. Am 24. Mai 1944 enthüllte SS- und Gestapo-Chef Heinrich Himmler in einer Rede vor einer Gruppe deutscher Generale in Sonthofen die Gründe für diese Politik. Auf dem erhalten gebliebenen Tonband von seiner Rede erklärt er den Generalen, das jüdische Problem sei vollständig gelöst worden; dann wendet er sich dem Thema der Kindermorde zu: »Ich habe mich nicht für berechtigt gehalten – das betrifft nämlich die jüdischen Frauen und Kinder –, in den Kindern die Rächer groß werden zu lassen, die dann unsere Väter und unsere Enkel umbringen. Das hätte ich für feige gehalten. Folglich wurde die Frage kompromißlos gelöst.«[47]

Drei Jahre zuvor hatte Himmler den SS-Truppen an der Ostfront befohlen, Rache an jüdischen Partisanen zu üben. Da sie in

»einer eisernen Zeit« lebten, sagte er, müssten sie mit »eisernen Besen« kehren. »Deshalb tue jeder seine Pflicht und frage nicht erst sein Gewissen.« Und was die jüdischen Säuglinge betraf: »Selbst das Gezücht in der Wiege muss wie eine giftige Kröte zertreten werden.«[48]

Tiere in den Lagern

Auschwitz, dem Lagerkommandanten Rudolf Höss zufolge »die größte Vernichtungsanstalt der Geschichte«, verfügte über eine eigene Fleischerei.[49] Auch in den anderen Todeslagern wurde großer Wert auf die Versorgung des Lagerpersonals mit Tierfleisch gelegt. In Sobibor gab es einen Kuh-, Schweine- und Hühnerstall in der Nähe des Eingangs zum Schlauch, der die Juden zu den Gaskammern brachte, in Treblinka einen Kuhstall, einen Schweinestall und einen Hühnerhof bei den Baracken der ukrainischen Hilfskräfte.[50]

In Sobibor wurden die Toten, Kranken und Verletzten anfangs mit Hilfe von Pferden (und Häftlingen) vom Zug zu den Gruben geschafft, wo sie erschossen und verscharrt wurden. Als später die neuen Gaskammern im Lager errichtet wurden, legte man auch ein Schmalspurgleis für eine kleine Diesellokomotive, die fünf bis sechs Loren zog. Dadurch wurden die Pferde überflüssig.[51] In Treblinka gab es sogar einen »Zoo«. »Es gab einige wirklich herrliche Vögel dort«, erzählte Lagerkommandant Franz Stangl nach dem Krieg.[52] Fotos aus dem Album von Kurt Franz, der Stangl als Lagerkommandant ablöste, zeigen ein kleines, eingezäuntes Gehege mit ein paar unglücklich aussehenden Füchsen darin.[53]

Die Aufseher richteten ihre Hunde auf Häftlinge ab, und die Aussicht, von Schäferhunden in Stücke gerissen zu werden, war Furcht erregend, wie ehemalige Lagerinsassen berichteten.[54] Sowohl die Hunde als auch die Häftlige wurden mit Lederpeitschen traktiert.[55] Der Treblinka-Häftling Abraham Goldfarb beschrieb, wie deutsche Wärter mit ihren Hunden am Zaun zu beiden Seiten des Schlauches standen, der zu den Gaskammern führte: »Die Hunde waren darauf abgerichtet, Menschen anzufallen; sie bissen die Männer in die Genitalien und die Frauen in die Brüste und rissen Fleischstücke heraus. Die Deutschen schlugen mit Peitschen und Eisenstangen auf die Menschen ein, um sie anzutreiben, so daß sie schnell in die ›Duschen‹ drängten.«[54]

In Treblinka hatte Kurt Franz einen Hund, den er Barry rief. Franz fand es amüsant, Barry mit dem Befehl »Mensch, fass den Hund!« auf Lagerinsassen zu hetzen. Mit »Mensch« meinte Franz seinen Hund, der »Hund« war der Häftling, den Barry angreifen sollte. Wie einer der Häftlinge nach dem Krieg aussagte, ließ Barry sich jedoch in Franz' Abwesenheit »streicheln und sogar necken, ohne jemandem etwas zu Leide zu tun«.[55]

Der russische Jude Zeev Sapir schilderte, wie die Häftlinge des Außenlagers in Jaworzno frühmorgens in Gruppen von 30 Personen zur Arbeit in den Kohlebergwerken gingen, die Hände in Ketten, bewacht von vier SS-Männern und zwei Hunden. »Zur Unterhaltung hetzten die Deutschen ihre Hunde auf die Häftlinge. Sie befahlen ihnen ›Fass!‹, und dann attackierte der Hund den hilflosen, in Ketten gelegten Häftling, der dann blutend und mit zerrissener Kleidung an seinem Arbeitsplatz ankam.«[56]

Einem kleinen Mädchen im Warschauer Ghetto entging die Vorliebe der Deutschen für ihre Hunde nicht. »Ich wäre gern ein Hund, weil die Deutschen Hunde mögen; dann bräuchte ich keine Angst zu haben, dass sie mich umbringen.«[57] In Wahrheit mochten die Deutschen nicht *alle* Hunde, sondern nur ihre eigenen. Boria Sax erklärt: »Ein ›jüdischer‹ Hund wurde möglicherweise erschossen, aber ein ›germanischer‹ Hund wurde ehrenvoll behandelt.«[58] Als die Deutschen in Österreich einmarschierten, um den »Anschluss« zu vollziehen, töteten sie alle Hunde, die sie in den Häusern und Wohnungen von Juden fanden, weil es »jüdische Hunde« waren. Auch die Hunde im Warschauer Ghetto wurden erschossen.[59] Manchmal brauchten die Hunde nicht einmal »jüdisch« zu sein, um getötet zu werden. Als ein Hund im besetzten Rotterdam eine deutsche Patrouille anbellte, erschoss der befehlshabende Offizier den Hund an Ort und Stelle und verhaftete seinen Besitzer.[60]

Die Verordnung vom 15. Februar 1942, derzufolge Juden keine Haustiere halten durften[61], zwang Victor Klemperer und seine

Frau Eva, ihren Kater Muschel zu töten, der für Eva »immer ein Halt und ein Trost« gewesen war.[62] Statt ihn einem »grausameren Tod« von den Händen der Gestapo zu überantworten, brachten sie ihn heimlich zu einem Tierarzt. »Sie trug das Tier in dem nun schon traditionellen Katzenkarton fort«, schrieb Klemperer in seinem Tagebuch, »sie war dann bei der Tötung, die in einer raschen Narkose geschah, anwesend«.[63]

Tiere zu erschießen war bei den Angehörigen der deutschen Einsatzgruppen und beim Personal der Todeslager ein beliebter Zeitvertreib. Nicht wenige, die in ihrer Arbeitszeit Menschen umbrachten, töteten in ihrer Freizeit gern Tiere. Felix Landau, Mitglied eines Einsatzkommandos, trug am 21. Juli 1941 Folgendes in sein Tagebuch ein: »Während die Kameraden heute frei hatten, ja zum Teil auf die Jagd fuhren, hatte ich hier zu arbeiten.«[64] Angehörige des Polizeiregiments 25 mussten gemaßregelt werden, weil sie verbotenerweise Schwarzwild gejagt hatten.[65]

Mit der Eroberung neuer Länder zu Beginn des Krieges gerieten auch viele Tiere in die Verfügungsgewalt der Deutschen. In besonderen Anordnungen des Oberquartiermeisters der deutschen 6. Armee in der Sowjetunion vom 3. Juli 1941 hieß es, es sei »dringendes Gebot, daß die Truppe soweit wie irgend möglich, aus dem Lande lebt. Jede Gelegenheit hierzu ist auszunützen.«[66] Als Angehörige einer deutschen Einheit in Belgien ihr Lager abbrachen und weiterzogen, nahmen sie sich aus den örtlichen Kellern und Höfen alles, was sie finden konnten. Martin Bormann, Hitlers Privatsekretär, der zufällig dabei war, vermerkte in seinem Notizbuch lakonisch: »Großes Hühner- und Schweineschlachten.«[67]

Manche hatten die Möglichkeit, ihre Jagdbeute nach Hause zu schicken. In einem Brief, den Eduard Wirths, einer der SS-Ärzte in Auschwitz, Anfang 1945 nach Hause schrieb, berichtete er von einer Jagd, die kurz zuvor stattgefunden hatte, und erzählte seiner Frau, er habe sechs Hasen erlegt und einen davon behalten dürfen. (»Das bekommst du, mein Alles, morgen.«)[68] Die Begabung zum Hasentöten erwies sich als sehr nützlich, wie ein Zeuge des Massenmords an Juden in der Stadt Brailoff erklärte: »Ich möchte sagen, daß man mehr als 500 Juden auf dem Markt zusammengetrieben hatte. Es waren auch hier wieder Männer,

Frauen und Kinder. Ich habe gesehen, daß man Kinder, die auszubrechen versuchten, wie die Hasen abschoß. So kam es, daß man um diese Menschenmenge mehrere blutige Kinderleiber liegen sah.«[69]

Hitler und die Tiere

Wie viele seiner Mitmenschen diffamierte auch Adolf Hitler andere durch Tiermetaphern. Seine Gegner titulierte er häufig als »Schweinehunde«[70]. Die Bolschewiken waren »Tiere«, die Russen – ein »bestialisches« Volk – eine slawische »Kaninchenfamilie«, aus der Stalin einen totalitären Staat geschmiedet habe.[71] Nach der Eroberung Russlands, so Hitlers Wunsch, sollten die »lächerlichen hundert Millionen Slawen« in »Schweineställen« leben.[72] Er bezeichnete britische Diplomaten als »kleine Würmer«[73] und erklärte, die Amerikaner seien »halb verjudet, halb vernegert« und hätten »ein Hühnergehirn«.[74] Hitler verachtete auch sein eigenes Volk: Er bezeichnete es als »die große, stupide Hammelherde unseres schafsgeduldigen Volkes«[75], und als die Niederlage unausweichlich wurde, warf er ihnen vor, der Herausforderung des Krieges nicht gewachsen zu sein.[76]

Allen Unzulänglichkeiten germanischer Volksangehöriger zum Trotz glaubte Hitler jedoch, die arisch-nordische Rasse sei den untermenschlichen »Missgeburten zwischen Mensch und Affe«[79] um sie herum unendlich überlegen:

> Wir sehen ein Volk vor uns, das ersichtlich der Träger aller Kultur und alles Menschentums ist, die Arier ... Unsere ganze moderne Technik ist fast restlos das Ergebnis der Arbeit des nordischen Germanen. Alle großen Tondichter von Beethoven bis Richard Wagner sind Arier ... Alles Große verdankt der Mensch dem Kampf und einer Rasse, die sich siegreich durchgesetzt hat. Nehmen Sie den nordischen Germanen weg, dann bleiben nur die Affentänze.[80]

Hitler mochte Hunde, vor allem deutsche Schäferhunde (Boxer hielt er für »degeneriert«)[81]. Es gefiel ihm, seine Macht über sie auszuüben und sie unter der Knute zu halten. Im Ersten Weltkrieg schloss er an der Front Freundschaft mit einem weißen

Terrier namens Foxl, der ihm quer durch die feindlichen Linien zugelaufen war. Als Hitlers Einheit später verlegt wurde und er Foxl nicht finden konnte, war er verzweifelt. »Ich habe ihn so gern gehabt«, erinnerte er sich. »Nur mir hat er gehorcht.«[82] Hitler hatte oft eine Hundepeitsche dabei und schlug seinen Hund manchmal so hart, wie er es bei seinem Vater gesehen hatte.[83] Seine deutsche Schäferhündin begleitete ihn bis zu seinem Selbstmord im Führerhauptquartier.[84] Aber »mit welchem Wesen Hitler auch in Berührung kam, mit Hunden oder mit Menschen«, schreibt Ian Kershaw, »jede Beziehung unterlag dem Gesetz der Unterordnung«.[85]

Obwohl Hitler tierliche Erzeugnisse wie Käse, Butter und Milch konsumierte, verzichtete er weitgehend auf Fleisch, um seinen »nervösen Magen« zu beruhigen. Er litt an Verdauungsstörungen und unregelmäßig auftretenden Magenschmerzen, die ihn seit seiner Jugend quälten[86], außerdem unter Blähungen und unkontrollierbaren Schweißausbrüchen.[87] Der erste Hinweis auf seinen Versuch, die Magenprobleme mit Hilfe einer Diät zu kurieren, findet sich in einem Brief aus dem Jahr 1911, als er in Wien lebte: »Ich freue mich, Dir mitteilen zu können, daß ich mich bereits ganz wohl fühle ... es war bestimmt nichts weiter als eine kleine Magenkolik, und ich versuche mich jetzt mit Diät (Obst und Gemüse) selbst auszuheilen.«[88] Er stellte fest, dass er weniger schwitzte und weniger Flecken in der Unterhose hatte, wenn er seinen Fleischkonsum reduzierte. Darüber hinaus gelangte er zu der Überzeugung, dass der Verzehr von Gemüse den Geruch seiner Blähungen verbesserte, ein Leiden, das ihn schrecklich quälte und ihm äußerst peinlich war.[89] Er hatte große Angst davor, Krebs zu bekommen – seine Mutter war daran gestorben –, und glaubte, diese Krankheit würde durch Fleischverzehr und Luftverschmutzung ausgelöst.[90]

Trotzdem gab Hitler seine Lieblingsfleischspeisen – vor allem Weißwürste, Leberknödel und gefülltes und gebratenes Wild – niemals vollständig auf.[91] Die Köchin Dione Lucas, die vor dem Krieg in einem Hamburger Hotel gearbeitet hatte, erinnert sich, dass sie Hitler häufig seine Leibspeise zubereiten musste. »Ich möchte Ihnen nicht den Appetit auf gefüllte Täubchen verderben«, schreibt sie in ihrem Kochbuch, »aber es interessiert

Sie vielleicht, dass sie zu Hitlers Lieblingsgerichten gehörten. Er hat häufig bei uns im Hotel gespeist. Trotzdem ist es ein ganz vorzügliches Rezept.«[92] Einer von Hitlers Biografen behauptet, Hitlers Fleischverzehr habe sich hauptsächlich auf Würstchen beschränkt.[93] Ungeachtet seiner Vorlieben in punkto Ernährung zeigte Hitler wenig Sympathie für den Vegetarismus. Nach seinem Machtantritt im Jahr 1933 verbot er sämtliche vegetarischen Gemeinschaften in Deutschland, ließ ihre Führer verhaften und schloss die wichtigste vegetarische Zeitschrift, die in Frankfurt erschien. Die Verfolgung durch die Nazis zwang die deutschen Vegetarier, eine winzige Minderheit in einem Volk von Fleischessern, entweder aus dem Land zu flüchten oder in den Untergrund zu gehen. Edgar Kupfer-Koberwitz, ein deutscher Pazifist und Vegetarier, floh erst nach Paris und dann nach Italien, wo die Gestapo ihn festnahm; er wurde ins Konzentrationslager Dachau gesteckt (siehe Kapitel 8). Während des Krieges verbot Nazideutschland alle vegetarischen Organisationen in den besetzten Gebieten, obwohl die vegetarische Kost dazu beigetragen hätte, die Nahrungsmittelknappheit in Kriegszeiten zu lindern.[94]

Dem Historiker Robert Payne zufolge war der Mythos von Hitlers streng vegetarischer Lebensweise in erster Linie das Werk von Propagandaminister Joseph Goebbels:

> Hitlers Askese spielte eine wichtige Rolle in dem Bild, das er den Deutschen vermittelte. Der weithin geglaubten Legende zufolge rauchte und trank er nicht, er aß auch kein Fleisch und hatte nie etwas mit Frauen. Nur das Erste stimmte. Er trank häufig Bier und verdünnten Wein, hegte eine besondere Vorliebe für Weißwürste und lebte in aller Stille mit seiner Geliebten, Eva Braun, auf dem Berghof zusammen. Er hatte auch andere diskrete Affären mit Frauen. Seine Askese war eine von Goebbels erfundene Fiktion, die seine totale Hingabe, seine Selbstbeherrschung, den Abstand zu anderen Menschen betonen sollte. Diese rein äußerliche Zurschaustellung von Askese ermöglichte ihm die Behauptung, er habe sich völlig dem Dienst an seinem Volke verschrieben.[95]

In Wahrheit war Hitler »bemerkenswert genusssüchtig und besaß keinerlei asketische Instinkte«, schreibt Payne.[96] Sein Koch, ein ungeheuer dicker Mann namens Willy Kannenberg, bereitete vorzügliche Gerichte zu und fungierte zudem als Hofnarr. »Obwohl Hitler nicht viel für Fleisch übrig hatte, abgesehen von Würstchen, und nie Fisch aß, mochte er Kaviar.[97] Er war ein Connaisseur, was Süßigkeiten, kandierte Früchte und Sahnetorten betraf, die er in erstaunlichen Mengen verzehrte. Tee und Kaffee trank er mit sehr viel Sahne und Zucker. Er war der naschhafteste Diktator aller Zeiten.«[98]

Mitgefühl und Freundlichkeit hingegen waren Hitler ein Gräuel. Wer die Macht hatte, hatte in seinen Augen das Recht, und die Starken verdienten es, die Erde zu erben.[99] Für die gewaltfreie vegetarische Philosophie hatte er nur Verachtung übrig, und über Gandhi machte er sich lustig.[100] Hitler war zutiefst davon überzeugt, dass die Natur vom Gesetz des Kampfes beherrscht wurde.[101] Die deutsche Jugend sollte brutal, herrisch, furchtlos und grausam sein (»In meinen teutonischen Ordensburgen wird eine Jugend aufwachsen, vor der die Welt erzittern wird.«), aber keinesfalls schwach oder weich. »Aus ihren Augen muss wieder das freie, großartige Raubtier funkeln. So werde ich Jahrtausende menschlicher Zähmung zunichte machen.«[102] Hitler fasste sein Weltbild einmal in einem einzigen, kurzen Satz zusammen: »Wer Macht nicht besitzt, verliert das Recht zum Leben.«[103]

Die angebliche Zuneigung Hitlers und anderer Nazigrößen zu Tieren, insbesondere zu ihren Hunden, wurde von Max Horkheimer und Theodor W. Adorno ins richtige Licht gerückt: Bei gewissen autoritären Charakteren gehöre die »Tierliebe« zu ihrer Art, andere einzuschüchtern. Wenn Industriekönige und Faschistenführer Tiere um sich haben wollten, suchten sie sich einschüchternde Tiere wie dänische Doggen oder Löwenjunge aus, die ihre Macht durch den Schrecken würzten, den sie einflößten. »So blind steht der Koloß des faschistischen Schlächters vor der Natur, daß er ans Tier nur denkt, um Menschen durch es zu erniedrigen ... Voraussetzung der Tier-, Natur- und Kinderfrommheit des Faschisten ist der Wille zur Verfolgung.« Vor der Macht hätten die Geschöpfe kein eigenes Wesen. »Dem blutigen Zweck der Herrschaft ist die Kreatur nur Material.«[104]

»Wir leben wie die Fürsten«

Die meisten Tiere, die ihren Weg in die deutschen Lager fanden, waren jene, die getötet, zerlegt, zubereitet und bei Mahlzeiten serviert wurden. Im riesigen Vieh- und Schlachthof in Dresden wurden rund um die Uhr Tiere aus den besetzten Ostgebieten geschlachtet und verarbeitet, um die Wehrmacht und die SS mit Fleisch zu versorgen. Allein aus der russischen Region um Kursk schafften die Deutschen 280000 Rinder, 250000 Schweine und 420000 Schafe nach Dresden, wo das Schlachttempo so enorm stieg, dass Häftlinge aus den besetzten Gebieten als Zwangsarbeiter hinzugeholt werden mussten. Außerdem trug der ständige Verkehr der Viehwaggons zwischen Deutschland und den besetzten Gebieten zur erforderlichen Tarnung der Judentransporte in die Todeslager bei.[105]

Nach den Briefen und Tagebüchern der Mörder in den Lagern zu urteilen, gehörte der Verzehr von Tieren zu ihren größten Genüssen. In einem Brief vom 27. September 1942 an seine Frau beklagt sich der SS-Obersturmführer Karl Kretschmer, Führer des Sonderkommandos FA, über so gut wie alles bis auf das Essen. Nach einigem Gemecker über den »jüdischen Krieg«, an dem er teilnehmen muss, und über seine Niedergeschlagenheit (»Meine Stimmung ist, wie gesagt, sehr düster, ich muß mich erst selbst überwinden. Der Anblick der Toten – darunter Frauen und Kinder – ist auch nicht aufmunternd.«) ändert sich sein Ton plötzlich. »Nach Einsetzen der Kälte bekommst du gelegentlich, wenn jemand auf Urlaub fährt, eine Gans. Wir sehen hier über 200 Stück herumschnattern, dazu Kühe, Kälber, Schweine, Hühner und Puten. Wir leben wie die Fürsten ... Heute am Sonntag, gab es Gänsebraten (1/4). Am Abend gibt es Täubchen.«[106]

Ein paar Wochen später berichtet Kretschmer seiner Frau von der Belohnung, die seiner Einheit nach ihrer vormittäglichen Arbeit (Menschen erschießen) zuteil wird: »Zu Mittag gibt es stets gutes Essen, viel Fleisch, viel Fett (wir haben eigenes Vieh, Schweine, Hammel, Kälber und Kühe).« Im selben Brief spricht Kretschmer wieder über das »Geschnatter«, das er draußen hört: »Augenblicklich machen 600 Gänse auf dem Hof großen Krach.

Eure Weihnachtsgans (Gänse?) werden hoffentlich dabei sein. Wenn es geht, bringe ich sie selber. Wenn nicht, werde ich schon dafür sorgen, daß ihr sie rechtzeitig erhaltet.«[107]
In seinem nächsten Brief nach Hause den er vier Tage später abschickt – »Liebe Mutti! Liebe Kinder!, damit Ihr nicht denkt, der Papa hat Euch vergessen« – beschreibt Kretschmer, wie wichtig gutes Essen ist:

> Am Sonntag haben wir geschmaust. Es gab Gänsebraten. Ich habe zum Frühstück, zum Mittag, kalt zum Nachmittag, Gänsebraten gegessen. Am Abend aß ich dann Fisch. Der beste Braten schmeckt auf die Dauer nicht. Überhaupt braucht Ihr Euch keine Sorgen zu machen, daß wir hier schlecht leben. Unser Dienst verlangt es, wie ich es Euch ausführlich beschrieben habe, daß wir gut essen und trinken. Sonst gehen unsere Nerven durch. Euer Papa wird schon sehr aufpassen und Maß und Ziel halten. So schön ist das alles gar nicht.[108]

Dieselbe Wertschätzung guten Essens als Ausgleich für all das »nicht so Schöne« findet sich im Tagebuch des Untersturmführers Johannes Paul Kremer, eines SS-Arztes, der im Herbst 1942 nach Auschwitz abkommandiert wurde. Obwohl es im Lager in jeder Hinsicht so schlimm war, wie man es ihm prophezeit hatte (er nennt es »*anus mundi*«), gab es Entschädigungen, die für Kremer in guten Mahlzeiten im Führerheim der SS und in einer regelmäßigen Ladung menschlicher Körper für seine medizinischen Experimente bestanden.

Seine Eintragung für den 31. August lautet: »Verpflegung im Führerheim ausgezeichnet. Heute abend gabs z. B. saure Entenleber.«[109] Zwei Tage später schreibt er: »Zum 1. Male um 3 Uhr früh bei einer Sonderaktion zugegen. Im Vergleich hierzu erscheint mir das Dante'sche Inferno fast wie eine Komödie. Umsonst wird Auschwitz nicht das Lager der Vernichtung genannt!« Und am 6. September: »Heute Sonntag ausgezeichnetes Mittagessen: Tomatensuppe, ein halbes Huhn mit Kartoffeln und Rotkohl (20g Fett), Süßspeise und herrliches Vanilleeis.« Nachdem Kremer an seiner sechsten und siebten Sonderaktion teilgenommen hat, vermerkt er: »Abends um 20 Uhr Abendessen mit Obergruppenführer Pohl im Führerheim, ein wahres Festessen.«[110]

Während seines restlichem Aufenthalts in Auschwitz verzeichnet sein Tagebuch die Exekutionen, an denen er teilnimmt, seine medizinischen Forschungen und seine Mahlzeiten. Die Eintragung für den 11. Oktober lautet: »Heute Sonntag gabs zu Mittag Hasenbraten – eine ganz dicke Keule – mit Mehlklößen und Rotkohl.« Kremer interessierte sich besonders für die Exekutionen, weil sie ihm »lebendfrisches Menschenmaterial« für seine Forschungen über »die Veränderungen des menschlichen Organismus infolge von Hunger« lieferten.[111] Seine Eintragung für den 18. Oktober: »Bei naßkaltem Wetter heute Sonntagmorgen bei der 11. Sonderaktion (Holländer) zugegen. Gräßliche Szenen bei drei Frauen, die ums nackte Leben flehen.«[112] Die Eintragung vom 14. November lautet: »Heute, Sonnabend, Varietévorstellung im Gemeinschaftshause (ganz groß!). Besondere Freude erregten die tanzenden Hunde und die beiden auf Kommando krähenden Zwerghähne.«[113] Ein anderer SS-Arzt in Auschwitz, Eduard Wirths, schrieb seiner Frau daheim geschwätzige Briefe über die diversen festlichen Ereignisse, an denen er teilnahm, zum Beispiel »ein Abendessen im Führerhaus für die Abteilungsleiter, wo jedem eine halbe Wildente serviert wurde«.[114]

Franz Stangl, der Lagerkommandant von Treblinka, erzählte Gitta Sereny, zum Mittagessen habe es »gewöhnlich Fleisch, Kartoffeln, frisches Gemüse, wie zum Beispiel Blumenkohl« gegeben. Besonders stolz war er auf die Bäckerei, die er im Lager eingerichtet hatte. »Wir hatten einen fabelhaften Wiener Bäcker.«[115]

Manchmal bekamen die Häftlinge etwas von den Resten der getöteten Tiere. Eine Jüdin in einem Arbeitslager beschrieb die Verpflegung: »Das Brot war hart und kaum noch zu genießen. Mittags gab es eine Suppe, die wir als ›Sandsuppe‹ bezeichneten. Man kochte Kartoffeln und Rüben, ohne sie vorher zu reinigen. In diese Suppe warf man einen oder zwei Kuhköpfe mit Zähnen, Augen und Haaren hinein.«[116]

»Humanes Töten«

Der Versuch, das Töten »humaner« zu gestalten, gehört zu den typischen Merkmalen von Tötungsaktionen und entbehrt nicht einer gewissen bitteren Ironie. Mit »human« meinen die Täter, dass die Morde effizienter vonstatten gehen und weniger belastend für die Mörder sind.

Als Deutschland begann, seine eugenische Politik in die Tat umzusetzen, verbanden sowohl Hitler als auch Himmler damit den Wunsch nach mehr »Humanität«. Hitler hielt es für humaner, erbkranke Kinder zu töten: »Die Aussetzung kranker, schwächlicher, mißgestalteter Kinder, d. h. also deren Vernichtung, war menschenwürdiger und in Wirklichkeit tausendmal humaner als der erbärmliche Irrsinn unserer heutigen Zeit, die krankhaftesten Subjekte zu erhalten.«[117]

Im Jahr 1939 sprach Hitler mit Karl Brandt, den er zum Leiter des T4-Programms ernannt hatte, über die beste Methode zur Tötung Geisteskranker. Als Brandt ihm von den verschiedenen Möglichkeiten berichtete, erkundigte sich Hitler nach der »humansten« Methode. Brandt empfahl daraufhin Kohlenmonoxid, und Hitler gab seine Genehmigung.[118] In dem politischen Testament, das Hitler am Tag vor seinem Selbstmord in seinem Berliner Bunker schrieb, sprach er von der »humanen« Methode, die bei der Vernichtung der Juden angewandt worden sei.[119]

Im August 1941 besuchte Heinrich Himmler die Stadt Minsk im besetzten Russland. Dort erklärte er Artur Nebe, dem Führer der Einsatzgruppe B, er wolle eine Liquidation aus nächster Nähe beobachten. Nebe befahl seinen Leuten, 100 Juden zusammenzutreiben. Im Verlauf der Erschießungen wurde Himmler zusehends nervöser und wandte den Blick immer häufiger ab. Nach der Liquidation sagte SS-Obergruppenführer von dem Bach-Zelewski zu Himmler: »Sehen Sie in die Augen der Männer des Kommandos, wie tief erschüttert sie sind! Solche Männer sind fertig für ihr ganzes Leben. Was züchten wir uns damit für Gefolgsmänner heran? Entweder Nervenkranke oder Rohlinge!«

In seiner anschließenden Rede an die Männer zur Stärkung ihrer Moral gestand Himmler ein, dass sie beauftragt seien, eine »widerliche« Aufgabe zu erfüllen. Ihre Pflicht als deutsche Soldaten bestehe jedoch darin, Befehle bedingungslos auszuführen. Und er versicherte ihnen, er trage vor Gott und vor Hitler die alleinige Verantwortung und sie gehorchten »einem höheren Gebot«.

Dann inspizierte Himmler in Begleitung Nebes und von dem Bach-Zelewskis eine nahe gelegene Irrenanstalt, die er ebenfalls beunruhigend fand. Er befahl Nebe, das Leiden der Insassen so schnell wie möglich zu beenden, und forderte ihn auf, über »humanere« Tötungsmethoden als das Erschießen nachzudenken. Nebe bat daraufhin um Erlaubnis, bei den Gefangenen Sprengstoff auszuprobieren.[120]

Wilhelm Pfannenstiel, Professor für Hygiene an der Marburger Universität und Standartenführer der SS, berichtete nach Kriegsende von seinem Besuch im Vernichtungslager Belzec. »Ich wollte insbesondere wissen, ob der Vorgang der Vernichtung von Menschen von irgendeinem Akt der Grausamkeit begleitet wurde.« Er gab zu, dass die Aktion für seinen Geschmack nicht human genug gewesen war und fand es besonders grausam, dass der Tod erst nach 18 Minuten eintrat. Seine Sorge galt vor allem den SS-Männern, die die Morde ausführten.[121]

Anton Kaindl, ehemaliger Kommandant des Konzentrationslagers Sachsenhausen, erklärte bei seinem Prozess nach dem Krieg, Richard Glücks, der Inspekteur der Konzentrationslager, habe den Kommandanten Anweisung gegeben, Gaskammern nach dem Vorbild von Auschwitz einzurichten. In Sachsenhausen waren die Vernichtungen bis 1943 durch Erschießungen oder Erhängen durchgeführt worden. Dann führte Kaindl dort Gaskammern ein, weil »die vorhandenen Anlagen zur vorgesehenen Vernichtung nicht mehr ausreichten«. Der Chefarzt versicherte ihm, die Vergiftung durch Blausäure habe den augenblicklichen Tod zur Folge. »Da hielt ich die Einrichtung von Gaskammern für die Massenvernichtung für zweckmäßig und auch für humaner.«[122]

Wer »human« tötet, behauptet oftmals, die Opfer litten dabei wenig oder gar nicht. Diese Behauptung hilft, die Schuldgefühle zu lindern, und macht das Weitermorden akzeptabler. Der SS-Mann Robert Jührs, der in Belzec die Neuankömmlinge erschoss, die nicht mehr laufen konnten, gab an, wegen der erbärmlichen Verfassung der Juden nach ihrer langen Fahrt in unbeschreiblich überfüllten Güterwaggons habe er die Tötung dieser Menschen »als eine Gnade und Erlösung angesehen. Vom Grabenrand aus habe ich die Juden mit einer Maschinenpistole erschossen. In jedem Fall habe ich auf den Kopf gezielt, so daß jeder sofort tot war. Ich kann mit absoluter Sicherheit sagen, daß kein einziger sich hat quälen müssen.«[123]

1958 verabschiedete der amerikanische Kongress den Humane Slaughter Act, der die Schlachtung von Nutztieren »humaner« machen sollte.[124] Diesem Gesetz zufolge müssen Tiere, deren Fleisch an die US-Regierung oder deren Vertreter verkauft wird, mittels »eines einzigen Schlags oder Schusses oder durch eine schnelle und wirksame elektrische, chemische oder andere Methode schmerzunempfindlich« gemacht werden, »bevor sie an die Kette gehängt, hochgezogen, geworfen oder zerlegt werden«.[125]

Bei den Ausschussanhörungen vor der Verabschiedung des Gesetzes empfahl ein Zeuge die umfassendere Anwendung eines Betäubungsmechanismus, der damals mancherorts benutzt wurde und bereits an Kälbern, Lämmern und Schweinen erprobt worden war. Dieses ursprünglich von John Macfarlane und der Massachusetts Society for the Prevention of Cruelty to Animals vorgeschlagene Gerät war von Remington Arms entwickelt worden, einem Waffenhersteller, der mit dem American Meat Institute und der American Humane Association zusammenarbeitete.

Fast 500 Jahre zuvor hatte Leonardo da Vinci vorausgesagt: »Die Zeit wird kommen, in der die Menschen den Mord an Tieren ebenso als Verbrechen betrachten werden wie den Mord an Menschen.« Aber diese Zeit war in Amerika offenbar noch nicht angebrochen. Bei keiner der Anhörungen stellte jemand die Tötung von Tieren in Frage oder erhob Einwände dagegen. Alle mit dem Gesetz befassten Parteien, auch die Tierschützer, waren ausschließlich daran interessiert, dass die Tiere »human« getötet wurden.

Die im schließlich verabschiedeten Gesetz verankerte Ausnahme der religiösen Schächtung veranlasste manche, die jüdische Schächtung als »inhuman« zu kritisieren, weil sie vorschreibt, dass das Tier bei Bewusstsein ist, wenn es getötet wird. Doch wie Brian Klug betont:

Ich habe Tierschlachtungen in einer Reihe von Schlachthöfen miterlebt. Ob sie nun mit religiösen oder säkularen Methoden durchgeführt wurden, sie waren für mich allesamt eine erbärmliche Art des Umgangs mit unseren Mitgeschöpfen. Im Namen der Tiere islamische oder jüdische Schlachtmethoden herauszugreifen, erscheint mir unfair. Und andere Methoden als »human« zu verklären, macht alles nur noch viel schlimmer.[126]

1978 novellierte der Kongress den Humane Slaughter Act, sodass seine Bestimmungen nun für alle Schlachthöfe unter bundesstaatlicher Aufsicht galten, nicht nur für jene, die Fleisch an die Regierung verkauften. Erneut brachten Tierschutzorganisationen ebenso wie die Fleischindustrie ihre Unterstützung zum Ausdruck.[127] John Macfarlane war auch bei den neuen Anhörungen wieder mit dabei und äußerte sich zugunsten der vorgeschlagenen Änderungen. In den dazwischen liegenden zwei Jahrzehnten hatte Macfarlane seinen Posten bei der Massachusetts Society for the Prevention of Cruelty to Animals aufgegeben und war Berater für Tierhaltung und Vorstandsmitglied des Livestock Conservation Institute geworden.

Mehrere Sprecher der Tierschützer betonten, die Betäubung der Tiere mache den Schlachtvorgang effizienter und ökonomischer und verringere die Belastungen für die Schlächter. Emily Gleockler von Humane Information Services erklärte, das Gesetz werde von Arbeitern der Fleischindustrie unterstützt, die »humane Schlachtmethoden im Hinblick auf die Arbeitsorganisation für effizienter und überdies für kostendämpfend hielten«. Sie versicherte dem Ausschuss, das Gesetz stelle »weder für die Regierung, die es durchführt, noch für die Nutzviehindustrie, die Fleischwarenindustrie oder die Verbraucher eine größere Belastung dar«. Welche Belastung es für die Schlachttiere darstellen würde, sagte sie nicht. Eine andere Sprecherin der Tierschützer hob hervor, dass »humanes Schlachten den Fleischwarenherstellern auf lange Sicht Geld spart« und »Arbeitsprobleme« vermeiden helfe. Mit diesen »Problemen« meinte sie vermutlich die seelische und emotionale Belastung der Schlachthofarbeiter.[128]

Was der Holocaust-Historiker Raul Hilberg über die Versuche der Deutschen sagte, »humanere« Methoden für ihre Mordaktionen zu finden, gilt auch hier: »Die ›Humanität‹ des Vernichtungsprozesses war ein entscheidender Faktor seines Erfolgs. Selbstredend wurde diese ›Humanität‹ nicht zum Vorteil der Opfer, sondern allein zum Wohle der Täter entfaltet.«[129]

DRITTER TEIL

HOLOCAUST-ECHOS

Wir müssen Partei ergreifen. Neutralität hilft dem Unterdrücker, niemals dem Opfer. Schweigen ermutigt den Folterknecht, niemals den Gefolterten.

ELIE WIESEL

Unsere Enkel werden uns einst fragen: Wo wart ihr während des Holocaust gegen die Tiere? Was habt ihr gegen diese entsetzlichen Verbrechen gemacht? Ein zweites Mal können wir uns nicht darauf hinausreden, nichts gewusst zu haben.

HELMUT F. KAPLAN

6. »Uns ging es genauso«
Die Anwälte der Tiere

Im dritten und letzten Teil des Buches stehen Menschen und ihre Erinnerungen im Mittelpunkt – Juden und Deutsche, deren Einsatz für die Tiere vom Holocaust beeinflusst und in manchen Fällen sogar ausgelöst wurde. Leo Eitinger, emeritierter Professor der Psychologie an der Universität von Oslo und selbst Auschwitz-Überlebender, ist zu dem Schluss gelangt, dass ehemalige Lagerhäftlinge eine stärkere Sensibilität für andere Menschen und größeres Einfühlungsvermögen besitzen.[1] Viele Kinder von Überlebenden, die im Rahmen ihrer Möglichkeiten eine Heilung der Welt *(tikkun olam)* anstreben, haben einen Beruf im sozialen Bereich ergriffen, zum Beispiel als Lehrer, Ehe- und Familientherapeuten, psychologische Berater, Psychiater, Psychologen und Sozialarbeiter.[2]

Die hier porträtierten Tierrechtler waren imstande, ihre Anteilnahme und ihr Mitgefühl über die Gattungsgrenze hinaus auch auf jene auszudehnen, die Henry Spira, selbst ein vom Holocaust geprägter Tierrechtsaktivist, »die wehrlosesten Opfer der Welt« genannt hat.

Im Sinne Albert Schweitzers

Anne Muller weiß noch, wie sie als Kind in Fotoalben blätterte. Auf einem der Familienfotos waren ungefähr zwölf Personen zu sehen. »Meine Mutter deutete auf jede einzelne, nannte mir ihren Namen, erzählte mir etwas über sie und schloss damit, dass sie im Konzentrationslager ermordet wurde.«[3] Der Verlust ihrer Angehörigen hatte tief greifende Auswirkungen auf Anne Muller.

Wenn man in seiner Jugend erfährt, dass die eigenen Verwandten von einem Staat und von Menschen ermordet wurden, die sie für wertlos oder noch Schlimmeres hielten, unbeschränkte Macht über sie besaßen, diese mit brutaler Gewalt ausübten und ihnen alles nahmen, selbst das Leben, verspürt man unwillkürlich tiefes Mitgefühl mit allen, die sich in einer solchen Lage befinden. Tiere sind schwach, sie haben keine Stimme, sie können weder sich selbst noch einander helfen. Uns ging es genauso.

Es macht sie sprachlos, dass nur so wenige Menschen bereit waren, den Juden während des Holocaust zu helfen, und dass das Leben einfach weiterging, als die Asche aus den Schornsteinen der Krematorien auf die nahe gelegenen Städte regnete.

In weiten Bereichen der Gesellschaft lebte man weiter, als würde nichts von alldem geschehen. Die Leute hatten eine feste Arbeit; wer im Konzentrationslager beschäftigt war, ging morgens zum Dienst und kam abends zu seiner Familie nach Hause, aß eine Mahlzeit, die ihm seine Frau zubereitet hatte, und legte sich in ein warmes Bett. Es war ein Job für sie, genauso wie für einen Tierexperimentator, einen Fallensteller, Wildhüter, Kürschner oder Arbeiter in einer Tierfabrik.

Anne Muller lebt mit ihrem Mann in New Paltz, New York. Die beiden leiten zwei Tierschutzgruppen – Wildlife Watch und das Committee to Abolish Sport Hunting, eine Vereinigung zur Abschaffung des Jagdsports.

»Wir kümmern uns durchaus auch um Menschen«, sagt sie. »Aber nichts lässt sich mit dem Leid der Tiere vergleichen. So wenige von uns unternehmen etwas dagegen.« Als Anne Muller zum ersten Mal von den kambodschanischen »boat people« hörte, setzte sie sich mit karitativen Organisationen der katholischen Kirche in Verbindung, um in Erfahrung zu bringen, wie sie helfen könnte. Mehrere Monate lang beherbergten die Mullers drei Kambodschaner. Außerdem unterstützten sie vier Schüler, die sie während eines Chinaaufenthalts unterrichtet hatten, finanziell und ließen zwei von ihnen für ein Jahr bei sich wohnen.

Am Ende ihrer E-Mails zitiert Anne Muller immer Albert Schweitzer: »Die Zeit wird kommen, in der Unterhaltung, die auf der Misshandlung und Tötung von Tieren basiert, nicht mehr toleriert wird. Die Zeit wird kommen, aber wann? Wann werden wir so weit sein, dass man die Jagd – die Freude am Töten von Tieren als Sport – als geistige Verwirrung betrachten wird?«[4]

Stimmen von Überlebenden

Im Rahmen einer Kampagne zum Schutz von Kanada-Gänsen trat Anne Muller in Radiosendungen auf, bei denen auch Zuhörer anrufen konnten. Dabei wurde sie auf Marc Berkowitz aufmerksam, der bei jedem seiner Anrufe sein Engagement für die Tiere bekundete und ihre Arbeit unterstützte.

Marc Berkowitz musste in Auschwitz mit ansehen, wie seine Mutter und eine seiner Schwestern in die Gaskammer geschickt wurden. Josef Mengele wählte den zwölfjährigen Berkowitz und seine Zwillingsschwester für seine Zwillingsversuche aus und nahm experimentelle Wirbelsäulenoperationen an ihnen vor. Heute spricht sich Berkowitz nachdrücklich gegen Tierversuche aus.

Bei einer von Anne Muller organisierten Veranstaltung zum Schutz der Kanada-Gänse trat Berkowitz als Redner auf. Er erklärte den Anwesenden: »Ich widme den Gänsen das Grab meiner Mutter. Meine Mutter hat kein Grab, aber wenn sie eins hätte, würde ich es den Gänsen widmen. Ich war auch eine Gans.«[5]

* * *

Die Tierrechtlerin Anne Kelemen sagt, sie habe lange gebraucht, um sich als Holocaust-Überlebende zu sehen. In den 30er Jahren lebte sie in ihrer Geburtsstadt Wien. Einige Monate nach der Kristallnacht schickten ihre Eltern sie mit einem der Kindertransporte, die jüdische Kinder in Sicherheit brachten, nach England. Dort verbrachte Anne Kelemen die Kriegsjahre, ohne zu wissen, was aus ihren Eltern geworden war. Erst als sie nach dem Krieg Kinder aus den KZs betreute, wurde sie direkt mit dem Holocaust konfrontiert. Vom Schicksal ihrer Eltern erfuhr sie erst später. Nach umfangreichen Nachforschungen fand sie heraus, dass ihr Vater und ihre Mutter im April 1942 mit einem Transport von 1000 Wiener Juden als Nummer 86 und 87 ins Vernichtungslager Belzec geschickt worden waren.

Anne Kelemen hat in Israel gelebt und viele Jahre lang in New York City als Senioren betreut. Sie rettet streunende Tiere, nimmt an Tierrechtsdemonstrationen teil und »isst nichts, was auf vier Beinen geht«. Obwohl sie schon als Kind in Wien eine große Tierfreundin war, meint sie, ihre Erlebnisse während des Krieges und danach hätten sie dazu gebracht, Partei für den Schwächeren zu ergreifen, »sei es ein Hund, eine Katze oder ein Mensch«.[6]

* * *

Susan Kalev fiel 1990 in Greenwich Village, New York City, das T-Shirt einer Frau auf, die vor ihr herging. Der Aufdruck erzählte die Geschichte von Schlachtkälbern – wie sie ihren Müttern weggenommen und bis zur Schlachtung in dunklen, engen Boxen gehalten werden. Kalev war so bewegt, dass sie die Frau ansprach. Diese war gerade auf dem Weg zu einer Demonstration gegen das Schlachten junger Kälber in einem nahe gelegenen Restaurant und fragte sie, ob sie mitkommen wolle. Das war Susan Kalevs erste Tierrechtsdemonstration. Ein paar Monate später nahm sie in Washington, D. C., am »Marsch für die Tiere« teil.

Susan Kalev, die in Ungarn geboren ist, hat das starke Bedürfnis, Leben zu retten, wie es viele Überlebende und deren Kinder haben. Nach der Machtübernahme der Faschisten in Ungarn verlor sie ihren Vater, ihre Schwester und andere Angehörige. Sie selbst überlebte nur, weil es dem Schwager ihrer Mutter gelang, sie mitsamt ihrer Schwester und ihrer Mutter auf eine Liste zu setzen, sodass sie in ein Internierungslager und nicht nach Auschwitz geschickt wurden. Später lebte Kalev sechs Jahre in Israel, wo sie Kontakt mit den noch lebenden Angehörigen ihres Vaters aufnahm.

Nachdem sie 1980 ihren Abschluss in Sozialpädagogik in New York gemacht hatte, arbeitete sie im Familien- und Adoptionsbereich und anschließend zehn Jahre lang als Sozialarbeiterin auf der Krebsstation des Columbia-Presbyterian Hospital. Heute berät sie HIV- und Aids-Patienten im Karen Horney Psychoanalytic Institute und hat eine eigene psychotherapeutische Praxis.

Da Kalev überzeugt ist, dass alle Lebewesen in einer Wechselbeziehung miteinander stehen, ist sie Veganerin (sie isst kein Fleisch, keinen Fisch, keine Eier und keine Milchprodukte). Sie hält Vorträge über Gesundheit, Vegetarismus und ein Leben im Einklang mit unseren Mitgeschöpfen und gibt Tierschutzunterricht an Schulen. Sie sagt, immer wenn sie ein anderes Lebewesen rette oder ihm helfe, ganz gleich, von welcher Spezies es sei, habe sie das Gefühl, sich der Lehre des Talmud gemäß zu verhalten: Wer ein Leben rettet, rettet die ganze Welt.

Für Susan Kalev besteht ein Zusammenhang zwischen der Misshandlung von Menschen und der Misshandlung von Tieren. Der Einsatz für ein gewaltfreies Miteinander ist ihr zur Lebensaufgabe geworden. Da sie und ihre Angehörigen im Krieg hilflose Opfer waren, ist sie nun fest entschlossen, sich zu engagieren. »Jedes Mal, wenn ich hier und heute etwas bewirken kann«, sagt sie, »ist das für mich, als würde ich ein Unrecht wieder gutmachen, das unserem Volk in der Vergangenheit angetan worden ist.«[7]

* * *

Alex Hershaft, Gründer und Präsident des Farm Animal Reform Movement (FARM) in Bethesda, Maryland, verbrachte einen Teil seiner Kindheit im Warschauer Ghetto. Nach seiner Flucht aus dem Ghetto versteckte er sich bis zum Ende des Krieges auf dem Land. Die Deutschen töteten seinen Vater, aber seine Mutter blieb am Leben und kam nach dem Krieg wieder mit Alex zusammen. Er lebte fünf Jahre in einem italienischen Lager für Displaced Persons, bevor er mit 16 in die Vereinigten Staaten emigrierte. »Ich weiß aus eigener Erfahrung, was es bedeutet, wie ein wertloser Gegenstand behandelt und von den Mördern der eigenen Angehörigen und Freunde gejagt zu werden, sich jeden Tag zu fragen, ob man den nächsten Sonnenaufgang erleben wird, und in einen Viehwaggon gepfercht zu sein, der zum Schlachthaus fährt.«[8]

1962 wurde Hershaft Vegetarier. »Ich fand es schon immer

moralisch und ästhetisch obszön, ein schönes, empfindungsfähiges Tier auf den Kopf zu schlagen, in Stücke zu schneiden und mir diese Stücke in den Mund zu stopfen.«[9] Er gab seinen Job als Umweltberater auf und gründete FARM, das die Öffentlichkeit mit Informationskampagnen wie dem Great American Meatout, dem World Farm Animals Day und der National Veal Ban Campaign über Viehzucht und Vegetarismus aufklärt.[10]

»Meine eigenen Erfahrungen sind der Grund dafür, dass ich mein Leben lang nach Gerechtigkeit für die Unterdrückten gestrebt habe. Dabei wurde mir bald klar, dass die am meisten unterdrückten Lebewesen auf der Erde die nichtmenschlichen Tiere sind.«[11]

Aufgrund seiner Erlebnisse im besetzten Polen sind Hershaft die Parallelen zwischen dem Umgang der Menschen mit Nutztieren und dem Umgang der Nazis mit den Juden bewusst geworden. In seiner Rezension von Gail Eisnitzs *Slaughterhouse* schrieb er:

> Inmitten unseres hoch technisierten, protzigen, hedonistischen Lebensstils, zwischen all den strahlenden Monumenten unserer Geschichte, Kunst, Religion und Wirtschaft, gibt es die ›Black Boxes‹. Das sind die biomedizinischen Forschungslabors, die Tierfabriken und Schlachthöfe – gesichtslose, geschlossene Bereiche, in denen die Gesellschaft ihr schmutziges Geschäft der Misshandlung und Ermordung unschuldiger, fühlender Wesen abwickelt. Das sind unsere Dachaus, unsere Buchenwalds, unsere Birkenaus. Wie die braven deutschen Bürger haben wir eine ziemlich gute Vorstellung davon, was dort geschieht, aber wir wollen es lieber nicht so genau wissen.[12]

»Etwas Schreckliches«

Nach ihrer Tätigkeit als Prozessanwältin in New York City bekam Lucy Kaplan Anfang der 80er Jahre als ehrenamtliche Mitarbeiterin des Animal Legal Defense Fund einen ersten Eindruck von der Arbeit der Tierschützer. Sie zog mit ihrem Mann nach Oregon, wo sie nach einer dramatischen Tierbefreiungsaktion der Animal Liberation Front in der staatlichen Universität ihres Wohnorts dem Anwalt zuarbeitete, der den einzigen wegen des Überfalls angeklagten Aktivisten vertrat. Anschließend übernahm sie weitere juristische Aufgaben im Bereich des Tierrechts und fungierte viele Jahre als Rechtsberaterin der Rechercheabteilung von People for the Ethical Treatment of Animals (PETA). Kaplans Eltern hatten sich Ende 1945 in einem österreichischen Lager für Displaced Persons kennengelernt. Ihr Vater war vor seiner Befreiung 1945 in sieben verschiedenen Konzentrationslagern inhaftiert gewesen, unter anderem auch in Auschwitz; ihre Mutter hatte als Zwangsarbeiterin für die SS geschuftet. In ihrer Kindheit wurden Lucy Kaplan und ihre Schwestern von anderen Erwachsenen häufig daran erinnert, dass ihre Eltern »etwas Schreckliches« durchgemacht hatten. Als die kleine Lucy sich einmal bitterlich über ihren Vater beklagte, »befahl mir unsere geliebte Haushälterin und Nanny ganz ruhig, mich hinzusetzen, und erklärte mir, mein Vater habe zwei kleine Töchter gehabt, die vor seinen Augen von den Nazis erschossen worden seien«. Kaplan sagt, sie sei ihr »ganzes Leben lang von Holocaust-Bildern verfolgt worden, und es steht außer Zweifel, dass ich mich zum Teil deshalb zur Tierrechtsbewegung hingezogen fühlte, weil ich spürte, dass zwischen der institutionalisierten Ausbeutung von Tieren und dem Völkermord der Nazis Ähnlichkeiten bestehen.«[15]

Ende der 70er Jahre, als Kaplan noch Gesellschaftsrecht praktizierte, begann sie die Werke von Isaac Bashevis Singer zu lesen. Er übte einen großen Einfluss auf sie aus.

> Damals war ich ohnehin schon Vegetarierin. Singers Weltanschauung begeisterte mich, und seine vernichtende Kritik an der Tierausbeutung machte mir Mut. Am meisten bewegt mich die Unerschrockenheit, mit der Singer die Ausbeutung der Tiere durch den Menschen und das ihnen zugefügte Leid mit einigen der schrecklichsten Formen von Ausbeutung und Misshandlung gleichsetzt, denen Menschen je ausgesetzt waren. Für mich hat Singer die Parallele zwischen dem Holocaust und der systematischen Ermordung von Tieren besser erkannt als jeder andere.

Drei Gebote

David Cantor, der 1989 hauptberuflich in der Tierrechtsbewegung zu arbeiten begann, verlor im Holocaust entfernte Verwandte. »Der größte Teil unserer Familie ist Anfang des 20. Jahrhunderts in die Vereinigten Staaten ausgewandert. Aber von der Schwester meiner Urgroßmutter, ihrem Mann und ihren drei Kindern, die in Polen geblieben sind, haben wir nach 1939 nichts mehr gehört. Höchstwahrscheinlich wurden sie nach dem Einmarsch der Nazis getötet.«[14]
Cantor wuchs in einer liberalen Familie in Philadelphia auf. Obwohl sie keine religiösen Juden waren, sagt Cantor:

> Das Gefühl, dass wir von den Menschen in unserer Umgebung als anders betrachtet wurden, das Wissen, dass unser Volk in der jüngeren Geschichte nahezu ausgelöscht worden ist, und meine persönliche Einstellung zu aktuellen Geschehnissen, die mich auf die Seite des Bilderstürmers, des Folksängers, des Friedenskämpfers, des respektlosen Juden in der vorherrschenden WASP-Kultur[15] und des amerikanischen Bürgers brachte, der die Redefreiheit nutzt – haben großenteils meine Denkweise geformt. Ich zweifle nicht daran, dass es auch in Zukunft so sein wird.

Die Geisteshaltung hinter »Tierversuchen und anderen Grausamkeiten, sanktioniert von Staatsdienern, Nachrichtenmedien und anderen, die den Leuten sagen, was sie denken sollen«, erinnert Cantor an die Nazizeit. »So wie in Europa ganz normale Familienväter die Maschinerie des Holocaust bedient haben, rufen heute in den Vereinigten Staaten führende Lokalpolitiker regelmäßig zum Massenmord an Rotwild und Gänsen auf, und der Holocaust an acht Milliarden Hühnern pro Jahr wird von den meisten Menschen überhaupt nicht wahrgenommen.«[16]
Eine der eindrucksvollsten öffentlichen Äußerungen zu diesem Thema, die er je gehört habe, so Cantor, stamme von einem Gründer des Holocaust Memorial Museum in Washington. Dieser habe aus seiner Beschäftigung mit dem Holocaust drei Gebote formuliert: Du sollst kein Täter sein; du sollst kein Opfer sein; du sollst kein Zuschauer sein. »Wenn wir uns diese drei

Gebote zu Herzen nähmen, würden wir vielleicht erkennen, in welchem Maße wir als Mitglieder einer Gesellschaft, die schon seit langem einen Holocaust an den Tieren wie auch an anderen Lebewesen und Ökosystemen verübt, selbst Täter, Opfer oder Zuschauer sind.«[17]

»Eine Art Röntgenblick«

Barbara Stagno arbeitet bei der kalifornischen Tierschutzorganisation In Defense of Animals (IDA). Schon in jungen Jahren erfuhr sie, dass die Nazis ihre Großeltern ermordet hatten. Ihre Mutter war 1939 im Alter von 13 Jahren von ihren Eltern aus dem polnischen Bialystok in die Vereinigten Staaten geschickt worden. Sie sah ihre Eltern nie wieder; sie wurden in Treblinka vergast. »Ich bin mit dieser Geschichte aufgewachsen«, sagt Stagno. »Sie war immer gegenwärtig – dass die Eltern meiner Mutter von etwas Furchtbarem und Bösem getötet worden waren. Ich hatte das Gefühl, dass etwas Schreckliches und Unbegreifliches geschehen war, obwohl meine Mutter nie richtig konkret wurde.«[18]

Schon in ihrer Kindheit setzte sich Stagno für ausgesetzte und verletzte Tiere ein. Je mehr man sich im Kampf für die Tiere engagiere, sagt sie, desto ferner fühle man sich der übrigen Gesellschaft. »Wenn man durch den Supermarkt geht, sieht man keine Nahrungsmittel in den Regalen, sondern das Endprodukt der Massentierhaltung und der Schlachthöfe. Wenn alle anderen über einer Kiste mit Kätzchen hocken, die eine Kollegin zur Arbeit mitbringt, sieht man die Abermillionen Katzen, die auf den Straßen sterben oder in den Tierheimen tödliche Spritzen bekommen.« Es sei, als hätte man eine Art Röntgenblick.

Zu den schönsten Aspekten des Aktivistendaseins gehört für Stagno, dass man mit anderen zusammenkommt und zusammenarbeitet, die ebenfalls diesen speziellen Blick haben. Bevor sie sich in der Bewegung engagierte, hatte sie nur wenige gute Freunde, die ihre Weltanschauung teilten. Jetzt weiß sie, warum. »Obwohl ich viele Freunde verloren habe, seit ich in der Tierrechtsbewegung arbeite, habe ich neue, tiefere Freundschaften gewonnen. Ich habe einige wunderbare, außergewöhnliche

Menschen kennen gelernt. Dass ich solche Menschen kenne, gibt mir den Glauben zurück, dass es das Gute im Menschen gibt.«

Obwohl sie damals nicht so richtig verstanden habe, was ihre Mutter über das Schicksal ihrer Großeltern erzählte, habe es ihre Weltsicht gefärbt.»Die Geschichte meiner Mutter hat mir schon von Kindesbeinen an klar gemacht, dass dies eine Welt ist, in der das Böse und die Gewalt manchmal die Oberhand gewinnen, in der Menschen Schranken zwischeneinander errichten und abscheuliche und schreckliche Dinge tun können.«

Am schockierendsten findet Stagno »die Abstumpfung so vieler Menschen extremem Leid gegenüber. Denn das ist doch die wahre Lehre des Holocaust: Dass Menschen denen, die sie für ›Untermenschen‹ hielten, alles Erdenkliche antun konnten. Genauso wie wir den Tieren.«

Holocaust-Bilder

Wer den »Röntgenblick« besitzt, dem kann jederzeit ein Holocaust-Bild vor Augen treten, wie es die Tierschutzlehrerin Zoe Weil während der Fahrt auf einem Highway in Pennsylvania erlebte. Als Mitglied der American Anti-Vivisection Society (AAVS), einer Tierschutzgruppe in Jenkintown, Pennsylvania, hatte sie gerade einer sechsten Klasse etwas über Meeressäugetiere erzählt. Die Stunde war bestens gelaufen, und sie war guter Dinge. Die Schüler wollten in der Schule einen Tier- bzw. Umweltschutzclub gründen, und alle hatten vor, noch am selben Tag Briefe an den Kongress und den Präsidenten zu schreiben. Als die Schüler in der Rolle von Mitgliedern eines Präsidentenausschusses entscheiden sollten, ob man Delfine und Wale fangen und in Gefangenschaft halten solle, stimmte die ganze Klasse für ein Verbot ihrer Gefangennahme und Zurschaustellung.

Ein Anblick, der auf den amerikanischen Highways gang und gäbe ist, sorgte jedoch dafür, dass sich Weils gute Laune augenblicklich verflüchtigte.»Ich war gerade fröhlich und optimistisch auf dem Rückweg ins Büro, als ich in einem offenen Lastwagen vor mir plötzlich eine Masse rosaroter, fleischiger, eng zusammengepferchter Leiber sah. Mir wurde übel, und ich fühlte mich nach Nazideutschland versetzt, wo die Juden mit Güterzügen in die Todeslager transportiert worden waren.« Die Luft blieb ihr weg, und der Schweiß brach ihr aus.»Ich fuhr näher heran und sah mindestens hundert Leiber, dicht an dicht, Seite an Seite, Nase an Hintern. Es waren Schweine.«[19] Die Schweine waren auf dem Weg zum Schlachthof. Wütend und mit einem Gefühl der Hilflosigkeit fuhr sie mehrere Kilometer neben dem Lastwagen her.»Meine Gedanken überschlugen sich, und ich versuchte, mir einen Plan zurechtzulegen. Ich wollte etwas tun im Angesicht des Horrors.«

Als der Lastwagen an einer Ausfahrt abbog, überlegte Weil, ob sie ihm folgen und versuchen sollte, die Schweine zu retten. Sie fühlte sich »ohnmächtig und wie eine Verräterin«, als sie nichts tat.[20]

Während sie darüber nachdachte, was sie für die Tiere hätte tun können, wurde ihr klar, wie überaus wichtig die Aufklärung junger Menschen ist. Sie kam zu dem Schluss, dass sie die 100 Schweine auf dem Lastwagen nicht hätte retten können, »aber ich kann etwas für andere Schweine tun – ich kann die Menschen aufklären. Ich kann mit aller Macht versuchen, eine Welt zu schaffen, in der Menschen weder Schweine noch andere Tiere essen oder ausbeuten.«[21]

Zoe Weil wurde Mitbegründerin und führendes Mitglied des International Institute for Humane Education/Center for Compassionate Living, in Surry, Maine. Die Organisation bietet das einzige Kursprogramm für Tierschutzlehrer mit Zertifikat in den USA an und veranstaltet Fortbildungen und Workshops.

Seife

1998 leitete Sonia Waisman den ersten Kurs »Tiere und Recht« an der California Western School of Law in San Diego. Außerdem ist sie Mitherausgeberin der ersten jemals veröffentlichten Entscheidungssammlung zum Thema Tierschutzrecht.[22] Sie hat eine hebräische Schule besucht, in der der Holocaust oft thematisiert wurde, war in Yad Vashem und hat sich viele Dokumentarfilme angeschaut. Sie war erschüttert, als sie erfuhr, dass man aus den Knochen der Opfer Seife gemacht hat. Erst Jahre später

»wurde mir klar, dass der Talg in der Seife für gewöhnlich aus Tierknochen besteht«.[25]

Waisman liebte Tiere schon immer und wurde bereits mit 14 Jahren Vegetarierin, aber der Kreis schloss sich für sie, »als ich das mit der Seife erfuhr. Da fiel es mir wie Schuppen von den Augen, und mir wurde klar, dass Hitler mit den Menschen ›nur‹ so umgegangen ist, wie die Menschen mit den Tieren umgehen.« Neben der Verwendung von Knochen bei der Herstellung von Seife sieht sie noch andere Parallelen – den Massenmord, die Experimente und den Transport in Viehwaggons.

Waisman, die in einem koscheren Haus aufgewachsen ist, würde es begrüßen, wenn sich das Judentum und auch andere Religionen in stärkerem Maße der Tiere annähmen. »Mir als Jüdin und mitfühlendem Menschen ist es unerklärlich, wieso Holocaust-Überlebende und die Juden überhaupt aus allem, was sie durchmachen mussten, nicht die Lehre gezogen haben, die Rücksicht auf Tiere zu einem religiösen Grundsatz zu erheben. Wie können wir ihnen derart achtlos antun, was uns angetan wurde?«

Auch wenn die Erwartung unrealistisch sei, dass die gespaltene jüdische Gemeinde in diesem Punkt wieder zusammenfinde, so Waisman, erstaune es sie, dass es neben den orthodoxen, konservativen und reformistischen Bewegungen »nicht auch eine genauso große und anerkannte Bewegung gibt, die sensibel genug für die Parallelen zwischen dem Holocaust und dem Umgang der Menschen mit ihren Mitgeschöpfen ist, um den Verzicht auf jede Form der Tierquälerei zum Bestandteil einer aufgeklärten religiösen Lebensweise zu machen«.

Die Sprachlosigkeit überwinden

Die Tierrechtlerin Robin Duxbury aus Colorado, deren Vater im Holocaust 60 Angehörige verlor, erinnert sich an eine Begegnung, die sie nachhaltig beeindruckte. Sie betrat eine Tierhandlung, um Vogelfutter zu kaufen, und da es Winter war, trug sie ihren Kaninchenfellmantel. Als sie an einem Kaninchenkäfig stehen blieb, um ein paar Zwergkaninchen zu streicheln, hörte sie hinter sich eine Frauenstimme, die sehr laut sagte: »Findest du es nicht heuchlerisch, dieses Tier zu streicheln, wenn du dabei seine ganze Familie am Leib trägst?« Jeder im Laden sah sie an. Sie fühlte sich gedemütigt, aber sie gibt zu: »Diese Frau hat eine ganz schöne Wirkung auf mich gehabt. Ich habe den Mantel nie mehr angezogen, und auch keinen anderen Pelzmantel mehr.«[24]

Auf dem College belegte Duxbury einen Kurs zum Thema Holocaust, »in erster Linie, weil alle Verwandten meines Vaters mütterlicherseits in deutschen Konzentrationslagern umgekommen waren. Da mein Vater mit niemandem offen über den Holocaust spricht, habe ich diesen Kurs gemacht, um ihm näher zu kommen.« Ihr Vater war im Alter von sieben Jahren in die Vereinigten Staaten gekommen. Obwohl er seine in Europa ermordeten Verwandten mütterlicherseits nicht sonderlich gut gekannt hatte, war der Verlust immer präsent. »Wir wissen mit Sicherheit, dass 47 Onkel, Tanten, Vettern und Kusinen, Nichten und Neffen und eine Schwester meiner Großmutter in den Konzentrationslagern Esterwegen und Flossenbürg umkamen. Wenn man bedenkt, wo die übrigen Verwandten 1933 gewohnt haben, sind sie vermutlich in Dachau gestorben.«

Seit dem College hat Duxbury teils unentgeltlich, teils als bezahlte Mitarbeiterin für Tierschutzorganisationen gearbeitet. Heute stehen Pferde im Mittelpunkt ihres Engagements; sie ist ehrenamtliche Rechercheurin von Project Equus, einer nationalen Pferdeschutzorganisation, die sie mitgegründet hat. Durch ihre Arbeit für die Rechte der Tiere fühlt sie sich der Erfahrung ihres Vaters eng verbunden. Auch sie erlebt die Sprachlosigkeit gegenüber den Grausamkeiten oft als Ohnmacht, der sie durch ihren aktiven Einsatz für die Tiere zu begegnen versucht.

Tierrechtler der dritten Generation

Erik Marcus gehört zu den reisefreudigsten Rednern der Vegetarierbewegung; er hat schon zu Menschen in über hundert Städten gesprochen. Außerdem betreibt er Vegan.com, eine der beliebtesten Vegetarier-Websites. Sein Buch *Vegan. The New Ethics of Eating* wurde mehr als 25 000 Mal verkauft und erscheint nun in der zweiten Auflage.

Marcus ist in East Brunswick, New Jersey, aufgewachsen. Bereits in früher Jugend erfuhr er, dass sein Großvater, ein erfolgreicher Geschäftsmann in Norwegen, im Holocaust ums Leben gekommen war. Die Gestapo hatte ihn 1942 verhaftet und nach Auschwitz deportiert. Mit Hilfe der norwegischen Widerstandsbewegung flohen Marcus' Großmutter und ihre Angehörigen, darunter seine Mutter, nach Schweden. Nach dem Krieg erfuhr die Familie, dass Marcus' Großvater in Auschwitz umgekommen war.

In seinem Buch beschreibt Marcus ein Erlebnis aus seinem ersten Collegejahr:

> Ich wohnte in einem Studentenheim, und die Jungs nebenan hatten einen Videorecorder und liehen sich häufig Filme. Eines Tages schaute ich zu ihnen hinein, als sie sich gerade einen Film ansahen, der Bildmaterial aus einem Schlachthof enthielt. In der Szene, die ich sah, blickte ein sterbendes Kalb direkt in die Kamera. Es kam mir so vor, als würde mir dieses Tier, das gerade verblutete, direkt in die Augen schauen. Zutiefst erschüttert verließ ich das Zimmer.[25]

Ein paar Monate später hörte er auf, Fleisch zu essen.

Marcus lebt in Einklang mit seinen jüdischen und veganischen Werten. Viele führende Mitglieder der Vegetarierbewegung seien Juden, und »in vielen Fällen glaube ich, sie verdanken ihre Aktivität den jüdischen Werten, die sie schon in der Kindheit mit auf den Weg bekommen haben«.[26] Marcus ist der Meinung, dass die aktive Teilnahme vieler Juden am Kampf gegen Gewalt und Ausbeutung nicht wenige von ihnen dazu veranlasst hat, Veganer zu werden und sich für alternative Essgewohnheiten einzusetzen.

Vegetariern, die glauben, es genüge, kein Fleisch zu essen, ruft Marcus gern ins Gedächtnis, dass jede Legehenne und jede Milchkuh im Schlachthof landet. »Wenn man den Tiermissbrauchsindustrien wirklich jede Unterstützung entziehen will, gibt es keine andere Möglichkeit, als sich veganisch zu ernähren.«

Seine Familiengeschichte hatte einen großen Einfluss auf seinen Lebensweg. »Mit fünf wusste ich über die institutionalisierten Massenmorde der Nazis Bescheid. Das hat mich sensibilisiert und meine Bereitschaft verstärkt, etwas zu unternehmen, als ich mit 19 die Bilder aus dem Schlachthof gesehen habe.«

* * *

Dan Berger ist Tierrechtler und studiert an der University of Florida in Gainsville. »Der Holocaust hat schon immer zu meinem Leben gehört«, sagt er. »Mein Vater unterrichtet die Geschichte des Holocaust, und meine Großmutter hat ihn erlebt.«[27] Dan erinnert sich, dass er in seiner Kindheit zwei Bilder seines Großvaters gesehen hat (er starb in den 60er Jahren an einer Leberkrankheit, die er sich in den Lagern zugezogen hatte). Eines zeigte einen gesunden Mann vor dem Krieg, das andere den gebrechlichen Überlebenden. »Der Holocaust hat mein Bewusstsein für Grausamkeit und das unendliche Leid geschärft, das Menschen einander zufügen können.«

Berger ist in Syracuse, New York, aufgewachsen, wo sein Vater im Fachbereich Judaistik der Syracuse University unterrichtete. An der Highschool sah Dan ein Video über die Schlachtung von Kühen und Hühnern, das ein paar örtliche Tierrechtler anlässlich des Great American Meatout in der Schulbibliothek vorführten, und beschloss, Veganer zu werden. An seiner ersten Tierrechtsaktion nahm er während der St. Patrick's Day Parade teil, wo er die Flugblätter der Animal Defense League (ADL) verteilte.

Nach der Berufung seines Vaters zum Professor für Holocaust-Studien an der Florida Atlantic University und dem Umzug der Familie nach Boca Raton gründete Berger dort seine eigene ADL-Ortsgruppe.

Auf die Frage nach dem Einfluss seiner Familiengeschichte antwortet Berger: »Der Bezug zum Holocaust hat sicherlich Auswirkungen auf mein Leben gehabt – wie sollte es auch anders sein. Er hat meine Lebensanschauung und meine Einstellung zu physischem Leid geprägt, und ich habe diese Sichtweise und dieses Engagement auch auf nichtmenschliche Tiere übertragen.«

Ein seltsames Paar

Zwei herausragende Führer der Tierrechtsbewegung – Peter Singer und Henry Spira – sind im Schatten des Holocaust aufgewachsen. Abgesehen davon könnten die beiden Männer nicht verschiedener sein. Peter Singer hat in Oxford studiert und ist ein weltbekannter Philosoph, Autor vieler Bücher und Professor für Bioethik in Princeton; Henry Spira war Matrose der Handelsmarine, Arbeiter in der Autoindustrie, linker Journalist, Gewerkschaftsreformer, Bürgerrechtsaktivist und Highschool-Lehrer in New York, bevor er im Alter von 45 Jahren Tierrechtler wurde.

Peter Singer, dessen Buch *Animal Liberation* 1975 die moderne Tierrechtsbewegung initiierte, verlor in der Nazizeit seine zwei Großväter und eine Großmutter. Nach der deutschen Machtübernahme in Österreich gelang es seinen jungen, frisch verheirateten Eltern, aus Wien zu fliehen und nach Australien zu emigrieren. Die Deutschen deportierten seine Großeltern väterlicherseits nach Lodz in Polen (sie wurden wahrscheinlich in Chelmno vergast) und seine Großeltern mütterlicherseits ins KZ Theresienstadt, wo auch sein anderer Großvater starb. Nur seiner Großmutter gelang es, am Leben zu bleiben.

Singer ging mit dieser Information erst Anfang der 90er Jahre an die Öffentlichkeit, nachdem er in Vorträgen in Deutschland die Anwendung der Euthanasie unter bestimmten Bedingungen verteidigt hatte. Singers Position löste eine hitzige Kontroverse aus. Als seine Kritiker ihn beschuldigten, er sei ein »Nazi«, enthüllte er, was die Nazis seiner Familie angetan hatten.

Singer wuchs in Australien auf. Als Junge unternahm er mit seinem Vater am Wochenende immer lange Spaziergänge am Fluss. Er weiß noch, wie sein Vater immer auf die am Ufer sitzenden Angler deutete, und wie grausam er ihre Beschäftigung fand. »Er verstand nicht, dass Menschen daran Spaß haben konnten.«[28]

In Oxford, wo Singer ab 1971 Philosophie studierte, forderten ihn seine zu einer kleinen Gruppe Vegetarier gehörenden Freunde auf, über den Umgang der Gesellschaft mit Tieren nachzudenken. In einer Buchbesprechung mit dem Titel »Animal Liberation«, die in der *New York Review of Books* vom 5. April 1973 erschien und die Grundlage seines gleichnamigen Buches bildete, vertrat Singer die Ansicht, wenn ein Lebewesen leide, könne es »keine moralische Rechtfertigung für die Weigerung geben, dieses Leiden zu beachten und ihm tatsächlich das gleiche Gewicht zu geben wie einem vergleichbaren Leiden (sofern ein grober Vergleich möglich ist) irgendeines anderen Lebewesens«.[29] In einem Interview mit *Psychology Today* sagte Singer: »Mir ist aufgefallen, dass sehr viele prominente Mitglieder der Tierbefreiungsbewegung Juden sind. Vielleicht sind wir einfach nicht bereit, dabei zuzuschauen, wie die Mächtigen den Schwachen Leid zufügen.«[30]

Singer und Spira begegneten sich erstmals 1974, als Singer Gastdozent an der New York University war. Er unterrichtete dort nicht nur Philosophie, sondern gab auch einen öffentlichen Abendkurs zum Thema Tierbefreiung.

> Ein Mann fiel zwischen den anderen besonders auf. Er war mit Sicherheit kein typischer ›Tierschützer‹. Er war eine völlig andere Erscheinung: Seine Sprache war deutlich die der New Yorker Arbeiterschicht. Er redete so ungeschliffen und derb, daß ich manchmal glaubte, einer Gestalt aus einem Gangsterfilm zuzuhören. Seine Kleider waren zerknautscht, seine Haare wirr. Insgesamt erschien er mir als der Typ Mensch, der kaum jemals an einem Erwachsenenbildungskurs über die Befreiung der Tiere teilnehmen würde. Aber er war da, und ich konnte nicht anders, als die direkte Art, mit der er sagte, was er dachte, zu mögen. Sein Name war Henry Spira.[31]

Spira stammte aus Antwerpen. Als die Nazis in Deutschland an die Macht kamen, war er sechs Jahre alt. Fünf Jahre später – sein Vater war nach Mittelamerika gegangen, um sich dort eine neue Existenz aufzubauen – brachte seine Mutter ihn und seine Schwester nach Deutschland zu ihrem Vater, dem Hamburger Oberrabbiner Samuel Spitzer.[32]

Während die Familie in Hamburg noch auf eine Nachricht von Spiras Vater als Zeichen zum Aufbruch nach Mittelamerika wartete, führten die Nazis ihr massives Pogrom gegen die deutschen und österreichischen Juden durch. In der Kristallnacht vom 9. zum 10. November 1938 brannten die Nazis Synagogen nieder, zerstörten jüdisches Eigentum und verfolgten, töteten und verhafteten Juden; 30 000 von ihnen landeten in Konzentrationslagern. Es gelang Spira, mit seiner Mutter und seiner Schwester aus Deutschland zu fliehen und mit dem Schiff nach Panama zu seinem Vater zu kommen. Der Nazi-Terror, den er als Kind miterlebt hatte, hinterließ eine bleibende Wunde.

Erst in Singers Kurs entstand bei Spira das Bedürfnis, sein politisches Engagement auf die Tierrechte auszuweiten.

> Singer beeindruckte mich ungeheuer, denn seine Sorge um andere Lebewesen war vernünftig und ließ sich in öffentlicher Diskussion vertreten. Mir ging es nicht um Gefühlsduselei, wie niedlich die betreffenden Tiere seien oder wie beliebt als Haustiere. Ich fand, er sagte einfach, es sei falsch, anderen wehzutun, und es sei konsequent, den Kreis dieser anderen nicht einzuschränken; wenn sie den Unterschied zwischen Schmerz und Lust merken, dann haben sie das Grundrecht, daß man ihnen nicht schadet.[33]

Zum Ziel seiner ersten Kampagne wählte sich Spira das American Museum of Natural History, in dessen Keller zwei Psychologen seit 18 Jahren Experimente an Katzen durchführten, bei denen sie ihnen Teile des Gehirns herausoperierten, um ihr Sexualverhalten zu studieren. Die Kampagne hatte Erfolg: Das Forschungsprojekt wurde abgebrochen, und das Labor musste schließen. Zum ersten Mal in dem mehr als hundertjährigen Kampf gegen die Vivisektion in den Vereinigten Staaten und Europa war ein grausamer Tierversuch gestoppt worden. Mit seiner nächsten Kampagne gegen den Draize-Test gelang es Spira, den Kosmetikherstellern Revlon und Avon das Versprechen abzuringen, ihre Produkte nicht mehr an den Augen von Kaninchen zu testen.

Während der letzten 20 Jahre seines Lebens – Spira starb 1998 – galt seine Arbeit hauptsächlich den Nutztieren, die er »die wehrlosesten Opfer der Welt« nannte. Für ihn war die Tierbefreiung »die logische Weiterführung dessen, was mein ganzes Leben bestimmt hat – die Identifikation mit den Machtlosen und Verwundbaren, den geknechteten und unterdrückten Opfern«.[34]

Und er war überzeugt:»Sofern man nicht an den faschistischen Grundsatz glaubt, dass Macht vor Recht geht, haben wir nicht das Recht, anderen Schaden zuzufügen.«[35]

Die Wurzeln des Holocaust – eine feministische Perspektive

Die Journalistin, sozialistische Zionistin, Feministin und Anwältin der Tiere, Aviva Cantor, hält das Patriarchat für den Ursprung der menschlichen Unterdrückung:»Nirgends zeigt sich die eiserne Faust des Patriarchats so unverhüllt wie in der Unterdrückung der Tiere, die als Modell und Trainingsgelände für alle anderen Formen der Unterdrückung dient.«[36]

Cantor, die im Holocaust Verwandte auf beiden Seiten ihrer Familie verlor, wuchs in der East Bronx auf. Ihre Eltern waren nach dem Ersten Weltkrieg aus Russland in die USA eingewandert. Nachdem sie während der Highschool auch eine jüdische Schule besucht hatte, studierte sie Geschichte und Journalismus an der Hebräischen Universität in Jerusalem und in New York. Sie arbeitete als Journalistin beim Londoner *Jewish Chronicle* und bei der Jewish Telegraphic Agency, war Mitbegründerin der jüdisch-feministischen Zeitschrift *Lilith* und schrieb die *Equalitarian Haggadah*. Seit 1984 ist Cantor für die Öffentlichkeitsarbeit der in den USA ansässigen Tierschutzorganisation Concern for Helping Animals in Israel (CHAI) zuständig.

Cantors Vater, ein glühender Zionist, der im Schtetl des belorussischen Wisna aufgewachsen war, besuchte die berühmte Jeschiwa von Woloschin und wurde ein hebräischer Gelehrter, der fließend sieben Sprachen sprach. Ihre Mutter entstammte einer langen Reihe von Händlerinnen aus Dubno im russischen Teil von Polen (der heutigen Ukraine). Die Deutschen ermordeten Cantors Tante samt ihrer Familie in Dubno und ihre Großmutter väterlicherseits in Belorussland.

In ihrer feministischen Interpretation der jüdischen Geschichte und Kultur, *Jewish Women, Jewish Men. The Legacy of Patriarchy in Jewish Life*, behauptet Cantor, schon seit uralter Zeit sei manchen Rabbis bewusst gewesen, dass Tierquälerei Gewalt gegen andere Menschen erzeuge.»Obwohl die fünf Bücher Mose kein Konzept der allgemeinen Tierrechte beinhalte-

ten und von der Überzeugung erfüllt waren, Tiere dürften für
›legitime menschliche Zwecke‹ genutzt werden«, schreibt sie,
»enthielten sie Gesetze gegen das, was später *tza'ar ba'alei chajim* genannt wurde: Tieren körperliche oder seelische Schmerzen und Leid zuzufügen.«[37] So kommt in einer Geschichte des
jiddischen Autors Scholem Aleichem ein kleiner Junge zu dem
Schluss, dass eine bestimmte Person unmöglich Jude sein kann,
weil sie Tiere quält. Und Cantor schildert unter Berufung auf
den Rabbi Michael Weissmandel einen Vorfall, der sich während
des Krieges in der Slowakei ereignet haben soll: »Während ein
Jude namens Itzik Rosenberg in einen Deportationszug gestoßen
wurde, rief er seinen nichtjüdischen Nachbarn, die das Geschehen voller Schadenfreude beobachteten, zu: ›Ich bitte euch –
schaut einmal bei mir zu Hause vorbei und füttert die Gänse. Sie
haben den ganzen Tag noch nichts zu fressen und zu trinken bekommen.‹«[38]

Für Cantor ist der Holocaust der perfekte Ausdruck jenes
Herrschaftsprinzips, das Macht als Macht *über* andere definiert.

> Was den Holocaust ermöglichte (und, wie manche vielleicht be-
> haupten, unvermeidlich machte), ist die Tatsache, dass unsere
> Gesellschaft von patriarchalen Wertvorstellungen beherrscht
> wird. Männer streben nach Macht übereinander, über Frauen,
> Kinder, Tiere und die Natur, und rechtfertigen das mit Nütz-
> lichkeitserwägungen. Diese Wertvorstellungen sind es, die den
> Holocaust möglich gemacht haben ... Er wurde nicht nur von
> Männern geplant – und überwiegend von ihnen ausgeführt –,
> sondern er entstand auch aus einem maskulinen Wertesystem
> heraus, das Macht, Herrschaft, Gewalt, Vernichtung der »Nutz-
> losen« und Hilflosen, Zerstörung, Ausbeutung und Grausamkeit
> verherrlicht. In einer Welt, in der männliche Gewalt gegen
> Machtlose, gegen Frauen, Kinder, Tiere und die Umwelt so all-
> gegenwärtig ist wie die Luft zum Atmen, muss man immer mit
> einem Wahnsinnsverbrechen wie dem Holocaust rechnen.[39]

»Wir haben nichts gelernt«

Albert Kaplan, Sohn russischer Juden, die Anfang des 20. Jahrhunderts in die Vereinigten Staaten einwanderten, ist Anlage-

berater in New York. Kaplan wuchs im Norden des Staates New York auf, wo sein Vater eine kleine Kaufhauskette gegründet hatte. Er erinnert sich lebhaft an die unerschöpflichen Mengen an Fleisch, die bei den Mahlzeiten auf den Tisch kamen – Lamm, Geflügel, Fisch und »immer massenhaft Steaks«.[40] Als ihm eines Tages im Jahr 1959 ein besonders dickes Steak vorgesetzt wurde, fragte er sich erstmals, von welchem Teil der Kuh es stammen mochte. Diese plötzliche Frage raubte ihm den Appetit, und er aß nie wieder Fleisch.

Kaplan verzichtet überdies auf Käse, Eier, Butter und Milch und trägt auch keine Tiere – weder Pelz noch Leder oder Wolle. Als er einmal ein Jain-Zentrum auf Staten Island besuchte, bot ihm ein Mönch Tee, Milch und Honig an. Kaplan nahm den Tee an, lehnte jedoch die Milch und den Honig ab. Der Priester fragte ihn nach dem Grund. Nachdem Kaplan es ihm erklärt hatte, sagte der Mönch zu ihm: »Sie sind ein größerer Jain als ich.«

Außer in New York hat Kaplan auch in London, Paris, Luxembourg und Israel gelebt. In London gehörte er zu den ersten Mitgliedern der Jewish Vegetarian Society, trat aber wieder aus, weil er glaubt, dass »nicht der Vegetarismus die Lösung ist, sondern der Veganismus«.

Kaplan sagt, sein 7-jähriger Aufenthalt in Israel habe ihn gelehrt, dass sein eigenes Volk keineswegs frei davon sei, Tiere zu quälen. »Tier-KZs sind in Israel allgegenwärtig. Einige werden sogar von Holocaust-Überlebenden betrieben. In der Nähe von Ashkelon gibt es ein großes gewerbliches Vivisektionslabor, in dem Tiere gegen Bezahlung gequält werden. Dieses Labor nimmt jedes ›Experiment‹ an jedem beliebigen Tier vor.«[41] Er berichtet vom Besuch eines Holocaust-Museums in einem Kibbuz bei Haifa. »Ungefähr 60 Meter vom Haupteingang des Museums entfernt ist ein Tier-KZ, von dem ein schrecklicher Geruch ausgeht, der sich über das ganze Museum legt. Ich sprach die Museumsverwaltung darauf an. Ihre Reaktion überraschte mich nicht. ›Aber es sind doch bloß Hühner.‹«

Als Kaplan in die Sowjetunion reiste, um das Dorf seiner Eltern in der Nähe von Minsk zu besuchen, erfuhr er, dass kein einziges Mitglied der Familie seiner Mutter, die ihrer Schätzung nach mehr als hundert Personen stark gewesen war, den Holocaust überlebt hatte. Die etwas kleinere Familie seines Vaters war jedoch nicht vollständig ausgelöscht worden, sodass Kaplan mehrere Angehörige treffen konnte.

Kaplan wünscht sich, dass die Lehren aus dem Holocaust Juden wie Nichtjuden dazu brächten, besser mit den Tieren umzugehen, aber er macht sich keine großen Hoffnungen.»Die überwiegende Mehrheit der Holocaust-Überlebenden sind Fleischesser, und das Leid der Tiere kümmert sie nicht mehr als die Deutschen das Leid der Juden. Was hat das alles zu bedeuten? Ich will es Ihnen sagen. Es bedeutet, dass wir nichts aus dem Holocaust gelernt haben. Nichts. Es war alles umsonst. Es ist hoffnungslos.«

7. »Dieses grenzenlose Schlachthaus«

Ein großer Freund der Tiere: Isaac Bashevis Singer

Einer der einflussreichsten Fürsprecher der Tiere im 20. Jahrhundert war der jiddische Schriftsteller Isaac Bashevis Singer (1904–1991), der 1978 den Literaturnobelpreis bekam.[1] Singer überlebte den Holocaust, weil er seinem älteren Bruder Joshua 1935 in die Vereinigten Staaten folgte, während seine Mutter, sein jüngerer Bruder und viele andere Angehörige seiner großen Familie, die in Polen geblieben waren, ums Leben kamen. Obwohl Singers spätere Geschichten und Romane, die in Amerika spielen, meist von Holocaust-Überlebenden und Flüchtlingen aus Europa handeln, schrieb er nicht direkt über die Verbrechen der Nazis. Trotzdem prägte diese Erfahrung seinen Blick auf die Welt, vor allem wenn es um etwas ging, was ihn ungeheuer aufregte: die Ausbeutung und Schlachtung von Tieren.

Das elfte Gebot

Singer kam als Sohn eines chassidischen Rabbis in dem kleinen polnischen Dorf Leoncin zur Welt. Obwohl er nur bis zu seinem dritten Lebensjahr dort lebte, erinnerte sich Singer, dass es in seinem Elternhaus kaum Möbel, dafür aber viele Bücher gab. Und er erinnerte sich an die Tiere. »Jede Woche wurde ein Markt abgehalten, und viele Bauern kamen mit ihrem Vieh in die Stadt. Einmal sah ich, wie ein Bauer ein Schwein schlug. Vielleicht hatte es gequiekt. Ich lief zu meiner Mutter und erzählte ihr, dass das Schwein weinte und dass der Mann es mit einem Stock schlug. Ich erinnere mich sehr lebhaft an diese Szene. Schon damals dachte ich wie ein Vegetarier.«[2]

Die Familie zog nach Warschau, wo sein Vater eine Stelle als

Rabbiner in einem armen jüdischen Viertel antrat. Singer erinnerte sich auch, wie er in seiner Kindheit Fliegen fing und ihnen die Flügel ausriss. Dann setzte er die flügellosen Wesen mit einem Tropfen Wasser und einem Körnchen Zucker als Nahrung in eine Streichholzschachtel. Doch irgendwann wurde ihm klar, dass er »schreckliche Verbrechen an diesen Geschöpfen beging, nur weil ich größer, stärker und geschickter war als sie«. Diese Erkenntnis beunruhigte ihn dermaßen, dass er lange Zeit kaum an etwas anderes dachte. Nachdem er um Vergebung gebetet und »einen heiligen Schwur abgelegt hatte, nie wieder Fliegen zu fangen«, beschäftigte er sich in Gedanken bald nicht mehr nur mit dem Leiden der Fliegen, sondern mit dem »aller Menschen, aller Tiere, in allen Ländern und zu allen Zeiten«.[3]

Singers Erfahrung mit dem Fliegenfangen taucht in seinem autobiografischen Roman *Schoscha* auf, der in Warschau spielt.[4] Als der Erzähler und Schoscha an der Straße vorbeikommen, wo beide aufgewachsen sind, erzählt ihm Schoscha: »Du hast auf dem Balkon gestanden und Fliegen gefangen.« Der Erzähler bittet sie, ihn nicht daran zu erinnern. Schoscha möchte wissen, warum nicht, und die Antwort darauf wird zu einem immer wiederkehrenden Topos in Singers gesamtem Werk: »Weil wir den Geschöpfen Gottes antun, was die Nazis uns antun.«[5]

Zu Singers Kindheitserinnerungen gehört auch die an Janaschs Basar in Warschau. Dorthin brachte man Hühner, Enten und Gänse, um sie schlachten zu lassen. »Die Fleischer begannen, die noch lebenden Geschöpfe bereits zu rupfen, während diese sich in ihrem Blut wälzten.«[6] Die Schlachtungen, die Singer dort mitansah, hinterließen bei ihm einen bleibenden Eindruck. In *Die Familie Moschkat*, dem ersten Roman, den er nach seiner Ankunft in Amerika schrieb, gibt es eine Schlachthaus-szene: »Schlächter standen an Granitkufen, die mit Blut gefüllt waren, und schnitten Enten, Gänsen und Hühnern den Hals durch. Das Federvieh gackerte ohrenbetäubend. Ein Hahn, dem gerade die Kehle aufgeschlitzt worden war, schlug heftig mit den Flügeln.«[7]

Der Erzähler von *Schoscha* beschreibt das Schlachthaus in Janaschs Basar. »Die gleichen blutbespritzten Wände, die todgeweihten Hühner und Hähne schrien mit den gleichen Stimmen:

›Was habe ich getan, dies verdient zu haben? Ihr Mörder!‹ Der Abend war hereingebrochen, und das grelle Licht der Lampen spiegelte sich in den Messerklingen der Schlächter. Frauen drängten nach vorne, jede mit ihrem Huhn. Die Träger beluden Körbe mit dem toten Geflügel und trugen sie zu den Rupferinnen. Diese Hölle hier sprach all dem humanitären Gerede hohn.« Zutiefst erschüttert von dem Anblick, trifft der Erzähler eine Entscheidung: »Ich hatte mich schon lange mit dem Gedanken getragen, Vegetarier zu werden, und in diesem Augenblick schwor ich, nie wieder ein Stück Fleisch oder Fisch anzurühren.«[8]

Die zentrale Frage, warum es in der Welt so viel Blutvergießen gab, quälte den jungen Singer. Weder sein Vater noch seine Mutter konnten ihm glaubhafte Antworten geben, und er fand sie auch nicht in den Ethikbüchern, die er in hebräischer und jiddischer Übersetzung las. »Im dritten Buch Mose hatte ich von den Opfertieren gelesen, die die Priester auf dem Altar zu verbrennen pflegten: von den Schafen, Widdern, Ziegen und Tauben, denen sie den Hals umdrehten und deren Blut sie als lieblich duftendes Opfer für den Herrn bereiteten. Und immer wieder fragte ich mich: Weshalb sollte Gott, der Schöpfer aller Menschen und aller Lebewesen, sich an diesen Gräueltaten erfreuen?« Er dachte auch über die anderen schlimmen Geschehnisse nach, die in der Bibel geschildert werden: die Kriege und Morde, Seuchen und Hungersnöte, das Blutvergießen und das Exil. »Ein Unglück folgte aufs andere, bis die Babylonier, Griechen und Römer den Tempel zerstörten und die Juden ins Exil trieben, wo sie fast zweitausend Jahre lang für die Sünden bezahlten, die sie gar nicht begangen hatten. Wie kann ein gnädiger Gott all dies schweigend geschehen lassen?«[9]

In *Das Visum*, einem weiteren autobiografischen Roman, der in Warschau spielt, bleibt der junge Erzähler vor einem Wurstgeschäft stehen und starrt die im Schaufenster hängenden Würste an.[10] Dann sagt er in Gedanken zu ihnen:

> Ihr seid einmal lebendig gewesen, ihr mußtet leiden, aber jetzt habt ihr ausgelitten. Nirgends mehr eine Spur von euren Qualen. Gibt es irgendwo im Kosmos eine Gedenktafel, auf der

steht, daß eine Kuh namens Kwiatule sich elf Jahre lang melken ließ? Und daß sie im zwölften Jahr, als ihr Euter geschrumpft war, ins Schlachthaus geführt wurde, wo man einen Segensspruch über sie sprach und ihr dann die Kehle durchschnitt?

Der Erzähler fragt sich, ob jemals ein Lebewesen für seine Qualen entschädigt wurde. »Gibt es ein Paradies für geschlachtete Rinder, Hühner und Schweine, für Frösche, die zertreten, für Fische, die an Angelhaken aufgespießt, für die Juden, die von Petljura gepeinigt und von den Bolschewiken erschossen wurden? Und für die sechshunderttausend Soldaten, deren Blut bei Verdun vergossen wurde?«[11]

In *Meschugge*, einem anderen Roman von Singer, sieht der Erzähler beim Zeitunglesen auf der Seite mit den Todesanzeigen Fotos von Männern und Frauen, die tags zuvor noch gelebt, gekämpft und gehofft hatten.[12] »Ach, was für eine schreckliche Welt«, denkt er. »Wie gleichgültig der Gott gewesen ist, der dies alles erschaffen hat.« Und er stellt sich vor, dass genau in diesem Moment »Tausende von Menschen in Krankenhäusern und Gefängnissen schmachteten; daß in Schlachthöfen Tieren der Kopf abgehackt, Tierleichen die Haut abgezogen und der Bauch aufgeschlitzt wurde; daß im Namen der Wissenschaft unzählige unschuldige Geschöpfe grausamen Experimenten ausgesetzt und mit schlimmen Krankheiten infiziert wurden.« Er fragt: »Wie lange noch, Gott, willst du dir dein Inferno ansehen und dazu schweigen? Wozu brauchst du dieses Meer aus Blut und Fleisch, dessen Gestank sich über dein Universum ausbreitet? ... Hast du dieses grenzenlose Schlachthaus nur erschaffen, um uns deine Macht und Weisheit zu zeigen? Sollen wir dich *darum* von ganzem Herzen und mit ganzer Seele lieben?«[13]

Als der junge Singer beschloss, Schriftsteller zu werden, kaufte er sich ein Kontobuch, in das er Sketche, Aphorismen und Ideen für Geschichten, Romane und Theaterstücke kritzelte. Bei einem der Einträge ging es um die zehn Gebote und die Möglichkeit, sie zu verbessern. Er schrieb, das sechste Gebot – »Du sollst nicht töten« – solle für alle Geschöpfe Gottes gelten, nicht nur für die Menschen.[14] Wie um dies zu unterstreichen, fügte Singer ein elftes Gebot hinzu: »Du sollst kein Tier töten oder verwerten, sein Fleisch nicht essen, seine Haut nicht gerben und es nicht zwingen, etwas gegen seine Natur zu tun.«[15]

Unterwegs nach Amerika

Als Singer in den Speisesaal des Schiffes kam, das ihn im Jahr 1935 von Cherbourg nach New York brachte, bat er um einen Einzeltisch. Er sah die Chance, eine Entscheidung zu treffen, die er sich schon eine ganze Weile überlegt hatte.

> Sonderbarerweise hatte ich mich seit Jahren mit dem Gedanken getragen, Vegetarier zu werden. Es hatte Zeiten gegeben, in denen ich keinerlei Fleisch gegessen hatte. Aber ich mußte oft auf Kredit im Schriftsteller-Klub essen und hatte nicht den Mut gehabt, ein besonderes Gericht zu verlangen. So hatte ich den Wunsch nach dem Vegetarismus vertagt auf eine Zeit, in der es mir möglich sein würde, nach meinen Überzeugungen zu leben.[16]

Diese Zeit schien ihm nun gekommen zu sein. Als der Kellner an seinen Tisch trat, um seine Bestellung aufzunehmen, erklärte ihm Singer: »Es tut mir leid, aber ich bin Vegetarier.«

Der Kellner setzte ihn davon in Kenntnis, dass das Schiff keine eigene vegetarische Küche hatte, und schlug ihm vor, am koscheren Tisch Platz zu nehmen. Singer erwiderte, koscheres und vegetarisches Essen seien nicht dasselbe. Die Gäste an den umstehenden Tischen, die sein Gespräch mit dem Kellner mitangehört hatten, mischten sich ein. Warum war er Vegetarier? Aus gesundheitlichen Gründen? Hatte der Arzt es ihm verordnet? Oder hatte es etwas mit seiner Religion zu tun? Einige Männer schienen sich darüber zu ärgern, dass bei Tisch ein solch umstrittenes Thema aufgekommen war. »Sie waren hier, um sich zu amüsieren, und nicht, um über die Qualen der Tiere und Fische zu philosophieren. Ich versuchte, ihnen in meinem kümmerlichen Deutsch zu erklären, daß mein Vegetariertum nicht auf der Religion beruhte, sondern einfach auf dem Gefühl, daß ein Geschöpf nicht das Recht besaß, ein anderes Geschöpf des Lebens zu berauben, um es zu verzehren.«

Fortan nahmen die anderen Gäste keinerlei Notiz mehr von

ihm. »Ich weiß bis heute nicht, ob ich diese Feindseligkeit meinem Vegetarismus verdankte oder der Tatsache, daß ich allein sitzen wollte.« Die »vegetarische« Mahlzeit, die ihm der Kellner brachte, bestand größtenteils aus Resten – trockenes Brot, ein Stück Käse, eine Zwiebel, eine Karotte. Als Singer merkte, dass die anderen Gäste nichts mit ihm zu tun haben wollten (»Ich hatte die Sünde begangen, mich von den anderen abzusondern, und war exkommuniziert worden.«), beschloss er, nicht mehr in den Speisesaal zu gehen, sondern allein in seiner Kabine zu essen.

Eines Abends wagte er sich unter Deck zu einem Konzert im Salon des Schiffes. Als er an der Tür stand und sah, wie die zahlreichen Menschen sich amüsierten, kam er sich wie ein Außenseiter vor.

> Es hatte eine Zeit gegeben, da hatte ich Leute, die an solchen Veranstaltungen teilnahmen, beneidet. Aber dieser Wunsch hatte sich verflüchtigt. In mir war ein Asket verborgen, der mich unablässig an den Tod erinnerte und daß Menschen in Krankenhäusern oder in Gefängnissen leiden mußten oder von den verschiedensten politischen Sadisten gefoltert wurden. Es war erst wenige Jahre her, daß Millionen russischer Bauern verhungert waren, nur weil Stalin sich entschlossen hatte, Kolchosen einzurichten. Auch konnte ich nie die Grausamkeiten vergessen, die an Gottes Geschöpfen in Schlachthäusern, auf Jagden und in verschiedenen wissenschaftlichen Laboratorien begangen wurden.[17]

In Amerika besuchte Singer eine jüdische Kolonie in der Provinz, wo Sozialisten, Anarchisten und Freudianer über »Allheilmittel für die Krankheiten der Welt« diskutierten. Zu seiner Überraschung und Enttäuschung dachte niemand in der Kolonie »auch nur im entferntesten an all die Schandtaten, die tagtäglich an Gottes Geschöpfen von Millionen von Jägern, Vivisektionisten und Schlächtern begangen wurden«.[18] Als er später in einer Cafeteria in New York City Zeitungsartikel über diverse »menschliche Idiosynkrasien und Eigenheiten« las, dachte er: »Die Welt war tatsächlich eine Mischung von Schlachthaus, Bordell und Irrenhaus.«[19]

»Eine grässliche Form des Vergnügens«

Singer fand die Jagd genauso abstoßend wie das Schlachten und den Verzehr von Tieren. Nicht lange nach seiner Ankunft in Amerika sah er ein Gemälde von berittenen Jägern mit einer Hundemeute. »Was für eine gräßliche Form des Vergnügens!«, dachte er. »Erst gehen sie in die Kirche und singen Hymnen zum Lobe Jesu, und dann jagen sie einem verhungerten Fuchs nach.«[20]

In *Das Erbe*, einem Roman, der im Polen des 19. Jahrhunderts spielt, schildert Singer einen jüdischen Ball auf dem Landgut in Topolka, der respektloserweise am Vorabend des neunten Aw, dem fünften Monat des religiösen jüdischen Jahres, stattfindet, einem heiligen Datum, das an die Zerstörung des Jerusalemer Tempels gemahnt. Die jüdischen und nichtjüdischen Gäste treffen früh ein, um im nahe gelegenen Wald eines Gutsherrn auf die Jagd zu gehen. Später kommen sie »mit ihrer Beute: mehreren Kaninchen, einem Fasan und etlichen Wildenten« zum Gutshof zurück und stocken damit den Vorrat der bereits für das Festmahl geschlachteten Tiere auf, darunter ein am Spieß bratendes Schwein, eine besonders schockierende Entweihung des heiligen Tages. Eine alte Kuh ist ebenfalls zu diesem Anlass geschlachtet worden, und das Federvieh von Topolka wurde »nahezu vollständig dezimiert«. Die Vorbereitungen für das Festmahl münden in ein anschauliches Bild: »In der Abfallgrube hinter der Küche lagen haufenweise Köpfe, Krallen, Flügel und Innereien verschiedener Geflügelarten und lockten Schwärme von Fliegen an.«[21]

In *Jakob der Knecht*, einem weiteren in Polen spielenden Roman Singers, wird die Jagd mit Habsucht, Völlerei und Grausamkeit verbunden. Als Jakob das Schloss der Pilitzkys betritt, ist er wie erschlagen von der gewaltigen Zahl der Waffen und der präparierten Tiere. »Überall Jagdtrophäen: von den Wänden blickten Hirsch- und Eberschädel herab; die ausgestopften Fasanen, Pfauen, Feld- und Rebhühner wirkten völlig lebensecht.« Die Rüstkammer des Schlosses ist voller Schwerter, Lanzen, Helme und Brustpanzer. Wohin Jakob sich auch wendet, überall sieht er Kruzifixe, Schwerter, nackte Marmorgestalten und

Gemälde von Schlachten, Turnieren und Jagden. »Die ganze Atmosphäre des Schlosses schien mit Gewalttat, Götzendienst und Begehrlichkeit gesättigt zu sein.«[22]

Am Ende von Singers posthum erschienenem Roman *Schatten über dem Hudson* schreibt die Hauptfigur einen Brief aus Israel, in dem sie die Jagd mit dem Keim des Faschismus assoziiert. »Solange die anderen Völker weiter am Morgen zur Kirche und am Nachmittag auf die Jagd gehen, werden sie ungefesselte Bestien bleiben und weiter ihre Hitler und andere Ungeheuer hervorbringen.«[23] Singer beschreibt sein Erstaunen darüber, dass »höchst empfindsame Dichter, Moralprediger, Humanisten und Wohltäter aller Art Vergnügen an der Jagd fanden – dass es ihnen Spaß machte, hinter irgendeinem armen, schwachen Hasen oder Fuchs herzuhetzen und Hunde darauf abzurichten, dasselbe zu tun.« Außerdem war er entsetzt über Menschen, die nach ihrer Pensionierung angeln gehen, weil sie das Angeln für eine harmlose Beschäftigung halten, die eine neue, ruhige und friedvolle Phase in ihrem Leben einleiten soll. »Dabei denken sie keine Sekunde lang daran, dass unschuldige Wesen wegen dieses harmlosen kleinen Sports leiden und sterben werden.«[24]

Als Singer noch nicht lange in Amerika war, machten ihn die Nachrichten einer New Yorker Zeitung so wütend, dass er sich ausmalte, wie er die Welt verändern würde, wenn er die Macht dazu hätte. »Ich nahm Rache für Dachau und Zbonshin. Ich gab das Sudetenland den Tschechen zurück. Ich gründete einen jüdischen Staat in Israel. Da ich der Herrscher der Welt war, untersagte ich auf immer das Essen von Fleisch und Fisch und erklärte die Jagd für illegal.«[25]

Der Satan und das Schlachten

Singers Entsetzen über das Töten von Tieren ist in den Schlachtungsszenen seines ersten Romans, *Satan in Goraj*, deutlich zu spüren.[26] Darin geht es um die beiden Schächter Reb Zeidel Ber, Onkel der weiblichen Hauptfigur, und Reb Gedalja, der in der zweiten Hälfte des Romans zum messianischen Führer in Goraj wird.

Auf dem Hof, wo Reb Zeidel Ber schlachtet, steht immer ein

mit Blut gefüllter Holzeimer, Federn fliegen durch die Luft, Metzgergehilfen in blutbefleckten Jacken und mit Messern im Gürtel rufen laut durcheinander; geschächtete Hühner liegen auf dem blutgetränkten Boden und zucken krampfhaft mit den gebundenen Flügeln, als versuchten sie fortzufliegen. Todgeweihte Kälber winden sich auf dem Boden, bis ihre Augen glasig werden und das Leben aus ihnen entweicht.[27]

Als Reb Gedalja Schächter von Goraj wird, sind die Einwohner froh, ihn in ihrer Mitte zu wissen, denn »Tiere und Geflügel konnte man billig in den umliegenden Dörfern kaufen, und alle Bewohner der Stadt gierten nach Fleisch«.[28] Reb Gedalja verspricht, das nahende Passah-Fest sei das letzte vor der Erlösung; man müsse nun nicht mehr sparsam sein. Deshalb werden »aus den Dörfern große Mengen Vieh und Geflügel nach Goraj geschafft«. Vom frühen Morgen bis zum späten Abend steht Reb Gedalja am Rand einer mit Blut gefüllten Grube und schneidet mit seinem langen, scharfen Schlachtermesser unermüdlich »in die warmen, niedergeschnürten Hälse ungezählter Kälber, Schafe, Hühner, Gänse und Enten«. Da er seine Schlachtungen auf dem Hof durchführt, ist er von einer lärmenden Menge von Weibervolk umgeben, das ihm Gänse, Hühner oder Enten zureichen will. »Flügel flatterten und schlugen, Blut spritzte auf Gesichter und Kleider.« Reb Gedalja hat immer einen Scherz auf den Lippen, »denn er haßte Trübsinn und diente Gott, indem er Freude spendete«.[29]

Nie hatte es Fleisch in solcher Fülle gegeben. Abend für Abend treiben die Metzgerjungen ganze Herden von Kälbern, Schafen und Ziegen zum Schlachthaus, wo Reb Gedalja mit seinem Messer von einem Tier zum anderen hastet; er »schlitzte die geschorenen Hälse auf und wich geschickt dem herausspritzenden Blut aus«, und die Metzger »hackten den noch atmenden Tieren die Köpfe ab, enthäuteten fachmännisch die Kadaver, schnitten sie auf und holten rotglänzende Lungen, halbleere Mägen und die Eingeweide heraus«. Sie blasen die Lungen der getöteten Tiere durch die Luftröhre auf, schlagen auf die luftgefüllten Organe und spucken in die Lungenlappen, um festzustellen, ob es dort irgendwelche Öffnungen gibt, die das Tier unrein machen. Reb Gedalja steht mit seinem Messer in der Mitte des Schlachthauses und ruft den Männern zu, die Fleischbeschau zu beschleunigen. »›Macht schnell!‹, drängte er. ›Es ist rein. Ja, es ist rein.‹«[30]

Der Kritiker Clive Sinclair schreibt: »In *Satan in Goraj* gibt es einen klaren Zusammenhang zwischen den Gräueln von Chmielnickis Kosaken und der Arbeit der Schlächter, für die Reb Gedalja und Reb Zeidel Ber stehen.«[31]

Fleischeslust

Singers Kurzgeschichte *Blut* spielt im ländlichen Polen.[32] Sie handelt von der Affäre Rischas, die das große Gut ihres älteren Mannes, Reb Falik, verwaltet, mit dem Schächter Ruben. Rischa hat Ruben angestellt, nachdem sie ihren Mann davon überzeugt hat, dass es sich lohnen würde, Vieh zu züchten und im nahe gelegenen Dorf Laschkew einen Metzgerladen zu eröffnen. Rischa lässt auf dem Gut eine Schächthütte für Ruben bauen, kauft ihm vornehme Sachen und bringt ihn in einer Wohnung im Haupthaus unter, sodass er seine Mahlzeiten an Reb Faliks Tisch einnehmen kann.

Ruben schlachtet meist nachts, wenn Reb Falik schläft, sodass er und Rischa in der Hütte allein sein können. »Bisweilen gab sie sich ihm gleich nach dem Vorgang des Schächtens hin.« Ob sie sich auf einem Bündel Stroh oder im Gras lieben, »der Gedanke an die toten und sterbenden Geschöpfe in ihrer Nähe steigerte noch ihre Lust«. Bald darauf beteiligt sich Rischa an den Schächtungen und findet so viel Gefallen daran, dass sie das blutige Geschäft schließlich allein verrichtet.

Die durch Rischas Erfolg aus dem Geschäft verdrängten Metzger von Laschkew heuern einen jungen Mann an, der Rischa nachspionieren soll. Eines Abends schleicht er sich auf Reb Faliks Gut ein und schaut durch einen Riss in der Wand der Schächthütte. Er sieht, wie Rischa inmitten der verblutenden Tiere ihre Kleider ablegt und sich nackt auf einem Bündel Stroh ausstreckt, und beobachtet die Liebenden. »Sie keuchten und schnauften. Ihr pfeifender Atem mischte sich mit dem Todesröcheln der Tiere zu einem fast unwirklichen Laut.«

Der junge Mann kehrt nach Laschkew zurück und erstattet Bericht. Daraufhin zieht eine zornige Menschenmenge mit Knüppeln, Seilen und Messern zum Gut hinaus. Als Ruben fortläuft, erkennt Rischa, dass er ein Feigling ist: »Ein Held war er nur einem schwachen Huhn oder einem gefesselten Ochsen gegenüber.« Rischa trommelt die Bauern auf dem Gut zur Verteidigung gegen die Rotte zusammen, und es gelingt ihr, die wütenden Bewohner von Laschkew zur Umkehr zu bewegen. Sie geht zum Lehrhaus, wo Reb Falik – angetan mit seinem Gebetsmantel und den Gebetsriemen – laut Teile der Mischna spricht. Als er Rischa mit ihrem Messer sieht, bricht er tot zusammen.

Rischa konvertiert zum Katholizismus, macht ihre Läden wieder auf und verkauft den Christen von Laschkew und den Bauern aus den umliegenden Dörfern, die an den Markttagen ins Städtchen kommen, nichtkoscheres Fleisch. Nachts führt sie leise Selbstgespräche und singt auf Jiddisch und Polnisch sinnlose Sätze vor sich hin, »äußerte Laute, die dem Gegacker der Hühner, dem Grunzen der Schweine, dem Todesröcheln der Ochsen glichen«. In ihren Träumen nehmen die Tiere Rache an ihr: Bullen spießen sie mit ihren Hörnern auf, Schweine beißen sie, Hähne zerfleischen sie mit ihren Sporen.

Singers Anklage gegen religiös sanktioniertes Schlachten endet mehrere Winter später, als die Einwohner von Laschkew »von einem fleischfressenden Tier heimgesucht [wurden], das des Nachts den Vorüberkommenden auflauerte und sie anfiel«. Als sie das geheimnisvolle Untier schließlich fangen und töten, entdecken sie zu ihrem Erstaunen, dass es Rischa ist. »Sie lag, in einen blutigen Skunkspelz gehüllt, tot am Boden ... Es bestand nun kein Zweifel mehr, daß Rischa eine Werwölfin geworden war.«

Fleisch und Wahnsinn

Die Geschichte *The Slaughterer* handelt von den Seelenqualen Joine Meirs, eines jungen Rabbis, der Dorfmetzger wird.[35] Als die Dorfältesten von Kolomir ihn auswählen, protestiert er (»Er hatte ein weiches Herz; der Anblick von Blut war ihm unerträglich.«), aber die Ältesten, seine Frau, sein Schwiegervater und der neue Rabbi bedrängen ihn, die Stellung anzunehmen.

Die Arbeit ist eine wahre Tortur für ihn. Die Tötung jedes einzelnen Tieres »verursachte ihm solche Pein, als schnitte er sich selbst die Kehle durch. Von allen Strafen, die man ihm hätte auferlegen können, war das Schlachten die schlimmste.« Von früh bis spät von Blut und Gedärm umgeben, verliert Joine Meir den Lebensmut. Ständig hört er »das Kreischen der Hühner, das Krähen der Hähne, das Kollern der Gänse, das Brüllen der Ochsen, das Muhen und Blöken der Kälber und Ziegen; Flügel flatterten, Krallen kratzten über den Boden. Die Körper wollten nichts von Rechtfertigungen oder Entschuldigungen wissen – jeder widersetzte sich auf seine Weise, versuchte zu entrinnen und schien bis zum letzten Atemzug mit dem Schöpfer zu hadern.«

Joine Meir wendet sich dem Studium der Kabbala zu, um irgendwohin zu entfliehen, wo es »keinen Tod, kein Schächten, keinen Schmerz, keine Mägen und Gedärme, keine Herzen, Lungen und Lebern, keine Häute und keine Unreinheiten gab«, aber er wird den Geruch geschlachteter Tiere einfach nicht los. Selbst nachts im Bett ist ihm bewusst, dass er auf Federn und Daunen ruht, die man Vögeln ausgerupft hat.

Elul, der Monat der Reue, für ihn einst Quell spiritueller Erneuerung, wird ihm jetzt zu einer schweren Last. In jedem Hof »krähten Hähne und gackerten Hühner, und alle mussten vom Leben zum Tode befördert werden«. Die folgenden Feiertage – das Laubhüttenfest, der Tag der Weidenzweige, das Azeret-Fest, der Tag der Gesetzesfreude, der Sabbat der Schöpfung – sind wie eine Drohung für ihn. »Jeder Feiertag hatte sein eigenes Gemetzel. Millionen Vögel und Rinder, die jetzt noch lebten, waren zum Tode verurteilt.«

Joine Meir hat Albträume, in denen Kühe menschliche Gestalt annehmen, mit Bärten, Schläfenlocken und Kipa über den Hörnern. In einem solchen Traum verwandelt sich das Kalb, das er gerade schlachtet, in ein Mädchen. »Ihre Halsschlagader pochte, und sie bat flehentlich darum, verschont zu werden. Sie lief ins Lehrhaus, und ihr Blut spritzte auf den Hof.« Dann träumt er, dass er anstelle eines Schafes seine Frau schlachtet. In einem anderen Traum spuckt ihn eine auf Hebräisch und Aramäisch fluchende Ziege wutschäumend an und versucht, ihn mit den Hörnern zu stoßen. Schweißgebadet springt er aus dem Bett, um das

Mitternachtsgebet zu sprechen, aber die heiligen Worte kommen ihm nicht über die Lippen. »Wie konnte er die Zerstörung des Tempels beklagen, wenn hier in Kolomir ein Blutbad vorbereitet wurde und er, Joine Meir, der Titus, der Nebukadnezar war!« Joine Meir beginnt, die Tiere um ihn herum überdeutlich wahrzunehmen. Er vernimmt das Scharren einer Maus und das Zirpen einer Grille, ja, er glaubt sogar hören zu können, »wie sich die Würmer durch die Decke und den Boden gruben. Zahllose Geschöpfe umgaben den Menschen, und jedes von ihnen hatte sein eigenes Wesen, seine eigenen Ansprüche an den Schöpfer.« In ihm steigt eine Liebe auf »zu allem, was kreuchte und fleuchte, brütete und schwärmte. Selbst zu den Mäusen – war es ihre Schuld, dass sie Mäuse waren? Was tat eine Maus denn Schlimmes? Sie wollte nur einen Brotkrumen oder ein Stück Käse.« Wie kann man Gott um Gnade und um ein langes Leben bitten, wenn man anderen das Leben nimmt? So lange den Tieren solches Unrecht angetan wird, wird der Messias die Welt nicht erlösen, denkt er. »Wenn man ein Lebewesen schlachtet, schlachtet man Gott.«

Joine Meir glaubt den Verstand zu verlieren, als er den ganzen Tag lang am Rand der Grube steht und Hühner, Hähne, Gänse und Enten schlachtet, bis sich die Grube mit Blut füllt. »Federn flogen durch die Luft, der Hof war erfüllt von Geschnatter und Gekoller und dem Kreischen der Hähne. Hin und wieder schrie einer der Vögel wie ein Mensch.«

In dieser Nacht erwacht Joine Meir schweißgebadet aus einem Albtraum. »Ich verzichte auf deine Gunst, Gott!«, ruft er. »Ich fürchte mich nicht mehr vor deinem Gericht! Ich habe mehr Mitgefühl als Gott der Allmächtige – viel, viel mehr! Er ist ein grausamer Gott, ein Mann des Krieges, ein Gott der Rache. Ich werde ihm nicht dienen. Dies ist eine verworfene Welt!« Er geht in die Küche, holt die »Werkzeuge des Todes«, seine Messer und den Schleifstein, und wirft sie im vollen Bewusstsein, eine Blasphemie zu begehen und die heiligen Instrumente zu entweihen, in die Grube. Er legt seinen Gebetsmantel und die Gebetsriemen ab. »Das Pergament stammte von der Haut einer Kuh. Die Behältnisse für die Gebetsriemen waren aus Kalbsleder. Die Thora selbst bestand aus Tierhäuten.«

Er geht zum Fluss und ruft trotzig: »Vater im Himmel, der du ein Schlächter bist! Du bist ein Schlächter und der Engel des Todes! Die ganze Welt ist ein Schlachthaus!« Seine Wut wird mit jedem Schritt größer. »Er hatte eine Tür zu seinem Verstand geöffnet, und der Wahnsinn strömte hinein und überflutete alles.« Joine wirft seine Kipa weg und reisst sich die Schaufäden ab, und er verspürt die Freiheit eines Menschen, der sich all seiner Bürden entledigt hat.

Als die Metzger erfahren, dass Joine Meir wahnsinnig geworden ist, jagen sie hinter ihm her. Joine glaubt indes, in einem blutigen Sumpf zu waten.

> Blut entströmte der Sonne und befleckte die Baumstämme. Von den Zweigen hingen Gedärme, Lebern und Nieren. Wilde Tiere erhoben sich auf die Vorderbeine und bespritzten ihn mit Galle und Schleim. Zahllose Kühe und Vögel umkreisten ihn, bereit, für jeden Schnitt, jede Wunde, jede durchtrennte Kehle, jede ausgerupfte Feder Rache zu nehmen. Mit blutenden Hälsen stimmten sie einen Gesang an: »Jeder darf töten, und jede Form des Tötens ist erlaubt.«

Joine Meir bricht in ein lautes Wehklagen aus. Er erhebt die Faust gegen Gott und schreit: »Dämon! Mörder! Gieriges Untier!«

Zwei Tage später findet man seinen Leichnam stromabwärts im Fluss, in der Nähe des Damms. Da viele Zeugen erklären, er habe sich in seinen letzten Momenten wie ein Irrer verhalten, entscheidet der Rabbi, dass sein Tod kein Selbstmord war, sodass Joine Meir neben seinem Vater und seinem Großvater beigesetzt werden kann. Die Geschichte endet mit einer bitter-ironischen Note: »Da es die Zeit der Feiertage war und die Gefahr bestand, Kolomir könnte ohne Fleisch bleiben, ensandte die Gemeinde in aller Eile zwei Boten, die einen neuen Schächter holen sollten.«

Heiliges Geschöpf

Hauptfigur der Geschichte *The Letter Writer* ist Herman Gombiner, dessen gesamte Familie von den Nazis ermordet wurde.[34] Er ist Lektor, Korrektor und Übersetzer in einem hebräischen Verlag in New York City und lebt allein in einer kleinen Wohnung am Stadtrand, die von Büchern, Zeitungen und Zeitschriften überquillt. Um Gesellschaft zu haben, korrespondiert Herman mit Menschen, die Briefe an eine von ihm abonnierte Zeitschrift für Okkultes schreiben.

Jeden Tag stellt Herman einer Maus, die nachts – manchmal sogar bei brennendem Licht – aus ihrem Loch kommt, ein Stück Brot, einen kleinen Schnitz Käse und eine Untertasse mit Wasser hin. »Ihre Knopfaugen musterten ihn neugierig. Bald hatte sie keine Angst mehr vor ihm.« Herman gibt ihr den hebräischen Namen Huldah. Bevor er morgens zur Arbeit geht, schüttet er das abgestandene Wasser vom Vorabend weg, füllt die Untertasse wieder auf, legt der Maus einen Cracker und ein kleines Stück Käse hin und verabschiedet sich von ihr.

Als der Verlag geschlossen wird und Herman seinen Job verliert, verbringt er den ersten Tag der Arbeitslosigkeit freudig zu Hause mit seinen Büchern. Bei Einbruch der Abenddämmerung macht er sich Sorgen um Huldah, bis er ein Piepsen hört und sieht, wie sie aus ihrem Loch kommt und sich vorsichtig umschaut. »Keine Angst, heiliges Geschöpf«, denkt er. »Dir wird nichts geschehen.« Die Maus trippelt zur Untertasse, trinkt einen Schluck Wasser, dann einen zweiten und dritten. Als sie sich langsam daranmacht, an dem Käse zu knabbern, sinnt Herman über sie nach – »die Tochter einer Maus, die Enkelin von Mäusen, die Frucht von Millionen, ja, Milliarden Mäusen, die einmal gelebt, gelitten und sich fortgepflanzt haben und nun für immer verschwunden sind ... Sie gehört ebenso zu Gottes Schöpfung wie die Planeten, die Sterne, die fernen Galaxien.« Als Huldah den Kopf hebt und ihn »mit einem menschlichen Ausdruck der Liebe und Dankbarkeit« anblickt, glaubt Herman, dass sie sich bei ihm bedankt.

Im Verlauf des Winters wird Herman immer schwächer, aber mit Hilfe einer Nachbarin, die ihm die Post heraufbringt, sie ihm unter der Tür durchschiebt und seine Briefe einwirft, gelingt es ihm, seine Korrespondenz aufrechtzuerhalten. Manchmal denkt er darüber nach, auf welche Weise die Toten im Dasein der Lebenden weiter existieren, und stellt sich vor, dass seine Verwandten noch irgendwo leben müssen. Er betet darum, dass sie ihm erscheinen. »Der Geist kann nicht verbrannt, vergast, aufgehängt oder erschossen werden. Irgendwo müssen die sechs Millionen Seelen sein.«

Herman fällt es zunehmend schwer, das Bett zu verlassen. Er macht sich Sorgen um Huldah und betet zu Gott: »Ich brauche keine Hilfe mehr, aber lass dieses arme Geschöpf nicht Hungers sterben!« Er ist bereits dem Tode nahe, als eine Frau bei ihm erscheint, mit der er zuvor korrespondiert hat. Rose bleibt bei Herman und pflegt ihn gesund.

Als Herman sich allmählich erholt, erinnert er sich an die Maus. »Was war aus Huldah geworden? Wie schrecklich – er hatte sie während seiner langen Krankheit völlig vergessen. Niemand hatte sie gefüttert oder ihr zu trinken gegeben. ›Bestimmt ist sie tot‹, dachte er.« Verzweifelt betet er für sie: »Du hast es nun hinter dir. Hast deinen Dienst in dieser gottverlassenen Welt getan, der schlimmsten aller Welten, dieser bodenlosen Hölle, in der Satan, Asmodäus, Hitler und Stalin regieren.« Sie ist nun nicht mehr hungrig, durstig oder krank, sondern eins mit Gott. In Gedanken hält er eine Lobrede auf die Maus, die ein Stück ihres Lebens mit ihm geteilt hat und seinetwegen aus der Welt geschieden ist.

> Was wissen sie schon, all diese Gelehrten, diese Philosophen, die Führer der Welt, über dich und deinesgleichen? Sie haben sich eingeredet, der Mensch, der schlimmste Übeltäter unter allen Lebewesen, sei die Krone der Schöpfung. Alle anderen Kreaturen seien nur erschaffen worden, um ihm Nahrung und Pelze zu liefern, um gequält und ausgerottet zu werden. Ihnen gegenüber sind alle Menschen Nazis; für die Tiere ist jeden Tag Treblinka.

Herman erzählt Rose von der Maus und bittet sie, ihr etwas Milch hinzustellen, falls sie doch noch am Leben ist. Als er später ein Geräusch hört, setzt er sich auf. »Gott im Himmel! Huldah lebt! Da steht sie und trinkt Milch aus dem Schälchen!« Herman verspürt eine bisher nahezu unbekannte Freude. Tiefe Dankbarkeit erfüllt ihn. Er ist voller Liebe zu Huldah und zu Rose, die seine Gefühle verstanden und das Tier versorgt hat.

Herman hatte nicht geweint, als er die Nachricht erhielt, dass seine Familie bei der Zerstörung von Kalomin ausgelöscht worden war, »aber jetzt wurde sein Gesicht nass und heiß. Die göttliche Vorsehung – der kleinsten Teilchen, jeder Milbe, jedes Staubkorns gewahr – hatte dafür gesorgt, dass die Maus während seines langen Schlafes ihre Nahrung erhielt.« Herman sieht zu, wie sie langsam die Milch aufschleckt, in dem sicheren Wissen, dass niemand ihr wegnehmen würde, was ihr gehört. »Kleine Maus, geheiligtes Geschöpf, Heilige!«, ruft Herman lautlos und wirft ihr eine Kusshand zu. Die Geschichte endet damit, dass die ersten Sonnenstrahlen eines neuen Tages die Fensterscheiben rosarot färben und Hermans Bücher in ein purpurnes Licht tauchen. »Es war wie eine Offenbarung.«

Vegetarischer Protest

1962 wurde Singer endgültig zum Vegetarier. Er verstand seinen Verzicht auf den Verzehr von Fleisch und Fisch als Protest gegen den Umgang der Menschen mit Gottes Geschöpfen. »Schon seit Jahren hatte ich Vegetarier werden wollen. Ich verstand nicht, wie wir von Gnade sprechen oder um Gnade bitten, wie wir über Humanismus reden und gegen das Blutvergießen eintreten konnten, wenn wir selbst Blut vergossen – das Blut von Tieren und unschuldigen Kreaturen.«[35] Die meisten Hauptfiguren seiner Romane und Geschichten sind Vegetarier, werden Vegetarier oder erwägen, es zu werden, wobei Holocaust stets eine Rolle spielt.

Joseph Shapiro, der Protagonist von *Der Büßer*, ist ein säkularer New Yorker Jude, der im Rahmen seiner Wandlung zu einem orthodoxen, in Jerusalem lebenden Juden zum Vegetarier wird.[36] Der Roman beginnt 1969 an der Klagemauer in Jerusalem, wo Joseph – in ein langes Gewand gekleidet, mit Samthut, Bart und Schläfenlocken – den Erzähler anspricht. Joseph hat der modernen Welt und dem säkularen Leben des modernen Judentums entsagt und lebt in Mea Shearim, dem ultraorthodoxen Viertel Jerusalems. Er hat eine Frau und drei Kinder und besucht eine Jeschiwa, wo er die Thora studiert. Am Tag nachdem der Erzähler Joseph an der Klagemauer kennen gelernt hat, besucht dieser ihn im Hotel und erzählt ihm seine Geschichte.

Joseph, ein Nachfahr polnischer Rabbis, hat den Krieg überlebt, indem er vor den Nazis geflohen und in Russland umhergewandert ist. Nach dem Krieg kehrt er nach Polen zurück und heiratet seine Jugendfreundin Celia. Gemeinsam gehen sie nach New York, wo Joseph zu Wohlstand gelangt, doch dann beginnt Celia ihn zu langweilen, und er nimmt sich eine geschiedene Frau namens Liza zur Geliebten. Als er eines frühen Abends von Liza nach Hause kommt, findet er seine Frau mit einem anderen Mann im Bett. Joseph geht in ein chassidisches Bethaus in der Lower East Side, wo er beschließt, sein Leben von Grund auf zu ändern. Ohne noch einmal nach Hause zu gehen, um seine Kleider zu holen, besteigt er ein Flugzeug nach Israel. Dort wird er von einer chassidischen Familie in Mea Shearim aufgenommen. Er lässt sich von Celia scheiden und heiratet die junge, schüchterne Tochter seines chassidischen Gastgebers.

Josephs Entscheidung, kein Fleisch mehr zu essen, ist eines der zentralen Themen des Romans. Schon auf den ersten Seiten geht Joseph zum Frühstücken in ein New Yorker Restaurant und sieht, wie sich jemand am Nebentisch über eine Portion Schinken mit Eiern hermacht. »Damit dieser vollgefressene Kerl sich an Schinken delektieren konnte«, denkt er, »mußte ein Lebewesen aufgezogen, zur Schlachtbank gezerrt, gequält, abgestochen und mit kochendem Wasser abgebrüht werden.« Joseph ist bereits zu dem Schluss gekommen, dass »die Art und Weise, wie der Mensch mit den Geschöpfen Gottes umgeht, seinen Idealen und dem ganzen sogenannten Humanismus Hohn spricht.« Er denkt über den Mann nach, der sich seinen Schinken schmecken lässt, ohne auch nur auf den Gedanken zu kommen, dass »das Schwein aus dem gleichen Stoff geschaffen war wie er selbst und daß es leiden und sterben mußte, bloß damit er das Fleisch verzehren konnte. ›Wenn es um Tiere geht‹, habe ich mir oft gedacht, ›ist jeder Mensch ein Nazi.‹«

Joseph erinnert sich daran, dass er seiner Geliebten, Liza, einen Pelzmantel gekauft hat, der aus den Fellen zahlreicher Lebewesen hergestellt worden ist. »Wie entzückt sie über das Fell dieser abgeschlachteten Tiere strich! Sie floß über vor Bewunderung für das Fell, das man anderen Lebewesen abgezogen hatte!« Joseph erklärt dem Erzähler: »Von jeher hat alles, was mit Schlachten, Enthäuten und Jagen zu tun hat, Abscheu und Schuldgefühle in mir erweckt, die mit Worten nicht zu beschreiben sind.«[37]

Joseph erzählt ihm auch, dass seine Frau und seine Geliebte sich gern Gangsterfilme ansahen und sich amüsierten, wenn die Gangster sich gegenseitig erschossen und erstachen. »Mir setzten solche Szenen furchtbar zu. Gewalttätigkeit und Blutvergießen haben mir immer einen Schauder eingejagt.« Beide hätten auch eine Vorliebe für Hummer gehabt. »Ich wußte, daß Hummer lebendig in kochendes Wasser gelegt werden. Doch diesen angeblich so zartbesaiteten Damen machte es nichts aus, daß ihretwegen ein Lebewesen auf die gräßlichste Weise umgebracht wurde.«[38]

Obwohl Joseph schon oft über diese Dinge nachgedacht hat, sagt er, an jenem Morgen im Restaurant sei es gewesen, als hätte ihm jemand mit einem Hammer auf den Kopf geschlagen. Er erkennt, dass er in seinem Beruf wie auch in seinem Privatleben andere und sich selbst getäuscht hat und dass es seinen tiefsten Überzeugungen widerspricht, ein solch falsches Leben zu führen. »Ich war ein Lügner, obwohl ich Lug und Trug verabscheute. Ich war ein geiler Bock, obwohl ich mich von liederlichen Frauenzimmern und von jeder Zügellosigkeit angewidert fühlte. Ich aß Fleisch, obwohl mir jedesmal schauderte, wenn ich daran dachte, wie Fleisch zu Fleisch gemacht wird. ... Zum ersten Mal wurde mir bewußt, was für ein entsetzlicher Heuchler ich war.«

An diesem Tag trifft Joseph den ersten bedeutsamen Entschluss, der sein Leben verändert: Er »hatte eigentlich nichts mit Religion zu tun, aber für mich *war* es ein religiöser Entschluß«. Er schwört, nie wieder Fleisch oder Fisch zu essen, nichts, was einmal lebendig gewesen und getötet worden ist. »Ich bin felsenfest überzeugt, daß es auf Erden keinen Frieden geben wird, solange die Menschen das Blut der Geschöpfe Gottes vergießen. Vom Abschlachten der Tiere ist es nur *ein* Schritt bis zum Abschlachten von Menschen.«

Sein vegetarisches Engagement macht Joseph unter seinen

neuen orthodoxen Brüdern zum Außenseiter. Sie reden genauso wie sein Vater früher: »Du brauchst nicht mehr Mitleid mit den Tieren zu haben als der Allmächtige.«[39] Als sein chassidischer Gastgeber erfährt, dass Joseph weder Fisch noch Fleisch isst, nicht einmal am Sabbat, ist er schockiert. Aber Joseph gibt nicht nach. »Ich war fest entschlossen, so zu leben, wie ich es für richtig hielt. Wenn das bedeutete, daß ich mich *allen* entfremden müßte, wäre das wohl auch keine Tragödie gewesen. Wenn man stark ist, kann man auch das ertragen.«[40] Joseph erklärt dem Erzähler: »Für mich schließt das Gebot ›Du sollst nicht töten‹ auch die Tiere ein.« Da es ihm gelungen ist, seine neue Frau von seiner Einstellung zu überzeugen, sind sie nun »eine Familie mit vegetarischer Lebensweise«.[41]

Im Vorwort zu *Der Büßer* schreibt Singer, im Unterschied zu Joseph Shapiro habe er sich nicht damit abgefunden, dass das Leben grausam und die Menschheitsgeschichte von Gewalt geprägt sei. »Joseph Shapiro [hat] sich vielleicht damit abgefunden..., ich aber nicht. Ich bin über das Elend und die Brutalität des Lebens noch genauso bestürzt und entsetzt, wie ich es als Sechsjähriger war, als meine Mutter mir die Kriegsschilderungen aus dem Buch Josua und die blutrünstigen Geschichten über die Zerstörung Jerusalems vorlas.«[42]

»Treblinka war überall«

Singers Bemerkung, dass »jeder Mensch ein Nazi« sei, wenn es um Tiere gehe, findet sich auch in *Feinde, die Geschichte einer Liebe*, seinem ersten Roman, der in Amerika spielt.[43] Wie viele andere Figuren Singers hat der Protagonist, Herman Broder, seine ganze Familie im Holocaust verloren und sieht, dass überall um ihn herum der Grundsatz »Macht geht vor Recht« triumphiert. Im Mittelpunkt des Romans steht das Beziehungsdrama zwischen Herman und seinen drei Frauen: Jadwiga, die polnische Bäurin, die ihn vor den Deutschen versteckt hat; Mascha, seine Geliebte, ebenfalls eine Überlebende, die er später heimlich heiratet; und Tamara, seine erste, vermeintlich von den Nazis ermordete Frau, die in New York wieder auftaucht.

Herman lebt mit Jadwiga in Brooklyn, mietet sich aber auch

ein kleines Zimmer in dem Haus in der Bronx, wo Mascha mit ihrer Mutter wohnt. Im Fußboden des Zimmers sind Löcher, und nachts kann man die Mäuse scharren hören. Mascha stellt Fallen auf, »aber die Geräusche des Todeskampfes der gefangenen Kreaturen waren zuviel für Herman. Er stand mitten in der Nacht auf und befreite sie.«[44]

Als Mascha mit Herman den Zoo in der Bronx besucht, erscheint ihm dieser als ein deprimierendes Gefängnis. Die Augen des Löwen drücken »die Mutlosigkeit derer aus ..., die weder leben noch sterben können«, und der Wolf »lief hin und her, seinen eigenen Wahnsinn umkreisend«. Für Herman ist der Zoo ein Konzentrationslager. »Die Luft hier war voller Sehnsucht – nach Wüsten, Bergen, Tälern, Höhlen, Familien. Wie die Juden waren die Tiere aus allen Teilen der Welt hierhergeschleppt worden, verdammt zu Isolierung und Langeweile.« Manche der Tiere schreien ihre Not hinaus, andere bleiben stumm. »Papageien verlangten ihr Recht mit schrillem Gekreisch. Ein Vogel mit einem bananenförmigen Schnabel wandte seinen Kopf von rechts nach links, als suchte er den Verbrecher, der ihm diesen Streich gespielt hatte.«[45]

Bei einem Ausflug aufs Land mit Mascha meint Herman, Hühner und Enten schreien zu hören. »Irgendwo wurde an diesem lieblichen Sommermorgen Geflügel geschlachtet; Treblinka war überall.« Fliegen, Bienen und Schmetterlinge fliegen zum Fenster ihres Bungalows herein, aber Herman weigert sich, etwas dagegen zu unternehmen. »Für Herman waren das keine Parasiten, die vertrieben werden mußten; in jedem dieser Geschöpfe sah er die Manifestation des ewigen Willens zu leben, zu erfahren, zu begreifen.«[46]

Eines Morgens sieht Herman in Brooklyn eine Bucht im Sonnenschein liegen,

> voller Boote, von denen viele, die in früher Dämmerung aufs offene Meer hinausgefahren waren, gerade zurückkamen. Fische, die noch vor ein paar Stunden durchs Wasser geschwommen waren, lagen mit glasigen Augen, verletzten Mäulern und blutbefleckten Schuppen auf den Bootsdecks. Die Fischer, reiche Sportangler, wogen die Fische und prahlten mit ihren Fängen.[47] Jedesmal, wenn Herman Zeuge gewesen war, wie Tiere um-

gebracht wurden, hatte er denselben Gedanken gehabt: In ihrem Verhalten der Kreatur gegenüber waren alle Menschen Nazis. Die Selbstgefälligkeit, die der Mensch anderen Gattungen gegenüber an den Tag legte, demonstrierte die extremsten rassistischen Theorien, das Prinzip, daß Macht vor Recht geht.[48]

Als Herman den Tag und die Nacht vor Jom Kippur bei Mascha verbringt, kauft ihre Mutter zwei Opferhennen für die Kapparot-Zeremonie, eine für sich selbst, die andere für Mascha. Um die eigenen Sünden symbolisch auf den Vogel zu übertragen, wie es der Brauch will, muss die Büßerin eine lebende Henne, der Büßer einen lebenden Hahn an den Beinen festhalten, dreimal über dem Kopf im Kreis schwingen und dabei die folgenden Worte sprechen: »Dies ist mein Ersatz, dies ist mein Tausch, dies ist meine Sühne; dieses Huhn (oder dieser Hahn) geht in den Tod, und ich werde stattdessen ein gutes, langes, friedliches Leben haben.«[49]

Maschas Mutter will für Herman einen Hahn kaufen, aber Herman verbietet es ihr. »Er hatte jetzt seit einiger Zeit daran gedacht, Vegetarier zu werden. Bei jeder Gelegenheit wies er darauf hin, daß das, was die Nazis mit den Juden gemacht hatten, dasselbe sei, was die Menschen mit den Tieren machten.« Beim Anblick der beiden Hennen – sie »lagen mit gebundenen Beinen auf dem Fußboden, und ihre goldenen Augen blickten seitwärts« – geißelt er die Heuchelei, zu Jom Kippur Hühner zu töten. »Wie konnte ein Stück Federvieh dazu benutzt werden, ein Menschenwesen von seinen Sünden zu erlösen? Warum sollte ein mitleidiger Gott so ein Opfer annehmen?« Mascha stimmt ihm zu und weigert sich, die Hühner zum Schächter zu tragen, sodass ihre Mutter sie selbst hinbringen muss.[50]

Als Herman gegen Ende des Romans widerstrebend den Vorsitz bei einem Passah-Seder führt, denkt er wieder darüber nach, wie ungerecht und heuchlerisch das alles ist: »Ein Fisch aus dem Hudson oder irgendeinem See hatte mit seinem Leben dafür bezahlt, daß Herman, Tamara und Jadwiga an die Wunder des Auszugs aus Ägypten erinnert wurden. Zum Gedenken an das Passah-Opfer hatte ein Huhn seinen Hals hinhalten müssen.«[51]

»Auch sie sind Gottes Kinder«

Singers Abneigung gegen das Schlachten und den Verzehr von Tieren zeigt sich auch in *Schatten über dem Hudson*. Im ersten Teil des Romans, der in New York nach dem Zweiten Weltkrieg spielt, geht die Protagonistin Anna an einem Fischgeschäft vorbei, wo Fische mit »blutbesudelten Kiemen und glasigen Augen« auf Eis liegen. In der Nähe steht ein Fleischtransporter vor einer Metzgerei; »dicke Männer schleppten rohe Rinderhälften auf den Schultern. Im Schaufenster, inmitten von blutigen Fleischklumpen, hing ein ganzes Lamm, das von der Kehle bis zum Schwanz aufgeschlitzt war.« So etwas könne jedem geschehen, denkt Anna. »Auch mich hätten sie so zur Schau stellen können.«[52]

Singers Roman wird von polnischen Juden bevölkert, die durch den Krieg in die Neue Welt gekommen sind. Henrietta Clark und ihr Lebensgefährte, Professor Schrage, essen »Käse, Nüsse, Obst, Gemüse, diverse Sorten Getreideflocken und Crackers aus dem Reformhaus«. Henrietta fragt sich: »Wie konnte man auf Gottes Gnade hoffen, wenn man mithalf, Lebewesen zu töten und Seelen ihrer Körper zu berauben?« Sie meint, man müsse eigentlich sogar auf den Verzehr von Käse, Milch und Eiern verzichten, und betrachtet sich darum »allenfalls als halbe Vegetarierin, denn indirekt unterstützte ja auch sie die Schächter und die Schlächter«.[53]

In einer Cafeteria beobachtet die Hauptfigur des Romans, Hertz Dovid Grein, wie der Koch eine Pfanne mit Fleisch aus der Küche bringt, und denkt: »Doch was ist mit den Geschöpfen, deren Fleisch er da hereinträgt? Auch sie haben eine Seele, auch sie sind Gottes Kinder. Gut möglich, daß sie sogar aus einem besseren Stoff gemacht sind als der Mensch. Denn sie sind ohne Sünde und also ganz gewiß weniger schuldig als er. Und dennoch werden sie tagtäglich auf der Opferbank geschlachtet – Engel in Gestalt von Ochsen, Kälbern, Schafen.«[54]

Später betritt Grein eine Synagoge und legt den Gebetsmantel sowie die Gebetsriemen um, wie sein Vater es früher in Polen getan hat. Im Pentateuch liest er den Passus über die Erstgeburt, die bei allen Geschöpfen Gott geweiht ist. Sie endet mit den

Worten: »Die Erstgeburt vom Esel sollst du auslösen mit einem Schaf; wenn du sie aber nicht auslöst, so brich ihr das Genick.« Wie so viele von Singers Figuren stellt Grein diese religiös sanktionierte Grausamkeit in Frage: »Worin besteht die Schuld des Esels? ... Womit hat er das verdient, daß man ihm das Genick bricht? Wie konnte Gott nur solche Gebote erlassen?« Grein betet: »Der Herr ist allen gütig und erbarmt sich all seiner Geschöpfe.« Doch sofort beginnt er zu zweifeln. »War Gott tatsächlich zu allen gütig? War er zu den sechs Millionen Juden in Europa gütig gewesen? Und war er zu all den vielen Rindern, Schweinen, Hühnern gütig, die in diesem Augenblick von Menschen abgeschlachtet wurden? ... Konnte man solch einen Gott wahrhaftig gütig nennen?«[55]

Grein gelangt zu der Überzeugung, das Fundament der Jüdischkeit bestehe darin, »so zu leben, daß man sein Glück nicht auf dem Unglück anderer begründete«. Er beschließt, dasselbe zu tun wie andere Figuren Singers: zu Gott zurückzukehren, indem er gelobt, kein Fleisch und keinen Fisch mehr zu essen. »Wie konnte man Gott dienen, wenn man Gottes Geschöpfe abschlachtete? Wie konnte man vom Himmel Gnade erwarten, wenn man tagein, tagaus Blut vergoß, die Geschöpfe Gottes zur Schlachtbank zerrte, ihnen grausame Qualen zufügte und ihre Tage und Jahre verkürzte? Wie konnte man Gott um Barmherzigkeit bitten, wenn man einen Fisch aus dem Fluß holte und zusah, wie er erstickte, wie er am Haken zappelte?«

Selbst der Verzehr von Milch und Eiern bedeutet, Kühe und Federvieh zu töten: »Milch bekommt man nur, wenn man die Kälber umbringt, für die sie bestimmt ist, und die Hühnerhalter verkaufen ihre Tiere früher oder später an den Metzger.« Er denkt: »Der Mensch kann schließlich ohne weiteres von Obst, Gemüse, Brot, Getreide und Öl leben – von dem, was aus der Erde kommt.« Er fragt sich, wie er weiterhin Lederschuhe und Wollsachen tragen kann. »Schließlich wurden die Schafe nur so lange geschoren, bis man sie schlachtete.« Und worauf schlief man nachts? »In der Matratze war Roßhaar, im Kopfkissen waren Federn. Man konnte anfassen, was man wollte, alles bestand aus dem Fleisch, der Haut, dem Haar, den Knochen von irgendeinem anderen Geschöpf.«

Und er zweifelt: »Wenn Gott kein Blutvergießen wollte, warum hatte Er dann eine Welt erschaffen, die auf Mord gegründet war? ... Durfte man das Gebot ›Du sollst nicht töten‹ befolgen und trotzdem Kriege führen? Durfte man dieses Gebot nur auf die Menschen anwenden, nicht aber auf die Tiere?«[56] Eine andere Figur im Roman erklärt, sie habe »gewußt, daß die Erde mit all ihren grünen Hügeln und fruchtbaren Tälern nichts weiter ist als ein Schlachthaus. Dann will man Zuflucht suchen bei Gott, doch Gott ist ja der schlimmste Mörder.«[57] Gegen Ende des Romans denkt Anna an einen Bericht,

> den sie in einer jiddischen Zeitung gelesen hatte und in dem von einer großen Anzahl Juden die Rede gewesen war, die rumänische Nazis in ein Schlachthaus getrieben und dort abgeschlachtet hatten.[58] Ja, solche Grausamkeiten hatte es gegeben in dieser Welt, und ganz gleich, was die Zukunft auch bringen mochte, die Erinnerung an diese Ereignisse würde für immer bestehenbleiben. Keine Macht konnte diese himmelschreiende Schande je wieder auslöschen – nicht einmal Gott.[59]

Tierliebe

Obgleich Singer in seinen ersten Jahren in Amerika ein schüchterner und stiller Mensch war, erinnert sich sein Neffe Joseph, dass er immer zu Späßen aufgelegt war und ihn oftmals unterhielt, indem er durchs Haus lief und dabei wie ein Hund bellte oder wie eine Ente quakte. »Die ganze Familie ist ungeheuer tierlieb«, sagt Joseph. »Isaac ist zwar manchmal etwas unsicher, aber er liebt Tiere wirklich.«[60] In *Die Familie Moschkat* wartet Reb Dan in einer Gaststätte auf die Weiterreise mit seiner Familie, als er einen Ziegenbock auf dem Hof sieht. Dieser erwidert seinen Blick, und Reb Dan wird plötzlich »von tiefer Zuneigung zu diesem Geschöpf« ergriffen. »Am liebsten hätte er das armselige Tier gestreichelt oder ihm irgendeinen Leckerbissen gegeben.«[61]

In Singers Geschichte *Sehnsüchte* mietet sich ein junger jiddischer Schriftsteller aus New York City für den Sommer auf einer Farm draußen auf dem Land ein.[62] Er bekniet den Farmer, eine traurig brüllende Färse zurückzugeben, die aus einem Stall mit 30 anderen Kühen kommt: »Wahrscheinlich ist ihre Mutter oder eine Schwester dort.« Der Schriftsteller begleitet den Farmer, als er die Kuh dahin zurückbringt, wo er sie gekauft hat.

In *Kukeriku* erzählt ein Hahn die Geschichte des Hahnenschreis.[63] Obwohl Hähne schließlich immer geschlachtet werden (»Der Misthaufen ist übersät mit unsereren Köpfen und Gedärmen.«), verspricht der Erzähler, dass der Hahnenschrei nie zum Verstummen gebracht werden wird: »Man tötet den Hahn, aber nicht das Kukeriku. Das Kukeriku ist ewig. Wir haben lange vor dem ersten Menschen gekräht, und wir werden auch dann noch krähen, wenn alle Schlächter und Hühnerfresser längst in der Erde liegen ... Kein Mörder vermag irgend etwas an dieser Wahrheit zu ändern.«

Besonders zugetan war Singer den Vögeln. Als der junge Erzähler in *Das Visum* eine Wohnung in Warschau besichtigt, trifft er auf einen Papagei, der auf einem großen Käfig hockt. »Plötzlich sagte der Papagei mit einer Stimme, die wie eine Männerstimme klang: ›Papagei Affe‹. Ich fand das irgendwie rührend. Du liebe Güte, ich hatte gar nicht gewußt, daß ich so viel für Vögel übrig hatte.«[64] Die Geschichte *The Parrot* handelt von einem Mann, den seine Zuneigung zu seinem Papagei ins Gefängnis bringt: Er wirft seine Lebensgefährtin in einen Brunnen, weil sie seinen Papagei permanent beschimpft und in einen Wintersturm hinausgescheucht hat.[65] Der Erzähler von *Schoscha* träumt, dass er auf einem Waldspaziergang mit Schoscha Vögel trifft, die anders sind als alle, die er kennt. »Die Vögel dort waren so groß wie Adler, so bunt wie Papageien. Sie sprachen Jiddisch.«[66]

Singers Liebe zu Wellensittichen erwachte in den 50er Jahren in New York, als ihm ein gelber Wellensittich in die Wohnung flog. Dorothea Straus, die Frau von Singers Verleger, erinnert sich: »Eines Sommervormittags saß er am Küchentisch am offenen Fenster zum Hof und sagte, er hätte so gern ein Haustier. Im selben Moment kam ein Wellensittich hereingeflogen. ›Als ich ihn sah, wusste ich sofort, dass wir Freunde werden würden. Gott hatte ihn mir geschickt. Er war eine alte Seele.‹«[67] Singer nannte ihn Matzoth, ging in ein Tiergeschäft und kaufte ihm eine Gefährtin. Er ließ die Käfigtür offen, damit die beiden frei in seiner Wohnung herumfliegen konnten.»Die Vögel liebten einander«, schreibt Singers Biograf,»sie liebten Isaac, und er liebte sie auch. Sie setzten sich auf seinen Kopf oder seine Knie und gurrten. Er sprach leise mit ihnen, manchmal auf Jiddisch, manchmal auf Englisch.«[68]

In *Feinde, die Geschichte einer Liebe* kauft Herman Jadwiga zwei Wellensittiche, ein gelbes Männchen und ein blaues Weibchen, die sie Woytus und Marianna nennt, nach ihrem Vater und ihrer Schwester. Herman ist fasziniert von der Kommunikation der Vögel:»Woytus und Marianna schienen ihre Sprache von Generationen von Sittichen geerbt zu haben. Es war ganz offensichtlich, daß sie Gespräche miteinander führten, und die Art, wie sie sich im Bruchteil einer Sekunde darüber verständigten, in welche Richtung sie gemeinsam fliegen wollten, zeugte davon, daß jeder wußte, was der andere dachte.«[69] Einmal bemerkt Herman, wie »Woytus Marianna eine Flugstunde [gab]. Sie hockte jetzt unweit von ihm auf der Stange und hielt schuldbewußt den Kopf gesenkt, als sei sie wegen einer unentschuldbaren Fehlleistung schwer gescholten worden.«[70] Bei Woytus' Pfeifen und Trillern denkt Herman:»Sicherlich sang er Marianna an, die nur ganz selten einmal sang, sich dafür aber den ganzen Tag putzte und die Federchen unter den Flügeln pflegte.«[71] Als im Radio ein Lied aus einer jiddischen Operette läuft, reagieren die Vögel »auf ihre eigene Weise. Sie kreischten, pfiffen, flöteten und flogen im Zimmer herum.«[72]

Bei einem Interview, das er einmal in seiner Wohnung gab, erzählte Singer von seinen Wellensittichen im Nebenzimmer. »Gehen Sie hinein, dann sehen Sie sie herumfliegen. Ich liebe Tiere sehr, und ich glaube, dass wir durch sie und von ihnen eine Menge über die Geheimnisse der Welt lernen können, weil sie ihnen näher sind als wir.«[73]

Die Sache mit den Wellensittichen nahm kein gutes Ende. Eines Tages ließ das Dienstmädchen aus Versehen ein Fenster offen, und Matzoth flog hinaus. Singer war untröstlich. Stundenlang suchte er Matzoth auf dem Riverside Drive und im Central Park. Er setzte Anzeigen in die Zeitungen und meldete sich auf jede Antwort, aber er bekam Matzoth nicht zurück. Singer kaufte dem Weibchen ein anderes Männchen, das er Matzi II nannte, aber der neue Wellensittich ertrank in einer mit Wasser gefüllten Vase. »Sie haben mir viel Freude bereitet«, sagte Singer, »aber auch viel Kummer. Ich habe so gelitten, wenn sie gelitten haben, wenn sie krank wurden, verschwanden oder starben, dass ich in gewissem Sinn froh bin, sie los zu sein.«[74] Von da an fütterte Singer Tauben. Bald war er »ein vertrauter Anblick auf dem oberen Broadway, wie er inmitten einer Traube schmutziger Stadttauben Körner ausstreute«.[75] Die Samenkörner trug er immer in einer braunen Papiertüte mit sich herum. »Sobald ich mit einer Tüte Futter auf die Straße trete«, sagte Singer, »kommen sie noch aus ein paar Blocks Entfernung herbeigeflogen.«[76] Dorothea Straus beschrieb eine solche Szene: »Die Vögel versammeln sich furchtlos in seiner Nähe, und er sieht mit einem fast schon liebevollen Ausdruck in seinen großen, blauen Augen zu, wie sie herumflattern und picken. Gott allein weiß, was diese Geschöpfe empfinden, sagt er sich. Die Tauben haben einen Freund gefunden, und Isaac Singer, der mitten unter ihnen steht, ist nicht allein.«[77] Singers langjährige Assistentin, Dvorah Telushkin, schreibt, Singer habe in ihren Arbeitspausen oftmals seine Futtertüte geholt, und dann seien sie in den Riverside Park gegangen. »Das Füttern der Tauben war ein wichtiges Ritual in Isaacs Arbeit.« Sie schildert einen dieser Ausflüge: »Isaac saß weit vorgebeugt da und streute Samenkörner auf den Boden. Die Tauben versammelten sich zu seinen Füßen und pickten eifrig, während er sie schweigend beobachtete. Er warf einem kleinen Spatzen ein paar Hand voll hin und sah aufmerksam zu, wie das winzige Geschöpf fraß. ›Der da links‹, sagte er schließlich und richtete sich auf. ›Der Kleine interessiert mich. Die Größeren wollen immer alles für sich.‹«[78] Singers Aufmerksamkeit galt stets den Schutzbedürftigen, gleich welcher Gattung, den Krüppeln, Riesen und anderen Menschen, die als »Missgeburten« galten. »Ich kann es nicht ändern«, erklärte er Telushkin. »Für mich sind das die wahren Menschen. Verängstigte Seelen, die niemand sieht.«[79]

In *Feinde, die Geschichte einer Liebe* sieht Herman eine tote Taube, als er durch die Schneewehen auf der Mermaid Avenue in Brooklyn stapft. »Ja, heiliges Geschöpf, du hast dein Leben schon hinter dir«, denkt er, und wieder zweifelt er an Gott.

»Warum hast du sie geschaffen, wenn das ihr Ende ist? Wie lange wirst du noch schweigen, Allmächtiger Sadist?«[80]

Der Schatten der Vernichtung

Pigeons spielt in den 30er Jahren des 20. Jahrhunderts in Warschau und deutet bereits den Holocaust an.[81] Die Geschichte beginnt mit den Worten: »Als seine Frau starb, blieben Professor Wladislaw Eibeschütz nur noch seine Bücher und seine Vögel.« Außer den Büchern und Manuskripten, die er in Schränken, Truhen und den raumhohen Bücherregalen in seiner Bibliothek aufbewahrt, besitzt der Professor ungefähr ein Dutzend Vogelkäfige für Papageien, Wellensittiche und Kanarienvögel. Wie Singer liebt der Professor seine Vögel und lässt die Käfigtüren offen, damit sie frei herumfliegen können. Als Tekla, sein halbblindes polnisches Dienstmädchen, sich darüber beschwert, dass sie den Dreck der Vögel wegmachen muss, erklärt ihr der Professor: »Alles, was zu Gottes Geschöpfen gehört, ist rein.«

Einer seiner Wellensittiche, der sogar sprechen kann, sitzt gerne auf der kahlen Stelle auf dem Haupt des Professors, knabbert an seinem Ohrläppchen und klettert auf einen Bügel seiner Brille. Manchmal steht er wie ein Akrobat auf dem Zeigefinger des Professors, während dieser schreibt. »Wie kompliziert diese Wesen waren, wie charaktervoll und individuell«, denkt Eibeschütz. »Er konnte sie stundenlang beobachten.«

Jeden Tag geht der Professor Tauben füttern. Sobald er vor die Tür tritt, kommen von überallher ganze Schwärme herbeigeflogen. Er erzählt Tekla, das Taubenfüttern bedeute ihm ebenso viel wie der Gang zur Kirche oder zur Synagoge. Gott hungere nicht nach Lobpreisung, erklärt er ihr, aber die Tauben warteten täglich seit Sonnenaufgang darauf, gefüttert zu werden. »Es gibt keine bessere Art, dem Schöpfer zu dienen, als gut zu seinen Geschöpfen zu sein.«

Als der Professor eines Tages hinausgeht, um die Tauben zu füttern, kommen sie wie üblich aus allen Richtungen herbei und drängeln sich um ihn. Sie setzen sich auf seine Schultern und Arme, schlagen mit den Flügeln und picken mit ihren Schnäbeln nach ihm. Eine kühne Taube versucht sogar, direkt auf dem

Rand der Futtertüte zu landen. Da spürt der Professor einen Schlag an der Stirn. Er ist verdutzt und weiß nicht, was los ist, aber schon treffen ihn zwei weitere Steine am Ellbogen und am Hals. In der Zeitung hat er von Überfällen auf Juden in den Sächsischen Gärten und in den Vororten gelesen, doch ihm ist noch nie etwas geschehen. Die Tauben fliegen auseinander, und der Professor zieht sich in seine Wohnung zurück, wo Tekla die große Beule auf seiner Stirn versorgt.

Im Bett kommt dem Professor ein hebräisches Wort in den Sinn, das er schon längst vergessen hatte: *reshayim*, die Gottlosen. »Es sind die Gottlosen, die Geschichte machen«, denkt er. »Ihr Ziel ist immer dasselbe – das Böse am Leben zu erhalten, Schmerzen zu bereiten und Blut zu vergießen.« Nachdem Tekla ihm Hafergrütze gemacht hat, schläft der Professor ein, doch mitten in der Nacht wacht er auf. Ein scharfer, heftiger Schmerz schießt durch sein Herz, seine Schulter, den Arm und die Rippen. Er versucht, die Hand zur Glocke auszustrecken, aber seine Finger erschlaffen, bevor er sie erreicht. Ein letzter Gedanke schießt ihm durch den Kopf: Was wird nun aus den Tauben?

Als Tekla am Morgen sein Zimmer betritt und die grotesk entstellte Gestalt im Bett sieht, schreit sie so laut, dass die Nachbarn herbeieilen. Ein Krankenwagen kommt, doch es ist zu spät – Professor Eibeschütz ist tot. Bald füllt sich seine Wohnung mit Menschen, die ihm die letzte Ehre erweisen wollen. »Die verängstigten Vögel flogen von Wand zu Wand, von Regal zu Regal, und versuchten, auf Lampen, Gesimsen und Vorhängen zu landen.« Tekla bemüht sich erfolglos, sie wieder in ihre Käfige zu scheuchen. »Einige von ihnen verschwanden durch die Türen und Fenster, die unachtsamerweise offen gelassen worden waren. Einer der Papageien schrie in erschrockenem, mahnendem Tonfall immer wieder dasselbe Wort.«

Am nächsten Morgen kommen die Sargträger und tragen den Toten aus dem Haus. Als der Leichenzug sich in Richtung Altstadt in Bewegung setzt, fliegen Schwärme von Tauben über die Dächer herbei. »Ihre Zahl wuchs so rasch, dass sie den Himmel zwischen den Häusern zu beiden Seiten der engen Straße bedeckten und den Tag wie bei einer Sonnenfinsternis verdunkelten. Einen Moment lang hielten sie inne, standen regungslos in

der Luft, dann folgten sie dem Leichenzug, indem sie ihn ständig umkreisten.«
Die Menschen staunen über dieses wundersame Schauspiel. Erst als sie die Kreuzung von Furmanska und Marienstadt erreichen, drehen die Tauben eine letzte Runde und machen gemeinsam kehrt – »eine geflügelte Heerschar, die ihren Wohltäter zur letzten Ruhe begleitet hatte«.
Als Tekla am nächsten Tag mit einer Futtertüte aus dem Haus tritt, fliegen ein paar Tauben herbei, picken zögernd am Futter und blicken sich dabei nervös um. In der Nacht hat jemand ein Hakenkreuz an die Tür des Professors gemalt. »Der Brodem von Tierkohle und Fäulnis stieg aus dem Rinnstein empor, der beißende Gestank drohender Vernichtung.«

Eine Lebensweise

Wie wichtig der Vegetarismus für Singer war, geht aus dem bereits erwähnten Interview hervor, das er am 9. August 1964 in seiner Wohnung in Manhattan gab. Nachdem Singer und seine beiden Gesprächspartner über seine frühen Jahre als Schriftsteller in Amerika, die Kunst der Übersetzung sowie die Weltliteratur und die jiddische Literatur gesprochen hatten, sagte einer der Interviewer: »Ich glaube, das war's.« Aber Singer war noch nicht fertig. »Ich möchte hinzufügen, dass ich ein aufrichtiger Vegetarier bin. Es interessiert Sie vielleicht zu hören, dass dies mein Dogma geworden ist, obwohl ich eigentlich kein Dogma habe.« So lange wir Tiere quälten und uns ihnen gegenüber nach dem Prinzip »Macht geht vor Recht« verhielten, gelte dasselbe Prinzip auch für uns. »Dies ist neuerdings meine Art der Religion, und ich hoffe wirklich, dass die Menschheit eines Tages mit dem Fleischverzehr und der Vergnügungsjagd auf Tiere Schluss macht.«[82]
Reportern von *Newsweek*, die ihn 1978 zum Literaturnobelpreis interviewten, erzählte Singer, das Leiden von Tieren mache ihn sehr traurig. »Ich bin Vegetarier, wissen Sie. Wenn ich sehe, wie wenig Beachtung die Menschen den Tieren schenken und wie leicht sie sich damit abfinden, dass der Mensch mit den Tieren macht, was er will, nur weil er ein Messer oder ein Ge-

wehr hat, fühle ich mich elend und bin manchmal zornig auf den Allmächtigen.« Er würde Gott dann gern fragen: »Muss dein Ruhm mit so viel Leid ruhmloser Geschöpfe verbunden sein, unschuldiger Kreaturen, die einfach ein paar Jahre in Frieden leben wollen?«[83]

In einem anderen Interview Anfang der 80er Jahre fragte ihn Richard Burgin nach seinem Vegetarismus. Singer antwortete: »Ich meine, daß eigentlich jeder denkende und fühlende Mensch zu dem Schluß kommen muß, daß man nicht friedfertig sein kann, wenn man gleichzeitig andere Lebewesen tötet; daß man nicht für Gerechtigkeit sein kann, wenn man gleichzeitig Wesen, die schwächer sind als man selbst, zur Schlachtbank führt und sie quält.« Diese Einstellung habe er schon als Kind gehabt (»wie viele andere Kinder auch«), aber seine Eltern hätten verhindert, dass er danach lebte, indem sie ihm erklärten, er solle nicht versuchen, mehr Mitleid zu haben als der Allmächtige. Wenn er Vegetarier werde, bekomme er Mangelerscheinungen und werde verhungern, hatte ihn seine Mutter gewarnt. Als er älter wurde, fand Singer,

> daß ich wirklich ein Heuchler wäre, wenn ich einerseits gegen jede Art von Blutvergießen schriebe oder redete, mich aber andererseits selbst am Blutvergießen beteiligte ... Das sagt einem doch der gesunde Menschenverstand, daß man nicht an Mitgefühl und Gerechtigkeit glauben kann, während man gegenüber Tieren genau das Gegenteil praktiziert, bloß weil sie schwächer oder weniger intelligent sind. Es steht uns nicht zu, über diese Dinge zu urteilen. Sie haben die Intelligenz, die sie benötigen, um leben zu können.

Im selben Interview sagte Singer: »Ich [kann] Gott nicht barmherzig nennen, und ich fühle, wie alles in mir gegen die Schöpfung aufbegehrt. ... Ich sehe aber auch, daß der Mensch unbarmherzig ist. ... Sobald er nur ein bißchen Macht hat, bedeutet ihm das Unglück anderer Menschen nichts mehr.« Sein Verhältnis zu Gott sei ein Verhältnis des Aufbegehrens. Wenn er je den Versuch unternehmen würde, eine Religion zu stiften, dann würde er sie als »Religion des Protests« bezeichnen. Er erzählte Burgin, er habe einmal eine jiddische Schrift mit dem

Titel *Rebellion und Gebet oder über den wahren Protest* verfasst, aber sie sei nie übersetzt worden.»Sie entstand zur Zeit des Holocaust, ein bitteres kleines Buch, das ich wohl nie veröffentlichen werde. ... Ich mag mich in vieler Hinsicht irren oder in Widersprüche verstricken, aber ich bin ein wahrer Mann des Protests. Am liebsten würde ich vor dem Allmächtigen mit einem Transparent demonstrieren, auf dem steht: ›Unfair gegenüber dem Leben.‹« Am Ende des Interviews sagte Singer: »Wer Fleisch ißt oder auf die Jagd geht, erklärt sich mit der Grausamkeit der Natur einverstanden, und mit jedem Stück Fleisch oder Fisch, das er ißt, erklärt er: ›Wer die Macht hat, der hat das Recht.‹ Mein Vegetarismus ist Ausdruck meiner Religion, meines Protests.«[84]

In seinem Vorwort zu Dudley Giehls Buch über den Vegetarismus, das 1979 erschien, stellte Singer die in seinen Augen ewige Frage:»Was gibt dem Menschen das Recht, ein Tier zu töten und oftmals zu quälen, damit er sich den Bauch mit dessen Fleisch vollschlagen kann?«

> Wir wissen heute, so wie wir es instinktiv schon immer gewusst haben, dass Tiere ebenso leiden können wie Menschen. Ihre Gefühle und ihre Empfindungsfähigkeit sind oftmals sogar stärker als die eines Menschen. Etliche Philosophen und religiöse Führer haben versucht, ihre Schüler und Jünger davon zu überzeugen, dass Tiere nicht mehr seien als Maschinen, ohne Seele, ohne Gefühle. Aber wer schon einmal mit einem Tier zusammengelebt hat – sei es mit einem Hund, einem Vogel oder auch nur mit einer Maus –, der weiß, dass diese Theorie eine dreiste Lüge ist, erfunden, um die Tierquälerei zu rechtfertigen.[85]

Es gebe nur eine einzige Rechtfertigung dafür, Tiere zu töten, so Singer, nämlich dass »der Mensch ein Messer oder ein Beil in Händen halten kann und bösartig und egoistisch genug ist, aus Eigennutz – oder was er dafür hält – andere Lebewesen umzubringen«. Er lobte Dudley Giehl, weil er das Gewissen der Menschen wachrüttele, indem er sage, die Menschen begingen Morde, wenn sie Tierfleisch äßen und auf die Jagd gingen. »All ihr nettes Gerede über Humanismus, ein besseres Morgen, eine schöne Zukunft hat keinerlei Bedeutung, solange sie zum

Zwecke des Verzehrs oder gar aus Vergnügen töten.« Ihm sei bewusst, schrieb Singer, dass es mit der Gleichgültigkeit der Menschheit gegenüber den Tieren nicht so bald vorbei sein werde, aber »es ist gut, dass es ein paar Menschen gibt, die ihren tief empfundenen Protest gegen das Töten und Quälen der Hilflosen artikulieren.«

Singer beschloss sein Vorwort mit einer Warnung: Solange die Menschen weiterhin das Blut von Tieren vergössen, gebe es keinen Frieden. »Es ist nur ein kleiner Schritt vom Tiermord zum Bau von Gaskammern à la Hitler und Konzentrationslagern à la Stalin ... Solange der Mensch mit einem Messer oder mit einem Gewehr dasteht und jene tötet, die schwächer sind als er, wird es keine Gerechtigkeit geben.«

Als Singer 1991 starb, erschien ein langer Nachruf in der *New York Times*. Darin fehlte jeder Hinweis darauf, dass er Vegetarier gewesen war. In dem Artikel, der am folgenden Sonntag in der *New York Times Book Review* erschien, wurde dieser Teil seines Lebens jedoch nicht unterschlagen:

> Hühnersuppe war ihm ein Gräuel, und er wurde ein entschiedener Vegetarier. Von Kindesbeinen an hatte er erlebt, dass Macht vor Recht geht: Der Mensch ist stärker als das Huhn – er isst das Huhn, nicht umgekehrt. Das ließ ihm keine Ruhe, denn es gab keinen Beweis dafür, dass Menschen wichtiger waren als Hühner. Wenn er Vorträge über das Leben und die Literatur hielt, gab es ihm zu Ehren oftmals ein Dinner, und Gastgeber, die Verständnis für ihn hatten, trugen vegetarische Speisen auf. »Damit tue ich den Hühnern einen ganz kleinen Gefallen«, sagte Singer. »Falls mir irgendwann einmal jemand ein Denkmal setzt, werden es die Hühner sein«.[86]

Wenn Singer doch an einem Dinner teilnehmen musste, bei dem Huhn aufgetischt wurde, lehnte er den Hauptgang ab. Als eine Frau ihn einmal fragte, ob er »aus gesundheitlichen Gründen« kein Huhn esse, lautete seine Antwort: »Ja, wegen der Gesundheit des Huhns.«

8. »Denn alles beginnt im Kleinen…«

Deutsche Stimmen für die Tiere

In diesem Kapitel kommen Menschen zu Wort, die ganz andere Erfahrungen mit dem Nationalsozialismus gemacht haben als die im sechsten Kapitel vorgestellten Tierrechtler. Die einen haben als Kinder während des Krieges in Nazideutschland gelebt und sind später in die Vereinigten Staaten gekommen, die anderen sind nach dem Krieg geboren und leben heute in Deutschland oder Österreich. Dank ihrer Erkenntnis, dass für die Tiere »jeden Tag Treblinka« ist, und ihrer Entschlossenheit, dem ein Ende zu bereiten, sind sie und die zuvor porträtierten Tierrechtler Verbündete in einem gemeinsamen Kampf.

Schlüsselerlebnisse

Dietrich von Haugwitz war bereits über 50, als er sich Anfang der 80er Jahre der Tierrechtsbewegung anschloss. Für ihn bedeutete es einen »entscheidenden intellektuellen Durchbruch, als mir klar wurde, dass die Speziesbarriere moralisch und rational unhaltbar ist«.[1]

Von Haugwitz wuchs in einer Adelsfamilie in Schlesien auf. Normalerweise hätte er im Schloss der Familie Privatunterricht bekommen, doch da dies nach den Gesetzen der Nazis verboten war, besuchte er gemeinsam mit den »Bürgerlichen« bis zum Alter von elf Jahren die Volksschule, bevor er auf ein exklusives Internat für Schüler aus den gehobenen Schichten geschickt wurde. Er erinnert sich noch daran, wie schlimm es seine Eltern fanden, dass ihr Land von »einer Horde vulgärer Schläger« regiert wurde, »und dass die Menschen um sie herum von dieser bösartigen und amoralischen Ideologie narkotisiert wurden, die sie verabscheuten«. Von Haugwitz war damals zu jung, um ihre Empörung zu begreifen, »aber jetzt verstehe ich sie nur allzu gut, denn auch ich befinde mich absolut nicht im Einklang mit dem, was die meisten Menschen um mich herum glauben und für selbstverständlich halten«.

Von Haugwitz wurde mit 15 zu den Flakhelfern eingezogen und erhielt im Sommer 1944, mit 17 Jahren, seine Einberufung zur Wehrmacht. Ein paar Monate konnten ihn seine Eltern mit Hilfe eines befreundeten Arztes vor dem Kriegsdienst bewahren, doch Anfang Januar 1945 musste er seinen Dienst bei einer Flak-Einheit im Ostseehafen Wismar antreten.

Als die Briten ein paar Stunden vor den Russen in Wismar eintrafen, ergab sich von Haugwitz dem ersten britischen Soldaten, den er zu Gesicht bekam. Auf dem Marsch ins Kriegsgefangenenlager ergriff er die Flucht und lief zu einem nahe gelegenen Bauernhof, wo er sich die nächsten 48 Stunden in einem Viehstall versteckte. »Dieser Vorgeschmack der Freiheit war der große Wendepunkt in meinem Leben. Alles, was ich bis dahin als gegeben genommen hatte, alles, was mein Leben bis dahin bestimmt hatte, war an ein Ende gelangt.«

Von Haugwitz ging nach Braunschweig, das in Trümmern lag. Er wohnte in einem ausgebombten Keller, einem Eisenbahnwaggon und dann schließlich in einer Garage, während er an der örtlichen Musikhochschule Klavier studierte. Obwohl er seinen Abschluss machte, einige Konzerte gab und zum Ensemble mehrerer Stadtorchester gehörte, beschloss er, Deutschland zu verlassen. Er war von den Deutschen enttäuscht:

> Sie hatten die Nazis bejubelt, als alles gut lief, und zeigten nun wenig Neigung, die schreckliche Vergangenheit und ihre umfassende Mitschuld zu bewältigen. Dabei hatten sie inzwischen eine freie Presse, die ihnen zum ersten Mal Informationen darüber lieferte, was wirklich geschehen war. Die Deutschen wollten keine große moralische Debatte. Stattdessen schienen sie sich alle kopfüber in einen kruden Materialismus zu stürzen. Jeder wollte alles zurückhaben, was er verloren hatte – und noch mehr. Das Positive daran war natürlich das deutsche »Wirtschaftswunder«, wie es damals genannt wurde – der Wiederaufbau des Landes und seiner Infrastruktur.

Mehrere Jahre lang schrieb er Briefe nach Amerika, um eine Organisation zu finden, die für ihn bürgte und ihn finanziell unterstützte. Eine kleine, ländliche Kirchengemeinde in Minnesota erklärte sich schließlich dazu bereit, und 1956, »neunundzwanzig Jahre alt, fuhr ich sehr aufgeregt mit der *Queen Elizabeth* vom englischen Southampton nach New York«. 1957 ging er nach Hollywood, wo er als Pianist, Klavierlehrer und manchmal auch als Schauspieler arbeitete.

Da er sich nicht mit einer zweitklassigen Musikerkarriere zufrieden geben wollte, ließ er sich in den 60er Jahren zum Programmierer ausbilden. Damals geschah das erste von drei Dingen, die sein Leben veränderten.

Er unternahm mit seiner Frau eine kurze Reise nach Mexiko, wo sie sich einen Stierkampf ansahen. »Als das erste Tier getötet wurde, brach ich zusammen – körperlich und seelisch. Ich hatte vorher noch nie eine solch ungenierte Tierquälerei gesehen und traute meinen Augen nicht: das Leiden des verzweifelten Tieres und der Blutdurst der jubelnden Menge! Sie konnten es gar nicht erwarten, dass das nächste Tier hereingebracht und gequält wurde. Ich ging, aber die Erinnerung an diese Bilder verfolgte mich noch mehrere Jahre lang.«

Das zweite Ereignis trug sich in North Carolina zu, wo seine Frau als ehrenamtliche Mitarbeiterin des örtlichen Tierheims den Mitgliedern des Tierschutzvereins einen britischen Film zeigte, in dem es in drastischen Bildern um die Jagd, das Fallenstellen, die Vivisektion und um Schlachthöfe ging. »Ich war am Boden zerstört. Von all diesen Dingen hatte ich keine Ahnung gehabt. Nun wurde mir klar, dass die Stierquälerei, die ich gesehen hatte, nur die Spitze des Eisbergs gewesen war.«

Dann hörte er einen Vortrag von Tom Regan, dem Autor von *The Case for Animal Rights*.[2] »Das Buch hat mein Leben verändert. Kein Buch hat jemals eine so tief greifende Wirkung auf mich ausgeübt wie dieses; keine philosophische, gesellschaftliche oder politische Theorie hat meinen Horizont derart erweitert. Hier waren endlich die *rationalen* Argumente, die meine Gefühle bestätigten.«[3]

Damit begann seine dritte, unbezahlte Karriere, wie von Haugwitz es nannte. 1983 trat er dem North Carolina Network for Animals bei, einer Tierrechtsorganisation mit Ortsgruppen in mehreren Städten des Staates. Da es in Durham keine Ortsgruppe gab, gründete er eine gemeinsam mit seiner Frau. Er organisierte Demonstrationen gegen die Vivisektion, die Jagd, den Zirkus, Rodeos, Massentierhaltung etc.; er hielt Vorträge über die Tierrechtsphilosophie in Schulen und Colleges und trat in Fernseh- und Radio-Talkshows auf. Außerdem schrieb er Artikel über Tierrechtsthemen und gab zusammen mit anderen das Mitteilungsblatt des North Carolina Network for Animals heraus. Er nahm an vielen konkreten Aktionen teil, zum Beispiel an der Umsiedlung von Enten aus den Teichen von Wohnsiedlungen oder an Protestaktionen gegen Hausbesitzervereinigungen, die Biber töten lassen wollten. »Gegenwärtig kämpfen wir vor Gericht für ein Verbot des Taubenschießens in North Carolina. Und wir üben Druck auf die Wildlife Commission aus, damit sie das Verbot der Canned-Hunting-Methode[4] durchsetzt. Das erfordert hartnäckige Arbeit mit unseren Anwälten.«

Von Haugwitz sieht Parallelen zwischen den Mentalitäten in Deutschland während des Krieges und unmittelbar danach und in den Vereinigten Staaten heute:

> Ich habe mich immer über so viele Deutsche aus meinem Bekanntenkreis geärgert, die bei Kriegsende sagten: »Aber wir hatten ja gar keine Ahnung! Wir wussten nichts von Auschwitz, und auch nicht, was mit den Juden geschah. Wir konnten und durften diese Dinge gar nicht wissen.« Die Leute wussten sehr wohl, dass die Juden systematisch abgeholt und wie Vieh abtransportiert wurden, und sie haben überall bei ihrer Vertreibung geholfen. Und was die Einzelheiten der Vernichtung betraf, so wollten sie nichts davon wissen! Und das macht mir am meisten zu schaffen. Es waren Gerüchte im Umlauf, manche wussten dieses und jenes, aber die meisten sagten: »Wenn du was weißt, bitte sag's mir nicht. Ich will es gar nicht so genau wissen.« Es hätte sie nämlich zu sehr schockiert.

Und er ist der Ansicht, dass die Menschen heute genauso die Augen vor den Tatsachen verschließen. »Ich habe eine umfangreiche Sammlung von Tierrechtsvideos, aber es ist schwer, den Leuten zu zeigen, was sich in Schlachthöfen und Tierversuchslabors abspielt. Sie wollen es nicht sehen. Es würde ihnen den Appetit verderben.«

Empört und traurig

Peter Muller, langjähriger Aktivist des Committee to Abolish Sport Hunting (CASH) im Staat New York, verbrachte seine ersten fünf Lebensjahre in Deutschland zur Zeit des Krieges. Er wohnte in Nürnberg, wo sein Vater Radarforschung betrieb, doch als die nächtlichen Bombenangriffe der Alliierten immer mehr zunahmen, wurden die Frauen und Kinder aus der Stadt in kleine Dörfer evakuiert. Muller erinnert sich an die nächtlichen Bombardements, die Luftangriffe, den Hunger und die willkürlichen Zuweisungen von Untermietern, weil es nicht genug Wohnraum gab.

Mullers Familie, die eigentlich aus Estland stammte und erst infolge des Hitler-Stalin-Pakts nach Deutschland »repatriiert« worden war, hätte nach dem Krieg in Deutschland bleiben können, selbst nachdem die amerikanische Besatzungsmacht sie offiziell zu »staatenlosen Displaced Persons« erklärt hatte. Aber die Deutschen waren extrem fremdenfeindlich. »Für die Einheimischen waren wir *verdammte Ausländer*.«[5] Seine Eltern stellten einen Einwanderungsantrag, und 1952 gingen sie schließlich in die Vereinigten Staaten.

Erst als Peter Muller schon fast 20 war und sich ausführlicher mit der neueren europäischen Geschichte befasste, wurde ihm die volle Bedeutung seiner Erlebnisse in Deutschland bewusst. »Als ich mehr über den Zweiten Weltkrieg und den Holocaust erfuhr, war ich empört und traurig über die Grausamkeit unserer Spezies. Ich erkannte, wie dünn die Decke der Zivilisation über den Jahrmillionen der Evolution ist, die uns offensichtlich genetisch zu Brutalität und sinnloser Grausamkeit gegenüber uns selbst und anderen Gattungen prädisponieren.« Nach seinem Collegeabschluss studierte er Logik und Wissenschaftsmethodologie in Berkeley. Heute arbeitet er als EDV-Berater und Dozent für Informatik in New York.

Seit seinem vierten oder fünften Lebensjahr ernährte sich Muller vegetarisch. »Schon als kleines Kind fand ich es schrecklich und eklig, Tiere zu schlachten und ihre Leichen zu essen.« Durch einen Freund kam er schließlich zur Tierrechtsbewegung. Dieser lud Muller Anfang der 70er Jahre ein, am ersten Tag der Jagd mit ihm aufs Land zu fahren, um die Konfrontation mit den Jägern zu suchen. Seitdem ist er CASH-Aktivist. Heute konzentriert er sich vor allem darauf, die Öffentlichkeit über die umweltschädlichen Folgen der Jagd und des Fallenstellens aufzuklären.

Auf die Frage, ob seine Kindheitserlebnisse in Deutschland während des Krieges und danach etwas mit seiner späteren Hinwendung zu den Tierrechten zu tun hatten, sagt Muller, er glaube nicht, dass sie ein wichtiger Faktor gewesen seien. »Ich kenne Dutzende von Leuten mit ähnlicher Vorgeschichte, und keiner von ihnen hat auch nur das geringste Verständnis für die Tierrechte. Sie halten mich für einen Spinner. Ich meide sie, so gut ich kann. Ich glaube, meine positive Einstellung zu den Tierrechten rührt von der schlichten Erkenntnis her, dass die Misshandlung von Tieren grausam ist und dass die Menschen auch ohne sie bequem leben könnten.« Er hält es allerdings durchaus für möglich, dass ihn seine damalige Außenseiterrolle auf sein Leben als Tierrechtsaktivist vorbereitet hat. »Ich habe andere Erfahrungen gemacht als die übrigen Menschen, und das hat bei mir eine gewisse Skepsis gegenüber gängigen Überzeugungen geweckt.«

Hitlers Baby

Kurz nach Lisa Appels Geburt im Jahr 1941 organisierte ihr Vater, Heinrich Steffens, ein hochrangiger Beamter im Reichsministerium für Wissenschaft, Erziehung und Volksbildung, in der Stadthalle von Klingenberg eine teutonische Taufzeremonie für sie. Für Liesels Eltern, die bereits in den Vierzigern waren und schon einen Sohn hatten, der bei der Marine diente, war Liesel ein Traumkind, eigens gezeugt für ihren Führer, der alle arischen Deutschen eindringlich aufgefordert hatte, mehr Kinder in die Welt zu setzen.

»Mein Vater brachte ein großes Hitlerbild zu der Zeremonie mit, und ich wurde in Gegenwart unserer ganzen Familie und all unserer Freunde stolz dem Führer geweiht.«[6] Unter den Anwesenden war auch der beste Freund ihres Vaters, Erich Koch, der nach dem Krieg von einem polnischen Gericht zum Tode verurteilt wurde, weil er den Massenmord an 400 000 jüdischen und polnischen Zivilisten geplant und organisiert hatte.[7]

Liesel Appel führte trotz des Krieges ein behütetes Leben als verhätschelter Liebling ihrer Eltern und ihrer Gemeinde. »Ich hatte eine sehr, sehr schöne Kindheit.«[8] Eines Tages nahm ihr Vater das blonde Töchterchen mit in die örtliche Schule, um den Schülern zu zeigen, wie »ein perfektes arisches Kind« aussah. Er rief ihr auch immer wieder ins Gedächtnis, dass sie ihr Leben Adolf Hitler verdanke und dass es ihre Pflicht sei, dafür zu sorgen, dass Deutschland stark bleibe. »Mein Vater war mein Held. Ich war davon überzeugt, dass mir nichts Schlimmes passieren konnte, so lange er in meiner Nähe war.« 1950 erlag ihr Vater einem Herzinfarkt, während er auf seinen Kriegsverbrecherprozess wartete.

Liesel wusste nichts von der Nazivergangenheit ihrer Eltern, doch im Frühjahr 1951 ging ihre heile Welt in die Brüche. Sie begegnete einem Juden aus Israel, der als Kind in ihrer Nachbarschaft versteckt worden war. Als sie erfuhr, dass nicht ihr Vater oder ihre Mutter den Jungen gerettet hatten, sondern dass ihre Eltern tief in die Deportation der Juden verwickelt gewesen waren, war sie schockiert: »Das war das Ende meiner Kindheit.«

Von da an verspürte Liesel Scham, Schuldgefühle und Groll. Sie unternahm lange Waldspaziergänge und verbrachte endlose Stunden damit, sich ein gründliches Wissen über den Holocaust anzueignen. Voller Entsetzen erfuhr sie, dass sie unter Menschen lebte, die diese Gräueltaten begangen hatten. »Ich war vom Bösen umgeben. Ich schaute die Leute an, die ich in der Schule oder auf den Straßen sah, und fragte mich, was sie im Krieg getan hatten. Ich ließ keinen Menschen an mich heran.«

Während eines Urlaubsaufenthalts auf der Nordseeinsel Norderney wohnte das Mädchen in der Nähe des örtlichen Schlachthofs und sah, was dort vor sich ging. »Die grausamen Gesichter der Fahrer und Fleischer sind mir unvergesslich geblieben. Sie traten die Tiere und warfen sie von den Lastwagen, wobei sie sich die Beine und das Kreuz brachen.« Sie wünschte sich sehnlichst, die Tiere retten zu können, fühlte sich aber ohnmächtig und allein,»als diese Tierquäler mich auslachten und mir erklärten, nichts mache ihnen mehr Spaß, als ›den Tieren das Messer ins Fleisch zu stoßen‹«. Sie weinte und flehte,»besonders um das Leben eines Kalbs, das zuletzt sterben sollte«. Als sie durchs Fenster sah, schaute ihr das Tier in die Augen.»Ich schlich mich in das Gebäude, während alle Schlachter mit ihrer schrecklichen Arbeit beschäftigt waren. Ich streichelte das Kalb und wollte es mit hinaus nehmen, aber sie erwischten mich und verpassten mir eine Tracht Prügel.«

Mit 17 lief sie aus einem Düsseldorfer Internat fort, ging nach London, änderte ihren Namen in Lisa Scotland und heiratete einen schwarzen Musiker namens George Brown.»Wir waren beide auf der Flucht vor unserer Identität. Er wollte nicht schwarz sein, und ich wollte keine Deutsche sein.«

1980 zogen Liesel und George mit ihren beiden Kindern nach Palm Beach in Florida und eröffneten dort ein Restaurant, aber der Rassenhass machte ihnen das Leben zur Hölle und trieb George schließlich zur Rückkehr nach England. Deprimiert über das Ende ihrer 20-jährigen Ehe zog Appel nach Kalifornien, wo sie schließlich die Kraft fand, sich ihrer Vergangenheit zu stellen.

1990 konvertierte Appel zum Judentum. (»Für mich war das wie eine Heimkehr.«) Sie heiratete wieder und kehrte nach Südflorida zurück, wo sie in der jüdischen Gemeinde aktiv wurde. 1995 übergab sie der Holocaust-Gedenkstätte in Miami Beach ein zweistündiges Videoband mit ihrer Zeugenaussage. Seitdem hat sie bei mehreren Holocaust-Gedenkveranstaltungen gesprochen und ihre Geschichte vielen Gruppen erzählt. Sie möchte junge Menschen ermutigen,»den Mund aufzumachen, falls es nötig ist, und sogar ihren Eltern zu widersprechen, wenn sie sehen, dass einem Mitmenschen oder Mitgeschöpf ein Unrecht angetan wird.«

In London hatte Appel die Unabhängigkeitsbestrebungen der europäischen Kolonien in Afrika unterstützt und war eine leidenschaftliche Anti-Apartheid-Aktivistin gewesen.

»In den 50er Jahren habe ich für Amnesty International gearbeitet und bin oft nach Afrika gereist. Ich weiß noch, wie Mandela verhaftet wurde und wie wir in England demonstrierten.

Als die Apartheid abgeschafft war, habe ich mein nächstes Projekt in Angriff genommen – Tierrechte.«

Als das Kaufhaus, in dem sie arbeitete, beschloss, eine große Pelzabteilung einzurichten und bis zu 100 000 Dollar teure Pelzmäntel zu verkaufen, schrieb sie dem Geschäftsführer und dem Chef von Bloomingdale's in New York, doch sie bekam keine Antwort. Sie protestierte und kündigte schließlich. Sie wurde Mitglied von PETA, um »eine Art Wiedergutmachung für die unglaublich schlimmen Dinge zu leisten, die mein Volk getan hat«.

Vor zwölf Jahren wurde sie Veganerin und eröffnete mit ihrem Sohn ein neues, attraktives Restaurant mit angeschlossenem Bioladen. Appel ist stolz auf ihre Zugehörigkeit zu Tierrechtsgruppen wie PETA und Animal Rights Foundation; dort ist sie von Menschen umgeben, die ihre Einstellung verstehen.

> Ich sehe wirklich einen Bewusstseinswandel. Es gibt Grund zur Hoffnung. Als Kind war ich verzweifelt und wollte mich umbringen. Ich fühlte mich wie eine Ausgestoßene; tief im Innern wusste ich, was richtig war, aber ich konnte niemanden um mich herum davon überzeugen. In meinem Leben habe ich nun schon erstaunlich oft erlebt, wie viel engagierte Menschen im Kampf gegen das Unrecht ausrichten können. Wenn wir lange genug durchhalten und nicht aufgeben, werden sich die Dinge schließlich ändern.

Die Täter und ihre Kinder

Für sein Buch über die Kinder von Nazis hat der israelische Psychologe Dan Bar-On einen ehemaligen Lagerarzt in Auschwitz interviewt, der nach dem Krieg vor Gericht gestellt und freigesprochen worden war.[9] Auf Bar-Ons Frage, welche Nachwirkungen seine Erlebnisse in Auschwitz für ihn hatten, antwortete dieser:

> Ich hatte keine Träume, ich hatte ganz andere Erlebnisse. Man hatte sich zu sehr an das Grauen verhungernder Menschen gewöhnt, aber die Tatsache der Selektionen? Wenn ich im Garten bin und grabe, finde ich immer Schnecken, die man vernichten

sollte, und da kommt mir immer wie eine Zwangsvorstellung, nicht etwa, daß ich die Schnecken nicht töten kann, aber ob da nicht vielleicht noch eine ist, die noch getötet werden muß. Dann fühle ich nicht nur ein unbehagliches Gefühl, sondern empfinde das geradezu als ein quälendes Erlebnis.

Bar-On fragt: »Irgendwie die Vorstellung, als ob die Selektion weiterginge?« Antwort: »Ja, die Selektion geht weiter. Oder wenn ich Viehtransporte sehe ...« Und er fügt hinzu, bei ihm selbst seien es »nicht die Augen, sondern die Tatsache überhaupt, daß man da etwas aussortiert, manuell tötet.«[10]

Auch Franz Stangl, der Kommandant von Auschwitz, erzählte der britischen Journalistin Gitta Sereny von einem Erlebnis in Brasilien nach dem Krieg. Auf einer Reise, so Stangl, habe der Zug in der Nähe eines Schlachthofs gehalten.

> Die Viecher trotteten an den Zaun heran und starrten auf den Zug. Sie waren ganz nahe vor meinem Abteilfenster, dicht gedrängt, und sie starrten mich durch den Zaun an. Da dachte ich: Schau dir das an; das erinnert dich an Polen; genauso vertrauensvoll haben die Leute dort geschaut – gerade bevor sie in die Konservenbüchsen [die Gaskammern] gingen ... Nachher konnte ich nie mehr Büchsenfleisch essen. Diese großen, runden Augen ... die mich treuherzig anstarrten ... ohne zu ahnen, daß sie nur Augenblicke später alle tot sein würden.[11]

Als Sereny später Stangls Frau fragte, ob er mit ihr jemals über diesen Vorfall gesprochen habe, verneinte sie. »Aber wissen Sie, er hörte plötzlich auf, Fleisch zu essen.«[12]

Robert Jay Lifton befragte einen anderen Auschwitz-Arzt; dieser sagte: »Wenn Sie zum ersten Mal eine Selektion sehen ... Ich spreche nicht von mir, ich spreche auch von den ganz abgebrühten SS-Leuten. Sie sehen, wenn Kinder und Frauen selektiert werden. Dann ist man so geschockt, daß man also ... das kann man nicht beschreiben. Und nach wenigen Wochen kann man es gewöhnen [sic!].« Er versuchte Lifton zu erklären, wie es war.

> Aber ich glaube, ich kann Ihnen einen Eindruck verschaffen. Wenn Sie ... einmal in ein Schlachthaus gehen, wo Tiere geschlachtet werden. Es gehört auch der Geruch dazu ... nicht nur

die Tatsache, daß die umfallen und so weiter. Sie werden wahrscheinlich kein ... das Steak schmeckt nicht mehr. Und wenn Sie es zwei Wochen lang jeden Tag machen, dann schmeckt Ihnen Ihr Steak so gut wie früher auch.[13]

Nach seinem Gespräch mit dem ehemaligen Auschwitz-Arzt interviewte Bar-On auch dessen Sohn. Er erfuhr, dass sein Vater nie mit ihm über Auschwitz gesprochen hatte. Der Sohn erzählte Bar-On, er sehe das Potenzial für Massenmord überall um sich herum. »Ich glaube, viele Menschen sind dazu fähig, wenn man danach geht, wie sie reden. Und wenn man sie ein bisschen besser kennen lernt, ihren Charakter, dann zweifle ich erst recht nicht daran, dass sie dazu fähig sind.«[14] Er erklärte Bar-On: »Es gibt eben verschiedene Menschentypen: Fleisch- und Pflanzenfresser. Die Fleischfresser sind die gefährlichen, meiner Ansicht nach.«[15] Und er lebt »auf der Hut vor den ›Fleischfressern‹, die ›es‹ wieder tun könnten«.[16]

Ein anderer Nazi-Sohn, dessen Vater als Kriegsverbrecher vor Gericht gestellt wurde, erzählte Bar-On, er könne kein Blut sehen. Sein eigenes Blut zu sehen, wenn er zum Arzt gehe, sei kein Problem, sagte er, »aber wenn jemand anders blutet, das ist schrecklich für mich. Immer wenn ich sehe, wie Tiere in den Schlachthof geschickt werden, kann ich hinterher ein paar Tage lang kein Fleisch mehr essen.«[17]

Die Tierbrüder

Edgar Kupfer-Koberwitz war Vegetarier, Pazifist und Kriegsdienstverweigerer. Er wurde am 24. April 1906 in der Nähe von Breslau (dem heutigen Wroclaw) geboren, floh jedoch bei der Machtergreifung der Nazis nach Paris. Drei Jahre später zog er auf die Insel Ischia in der Bucht von Neapel. Dort arbeitete er als Reiseleiter, bis die Gestapo ihn 1940 fasste und ins KZ Dachau deportierte.[18]

Von 1940 bis 1945 war Kupfer-Koberwitz in Dachau inhaftiert. In den letzten drei Jahren arbeitete er im Betriebsbüro der Schraubenfabrik »Präzifix«, die sich auf dem Lagergelände befand. Diese Stelle ermöglichte es ihm, mit Hilfe gestohlenen Papiers ein geheimes Tagebuch zu führen. Er vergrub die beschriebenen Zettel und barg sie wieder, nachdem Dachau am 29. April 1945 von den Amerikanern befreit worden war. *Die Dachauer Tagebücher* wurden 1956 veröffentlicht. Nach den Aufzeichnungen, die er während eines Lazarettaufenthalts im KZ gemacht hatte, schrieb er *Die Tierbrüder*, einen Essay in Form einer Reihe von Briefen an einen Freund, in denen er erklärt, weshalb er kein Fleisch isst.[19]

Im Vorwort zu seinem Essay schreibt er: »Diese Blätter entstanden im Konzentrationslager Dachau, in einer Umwelt voller Grausamkeit. – Sie wurden heimlich in einer Lazarett-Baracke geschrieben, in welcher ich als Kranker lag, – in einer Zeit, da der Tod täglich nach uns allen faßte, in der wir in viereinhalb Monaten zwölftausend Tote hatten.«

Zunächst erklärt Kupfer-Koberwitz seinem Freund, er esse kein Fleisch, weil er sich vor 20 Jahren selbst das feste Versprechen gegeben habe. Sein Grund ist schlicht: »Ich esse keine Tiere, weil ich mich nicht von dem Leiden und Tode anderer Geschöpfe ernähren will.« Und er schreibt: »Ich habe selbst so viel gelitten, daß ich fremdes Leid empfinden kann, eben vermöge dieses meines eigenen Leides.« Er sei glücklich, wenn er nicht verfolgt werde, warum solle er andere Geschöpfe verfolgen oder verfolgen lassen? Er sei glücklich, wenn er nicht gefangen werde, warum solle er andere Geschöpfe fangen oder fangen lassen? Er sei glücklich, wenn niemand ihm ein Leid zufüge, warum solle er anderen Geschöpfen Leid zufügen oder zufügen lassen? Er sei glücklich, wenn er nicht verwundet und getötet werde, warum solle er andere Geschöpfe verwunden oder töten oder für ihn verwunden oder töten lassen?

Wie könne ein »vernünftig und edel denkender Mensch« aus der Tatsache, dass diese Geschöpfe kleiner und schwächer seien, »ein Recht ableiten, ihre Schwäche und Kleinheit zu missbrauchen«? Sollte nicht der Größere, Stärkere und Überlegenere stets das schwächere Geschöpf beschützen, statt es zu töten und zu verfolgen?[20] Seine Entscheidung, keine Tiere zu essen, ließ Kupfer-Koberwitz auf neue Weise denken und empfinden.

> Du glaubst nicht, wie frei ich seit zwanzig Jahren allen Geschöpfen gegenübertreten kann, wie frei ich dem Reh wie der Taube ins Auge zu schauen vermag, wie sehr ich mich Bruder

> fühle mit allen, liebender Bruder, mit Schnecke, Wurm und Pferd, mit Fisch und Vogel ... Ja, es ist wahr, was ich sage, auch mit dem Wurm. Ich hebe ihn vom Wege auf, wo er zertreten werden könnte, trage ihn dorthin, wo er eine Zuflucht finden kann, – auf ein Stück Erde oder Rasen. Und ich bin glücklich darüber, weit glücklicher, als wenn mein Absatz ihn zertritt und er sich Stunden noch elend am Wege krümmt. Was bedeutet das kleine Opfer, – daß ich mich bücke, meine Fingerspitzen beschmutze? Was ist es gegen das große Gefühl, wirklich in den Kreis der Natur eingetreten zu sein, in den Kreis der Mitgeschöpfe, – nicht als Schreckens-Bringer, nicht als Zerstörungs-Bringer, – nein: als Friedens-Bringer, – als – der ältere, höhere Bruder. Brüder aber verfolgt man nicht – Brüder tötet man nicht. Verstehst Du jetzt, warum ich kein Fleisch esse?[21]

Er schreibt über die Herzlosigkeit, die dem Schlachten von Tieren, dem Jagen und Angeln innewohnt. Er erwähnt die süße, lockende Stimme der Bäuerin, die den Hühnern und dem Federvieh goldene Körner hinstreut, sie dann an der Gurgel packt und tötet.»Ja, – ich fürchte mich vor diesen Händen. Sollten sie nicht gleicher Tat am Menschen fähig sein? Du sagst nein, – ich sage ja! Denn alles beginnt im Kleinen, – alles lernt man im Kleinen, ... auch das Töten.«

Und er beschreibt das Leiden der Schweine, Pferde, Käfigvögel, Hunde und anderer Tiere.

> Ich glaube, solange man Tiere töten und quälen wird, wird man Menschen töten und quälen, – solange wird es auch Kriege geben, – denn das Töten will geübt und gelernt sein im kleinen, innerlich wie äußerlich ... wir sollten versuchen, unserer kleinen Grausamkeiten Herr zu werden, sie zu vermeiden oder besser noch sie zu unterlassen ... Aber wir alle schlafen noch im Herkömmlichen. Das Herkömmliche ist wie eine schmackhafte, fettige Soße, die uns unsere eigenen Grausamkeiten schlucken läßt, ohne daß wir ihren bitteren Geschmack verspüren.

Nach dem Krieg lebte Kupfer-Koberwitz in Ascona, Chicago, San Teodoro auf Sardinien und in Deutschland. Er starb 1991 im Alter von 85 Jahren.

Die zweite Auschwitz-Lüge

Helmut F. Kaplan lebt in Salzburg. Er ist Berater und Sprecher für ethische Grundfragen bei der Arche 2000 Welt-Tierhilfe und einer der Vordenker der Tierrechtsbewegung im deutschsprachigen Raum. Er glaubt zwar, dass »die wichtigen Argumente und Strategien bezüglich der Tierbefreiung in erster Linie aus der modernen Tierrechtsbewegung kommen«, arbeitet in seinen Vorträgen und Schriften aber häufig mit der Holocaust-Analogie, »weil sie – für Speziesisten – politisch so provozierend ist, wie sie ethisch stringent ist«.[22]

Bei einer Demonstration gegen Tierversuche des Frankfurter Pharmakonzerns Hoechst AG erklärte Kaplan den Demonstranten: »Meine Damen und Herren! Was die Auschwitz-Lüge ist, wissen Sie. Es ist die Behauptung, daß es die KZs nie gegeben habe. Was Sie aber vielleicht nicht wissen, ist, daß es die KZs noch immer gibt. Wir stehen direkt vor einem, vor einem Tier-KZ. Die Behauptung, daß die KZs nach dem Zweiten Weltkrieg geschlossen wurden, ist die zweite Auschwitz-Lüge!«

Dann zitierte er Isaac Bashevis Singer: Wo es um Tiere gehe, werde jeder zum Nazi.

> Wenn Sie es nicht glauben, dann lesen Sie Berichte über die Experimente, die die Nazis in ihren Forschungslabors mit Juden gemacht haben, und dann lesen Sie Berichte über die Experimente, die wir heute mit Tieren durchführen. Dann fällt es Ihnen wie Schuppen von den Augen: Die Parallelen sind lückenlos. Die Berichte von Menschenversuchen und Tierversuchen sind austauschbar. Alles, was die Nazis den Juden angetan haben, praktizieren wir heute mit den Tieren! Unsere Enkel werden uns einst fragen: Wo wart ihr während des Holocaust gegen die Tiere? Was habt ihr gegen diese entsetzlichen Verbrechen gemacht? Ein zweites Mal können wir uns nicht darauf hinausreden, nichts gewusst zu haben.

Kaplan wurde 1952 geboren, er hat den Zweiten Weltkrieg also nicht selbst erlebt. Sein Vater, der den Nationalsozialismus anfangs unterstützt hatte, entwickelte nach der Machtergreifung der Nazis in Österreich eine immer ablehnendere und kritischere Haltung. Im Krieg war er Funker, sodass er heimlich ausländische Radiosendungen hören konnte. Er verbrachte zwei Jahre als Kriegsgefangener in der Sowjetunion, und als er nach Österreich zurückkam, warf er seine militärischen Auszeichnungen weg.

Kaplan sagt, als Kind habe ihn der Anblick toter Tiere – zum Beispiel Schweinehälften in Fleischtransportern und Fische in Schaufensterauslagen – schockiert und angeekelt. Mit elf Jahren wurde er Vegetarier. »Ich spürte intuitiv und war auch davon überzeugt, dass der Fleischverzehr moralisch falsch sein musste.« Mit der Zeit wuchs in ihm die Gewissheit, dass sich die Unmoral des Fleischverzehrs konkret und rational beweisen ließ. Nach dem Studium der Psychologie und der Philosophie beschloss Kaplan, sein Leben den Tierrechten zu widmen. Seit 1988 hat er acht Bücher und mehr als 300 Artikel über Tierrechte und Vegetarismus geschrieben.

In seinem Artikel »Tiere und Juden oder Die Kunst der Verdrängung« schreibt Kaplan, man gehe immer davon aus, dass der Holocaust nie wieder geschehen könne, weil er so schrecklich und einmalig gewesen sei; deshalb sei er völlig abgelöst von allen anderen menschlichen Aktivitäten. »Einmaligkeit beinhaltet die beruhigende, aber fatale Gewißheit, daß das Schlimmste überstanden sei. Denn was einmalig und bereits geschehen ist, kommt nicht wieder und bedarf daher auch keiner Vorsorge, um es zu verhindern.«

In Kaplans Augen ist diese Verdrängung ein besonders markantes Beispiel für die allgegenwärtige menschliche Sucht nach Verharmlosung.

> Zu dieser zeitlichen Verdrängungsstrategie – »Einst gab es diese schrecklichen Verbrechen ...« – gesellt sich noch eine zweite, die geographische: »Was da ›unten‹ in Afrika und da ›drüben‹ in Südamerika passiert, ist schon schlimm: aber die sind nun mal so!« Die plumpste Form narkotisierender menschlicher Selbstüberlistung ist aber die Leugnung jener Grausamkeiten, die in diesem Augenblick in unserer unmittelbaren Umgebung stattfinden: in Versuchslabors, Schlachthäusern, Pelzfarmen usw. Denn was hier geschieht, entspricht exakt dem Holocaust der Nazis.[23]

Der Holocaust der Tiere

Vor nicht allzu langer Zeit war Christa Blanke noch lutherische Pfarrerin und arbeitete zusammen mit ihrem Mann, auch er Pfarrer, in einem Dorf in der Nähe von Frankfurt. In ihrem Geburtsjahr 1948 war Deutschland vom Krieg verwüstet, und ihre Mutter behauptet steif und fest, ohne die CARE-Pakete aus den USA hätte sie nicht überlebt. »Ich lernte also schon sehr früh im Leben, was Mitgefühl heißt – es galt sogar dem vormals mörderischen Feind.«[24]

Als Blanke später erfuhr, dass Deutsche aus der Generation ihres Großvaters sechs Millionen Juden ermordet hatten (»unglaublich für eine Jugendliche, die dazu erzogen worden war, die Älteren zu achten und zu ehren«), fasste sie einen Entschluss: Wenn in ihrem Leben jemals etwas Ähnliches passieren sollte, »würde ich mit aller Kraft dagegen kämpfen. Diese beiden Entscheidungen – Mitgefühl mit jedem zu haben, der in Not war, und jeden Holocaust zu bekämpfen, wo immer ich einen sah – führten mich geradewegs in die Tierrechtsbewegung.«

Als Jugendliche organisierte Christa Blanke »Ponyferien« und schrieb ein Buch mit dem Titel *Kleine Pferde, großes Glück*, das auf Deutsch und Holländisch erschien, als sie 20 war. In der Folge verfasste sie viele Zeitungs- und Zeitschriftenartikel über Tiere. Nach ihrer Ordination ging sie daran, auch das Bewusstsein in ihrer Kirche zu verändern. 1980 veranstaltete sie ihren ersten Tiergottesdienst, und 1986 feierte sie zusammen mit ihrem Mann einen Gottesdienst gegen Tierversuche vor den Toren des Pharmariesen Hoechst (»Hoechst, erbarme dich!«). Im selben Jahr sammelte sie 30 000 Unterschriften für ihre Forderung »Keine Eier aus Batteriehaltung in kirchlichen Einrichtungen«, die sie dem Synodalvorstand der evangelischen Landeskirche Hessen-Nassau vorlegte.

Am 10. Juli 1988 veranstaltete Blanke den ersten Fernsehgottesdienst mit Tieren – »Wer ist mein Nächster?« –, der im ZDF live übertragen wurde. Daraufhin gingen beim ZDF Tausende von Leserbriefen aus dem In- und Ausland ein (96 Prozent davon positiv), und in der Presse erschienen Hunderte von Artikeln. 1989 gründete sie mit ihrem Mann Michael die Aktion Kirche und Tiere, um andere Kirchenmitglieder zu mobilisieren, aber der Erfolg hielt sich in Grenzen.»Als ordinierte Pastorin habe ich in der evangelischen Kirche um Unterstützung für mein Vorhaben geworben, Tieren in Not zu helfen. Bis dahin hatte ich – mit tatkräftigem Beistand meiner Kirche – sehr viele Wohltätigkeitsaktionen für die Armen durchgeführt (Suppenküche, Obdachlose, Häftlinge, Drogensüchtige), aber nun stellte ich fest, dass ich von meinen Kollegen im Stich gelassen wurde.«[25]

1998 gründete Blanke die Organisation Animals' Angels, deren Motto lautet: *Wir sind bei den Tieren.*»Wir konzentrieren uns auf den Kampf gegen Tiertransporte in ganz Europa. Dass ich mich mit diesem speziellen Aspekt des Leidens der Tiere befasse, ist zweifelsohne ein direktes Resultat meiner ausführlichen Beschäftigung mit dem Holocaust. Auf diesen Transporten leiden die Tiere furchtbar, ganz ähnlich wie die Juden auf den Transporten in die KZs.«[26] Freiwilligenteams von Animals' Angels begleiten die Tiertransporte zu Schlachthöfen und Tiermärkten.

Blanke ist sehr stolz auf ihre »Engel«, »hauptsächlich jüngere Leute, deren Einsatz nicht nur von einer großen Liebe zu diesen armen Tieren geprägt ist, sondern auch von Sachverstand und Nüchternheit«. Teams von Animals' Angels haben Tiertransporte durch Frankreich, Griechenland, Holland, Ungarn, Italien, Libanon, Litauen, Marokko, Polen, Rumänien und Spanien begleitet. »Die Kreativität und Professionalität, mit der gerade junge Leute sich hier einsetzen, ist wirklich beeindruckend ... die Zusammenarbeit mit ›meinen‹ jungen Teams gibt mir doch immer wieder Hoffnung.«[27]

Am 8. November 1999 ehrte das hessische Sozialministerium Christa Blanke mit dem Hessischen Tierschutzpreis des Jahres 1999 für »den außergewöhnlichen Einsatz und das vorbildliche persönliche Engagement der Tierschützerin für landwirtschaftliche Nutz- und Schlachttiere.«

»Sechzig ehrenamtliche Teams begleiten unter schwierigsten, psychisch und physisch belastenden und teilweise sogar bedrohlichen Bedingungen internationale Tiertransporte quer durch ganz Europa, sind auf Schlachthöfen und Tiermärkten, an Häfen und Verladestationen präsent«, skizzierte Sozialministerin

Marlies Mosiek-Urbahn die Arbeit von Animals' Angels. »Durch diesen Einsatz [sind] zahlreiche Missstände und Tierquälereien aufgedeckt und oft spürbare Verbesserungen für die Tiere durchgesetzt worden. Die gewonnenen Erfahrungen und Erkenntnisse werden von der Organisation dokumentiert, juristisch und publizistisch verwertet und geben wichtige tierschutzpolitische Anstöße.«[28]

Bei einem Israelbesuch im Juli 2000, der von Yossi Wolfson von Anonymous for Animal Rights organisiert wurde, führte Blanke mit Regierungsvertretern Gespräche über Tiertransporte von und nach Israel. Blanke sagt, ihr Einsatz für die Verbesserung der Tiertransporte sei nur die erste Stufe im Kampf für die Abschaffung des Fleischhandels. »Wir sind entschieden gegen die Schlachtung von Tieren«, erklärte sie der israelischen Zeitung *Ha'aretz*, »aber wenn sie schon geschlachtet werden müssen, dann sollte es dort geschehen, wo sie aufgezogen worden sind. Anschließend kann das tiefgefrorene Fleisch in andere Länder geschickt werden. Das erspart den Tieren unnötiges Leid auf dem Transport.«[29] Was die Gewohnheiten des Fleischverzehrs betreffe, habe sie bei der Bevölkerung zwar noch keine großen Veränderungen bemerkt, aber bei einer Reihe von Tiertransportfahrern hätten sie überraschende Resultate erzielt. Unter dem Einfluss der Animals' Angels und dank deren Aufklärungskampagne in ganz Europa hätten einige von ihnen ihren Job aufgegeben.

Blanke sieht Parallelen zwischen der Nazizeit und dem, was den Tieren heutzutage angetan wird. Die Tiere werden ihrer Würde beraubt, und sobald von ihrer Individualität nichts mehr übrig sei, werde alles möglich. Und bei den Zuschauern sieht sie dieselbe Form der Bewusstseinsspaltung. In der NS-Zeit hätten viele Deutsche »Lieblingsjuden« gehabt, »wirklich nette« Juden, nicht zu verwechseln mit den »normalen«. Bei den Tieren sei es genauso. Es gebe Lieblingstiere wie Minischweine und Reitpferde, die nicht mit »Schlachtsauen« und »Schlachtpferden« verwechselt werden dürften. Blanke sagt, diese ethische Schizophrenie werde von Regierungen und der Fleischindustrie offen unterstützt, während die Medien der Öffentlichkeit eine Gehirnwäsche verpassten, genau wie zu Hitlers Zeiten.

Weitere Ähnlichkeiten seien: Sammelstellen, wo Tiere auf Lastwagen und in Eisenbahnwaggons verladen würden, ohne Rücksicht auf familiäre oder freundschaftliche Bindungen; Selektionen nach »Wert«, Geschlecht und Alter; Verwendung von Rampen; in die Haut tätowierte Zahlen; die unflätige, verächtliche Ausdrucksweise von Fahrern und Schlachtern (»Deutsche Juden wurden *Judensau* genannt und entsprechend behandelt«); und die Benutzung von Euphemismen (»euthanasieren« bedeutet ermorden; »Sonderbehandlung« bezieht sich aufs Schlachten). Des Weiteren der enorme Organisationsaufwand und Papierkram, der erforderlich sei, um Millionen von Tieren über weite Entfernungen zu transportieren und bei ihrer Ankunft zu ermorden. Eine kleine Zahl von Menschen werde durch dieses schreckliche Geschäft ungeheuer reich, sagt Blanke, und obwohl jeder darüber Bescheid wisse, kämpften nur wenige aktiv dagegen.

Blanke weist darauf hin, dass die Juden nicht nur mit Viehwaggons in die Lager transportiert wurden, sondern dass die Reise in den Tod mancherorts genau dort begann, wo man sonst Schlachtvieh auf Lastwagen oder in Züge verlud.[30] Die Historikerin Marion Kaplan schreibt: »Während sich einige Sammelstellen in Synagogen und anderen jüdischen Gemeindehäusern befanden, richteten die Nazis andere in Schlachthäusern ein.«[31] So wurden etwa die Krefelder Juden zusammengetrieben und mit dem Zug zum rund 80 Kilometer entfernten Düsseldorfer Hauptbahnhof gebracht. Anschließend führte sie ein Begleittrupp aus Angehörigen der Gestapo und der SS durch die Straßen der Stadt zu einem Schlachthof in Düsseldorf-Derendorf, der wegen seiner abgeschiedenen Lage und seiner langen Laderampe ideal war. Von dort wurden die Juden zu einer Transitstation namens Izbica in der Nähe von Lublin deportiert und dann nach Auschwitz, Belzec oder Majdanek geschickt.[32]

Am 30. August 1942 brachten die Wiesbadener Nazis die letzten jüdischen Männer, Frauen und Kinder der Stadt zum Schlachthof hinter dem Hauptbahnhof, wo sie vier Tage lang in den Viehboxen bleiben mussten. Dann wurden sie in Viehwaggons verladen. Der Zug fuhr auf dem speziellen Schlachthofgleis nach Frankfurt und dann weiter nach Theresienstadt, dem Konzentrationslager in der Tschechoslowakei, das als Durchgangsstation nach Auschwitz diente.[33] Die bestehende Infrastruktur der Vernichtung wurde genutzt, nur die Opfer waren andere.[34]

In einem Artikel, den Christa Blanke Anfang der 90er Jahre schrieb – »... daß Gott auch diejenigen seiner Geschöpfe liebt, die Federn und Fell, Krallen, Hörner und Stacheln haben: Reflexionen über Kirche und Welthergang« –, beschreibt sie zwei Dinge, die sie am selben Tag mit der Post bekam.[35] Das erste war ein 70-seitiges Protokoll einer Tagung der Kirchensynode, bei der führende Theologen darüber diskutiert hatten, ob in den Grundartikel der Kirchenordnung ein oder zwei Sätze des Inhalts aufgenommen werden sollten, dass die Juden Gottes auserwähltes Volk seien. Nachdem die Kirche während des Holocaust absolut nichts getan habe, um den Juden zu helfen, findet Christa Blanke es grotesk, dass »evangelische Christen immer noch darum [streiten], ob ein kleines Sätzchen, die Juden betreffend, in eine evangelische Kirchenordnung eingefügt werden solle. Fünfzig Jahre zu spät.«

Mit derselben Post bekam sie ein dickes Päckchen mit Fotos und Berichten von Animals'-Angels-Teams, die Tiertransporte durch Europa verfolgten. Dass Pferde, Rinder, Schafe, Schweine und Hühner auf dem Weg zum Schlachter tagein, tagaus verhungern und verdursten, veranlasst Blanke zu der Frage:

> Wo erhebt meine Kirche ihre Stimme für die armen Kreaturen, die zum Schlachten quer durch Europa gekarrt werden in rollenden Kolonnen, die Jahr für Jahr an Grenzen verhungern und verdursten, in ihren eigenen Exkrementen ersticken? Wo schreit meine Kirche für die Stummen, für Schwester Kuh und Bruder Pferd, für das Lamm Gottes? Dazu hat sie wohl keine Zeit. Sie muß den Tagesordnungspunkt *Kirchengesetz zur Änderung der Kirchenordnung hinsichtlich des Verhältnisses von Juden und Christen* diskutieren, protokollieren, drucken und verschicken. Fünfzig Jahre zu spät.

Bei einer Führung durch einen Schlachthof fällt Blanke die Ähnlichkeit der Schlachthofterminologie mit der Sprache der Nazis auf. Der Tierarzt, der sie herumführt, erklärt, der Schlachthof sei in »reine« und »unreine« Zonen aufgeteilt. In der »reinen Zone«, wo gerade Hochbetrieb herrscht, wird das verarbeitete Fleisch im Kühlraum aufbewahrt, in der »unreinen Zone« werden die Tiere in Ställen gehalten und dann geschlachtet. Das Schlachten ist für diesen Tag beendet, die Ställe sind weitgehend leer. »Zwei Gruppen von Kühen und Rindern sehen uns aus großen, dunklen Augen an.« Blanke sieht Schweine, die blutige Striemen auf der Haut haben; sie bekommen kein Futter und kein Wasser mehr, bis das Schlachten um vier Uhr am nächsten Morgen wieder beginnt.

Auf dem Rundgang durch die »reine Zone« der Fleischvermarktung und der Kühlräume erklärt ihnen der Tierarzt, er habe seine Arbeit für heute erledigt. Als er stolz sagt: »Wo man mich hinstellt, tue ich meine Pflicht«, geht es Blanke durch den Sinn: »Das kenne ich doch ... Und vieles andere hier kenne ich auch. Worte wie ›Rampe‹ und ›Selektion‹ – ›taugliche Tiere‹ werden in die Ställe geführt, ›untaugliche‹ in einem Sondertrakt sofort getötet.« Die Fachsprache entpersonalisiert Opfer und Täter – Ausdrücke wie »Anlieferung der Ware«, »Transport«, »Sonderbehandlung« kranker Tiere, »Ablauf« des Schlachtens, »Verwertung« der Haare, Knochen, Häute.

Als Blanke den Schlachthof verlässt, ist ihr schlecht. »Und wir haben das Schlachten selbst ja noch nicht mal gesehen. Wir haben das Angstgebrüll der Rinder nicht gehört und auch nicht das Schreien der Schweine, wir haben die Maschinen nicht dröhnen hören und den Bolzenschußapparat auch nicht.« Was sie gesehen hat, war

> die Entwürdigung des Opfers, die dem Mord ja immer vorausgeht: Tiere, die nach draußen gehören, dahin, wo Gras wächst und Bäume stehen, wo der Wind sie streichelt und die Sonne sie wärmt, wo ihre Sinne gefordert werden und ihre Fähigkeit zu überleben, diese Tiere stehen zusammengezwängt, kotverschmiert, mit Striemen auf dem Leib, voller Angst zwischen Eisengittern auf Beton in einer Halle. Kein Versteck, kein Schutz, nichts, wohin sie sich verkriechen könnten in ihrer Not.

Diese Tiere »verbringen ihre letzten Lebensstunden in derselben Stadt, in der auch die Kirchensynode tagt, die das *Kirchengesetz zur Änderung der Kirchenordnung hinsichtlich des Verhältnisses von Juden und Christen* immer noch nicht verabschieden konnte«. Blanke fragt sich, ob einer der Synodalen schon einmal in einem Schlachthof gewesen ist. »Hat einer die Opfer dieses täglichen Holocaust schreien hören? Ich kann es mir kaum vorstellen. Aber was ich mir vorstellen kann ist, daß, nachdem alle Reden gehalten worden und alle Stellungnahmen abgegeben worden sind, die Synodalen zum Mittagessen gehen: Es gibt Linsensuppe mit Rindswürstchen.«

Als sie an diesem Abend zu Hause die Tiere füttert, denkt Blanke daran, dass die Kirche 130 Jahre zuvor zum Sklavenhandel geschwiegen hat, weil es »nur« Schwarze waren. Vor 50 Jahren hat sie geschwiegen, weil es »nur« Juden waren. Heute schweigt sie, weil es »nur« Tiere sind. »Werden die Tiere weiterhin zu Millionen geschlachtet werden und bis auf einige wenige ›nützliche‹ Arten ausgerottet sein, bis die Kirche entdeckt, daß auch Tiere eine Seele haben, daß Gott auch diejenigen seiner Geschöpfe liebt, die Federn und Fell, Krallen und Klauen, Hörner und Stacheln haben?«

Blanke ist sich darüber im Klaren, dass »der Holocaust-Vergleich in Deutschland und anderswo nicht sehr beliebt ist, aber für mich wird er immer treffender, je mehr ich über das grausame Geschäft mit lebenden Tieren erfahre.« Sie weiß auch, dass ihre Möglichkeiten begrenzt sind, »weil Grausamkeit und Habsucht offenbar immer die Oberhand gewinnen«. Trotzdem will sie tun, was sie kann. »Ich bin fest entschlossen, den modernen Holocaust der Tiere mit aller Macht zu bekämpfen.«

Schluss

In den Vereinigten Staaten, wo die Sklaverei und die weitgehende Ausrottung der Ureinwohner des Kontinents einen unauslöschlichen Bestandteil der Geschichte darstellen, ist die institutionalisierte Grausamkeit gegen die Schwachen und Schutzlosen Alltag. Obwohl die Vereinigten Staaten schließlich gegen Hitler in den Krieg zogen und zu seiner Niederlage beitrugen, lebt seine Weltanschauung im Lande der Sieger weiter.

Hitler hat erklärt: »Wer Macht nicht besitzt, verliert das Recht zum Leben.« Nirgends ist diese Überzeugung auf so fruchtbaren Boden gefallen wie im heutigen Amerika, wo täglich Millionen Lämmer, Kälber, Schweine, Hühner, Kühe, Pferde und andere Tiere, meist blutjung und allesamt unschuldig, in Mordzentren transportiert und dort für die Tische der Herrenspezies geschlachtet werden. Und warum? Weil sie sich nicht wehren, sich nicht gegen jene verteidigen können, die sie töten und essen, und weil nur so wenige Menschen bereit und imstande sind, den Kampf für sie aufzunehmen. Es scheint, als würde die von unserer Gesellschaft betriebene Misshandlung und Ausbeutung der Tiere ewig weitergehen. Sie wird unterstützt durch Verleugnung und Gleichgültigkeit und durch Traditionen, die bis zu den Ursprüngen unserer Kultur zurückreichen.

Doch eine wachsende Zahl von Menschen sagt Nein zum Schlachthof und zu allem, wofür er steht. Das gibt Anlass zur Hoffnung, dass diese Gräuel eines Tages ein Ende nehmen werden. Und wie verhalten wir uns bis dahin zur Ermordung all jener Unschuldigen, die mitten unter uns stattfindet, gnadenlos, Tag für Tag? Wie lange wollen wir noch zulassen, dass dieses von der Gesellschaft stillschweigend geduldete Massenschlachten weitergeht, ohne unsere Stimme dagegen zu erheben?

Je eher wir mit unserer grausamen und gewalttätigen Lebensweise Schluss machen, desto besser für uns alle – Täter, Zuschauer und Opfer.

Dank

Mein besonderer Dank gilt Lucy Rosen Kaplan, die das Manuskript gelesen hat, sowie jenen, die frühe Fassungen gelesen und wertvolle Vorschläge gemacht haben: Aviva Cantor, Mitbegründerin der jüdisch-feministischen Zeitschrift *Lilith*; David Cantor, Berater bundesweit tätiger amerikanischer Tierrechtsorganisationen; Robert Cohen, Executive Director des Dairy Education Board; Karen Davis, Präsidentin von United Poultry Concerns; Albert Kaplan, Berater bei Laidlow Global Securities; und Barbara Stagno und Eliott Katz von In Defense of Animals. Darüber hinaus möchte ich jenen danken, die einzelne Kapitel gelesen und hilfreiche Anmerkungen gemacht haben – Ingrid Newkirk, Präsidentin von PETA; Alex Press, Textchef des New Yorker Wochenblatts *Village Voice*, und Richard Schwartz, Autor von *Judaism and Vegetarianism*.

Jene, die ihre Geschichte für den 3. Teil des Buches beigesteuert haben, verdienen ebenfalls ein besonderes Wort des Dankes: Liesel Appel, Dan Berger, Marc Berkowitz, Christa Blanke, Aviva Cantor, David Cantor, Robin Duxbury, Gail Eisnitz, Dietrich von Haugwitz, Alex Hershaft, Susan Kalev, Albert Kaplan, Helmut Kaplan, Lucy Kaplan, Anne Kelemen, Eric Marcus, Anne Muller, Peter Muller, Peter Singer, Barbara Stagno, Sonia Waisman, Zoe Weil und der verstorbene Henry Spira.

Außerdem möchte ich Yoël Arbeitman, Peter Muller, Valerie Paradiz und Dietrich von Haugwitz meine Dankbarkeit für ihre Hilfe bei der Übersetzung des deutschsprachigen Materials für die Originalausgabe bezeugen. Den Mitarbeitern der New York Public Library und der Columbia University Library danke ich dafür, dass sie mir geholfen haben, das Material zu finden, das ich für meine Recherchen benötigte.

Erwähnung verdienen auch diejenigen, die mich während der Arbeit an diesem Buch mit einem Wort der Ermutigung oder einem wertvollen Rat unterstützt oder mir auf andere Weise geholfen haben: Batya Bauman, Allen Bergson, Georgianna Bishop, Andrea daVinci Braun, Gert Bregman, Waclaw Godziemba-Maliszewski, Roberta Kalechofsky, Albert Kaplan, Marilyn Klein, Michael Larsen, Ralph Meyer, Elizabeth Pomada, Debby Tanzer und andere. Insbesondere danke ich Meredith Dunham für die Gestaltung der amerikanischen Ausgabe und Dave Rietz für die Einrichtung und Betreuung der Website zum Buch (www.powerfulbook.com).

Meine tief empfundene Wertschätzung gilt Professor Marian Filar, einem ehemaligen Konzertpianisten und Holocaust-Überlebenden, den ich während der letzten Phasen der Arbeit an diesem Buch kennen gelernt habe und an dessen faszinierender Lebensgeschichte – *From Buchenwald to Carnegie Hall* – ich mitarbeiten durfte.

Ein wohlverdientes Wort des Dankes und des Lobes geht an Martin Rowe, den Verleger von Lantern Books, der die Bedeutung von *Eternal Treblinka* erkannt und mitgeholfen hat, das Projekt in den Vereinigten Staaten zu realisieren.

Ich danke Farrar, Straus and Giroux für die Erlaubnis, einen Auszug aus »The Letter Writer« aus *The Seance and Other Stories* von Isaac Bashevis Singer zu verwenden, und Four Walls Eight Windows für die Genehmigung, aus *Dead Meat* von Sue Coe zu zitieren.

Eine vollständige Liste der Organisationen in aller Welt, die in der Entstehungsphase des Buches ihre Unterstützung zum Ausdruck gebracht haben, findet sich auf der Support-Seite der Website zum Buch.

Anmerkungen

1. Die große Kluft

[1] Sigmund Freud, »Eine Schwierigkeit der Psychoanalyse«, in: *Gesammelte Werke Bd. XII*, 4. Auflage, Frankfurt/Main (Fischer) 1972, S. 7.
[2] Sigmund Freud, »Die Fixierung an das Trauma, das Unbewußte«, in: *Gesammelte Werke Bd. XI*, S. 295.
[3] Michel de Montaigne, *Essais nebst des Verfassers Leben nach der Ausgabe von Pierre Coste ins Deutsche übersetzt von Johann Daniel Tietz, 3 Bände*, Zürich (Diogenes) 1992, II. Buch, XII. Hauptstück S. 32, 27.
[4] Ebd., S. 108.
[5] Carl Sagan, *Die Drachen von Eden. Das Wunder der menschlichen Intelligenz*. Aus dem Amerikanischen von Elke vom Scheidt. München, Zürich (Droemer-Knaur) 1978, S. 25-30.
[6] Richard E. Leakey und Roger Lewin, *Wie der Mensch zum Menschen wurde. Neue Erkenntnisse über den Ursprung und die Zukunft des Menschen*. Aus dem Englischen von Angela Sussdorf. Hamburg (Hoffmann und Campe) 1996, S. 14 f.
[7] Carl Sagan, Ann Druyan, *Schöpfung auf Raten. Neue Erkenntnisse zur Entwicklungsgeschichte des Menschen*. Aus dem Amerikanischen von Hubert M. Stadler. München (Droemer-Knaur) 1993, S. 461.
[8] Ebd.
[9] Edward O. Wilson, »Is Humanity Suicidal?«, in: *New York Times Magazine*, 30. Mai 1993.
[10] Jared Diamond, *Der dritte Schimpanse. Evolution und Zukunft des Menschen*. Aus dem Amerikanischen von Volker Englich. Frankfurt/Main (Fischer) 1998. S. 47. Montaigne hat darauf hingewiesen, dass Tiere durch Laute und Gebärden kommunizieren, die von den Menschen nur in geringem Maße verstanden werden. »Warum liegt der Fehler, welcher den Umgang zwischen uns und ihnen hindert, nicht eben so wohl an uns, als an ihnen? Wir verstehen mittelmäßig, was die Thiere haben wollen; und fast eben so gut verstehen auch uns die Thiere.« Montaigne, *Essais*, S. 36.
[11] J. Diamond, *Der dritte Schimpanse*, S. 73.
[12] Allen W. Johnson and Timothy Earle, *The Evolution of Human Societies. From Foraging Group to Agrarian State*. Stanford, CA, (Stanford University Press) 1987, S. 27.
[13] Sherwood L. Washburn und C. S. Lancaster, »The Evolution of Hunting«, in: Richard B. Lee and Irven DeVore (Hg.), *Man the Hunter*. Chicago (Aldine Publishing Company) 1968, S. 303.
[14] Barbara Ehrenreich, *Blutrituale. Ursprung und Geschichte der Lust am Krieg*. Aus dem Englischen von Wolfgang Heuss. München (Kunstmann) 1997, S. 32.
[15] Diamond, *Der dritte Schimpanse*, S. 73 f.
[16] Sagan und Druyan, *Schöpfung auf Raten*, S. 446.

[17] Diamond, *Der dritte Schimpanse*, S. 74.
[18] Sagan, *Die Drachen von Eden*, S. 133.
[19] Diamond, *Der dritte Schimpanse*, S. 46; s. a. Frederick E. Zeuner, *Geschichte der Haustiere*. Aus dem Englischen von Renate Ross-Rahte. München, Basel, Wien (Bayerischer Landwirtschaftsverlag) 1967, S. 17.
[20] James A. Serpell, »Working Out the Beast. An Alternative History of Western Humaneness«, in: Frank R. Ascione and Phil Arkow (Hg.): *Child Abuse, Domestic Violence, and Animal Abuse. Linking the Circles of Compassion for Prevention and Intervention*. West Lafayette, IN, (Purdue University Press) 1999, S. 40.
[21] Karl Jacoby, »Slaves by Nature? Domestic Animals and Human Slaves«, in: *Slavery & Abolition. A Journal of Slave and Post-Slave Studies*, Bd. 15, Nr. 1 (April 1994), S. 90.
[22] Jim Mason, *An Unnatural Order. Why We Are Destroying the Planet and Each Other*, New York (Continuum) 1997, S. 122; Jacoby, »Slaves by Nature?«, S. 92.
[23] Desmond Morris, *Der nackte Affe*. Aus dem Englischen von Fritz Bolle. München (Knaur) 1970, S. 210.
[24] Peter J. Ucko and G. W. Dimbleby (Hg.), *The Domestication and Exploitation of Plants and Animals*, Chicago (Aldine Publishing Company) 1969, S. 122 f. Die Kastration aller Männer bis auf die spezielle Zuchtauswahl lag den Sterilisations- und Lebensborn-Programmen der Nazis zugrunde, die in Kapitel 4 erörtert werden.
[25] Sagan, *Schöpfung auf Raten*, S. 298 f.
[26] B. A. L. Cranstone, »Animal Husbandry. The Evidence from Ethnography«, in: Ucko and Dimbleby, *Domestication and Exploitation*, S. 254 ff.
[27] Ebd., S. 256 ff.
[28] Ebd., S. 259 f.
[29] Philip Kapleau, *To Cherish All Life. A Buddhist Case for Becoming Vegetarian*, 2. Auflage, Rochester, NY, (The Zen Center) 1986, S. 11.
[30] Aus der Mailingliste von Veg-NYC@waste.org (16. März 1997).
[31] Zur Kritik der heutigen Jagd siehe Marti Kheel, »License to Kill. An Ecofeminist Critique of Hunters' Discourse«, in: Carol Adams und Josephine Donovan (Hg.), *Animals and Women. Feminist Theoretical Explorations*, Durham, N.C., (Duke University Press) 1995, S. 85–125.
[32] Eine Erörterung der »Distanzierungsmethoden« Gleichgültigkeit, Verstecken, falsche Darstellung und Abwälzen der Schuld findet sich bei James Serpell, *Das Tier und wir. Eine Beziehungsstudie*. Aus dem Englischen von Brigitte Siegel. Rüschlikon-Zürich etc. (Müller) 1990, S. 186–211.
[33] Zitiert in Serpell, »Working Out the Beast«, S. 43.
[34] Keith Thomas, *Man and the Natural World. A History of the Modern Sensibility*, New York (Pantheon Books) 1983, S. 46.
[35] Mason, *Unnatural Order*, S. 176. Für Mason manifestiert sich das Macht- und Ausbeutungsverhältnis der modernen Zivilisation gegenüber Tier und Natur in zwei besonders brutalen Formen: in Tierversuchen und der industrialisierten Gefangenschaft und Produktion von Tieren, die man »Massentierhaltung« nennt. Jim Mason, »All Heaven in a Rage«, in: Laura A. Moretti, *All Heaven in a Rage. Essays on the Eating of Animals*, Chico, CA, (MBK Publishing) 1999, S. 19.
[36] Am Ende seiner Abhandlung über das ähnliche Schicksal von Haustieren und menschlichen Sklaven fragt Karl Jacoby: »Überwog die Herausbildung neuer Formen der Herrschaft über Tiere und Mitmenschen nicht die zivilisatorischen Fortschritte, die durch den Aufstieg der Landwirtschaft möglich wurden?« Jacoby, »Slaves by Nature?«, S. 97.
[37] Aviva Cantor, »The Club, the Yoke, and the Leash. What We Can Learn from the Way a Culture Treats Animals«, *Ms.*, August 1983, S. 27.

[58] Jeremy Bentham, *Introduction to the Principles of Moral and Legislation*, (1789). Zitiert in: Jon Wynne-Tyson (Hg.), *The Extended Circle. A Commonplace Book of Animal Rights*, New York (Paragon House) 1989, S. 16.
[59] Jacoby, »Slaves by Nature?«, S. 94.
[40] Ebd., S. 92.
[41] Elizabeth Fisher, *Women's Creation. Sexual Evolution and the Shaping of Society*, New York (Doubleday) 1979, S. 190, 197; Stanley and Roslind Godlovitch and John Harris (Hg.), *Animals, Men and Morals. An Enquiry into the Maltreatment of Nonhumans*, New York (Taplinger) 1972, S. 228; Mason, *Unnatural Order*, S. 199, 275; Jacoby, »Slaves by Nature?«.
[42] Fisher, *Women's Creation*, S. 190.
[43] Ebd., S. 197.
[44] Von allen Tieren, die heutzutage im Rahmen der Nahrungsmittelproduktion ausgebeutet und getötet werden, haben die weiblichen Tiere – Hennen, Sauen und Milchkühe – das schlimmste Los, und die Eierindustrie ist »das krasseste Beispiel für die hoch zentralisierte, fabrikmäßige Ausbeutung weiblicher Tiere.« Lori Gruen, »Dismantling Oppression. An Analysis of the Connection Between Women and Animals«, in: Greta Gaard (Hg.), *Ecofeminism. Women, Animals, Nature*, Philadelphia (Temple University Press) 1993, S. 72 ff.
[45] Zitiert in Gerda Lerner, *Die Entstehung des Patriarchats*. Aus dem Englischen von Walmot Möller-Falkenberg. Frankfurt/Main, New York (Campus) 1991, S. 70.
[46] Mason, *Unnatural Order*, S. 199.
[47] Thomas, *Man and the Natural World*, S. 44.
[48] Ebd.
[49] Ebd., S. 44 f.
[50] Winthrop D. Jordan, *The White Man's Burden. Historical Origins of Racism in the United States*, New York (Oxford University Press) 1974, S. 81.
[51] Ebd., S. 82.
[52] Auf einem Anwesen in der Karibik brandmarkt man das Vieh heute mit denselben Buchstaben wie im 18. Jahrhundert die Sklaven. Orlando Patterson, *Slavery and Social Death. A Comparative Study*, Cambridge, MA, (Harvard University Press) 1982, S. 59.
[53] Tzvetan Todorov, *Die Eroberung Amerikas. Das Problem des Anderen*. Aus dem Französischen von Wilfried Böhringer. Frankfurt/Main (Suhrkamp) 1985, S. 167.
[54] Kenneth M. Stampp, *The Peculiar Institution. Slavery in the Ante-Bellum South*, New York (Knopf) 1956, S. 210. In Europa wurden Zigeuner von den lokalen Behörden gebrandmarkt und verstümmelt, und man legte ihnen Eisenringe um den Hals. Donald Kenrick und Grattan Puxon, *Sinti und Roma – Die Vernichtung eines Volkes im NS-Staat*. Übersetzt von Astrid Stegelmann. Göttingen und Wien (Gesellschaft für bedrohte Völker) 1981, S. 39, 47. In Frankreich wurden Zigeuner unter Ludwig XIV. gebrandmarkt und kahl geschoren; in Böhmen und Mähren schnitt man ihnen die Ohren ab. Isabel Fonseca, *Begrabt mich aufrecht. Auf den Spuren der Zigeuner*. Aus dem Amerikanischen von Wolfgang Riehl. München (Kindler) 1996, S. 310. Im Zweiten Weltkrieg wurden Zigeuner bei ihrer Ankunft in Auschwitz-Birkenau von den Deutschen tätowiert und kahl geschoren. Kenrick und Puxon, *Sinti und Roma*, S. 111.
[55] Stampp, *Peculiar Institution*, S. 188. In Jamaica war es legal, einem geflohenen Sklaven den Fuß abzuhacken. Jordan, *White Man's Burden*, S. 81.
[56] Patterson, *Slavery and Social Death*, S. 59.
[57] Stampp, *Peculiar Institution*, S. 188.
[58] Ebd., S. 210, 188.
[59] Herbert Aptheker, *Abolitionism. A Revolutionary Movement*, Boston (Twayne) 1989, S. 11.

[60] Stampp, *Peculiar Institution*, S. 174. Siehe auch Marjorie Spiegel, *The Dreaded Comparison. Human and Animal Slavery*, revised edition, New York (Mirror Books) 1996.
[61] Steven M. Wise, *Rattling the Cage. Toward Legal Rights for Animals*, Cambridge, MA, (Perseus Books) 2000, S. 52.
[62] »Weder den alten Griechen noch den Hebräern oder den Christen fiel es schwer zu akzeptieren, dass alles im Universum zu ihrem Nutzen da sei«, schreibt Wise. »Heute gibt es jedoch keinen wissenschaftlichen Beweis dafür, dass andere Tiere oder überhaupt irgendetwas für uns erschaffen wurde.« Wise empfiehlt allen, die so etwas glauben, »diese kindischen Ansichten abzulegen.« Ebd., S. 264 f.
[63] 1. Mose 1, 25–26.
[64] Kapleau, *To Cherish All Life*, S. 21.
[65] Zitiert ebd., S. 21, 23.
[66] Ebd., S. 1.
[67] Für ein einziges Exemplar der im 15. Jahrhundert gedruckten Gutenberg-Bibel brauchte man die Häute von 170 Jungkälbern, die noch während der Säugezeit geschlachtet wurden, damit man aus ihren Häuten feines Pergament machen konnte. Für die ursprünglichen 35 Pergament-Exemplare der Gutenberg-Bibel mussten also rund 6.000 Jungkälber ihr Leben lassen. Joyce E. Salisbury, *The Beast Within. Animals in the Middle Ages*, New York (Routledge) 1994, S. 23.
[68] Milan Kundera, *Die unerträgliche Leichtigkeit des Seins*. Aus dem Tschechischen von Susanna Roth. Frankfurt/Main (Fischer) 1992, S. 273 f. Albert Kaplan schreibt: »Dass Gott den Juden oder sonstwem die Erlaubnis erteilt haben soll, Tiere zu töten und zu essen, ist blanker Unsinn.« Persönliche Mitteilung an den Autor.
[69] Andrew Linzey und Dan Cohn-Sherbok, *After Noah. Animals and the Liberation of Theology*, New York (Cassell) 1997, S. 23.
[70] Jesaja 66, 3.
[71] Aviva Cantor, *Jewish Women, Jewish Men. The Legacy of Patriarchy in Jewish Life*, San Francisco (Harper and Row) 1995, S. 84.
[72] Zitiert in Richard Schwartz, »Tsa'ar Ba'alei Chayim – Judaism and Compassion for Animals«, in: Roberta Kalechofsky (Hg.), *Judaism and Animal Rights. Classical and Contemporary Responses*, Marblehead, MA, (Micah Publications) 1992, S. 61. Siehe auch Richard Schwartz, *Judaism and Vegetarianism*, revised edition, New York (Lantern) 2001.
[73] 1. Mose 1, 29.
[74] Zitiert in Cartmill, *Tod im Morgengrauen*, S. 307 (Anm. 38).
[75] Aristoteles, *Politik*, 1. Buch, Kapitel 8, zitiert in Wise, *Rattling the Cage*, S. 13.
[76] Thomas, *Man and the Natural World*, S. 17; Wise, *Rattling the Cage*, S. 14 f. Heute wird dieser tief verwurzelte Standpunkt der westlichen Kultur zunehmend angezweifelt. »Die Tiere der Welt existieren aus ihren eigenen Gründen«, schreibt Alice Walker. »Sie wurden ebenso wenig für die Menschen geschaffen wie Schwarze für Weiße oder Frauen für Männer.« Vorwort in: Spiegel, *Dreaded Comparison*, S. 14.
[77] Aristoteles, *Werke, Bd. 6. Politik*. 1. Buch, Kapitel 5. Hrsg. von Franz Susemihl. Aalen (Scientia) 1978, S. 99 ff.
[78] Anthony Pagden, *The Fall of Natural Man. The American Indian and the Origins of Comparative Ethnology*, Cambridge (Cambridge University Press) 1982, S. 43.
[79] Zitiert in Wise, *Rattling the Cage*, S. 32.
[80] Zitiert ebd., S. 16.
[81] Zitiert in Mason, *Unnatural Order*, S. 34.
[82] Wise, *Rattling the Cage*, S. 32.
[83] Matt Cartmill, *Tod im Morgengrauen. Das Verhältnis des Menschen zu Natur und Jagd*. Aus dem Englischen von Hans-Ulrich Möhring. Zürich (Artemis & Winkler)

1993, S. 59. [späterer Titel: *Das Bambi-Syndrom. Jagdleidenschaft und Misanthropie in der Kulturgeschichte*. Reinbek bei Hanburg (Rowohlt) 1995].Siehe auch Serpell, *Das Tier und wir*, S. 218 f. J. M. C. Toynbee schreibt, das römische Volk habe »an den oft entsetzlichen Leiden, dem qualvollen Verenden zahlloser herrlicher und edler Geschöpfe sein Vergnügen und seine Zerstreuung gefunden«. J. M. C. Toynbee, *Tierwelt der Antike*. Übersetzt von Maria R.-Alföldi und Detlef Misslbeck. Mainz am Rhein (von Zabern) 1983, S. 9.

[84] Cassius Dio, *Römische Geschichte* 39, 38, 2 ff., zitiert in Cartmill, *Tod im Morgengrauen*, S. 60.

[85] Cicero, *An seine Freunde* 7,1,3, zitiert ebd., S. 60.

[86] Augustinus, *Der Gottesstaat*, I, 20, zitiert in Ascione und Arkow, *Child Abuse*, S. 45. Joyce Salisbury schreibt, dass die Verwendung von Tieren in Fabeln und Tierliteratur als Modelle für menschliches Verhalten ebenso wie der Volksglauben an halbmenschliche Geschöpfe im Mittelalter die Grenze verschwimmen ließ, die Menschen von Tieren trennte, während Thomas von Aquin und die anderen christlichen Denker gleichzeitig behaupteten, es gebe einen unüberbrückbaren Unterschied zwischen den Gattungen. Siehe Salisbury, *Beast Within*, besonders Kapitel 4 und 5.

[87] Salisbury, *Beast Within*, S. 16 f.

[88] Ascione und Arkow, *Child Abuse*, 45 f.

[89] Z. B. christliche Autoren wie John Baker, Stephen Webb, Gary Kowalski, J. R. Hyland und Jay McDaniel, die sich ebenfalls mit Themen wie Gerechtigkeit für Tiere und respektvoller Umgang mit Tieren befassen. Ein guter Überblick über den Versuch des modernen Christentums, seine anthropozentrische Tradition zu überwinden, findet sich in Roger S. Gottlieb (Hg.), *This Sacred Earth. Religion, Nature, Environment*, New York (Routledge) 1996.

[90] *Satya* (Januar 2000), S. 3 f.

[91] Platon, *Timaios*, 40 f.; Arthur O. Lovejoy, *Die große Kette der Wesen. Geschichte eines Gedankens*. Übersetzt von Dieter Turck. Frankfurt am Main (Suhrkamp) 1985, S. 62 ff.

[92] Mason, *Unnatural Order*, S. 211.

[93] Thomas, *Man and the Natural World*, S. 18.

[94] E. M. W. Tillyard, *The Elizabethan World Picture*, New York (Random House) 1959, S. 27.

[95] John Weiss, *Der lange Weg zum Holocaust. Die Geschichte der Judenfeindschaft in Deutschland und Österreich*. Aus dem Amerikanischen von Helmut Dierlamm und Norbert Juraschitz. Hamburg (Hoffmann und Campe) 1996, S. 72.

[96] Lovejoy, *Die große Kette*, S. 102.

[97] Pagden, *Fall of Natural Man*, S. 22.

[98] Hayden White, »The Forms of Wildness. Archaeology of an Idea«, in: Edward Dudley and Maximilian E. Novak (Hg.), *The Wild Man Within. An Image of Western Thought from the Renaissance to Romanticism*, Pittsburgh (University of Pittsburgh Press) 1972, S. 14. Zitiert in David Stannard, *American Holocaust. The Conquest of the New World*, New York (Oxford University Press) 1992, S. 173.

[99] Thomas, *Man and the Natural World*, S. 134.

[100] Das hoch geschätzte Werk des Jesuiten Joseph François Lafitan, »Customs of the American Indians Compared with the Customs of Primitive Times«, enthielt die Abbildung eines kopflosen Eingeborenen, dessen Gesicht in der Brust saß. Stannard, *American Holocaust*, S. 227.

[101] Francis Bacon, *Weisheit der Alten. Aus dem Lateinischen und Englischen übertragen von Marina Münkler*. Frankfurt/Main (Fischer) 1990, S. 63.

[102] Thomas, *Man and the Natural World*, S. 19.

[103] Ebd., S. 33.

[104] Ebd., S. 34.
[105] Ebd.
[106] Serpell, *Das Tier und wir*, S. 170.
[107] Thomas, *Man and the Natural World*, S. 34 ff.
[108] Ebd., S. 40 f.
[109] Sagan und Druyan, *Schöpfung auf Raten*, S. 464. Albert Schweitzer kritisierte an der abendländischen Philosophie, dass sie »nicht den entscheidenden Schritt unternahm, die Tierliebe zu einer ethischen Forderung zu erheben und sie mit der Menschenliebe gleichzustellen.« Er schrieb: »In unserer westlichen Welt beschränkt sich die Ethik bisher weitgehend auf die Beziehung des Menschen zum Menschen. Aber das ist eine begrenzte Ethik. Wir brauchen eine unbegrenzte Ethik, die auch die Tiere umfasst.« Albert Schweitzer, *The Animal World of Albert Schweitzer. Jungle Insights into Reverence for Life*, Boston (Beacon Press) 1950, S. 30, 183.
[110] Thomas, *Man and the Natural World*, S. 41, 46 f.
[111] Robert Jay Lifton, *Ärzte im Dritten Reich*. Aus dem Amerikanischen von Annegrete Lösch, Sebastian Fetscher und Matthias K. Scheer. Stuttgart (Klett-Cotta) 1988, S. 527. In der Haeckelschen Tradition ausgebildete deutsche Anthropologen wurden in den 30er Jahren des 20. Jahrhunderts zu begeisterten Befürwortern der nationalsozialistischen »Rassenhygiene«.
[112] Cartmill, *Tod im Morgengrauen*, S. 165. Nick Fiddes sieht im Fleischverzehr das typische Symbol der menschlichen Vorherrschaft, weil Fleisch die »greifbare Verkörperung der Herrschaft des Menschen über die natürliche Welt ist ... Das Muskelfleisch anderer hochentwickelter Tiere zu verzehren, drückt eindringlich unsere überragende Macht aus.« Nick Fiddes, *Fleisch. Symbol der Macht*. Aus dem Englischen von Annemarie Teliops. 2. Auflage, Frankfurt/Main (Zweitausendeins) 1998, S. 15. Zitiert in Salisbury, *Beast Within*, S. 55.
[113] Cartmill, *Tod im Morgengrauen*, S. 167. Siehe auch Teil III (»Animals and Empire«) von Harriet Ritvo, *The Animal Estate. The English and Other Creatures in the Victorian Age*, Cambridge, MA, (Harvard University Press) 1987, S. 205-288.
[114] Leo Kuper, *Genocide. Its Political Use in the Twentieth Century*, New Haven (Yale University Press) 1981, S. 88.

2. Wölfe, Affen, Schweine, Ratten, Ungeziefer

[1] Sigmund Freud, »Eine Schwierigkeit der Psychoanalyse«, in: *Gesammelte Werke Bd. XII*, 4. Auflage, Frankfurt/Main (Fischer) 1972, S. 7 f. In ähnliche Richtung zielt eine Bemerkung von Donald C. Peattie aus dem Jahr 1942. In einem Aufsatz über die Wirkung des Walt-Disney-Films *Bambi* auf Kinder schrieb er: »Für ein Kind mit seinem schlichten Gemüt ist das Leben eines unschuldigen, harmlosen und schönen Tieres genauso kostbar wie das eines Menschen, von denen so viele ganz und gar nicht unschuldig und harmlos und schön wirken.« Donald C. Peattie, »The Nature of Things«, in: *Audubon Magazine*, 44:266-271 (Juli 1942). Zitiert in Matt Cartmill, *Tod im Morgengrauen. Das Verhältnis des Menschen zu Natur und Jagd*. Aus dem Englischen von Hans-Ulrich Möhring. Zürich (Artemis & Winkler) 1993, S. 216 f.
[2] David Stannard, *American Holocaust. The Conquest of the New World*, New York (Oxford University Press) 1992, S. 242.
[3] Ervin Staub, *The Roots of Evil. The Origins of Genocide and Other Group Violence*, Cambridge (Cambridge University Press) 1989, S. 175. Hitler fühlte sich durch diesen Präzedenzfall bestätigt; er fragte: »Wer redet heute noch von der Vernichtung der Armenier?« Ebd., S. 187.
[4] Neil J. Kressel, *Mass Hate. The Global Rise of Genocide and Terror*, New York (Perseus Books) 1996, S. 250.

⁵ Margaret T. Hodgen, *Early Anthropology in the Sixteenth and Seventeenth Centuries*, Philadelphia (University of Pennsylvania Press) 1964, S. 410 f.
⁶ Ebd., S. 411 f., 417.
⁷ Ebd., S. 422.
⁸ Keith Thomas, *Man and the Natural World. A History of the Modern Sensibility*, New York (Pantheon Books) 1983, S. 42.
⁹ Ebd., S. 136.
¹⁰ Zitiert in Stephen J. Gould, *Der falsch vermessene Mensch*. Aus dem Amerikanischen von Günter Seib. Basel, Boston (Birkhäuser) 1883, S. 32.
¹¹ Zitiert ebd.
¹² Zitiert ebd., S. 87.
¹³ Henry Friedlander, *Der Weg zum Genozid. Von der Euthanasie zur Endlösung*. Aus dem Amerikanischen von Johanna Friedman, Martin Richter und Barbara Schaden. Berlin (Berlin Verlag) 1997, S. 28.
¹⁴ Zitiert in Gould, *Der falsch vermessene Mensch*, S. 104.
¹⁵ Zitiert ebd., S. 106.
¹⁶ Friedlander, *Weg zum Genozid*, S. 29.
¹⁷ Gould, *Der falsch vermessene Mensch*, S. 55.
¹⁸ Ebd. S. 54.
¹⁹ Jim Mason, *An Unnatural Order. Why We Are Destroying the Planet and Each Other*, New York (Continuum) 1997, S. 241.
²⁰ Philip P. Hallie, *Grausamkeit. Der Peiniger und sein Opfer*. Deutsch von Thomas M. Höpfner. Olten, Freiburg (Walter) 1971, S. 147 f.
²¹ *Southwestern Christian Advocate*, 27. April 1893. Zitiert in: Charles Patterson, *Social Perspectives of Protestant Journals During the Depression of 1893–97* (Dissertation, Columbia University 1970), S. 209.
²² Zitiert in Gould, *Der falsch vermessene Mensch*, S. 78.
²³ Zitiert ebd., S. 80.
²⁴ Stannard, *American Holocaust*, S. 246.
²⁵ Ebd., S. 248.
²⁶ Das erste englischsprachige Buch über Amerika erschien 1511. Darin wurden die Indianer als »wilde Tiere bar jeder Vernunft« beschrieben. Ebd., S. 225 f.
²⁷ Ebd., S. 67.
²⁸ Bartolomé de las Casas, *Kurzgefaßter Bericht von der Verwüstung der westindischen Länder*. Deutsch von D. W. Andreä. Frankfurt/Main (Insel) 1966, S. 11.
²⁹ Tzvetan Todorov, *Die Eroberung Amerikas. Das Problem des Anderen*. Aus dem Französischen von Wilfried Böhringer. Frankfurt/Main (Suhrkamp) 1985, S. 171.
³⁰ Las Casas, *Kurzgefaßter Bericht*, S. 21, 41.
³¹ Zitiert in Stannard, *American Holocaust*, S. 220.
³² Zitiert in Mason, *Unnatural Order*, S. 231.
³³ Thomas, *Man and the Natural World*, S. 42.
³⁴ Robert F. Berkhofer, Jr., *The White Man's Indian. Images of the American Indian from Columbus to the Present*, New York (Vintage Books) 1979, S. 21.
³⁵ Francis Jennings, *The Invasion of America. Indians, Colonialism, and the Cant of Conquest*, Chapel Hill (University of North Carolina) 1975, S. 78.
³⁶ Thomas, *Man and the Natural World*, S. 42.
³⁷ Richard Drinnon, *Facing West. The Metaphysics of Indian-Hating and Empire-Building*, Norman (University of Oklahoma Press), 1997, S. 53.
³⁸ Thomas F. Gossett, *Race. The History of an Idea in America*, second edition, New York (Oxford University Press) 1997, S. 229 f.
³⁹ Jennings, *Invasion of America*, S. 60.
⁴⁰ Ebd., S. 12.
⁴¹ Ebd., S. 244; Gossett, *Race*, S. 243 f.

[42] Stannard, *American Holocaust*, S. 145.
[43] Ebd., S. 12.
[44] Ebd.
[45] Ebd., S. 246.
[46] Zitiert ebd., S. 126.
[47] Ebd., S. 127. General William Colby nahm ein Kleinkind zu sich, welches das Massaker überlebt hatte, und zeigte es gegen Geld als »Kriegskuriosum« herum. Als er Lost Bird, wie das Mädchen bald genannt wurde, erstmals zur Schau stellte, berichtete die Zeitung seiner Heimatstadt: »Nicht weniger als 500 Personen kamen zu seinem Haus, um es [im englischen Original nicht »her«, sondern »it«] zu sehen.« Lost Bird, die später in Buffalo Bills Wild West Show vorgeführt wurde, starb im Alter von 29 Jahren in Los Angeles.
[48] Ebd.
[49] Mason, *Unnatural Order*, S. 241.
[50] *California Christian Advocate*, 31. Juli 1895. Zitiert in: Charles Patterson, *Social Perspectives of Protestant Journals During the Depression of 1893–97* (Dissertation, Columbia University, 1970), S. 228. Zur Geschichte von Ishi, dem letzten »wilden Indianer«, siehe Theodora Kroeber, *Der Mann, der aus der Steinzeit kam. Die Biographie des letzten wilden Indianers in Nordamerika*. Aus dem Englischen von Karl W. Mekiska. München, Esslingen (Bechtle) 1967.
[51] John Toland, *Adolf Hitler*, Garden City, NY, (Doubleday) 1976, S. 702. [In der deutschen Ausgabe fehlt dieser Passus, A. d. Ü.] Die während des Burenkrieges (1899–1902) in Südafrika von den Engländern errichteten Lager für die gefangenen Buren überzeugten Hitler von der Nützlichkeit von Konzentrationslagern. Ebd.
[52] John W. Dower, *War Without Mercy. Race and Power in the Pacific War*, New York (Pantheon) 1986, S. 89. In Amerika, wo es ohnehin schon immer sehr viele Jäger gegeben hatte, fiel es den meisten Menschen erheblich leichter, Tiere zu töten als Menschen, schreibt Dower. Jäger seien es nämlich gewohnt, sich innerlich davor zu verschließen, dass die von ihnen getöteten Tiere »empfindungsfähige Wesen sind, die Angst kennen und Schmerzen verspüren«. Ebd.
[53] Drinnon, *Facing West*, S. 287.
[54] Ebd., S. 287, 315.
[55] Ebd., S. 321.
[56] Ebd., S. 325.
[57] Dower, *War Without Mercy*, S. 152.
[58] Stuart Creighton Miller, *»Benevolent Assimilation«. The American Conquest of the Philippines, 1899–1903*, New Haven (Yale University Press) 1982, S. 188.
[59] Zitiert ebd., S. 188 f. Nach der Flucht einiger Häftlinge aus dem österreichischen Konzentrationslager Mauthausen im Zweiten Weltkrieg bemerkte der Polizeikommandant, dass die Einheimischen, die sich mit ihren Pistolen, Messern und Mistgabeln versammelt hatten, um die Opfer zur Strecke zu bringen, »wie zu einer Jagd Aufstellung genommen hatten«. Nachdem sie die Entflohenen gestellt und brutal ermordet hatten, bezeichneten die Einheimischen das Blutvergießen als »die Kaninchenjagd«. Gordon J. Horwitz, *In the Shadow of Death. Living Outside the Gates of Mauthausen*, New York (Free Press) 1990, S. 134.
[60] Zitiert in Miller, *»Benevolent Assimilation«*, S. 189. Dass auf einen verwundeten 15 tote Filipinos kamen, ließ darauf schließen, dass Massaker an Zivilisten gang und gäbe waren. Als ein Senatsausschuss General Arthur MacArthur fragte, warum es so viel mehr Tote als Verwundete gegeben habe, lautete seine Antwort, dass »Angehörige minderwertiger Rassen viel leichter ihren Verwundungen erliegen als Angelsachsen«. Dower, *War Without Mercy*, S. 152.
[61] Drinnon, *Facing West*, S. 325 f. Drinnon schreibt, dass diese »kleinen braunen Ratten« ebenso apathisch waren wie die lebenden Toten (die so genannten *Musel-*

männer), die Bruno Bettelheim in Dachau und Buchenwald gesehen hatte. Ebd., S. 326 (Fußnote).
[62] Ebd., S. 314.
[63] Dower, *War Without Mercy*, S. 81.
[64] Ebd., S. 78.
[65] Ebd., S. 82. Ein russischer Besucher einer spanischen Mission in Kalifornien schrieb 1818, dass die Indianer dort in »speziell angefertigten Viehgehegen« lebten; dies könne man nur als einen »Hof für Nutzvieh und Geflügel« beschreiben. Stannard, *American Holocaust*, S. 138. Anne Frank war in Auschwitz-Birkenau zusammen mit über 1.000 Frauen in einer Baracke untergebracht, die ursprünglich als Scheune für 52 Pferde gedacht gewesen war. Melissa Müller, *Das Mädchen Anne Frank. Die Biographie*, München (Claassen) 1998, S. 335.
[66] Alle Zitate aus Dower, *War Without Mercy*, S. 82 ff.
[67] Ebd., S. 84 ff.
[68] Ebd., S. 90 ff.
[69] Iris Chang, *Die Vergewaltigung von Nanking. Das Massaker in der chinesischen Hauptstadt am Vorabend des Zweiten Weltkriegs*. Aus dem Amerikanischen von Sonja Hauser. Zürich, München (Pendo) 1999. S. 49.
[70] Ebd., S. 102.
[71] Ebd., S. 63.
[72] Ebd., S. 36.
[73] Ebd., S. 225. Die Chinesen wurden nicht nur von den Japanern als »Schweine« tituliert. Europäische »Arbeitsvermittler«, die im 19. Jahrhundert und zu Beginn des 20. Jahrhunderts Tausende chinesischer »Kulis« in Hafenstädten rekrutierten oder unter Zwang anheuerten und als »Kontraktarbeiter« in ferne Länder wie Malaya, Peru und auf die westindischen Inseln verschifften, bezeichneten ihr Geschäft als »Schweinehandel«. V. G. Kiernan, *The Lords of Human Kind. Black Man, Yellow Man, and White Man in an Age of Empire*, Boston (Little, Brown) 1969, S. 163.
[74] Karl A. Menninger, »Totemic Aspects of Contemporary Attitudes Towards Animals«, in: George W. Wilbur and Warner Muensterberger (Hg.), *Psychoanalysis and Culture. Essays in Honor of Géza Róheim*, New York (International Universities Press) 1951, S. 50.
[75] Ebd.
[76] Drinnon, *Facing West*, S. 449.
[77] Zitiert in Stannard, *American Holocaust*, S. 252 f., und in Drinnon, *Facing West*, S. 448 f.
[78] Stannard, *American Holocaust*, S. 254.
[79] Staub, *Roots of Evil*, S. 101.
[80] John Weiss, *Der lange Weg zum Holocaust. Die Geschichte der Judenfeindschaft in Deutschland und Österreich*. Aus dem Amerikanischen von Helmut Dierlamm und Norbert Juraschitz. Hamburg (Hoffmann und Campe) 1996, S. 42 ff.
[81] Gossett, *Race*, S. 12.
[82] Weiss, *Der lange Weg*, S. 100 f.
[83] Ebd., S. 170.
[84] Ebd., S. 196.
[85] Ebd., S. 179.
[86] Ebd., S. 199.
[87] Ian Kershaw, *Hitler. 1889–1936*. Aus dem Englischen von Jürgen Peter Krause und Jörg W. Rademacher. Stuttgart (Deutsche Verlags-Anstalt) 1998, S. 198.
[88] Charles Patterson, *Anti-Semitism. The Road to the Holocaust and Beyond*, New York (Walker) 1982, S. 65.
[89] Eugen Kogon, Hermann Langbein und Adalbert Ruckerl (Hg.), *Nationalsozialistische Massentötungen durch Giftgas*, Frankfurt/Main (Fischer) 1989, S. 292.

[90] Adolf Hitler, *Mein Kampf*, 866.–870. Auflage, München (Franz Eher Nachf.) 1943, S. 372.
[91] Kershaw, *Hitler. 1889–1936*, S. 303 f.
[92] Fritz Redlich, *Hitler. Diagnose des destruktiven Propheten*. Aus dem Amerikanischen von Andrea Marenzeller und Michaela Adelberger. Wien (Eichbauer) 2002, S. 205. Ein andermal sagte Hitler: »Es bleibt also den modernen Völkern nichts anderes übrig als die Juden auszurotten.« Ian Kershaw, *Hitler. 1936–1945*, Aus dem Englischen von Klaus Kochmann. Stuttgart (Deutsche Verlags-Anstalt) 2000, S. 766.
[93] John K. Roth and Michael Berenbaum (Hg.), *Holocaust. Religious and Philosophical Implications*, St. Paul, MN, (Paragon House) 1989, S. xvii.
[94] Weiss, *Der lange Weg*, S. 391.
[95] Boria Sax, *Animals in the Third Reich. Pets, Scapegoats, and the Holocaust*, New York (Continuum) 2000, S. 159. Ich habe *Der Ewige Jude* am Yad Vashem Summer Institute for Holocaust Education in Jerusalem gesehen, das ich 1983 besuchte.
[96] Weiss, *Der lange Weg*, S. 446.
[97] Kershaw, *Hitler. 1936–1945*, S. 345. Hitler äußerte sich ähnlich über die Polen: »Mehr Tiere als Menschen ... Der Schmutz ist unvorstellbar.« Ebd., S. 339. Goebbels vermerkte in seinem Tagebuch, die Russen seien »kein Volk mehr, sondern eine Ansammlung von Tieren«. Louis P. Lochner (Hg.), *Goebbels' Tagebücher. Aus den Jahren 1942–1943*, Zürich (Atlantis) 1948, S. 58.
[98] Ernst Klee, Willi Dreßen und Volker Rieß (Hg.), *»Schöne Zeiten«. Judenmord aus der Sicht der Täter und Gaffer*, Frankfurt/Main (Fischer) 1988, S. 150. Insassen von Arbeitslagern in der Nähe von Auschwitz wurden als Ersatz für von der Wehrmacht beschlagnahmte Pferde vor Pflugscharen gespannt; im Männerlager Birkenau mussten Jungen als Pferdeersatz schwere so genannte Rollwagen ziehen. Die ersten Kriegsgefangenen, die in der Anfangszeit des Lagers nach Auschwitz gebracht wurden, bekamen unterwegs nichts zu essen, wurden dafür jedoch in nahe gelegene Felder geführt und mussten dort wie Vieh nach allem »grasen«, was essbar war. Yisrael Gutman and Michael Berenbaum (Hg.), *Anatomy of the Auschwitz Death Camp*, Bloomington (Indiana University Press) 1994, S. 207, 221 f., 119.
[99] Konnilyn G. Feig, *Hitler's Death Camps*, New York (Holmes and Meier) 1981, S. 11.
[100] Richard Breitman, *Der Architekt der »Endlösung«. Himmler und die Vernichtung der deutschen Juden*. Aus dem Amerikanischen übersetzt von Karl und Heidi Nicolai. Paderborn, München (Schöningh) 1996, S. 235.
[101] In den Schützengräben des Ersten Weltkriegs blieb Hitler gern nachts wach und erlegte Ratten. Redlich, *Hitler*, S. 44, 321.
[102] Marion Kaplan, *Der Mut zum Überleben. Jüdische Frauen und ihre Familien in Nazideutschland*. Aus dem Amerikanischen von Christian Wiese. Berlin (Aufbau) 2001, S. 84, 159, 230; Eric A. Johnson, *Der nationalsozialistische Terror. Gestapo, Juden und gewöhnliche Deutsche*. Aus dem Englischen von Udo Rennert. Berlin (Siedler) 2001, S. 103, 175, 184, 416; Edwin Black, *IBM und der Holocaust. Die Verstrickung des Weltkonzerns in die Verbrechen der Nazis*. Aus dem Englischen von Cäcilie Plieninger, Heike Schlatterer und Ursel Schäfer. Berlin (Propyläen) 2001, S. 178, 487; Wolfgang W. E. Samuel, *German Boy. A Refugee's Story*, Jackson (University Press of Mississippi) 2000, S. 75.
[103] Klee, *»Schöne Zeiten«*, S. 190. »Wir werden schlechter behandelt als die Schweine«, schrieb ein Tagebuchschreiber im Ghetto. Lawrence L. Langer, *Admitting the Holocaust. Collected Essays*, New York (Oxford University Press) 1995, S. 43.
[104] Horwitz, *In the Shadow of Death*, S. 159.
[105] Raul Hilberg, *Täter, Opfer, Zuschauer. Die Vernichtung der Juden 1933–1945*. Aus dem Amerikanischen von Hans Günter Holl. Frankfurt/Main, Wien (Büchergilde Gutenberg) o. J., S. 47.

[106] Robert Jay Lifton, *Ärzte im Dritten Reich*. Aus dem Amerikanischen von Annegrete Lösch, Sebastian Fetscher und Matthias K. Scheer. Stuttgart (Klett-Cotta) 1988, S. 442. Im offiziellen deutschen Bericht über die Vernichtung des Warschauer Ghettos wurden die letzten Ghettobewohner als »Kreaturen«, »Untermenschen«, »Banden«, »Banditen«, »Gesindel« und »niedrigste Elemente« bezeichnet. Andrzej Wirth (Hg.), *Es gibt keinen jüdischen Wohnbezirk in Warschau mehr«. Der Stroop-Bericht*, Neuwied, Berlin u. a. (Luchterhand) 1960.
[107] Lifton, *Ärzte im Dritten Reich*, S. 435.
[108] Kressel, *Mass Hate*, S. 200.
[109] Terrence Des Pres, »Excremental Assault«, in: Roth and Berenbaum, *Holocaust*, S. 210.
[110] Daniel Jonah Goldhagen, *Hitlers willige Vollstrecker. Ganz gewöhnliche Deutsche und der Holocaust*. Aus dem Amerikanischen von Klaus Kochmann. Berlin (Siedler) 1996, S. 453. Beispiele für die Verhöhnung und Erniedrigung der Opfer durch die Deutschen s. ebd., S. 304–310.
[111] Gitta Sereny, *Am Abgrund. Gespräche mit dem Henker*. Aus dem Englischen von Helmut Röhrling. München, Zürich (Piper) 1995, S. 116. Die Verunglimpfung von Tieren erfüllt denselben Zweck: Man kann sie dann leichter töten. »Die Verspottung des Opfers, bevor es getötet wird, ist ein in vielen Stammesgesellschaften verbreitetes Ritual. Wahrscheinlich soll es dazu beitragen, den Schlächtern emotional und symbolisch Distanz zu dem Tier zu verschaffen.« James Serpell, *Das Tier und wir. Eine Beziehungsstudie*. Aus dem Englischen von Brigitte Siegel. Rüschlikon-Zürich etc. (Müller) 1990, S. 185. »So wie wir Menschen, denen wir Schaden zugefügt haben, verleumderisch als ›von Natur aus faul‹, ›dumm‹, ›schmutzig‹ oder ›unzivilisiert‹ abstempeln, um damit ihre Unterdrückung und/oder Ausbeutung zu rechtfertigen, verunglimpfen wir auch Tiere, die wir schlachten wollen, damit wir sie ruhigen Gewissens verzehren können.« Philip Kapleau, *To Cherish All Life. A Buddhist Case for Becoming Vegetarian*, 2. Auflage, Rochester, NY, (The Zen Center) 1986, S. 39.
[112] Zitiert in einem Brief des Simon-Wiesenthal-Zentrums vom Juni 1999.
[113] Zitiert im Begleitmaterial zur National Christian Leadership Conference for Israel, Januar 1998. Laut Hanan Ashrawi, Mitglied des palästinensischen Legislativrats, beschimpfen Israelis die Palästinenser ebenfalls als Tiere, um sie dadurch zu entmenschlichen. »Die historisch verbürgten und bekannten Schmähungen aus dem Mund israelischer Staatsvertreter und Persönlichkeiten des öffentlichen Lebens (darunter ›Kakerlaken‹, ›zweibeiniges Ungeziefer‹ und ›Hunde‹) sind kürzlich noch durch ›Schlangen‹ und ›Krokodile‹ ergänzt worden.« Satya, November/Dezember 2000, S. 16.
[114] *Response* (Simon Wiesenthal Center World Report), Sommer/Herbst 1999, S. 11. Bei einer Demonstration in Montenegro kurz vor seinem Sturz bezeichnete der starke Mann Serbiens, Slobodan Milosevic, seine Gegner als »Ratten und Hyänen«. Dusan Strojanovic, »Milosevic's Emotional Final Days« (Associated Press, 7. Oktober 2000).
[115] Judy Chicago, *Holocaust Project. From Darkness into Light*, New York (Viking Penguin) 1993, S. 8.
[116] Ebd., S. 58.
[117] Der Beitrag der industrialisierten Tierschlachtung zur Entwicklung der modernen Fließbandproduktion wird im nächsten Kapitel erörtert.
[118] Ebd., S. 58 f.
[119] Ebd., S. 59.
[120] Ebd., S. 59 f.

Anmerkungen 257

3. Die Industrialisierung des Schlachtens

[1] David Stannard, *American Holocaust. The Conquest of the New World*, New York (Oxford University Press) 1992, S. 184.
[2] Ebd., S. 246.
[3] Theodor W. Adorno, *Minima Moralia*, 7.–9. Tausend. Frankfurt/Main (Suhrkamp) 1964, S. 133.
[4] Jeremy Rifkin, *Das Imperium der Rinder*. Aus dem Englischen von Waltraud Götting. Frankfurt/Main (Campus) 1994, S. 51 f.
[5] Keith Thomas, *Man and the Natural World. A History of the Modern Sensibility*, New York (Pantheon Books) 1983, S. 25 f.
[6] Ebd., S. 26.
[7] Jimmy M. Skaggs, *Prime Cut. Livestock Raising and Meatpacking in the United States, 1607–1983*, College Station (Texas A&M University Press) 1986, S. 34.
[8] Ebd., S. 34–38.
[9] Robert P. Swierenga, *Faith and Family. Dutch Immigration and Settlement in the United States, 1820–1920*, New York (Holmes and Meier) 2000, S. 286 (Anmerk. 19).
[10] Skaggs, *Prime Cut*, S. 38 f.
[11] Ebd., S. 39.
[12] Ebd.
[13] Ebd., S. 39 ff. Im Süden, wo auf den Plantagen hauptsächlich Schweinefleisch produziert wurde, züchteten die meisten Plantagenbesitzer ihre eigenen Schweine und pflanzten den Mais, den sie zur Ernährung ihrer Schweine und Sklaven benötigten, selbst an. Das Töten der Tiere überließen sie den Sklaven. Kenneth M. Stampp, *The Peculiar Institution. Slavery in the Ante-Bellum South*, New York (Vintage) 1956, S. 45, 50 f.
[14] Rifkin, *Imperium der Rinder*, S. 82 f.
[15] James R. Barrett, *Work and Community in the Jungle. Chicago's Packinghouse Workers, 1894–1922*, Urbana (University of Illinois Press) 1987, S. 15, 19.
[16] Zitiert in Rifkin, *Imperium der Rinder*, S. 211.
[17] Ebd., S. 211 f.
[18] Philip Kapleau, *To Cherish All Life. A Buddhist Case for Becoming Vegetarian*, 2. Auflage, Rochester, NY, (The Zen Center) 1986, S. 46.
[19] Skaggs, *Prime Cut*, S. 119.
[20] Barrett, *Work*, S. 57.
[21] Alle Zitate aus dem 3. Kapitel von Upton Sinclair, *Der Dschungel*. Aus dem Amerikanischen von Otto Wilck. 3. Auflage, Berlin und Jossa (März bei 2001) 1980, S. 47–59.
[22] Ebd., S. 432. [Die zitierten Passagen stehen eigentlich im Konjunktiv. Sie sind hier des besseren Leseflusses halber in den Indikativ gesetzt worden. A. d. Ü.]
[23] Ebd. S. 433 f. [»Der große Schlächter« fehlt in der deutschen Fassung. A. d. Ü.]
[24] Ebd., S. 186 f.
[25] Nachwort von Emory Elliott in Upton Sinclair, *The Jungle*, New York (Signet) 1990, S. 344.
[26] Upton Sinclair, *The Autobiography of Upton Sinclair*, New York (Harcourt, Brace and World) 1962, S. 126.
[27] Persönliche Mitteilung an den Autor von David Cantor.
[28] Donald D. Stull and Michael J. Broadway, »Killing Them Softly. Work in Meatpacking Plants and What It Does to Workers«, in: Donald D. Stull, Michael J. Broadway, and David Griffith (Hg.), *Any Way You Cut It. Meat-Processing and Small-Town America*, Lawrence (University Press of Kansas) 1995, S. 62.
[29] Gail Eisnitz, *Slaughterhouse. The Shocking Story of Greed, Neglect, and Inhumane Treatment Inside the U.S. Meat Industry*, Amherst, NY, (Prometheus) 1997, S. 182.

[50] Ebd., S. 183 f.
[51] Sue Coe, *Dead Meat*, New York (Four Walls Eight Windows) 1996, S. 111.
[52] Ebd., S. 111 f.
[53] Ebd., S. 112.
[54] Ebd., S. 112 f.
[55] Wie die Hollerith-Lochkartentechnik von IBM die industrialisierte Ermordung der Juden und anderer durch die Nazis beschleunigt hat, ist nachzulesen im 13. Kapitel (»Vernichtung«) von Edwin Black, *IBM und der Holocaust. Die Verstrickung des Weltkonzerns in die Verbrechen der Nazis*. Aus dem Englischen von Cäcilie Plieninger, Heike Schlatterer und Ursel Schäfer. Berlin (Propyläen) 2001, S. 470–502.
[56] Coe, *Dead Meat*, S. 118
[57] Ebd., S. 119.
[58] Gitta Sereny, *Am Abgrund. Gespräche mit dem Henker*. Aus dem Englischen von Helmut Röhrling. München, Zürich (Piper) 1995, S. 181 f. Als Karen Davis die Schilderung dieser Szene las, fühlte sie sich ihren Worten zufolge an die Atmosphäre beim jährlichen Taubenschießen in Hegins, Pennsylvania, erinnert, wo die Leute immer aßen, tranken und sich amüsierten, während die Schützen den ganzen Tag lang aus Boxen freigelassene Tauben töteten und verwundeten. Persönliche Mitteilung an den Autor.
[59] Coe, *Dead Meat*, S. 120.
[40] Ebd., S. 72.
[41] Betsy Swart, »Interview with Gail Eisnitz«, in: Friends of Animals, *ActionLine* (Herbst 1998), S. 29.
[42] Ebd.
[43] Farm Animal Reform Movement (FARM), *FARM Report* (Winter 1999), S. 7.
[44] Siehe David J. Wolfson, *Beyond the Law. Agribusiness and the Systemic Abuse of Animals Raised for Food or Food Production*, New York (Archimedian Press) 1996.
[45] Gene Bauston, »Farm Sanctuary Government Affairs and Legislative Campaigns«, Brief an Mitglieder von Farm Sanctuary, 17. Juli 2000.
[46] Henry Ford, *Mein Leben und Werk*. Unter Mitwirkung von Samuel Crowther. Übers. von Kurt und Marguerite Thesing. Einzige autorisierte deutsche Ausgabe. Leipzig (List) 1923, S. 94. Der von Ford besuchte Schlachthof befand sich höchstwahrscheinlich in den Union Stock Yards, obwohl Ford keine näheren Angaben darüber machte, um welchen Schlachthof es sich handelte.
[47] Carol Adams, *Zum Verzehr bestimmt. Eine feministisch-vegetarische Theorie*. Aus dem Englischen von Susanna Harringer. Wien, Mülheim a. d. Ruhr (Guthmann-Peterson) 2002, S. 57.
[48] Rifkin, *Imperium der Rinder*, S. 83.
[49] J. M. Coetzee, *Das Leben der Tiere*. Aus dem Englischen von Reinhild Böhnke. Frankfurt/Main (Fischer) 2000, S. 56.
[50] Rifkin, *Imperium der Rinder*, S. 82 ff.
[51] Ebd., S. 84.
[52] Barrett, *Work*, S. 20.
[53] Von 1923 bis 1927 stieg ihre Auflage auf über 500 000 Exemplare. David L. Lewis, *The Public Image of Henry Ford. An American Folk Hero and His Company*, Detroit (Wayne State University Press) 1976, S. 135.
[54] Händler, die ihre Abonnementquoten erfüllten, bekamen zur Belohnung Ford-Wagen. Wer sich jedoch weigerte, Abonnements zu verkaufen, wurde mit paragrafenreiterischen Drohbriefen traktiert. Nachdrucke der Zeitung wurden in Broschürenform an Bibliotheken und YMCAs im ganzen Land geschickt. Edwin Black, *The Transfer Agreement. The Untold Story of the Secret Agreement Between the Third Reich and Jewish Palestine*, New York (Macmillan) 1984, S. 27.

Anmerkungen 259

[55] Norman Cohn, *Die Protokolle der Weisen von Zion. Der Mythos von der jüdischen Weltverschwörung*. Aus dem Englischen von Karl Röhmer. Köln (Kiepenheuer & Witsch) 1969. S. 166.
[56] Keith Sward, *The Legend of Henry Ford*, New York (Rinehart) 1948, S. 149.
[57] Lewis, *Public Image*, S. 143.
[58] Robert Waite zufolge wurden rund drei Millionen Exemplare verkauft oder an Stadtbüchereien sowie die Bibliotheken von Highschools und Colleges verschenkt. Robert G. L. Waite, *The Psychopathic God Adolf Hitler*, New York (Basic Books) 1977, S. 138.
[59] Albert Lee, *Henry Ford and the Jews*, New York (Stein and Day) 1980, S. 149.
[60] Robert Wistrich, *Wer war wer im Dritten Reich: ein biographisches Lexikon; Anhänger, Mitläufer, Gegner aus Politik, Wirtschaft, Militär, Kunst und Wissenschaft*. Aus dem Englischen von Joachim Rehork. Überarbeitet und erweitert von Hermann Weiss. München (Harnack) 1983, S. 239.
[61] *Der Nürnberger Prozess. Das Protokoll des Prozesses gegen die Hauptkriegsverbrecher vor dem Internationalen Militärgerichtshof 14. November 1945 - 1. Oktober 1946*. Digitale Bibliothek, Bd. 20. Berlin (Directmedia Publishing) 1999, S. 17718.
[62] Lee, *Ford and the Jews*. S. 45. Lee erörtert die Frage, ob Ford Hitler tatsächlich finanziell unterstützt hat, und kommt zu dem Schluss, man werde das zwar vielleicht nie mit endgültiger Sicherheit klären können, aber »genug glaubwürdige Quellen bringen ihre Überzeugung zum Ausdruck und führen plausible Gründe dafür an, dass es solche Spenden mit großer Wahrscheinlichkeit gegeben hat«. Ebd., S. 52–57.
[63] Cohn, *Protokolle*, S. 167.
[64] Adolf Hitler, *Mein Kampf, 2. Band. Die nationalsozialistische Bewegung*, München (Franz Eher Nachf.) 1927, S. 298. [In späteren Auflagen wurde der letzte Teil des Satzes geändert. Er lautete dann: »Nur ganz wenige stehen auch heute noch, zu ihrem Zorne, ganz unabhängig da.« A.d.Ü.]
[65] Lee, *Ford and the Jews*, S. 46.
[66] Nathan C. Belth, *A Promise to Keep. A Narrative of the American Encounter with Anti-Semitism*, New York (Times Books) 1979, S. 76.
[67] Lewis, *Public Image*, S. 140.
[68] Charles Patterson, *Anti-Semitism. The Road to the Holocaust and Beyond*, New York (Walker) 1989, S. 52.
[69] Lewis, *Public Image*, S. 148 f.
[70] Ebd., S. 148.
[71] Ein Foto, das Ford 1938 in seinem Büro zeigt, wie er die Medaille von den deutschen Konsuln entgegennimmt, findet sich in Belth, *Promise*, S. 86 (World Wide Photos), und Lewis, *Public Image*, S. 171 (Detroit Free Press Photo). Im Vorjahr hatte der amerikanische Geschäftsmann Thomas Watson, Präsident von IBM, in Berlin-Wannsee das Führer-Verdienstkreuz des deutschen Adlers mit Stern erhalten, das speziell von Hitler geschaffen worden war. Edwin Black, *IBM und der Holocaust*, S. 170–174, 281.
[72] Lewis, *Public Image*, S. 149.
[73] Belth, *Promise to Keep*, S. 84 ff.
[74] Yisrael Gutman and Michael Berenbaum (Hg.), *Anatomy of the Auschwitz Death Camp*, Bloomington (Indiana University Press) 1994, S. 6.
[75] Ein ausführlicher Bericht über die engen Verbindungen zwischen einem weiteren amerikanischen Großunternehmen und Nazideutschland findet sich in Black, *IBM und der Holocaust*.
[76] Ken Silverstein, »Ford and the Führer. New Documents Reveal the Close Ties Between Dearborn and the Nazis« in: *The Nation* (24. Januar 2000), S. 11–16 [dt. »Ford und der Führer«, in: *Freitag* (4. Februar 2000). Im Internet abrufbar

unter http://www.freitag.de/2000/06/0061101.htm]. Mein Dank gilt Allen Bergson, der mich auf diesen Artikel aufmerksam gemacht hat. Anzumerken ist, dass Henry Ford II, die Ford-Familie und das Unternehmen im Rahmen ihrer späteren Bemühungen, die Beziehungen zur jüdischen Gemeinschaft zu verbessern, die Yeshiva University und das Albert Einstein Medical Center mit stattlichen Spenden förderten, der National Conference of Christians and Jews eine Million Dollar für die Errichtung einer Zentrale in New York stifteten und verschiedene jüdische Organisationen und Aktivitäten in den Vereinigten Staaten wie zum Beispiel den United Jewish Appeal, den Israel Emergency Fund, die Jewish Welfare Federation und die Anti-Defamation League von B'nai B'rith finanziell unterstützten. Außerdem errichtete Henry Ford II ein Ford-Montagewerk in Israel, obwohl das einen Boykott aller Ford-Produkte in Ägypten, Syrien, Libanon, Irak und Saudi-Arabien zur Folge hatte. Lewis, *Public Image*, S. 154–159; Albert Lee, *Ford and the Jews*, iii.

4. »Aufartung«

[1] Keith Thomas zufolge war die Tierzucht in England zu Beginn der Neuzeit »erbarmungslos eugenisch«. In einem Handbuch aus dem 17. Jahrhundert hieß es: »Sobald das Weibchen geworfen hat, wähle man diejenigen aus, die man behalten will, und werfe die anderen fort.« Keith Thomas, *Man and the Natural World. A History of the Modern Sensibility*, New York (Pantheon Books) 1983, S. 60.

[2] Henry Friedlander, *Der Weg zum NS-Genozid. Von der Euthanasie zur Endlösung*. Aus dem Amerikanischen von Johanna Friedman, Martin Richter und Barbara Schaden. Berlin (Berlin Verlag) 1997, S. 32.

[3] Robert N. Proctor, »Nazi Biomedical Policies«, in: Arthur L. Caplan (Hg.), *When Medicine Went Mad. Bioethics and the Holocaust*, Totowa, NJ, (Humana Press) 1992, S. 27.

[4] Barbara A. Kimmelman, »The American Breeders' Association. Genetics and Eugenics in an Agricultural Context, 1903–13«, in: *Social Studies of Science* 13 (1983), S. 164.

[5] Zitiert in Garland E. Allen, *Life Science in the Twentieth Century*, Cambridge (Cambridge University Press) 1978, S. 52.

[6] Alexandra Oleson und John Voss (Hg.), *The Organization of Knowledge in Modern America, 1860–1920*, Baltimore (John Hopkins University Press) 1979, S. 226 f.

[7] Richard Weiss, »Racism and Industrialization«, in: Gary B. Nash and Richard Weiss (Hg.), *The Great Fear. Race in the Mind of America*, New York (Holt, Rinehart and Winston) 1970, S. 136 f.

[8] Friedlander, *Weg zum NS-Genozid*, S. 32.

[9] Daniel J. Kevles, *In the Name of Eugenics. Genetics and the Uses of Human Heredity*, Berkeley (University of California Press) 1985, S. 47.

[10] Friedlander, *Weg zum NS-Genozid*, S. 38.

[11] Kevles, *In the Name*, S. 48.

[12] Weiss, »Racism and Industralization«, S. 137.

[13] Ebd.

[14] Aviva Cantor, *Jewish Women, Jewish Men. The Legacy of Patriarchy in Jewish Life*, San Francisco (Harper and Row) 1995, S. 316.

[15] Stephen Jay Gould, *Der falsch vermessene Mensch*. Aus dem Amerikanischen von Günter Seib. Basel, Boston (Birkhäuser) 1983, S. 257 f. Gemessen an den Einwanderungszahlen vor 1924 hielten die amerikanischen Quoten zwischen 1924 und dem Ausbruch des Zweiten Weltkriegs schätzungsweise sechs Millionen Süd-, Mittel- und Osteuropäer fern. Ebd.

[16] Kevles, *In the Name*, S. 102 f., 108.
[17] Nicole Hahn Rafter (Hg.), *White Trash. The Eugenic Family Studies, 1877–1919*, Boston (Northeastern University Press) 1988, S. 3–11.
[18] Ebd., S. 27.
[19] Ebd., S. 26.
[20] Carl N. Degler, *In Search of Human Nature. The Decline and Revival of Darwinism in American Social Thought*, New York (Oxford University Press) 1991, S. 44.
[21] Ebd., S. 45.
[22] Ebd.
[23] Ebd.
[24] Ebd., S. 46.
[25] Ebd., S. 47.
[26] Zitiert in Friedlander, *Weg zum NS-Genozid*, S. 39 f.
[27] Stefan Kühl, *The Nazi Connection. Eugenics, American Racism, and German National Socialism*, New York (Oxford University Press) 1994, S. 13.
[28] Friedlander, *Weg zum NS-Genozid*. S. 50.
[29] Eugen Kogon, Hermann Langbein und Adalbert Ruckerl (Hg.), *Nationalsozialistische Massentötungen durch Giftgas. Eine Dokumentation*, Frankfurt/Main (Fischer) 1983, S. 27 f.
[30] Kühl, *Nazi Connection*, S. 19. Mehr über die Eugenikbewegung in Amerika nach dem Ersten Weltkrieg findet sich bei Barry Mehler, *A History of the American Eugenics Movement, 1921–1940*, Dissertation, University of Illinois, 1988.
[31] Kühl, *Nazi Connection*, S. 19 f.
[32] Ebd., S. 20.
[33] Ebd., S. 22.
[34] Edwin Black, *IBM und der Holocaust. Die Verstrickung des Weltkonzerns in die Verbrechen der Nazis*. Aus dem Englischen von Cäcilie Plieninger, Heike Schlatterer und Ursel Schäfer. Berlin (Propyläen) 2001, S. 61 f.
[35] Proctor, »Nazi Biomedical Policies«, S. 27.
[36] Friedlander, *Weg zum NS-Genozid*, S. 66.
[37] Marion Kaplan, *Der Mut zum Überleben. Jüdische Frauen und ihre Familien in Nazideutschland*. Aus dem Amerikanischen von Christian Wiese. Berlin (Aufbau) 2001, S. 123. 1940 befürwortete der faschistische Oberstaatsanwalt in Graz die Sterilisation sämtlicher Zigeuner als »die einzig, wenigstens allmähliche, wirksame Befreiung der burgenländischen Bevölkerung von dieser Plage ... Diese fremdrassigen, unsteten, arbeitsscheuen Menschen werden nie ein reichstreues Element werden und die sittliche Höhe der deutschen Bevölkerung immer gefährden.« Donald Kenrick und Grattan Puxon (Hg.), *Sinti und Roma – die Vernichtung eines Volkes im NS-Staat*. Übersetzt von Astrid Stegelmann. Göttingen (Gesellschaft für bedrohte Völker) 1981, S. 80.
[38] Proctor, »Nazi Biomedical Policies«, S. 29 f.
[39] Otto Wagener, *Hitler aus nächster Nähe. Aufzeichnungen eines Vertrauten 1929–1932*, Frankfurt/Main (Ullstein) 1978, S. 264, zitiert in: Kühl, *Nazi Connection*, S. 37.
[40] Kühl, *Nazi Connection*, S. 85.
[41] 1937 wurden auf geheime Anweisungen Hitlers rund 500 »Rheinlandbastarde« (Kinder dunkelhäutiger französischer Besatzungssoldaten und deutscher Frauen) sterilisiert. Die Aktion wurde von der Gestapo in Zusammenarbeit mit den Erbgesundheitsgerichten durchgeführt. Günter Lewy, »*Rückkehr nicht erwünscht«. Die Verfolgung der Zigeuner im Dritten Reich*, Berlin (Propyläen) 2001, S. 75.
[42] Kühl, *Nazi Connection*, S. 38 f.
[43] Ebd., S. 42 f.
[44] Ebd., S. 43 ff.

[45] Zuverlässigen Schätzungen zufolge wurden bis zum Kriegsausbruch 1939 etwa 290 000 bis 300 000 Personen sterilisiert. Lewy, »Rückkehr nicht erwünscht«, S. 75.
[46] Proctor, »Nazi Biomedical Policies«, S. 30.
[47] Kühl, *Nazi Connection*, S. 39–42.
[48] Ebd., S. 38 f.
[49] Proctor, »Nazi Biomedical Policies«, S. 33 f.
[50] Kühl, *Nazi Connection*, S. 46.
[51] Kevles, *In the Name*, S. 116. Am 2. Februar 2001 verabschiedete das House of Delegates von Virginia, das Unterhaus des Staates, mit 85 gegen 10 Stimmen eine Resolution, die »tiefes Bedauern über die Rolle des Commonwealth in der Eugenikbewegung dieses Landes« zum Ausdruck brachte. In Virginia waren schätzungsweise 8000 Menschen zwangssterilisiert worden, nachdem der Staat 1924 ein Gesetz erlassen hatte, das auf Menschen abzielte, die man für »schwachsinnig« hielt. Obwohl die Eugenik schließlich diskreditiert war, wurden die letzten Reste der eugenischen Terminologie erst 1979 aus dem Gesetz von Virginia getilgt. Wegen neuer Fortschritte in der Gentechnik, so Mitchell Van Yahres, Initiator des Gesetzentwurfs, sei es wichtig, sich der Vergangenheit jetzt zu stellen. »Wir wollen nicht noch einmal erleben«, sagte er, »dass Vergleiche mit den Nazis und dem Holocaust angestellt werden.« Chris Kahn, »Virginia Lower House OKs Bill on Eugenics«, Associated Press, 2. Februar 2001.
[52] Kühl, *Nazi Connection*, S. 37.
[53] Ebd., S. 53.
[54] Ian Kershaw, *Hitler. 1936–1945*, Aus dem Englischen von Klaus Kochmann. Stuttgart (Deutsche Verlags-Anstalt) 2000, S. 354.
[55] Michael Burleigh, *Tod und Erlösung. Euthanasie in Deutschland 1900–1945*. Aus dem Englischen von Christoph Münz. Zürich, München (Pendo) 2002, S. 223. Die Nazi-Propagandafilme rühmten vollblütige Tiere, missbilligten jedoch die Zuneigung, die allein stehende Frauen ihren Haustieren entgegenbrachten. In *Was du ererbt* wurde Hundebesitzerinnen vorgeworfen, ihre Zuneigung und ihre mütterlichen Instinkte fehlzuleiten. »Übertriebene Liebe zum Tier ist Entartung«, heißt es darin. »Sie erhöht das Tier nicht, sondern erniedrigt den Menschen!«
[56] Karl-Ludwig Rost, *Sterilisation und Euthanasie im Film des Dritten Reiches*, Husum (Matthiesen) 1987, S. 226 ff.
[57] Kühl, *Nazi Connection*, S. 48 f.
[58] Ebd., S. 86.
[59] Ebd.
[60] Laughlin brachte seine Dankbarkeit in seinem Zustimmungsschreiben an Schneider zum Ausdruck: »Ich bin bereit, diese sehr große Ehrung anzunehmen. Sie wird mir eine Genugtuung sein, da sie von einer Universität kommt, die tief in der Lebensgeschichte des deutschen Volkes verwurzelt ist, einer Universität, die seit über einem halben Jahrtausend sowohl ein Sammelbecken als auch ein Brunnen der Gelehrsamkeit ist. Für mich ist diese Ehrung von doppeltem Wert, weil sie von einer Nation kommt, die über viele Jahrhunderte hinweg das menschliche Saatgut, das später mein eigenes Land gründete, gehegt und gepflegt und damit den Charakter unseres Lebens und unserer Institutionen in der heutigen Zeit grundlegend geprägt hat.« Ebd., S. 87.
[61] Friedlander, *Weg zum NS-Genozid*, S. 123.
[62] Kühl, *Nazi Connection*, S. 59 f.
[63] Ebd., S. 61.
[64] Stanley Cohen, »The Failure of the Melting Pot«, in: Gary B. Nash and Richard Weiss, *The Great Fear. Race in the Mind of America*, New York (Holt, Rinehart and Winston) 1970, S. 154.

Anmerkungen 263

[65] Kühl, *Nazi Connection*, S. 61 ff. Zu den eugenischen Entwicklungen in Amerika in der zweiten Hälfte des 20. Jahrhunderts vgl. Barry Mehler, »Foundation for Fascism. The New Eugenics Movement in the United States«, in: *Patterns of Prejudice*, Bd. 23, Nr. 4 (1989), S. 17-25.

[66] Auch für Hitler bestand das Ziel der Nazi-Eugenik in der Heranzüchtung einer besseren Rasse. Am 7. September 1937 erklärte er seinen versammelten treuen Anhängern bei der Eröffnung des Reichsparteitags, Ziel des Nationalsozialismus sei die Erhaltung der Deutschen, indem ihr Blut rein gehalten und vor Verunreinigungen bewahrt werde. Er lud sie ein, sich mit eigenen Augen anzusehen, wie es dem deutschen Menschen unter der Führung der Nationalsozialisten ergehe. »Messen Sie nicht nur die Zahl der mehr geborenen Kinder, sondern messen Sie vor allem das Aussehen unserer Jugend. Wie schön sind unsere Mädchen und unsere Knaben, wie leuchtend ist ihr Blick, wie gesund und frisch ihre Haltung, wie herrlich sind die Körper der Hunderttausenden und Millionen, die durch unsere Organisationen geschult und gepflegt werden. Wo gibt es heute bessere Männer, als sie hier zu sehen sind? Es ist wirklich die Wiedergeburt einer Nation eingetreten durch die bewusste Züchtung eines neuen Menschen.« Fritz Redlich, *Hitler. Diagnose des destruktiven Propheten*. Aus dem Amerikanischen von Andrea Marenzeller und Michaela Adelberger. Wien (Eichbauer) 2002, S. 148 ff.

[67] Ebd., S. 128.

[68] John K. Roth and Michael Berenbaum (Hg.), *Holocaust. Religious and Philosophical Implications*, St. Paul, MN, (Paragon House) 1989, S. 197.

[69] Jochen von Lang, *Der Sekretär. Martin Bormann: Der Mann, der Hitler beherrschte*, Stuttgart (Deutsche Verlags-Anstalt) 1977, S. 208.

[70] Bradley F. Smith, *Heinrich Himmler 1900-1926. Sein Weg in den deutschen Faschismus*. Übersetzt von Elisabeth Nussbaumer. München (Bernhard und Graefe) 1979, S. 96-218.

[71] J. von Lang, *Sekretär*, S. 92. Der *Lebensborn* führte u. a. die Germanisierung von Kindern aus dem Osten durch. Er brachte die Kinder in Pflegefamilien und speziellen Einrichtungen unter, arrangierte Adoptionen, stellte Zeugnisse und falsche Geburtsurkunden aus, änderte Vor- und Zunamen und führte seine eigene Registratur. Yisrael Gutman and Michael Berenbaum (Hg.) *Anatomy of the Auschwitz Death Camp*, Bloomington (Indiana University Press) 1994, S. 421, 426 (Anmerkung 25). Zu Sklavenzuchtfarmen im amerikanischen Süden vor dem Bürgerkrieg vgl. Richard Sutch, »The Breeding of Slaves for Sale and the Westward Expansion of Slavery, 1850-1860«, in: Stanley L. Engerman and Eugene D. Genovese (Hg.), *Race and Slavery in the Western Hemisphere. Quantitative Studies*, Princeton (Princeton University Press) 1975, S. 173-210.

[72] Zitiert in Ervin Staub, *The Roots of Evil. The Origins of Genocide and Other Group Violence*, Cambridge (Cambridge University Press) 1989, S. 97.

[73] Richard Breitman, *Heinrich Himmler. Der Architekt der »Endlösung«*. Aus dem Amerikanischen von Karl und Heidi Nicolai. Zürich, München (Pendo) 2000, S. 327.

[74] Zygmunt Bauman, *Dialektik der Ordnung. Die Moderne und der Holocaust*. Aus dem Englischen von Uwe Ahrens. Hamburg (Europäische Verlagsanstalt) 1992, S. 128.

[75] Breitman, *Heinrich Himmler*, S. 249.

[76] John Weiss, *Der lange Weg zum Holocaust. Die Geschichte der Judenfeindschaft in Deutschland und Österreich*. Aus dem Amerikanischen von Helmut Dierlamm und Norbert Juraschitz. Hamburg (Hoffmann und Campe) 1996, S. 353. Darrés Nachfolger Herbert Backe, Pächter eines Bauernhofs in Pommern, war nach seinem Eintritt in die NSDAP 1931 Bauernführer seines Bezirks geworden. Im letzten Jahr des Nazi-Regimes war er Reichsminister für Ernährung und Landwirtschaft. Am 6. April 1947 beging er in seiner Zelle in Nürnberg Selbstmord. Robert Wistrich,

Wer war wer im Dritten Reich: ein biographisches Lexikon; Anhänger, Mitläufer, Gegner aus Politik, Wirtschaft, Militär, Kunst und Wissenschaft. Aus dem Englischen von Joachim Rehork. Überarbeitet und erweitert von Hermann Weiss. München (Harnack) 1983, S. 14 f.

[77] Breitman, *Heinrich Himmler*, S. 249.

[78] Rudolf Höss, *Kommandant in Auschwitz. Autobiographische Aufzeichnungen*, Stuttgart (Deutsche Verlags-Anstalt) 1958, S. 173. Irena Strzelecka zufolge wurden über 1.000 weibliche Häftlinge in Nebenlagern von Auschwitz interniert, die Landwirtschaft und Viehzucht betrieben, und über 2000 weitere in ähnlichen Lagern in Schlesien und der Tschechoslowakei. Gutman and Berenbaum, *Anatomy*, S. 407.

[79] Höss, *Kommandant in Auschwitz*, S. 176.

[80] Gutman and Berenbaum, *Anatomy*, S. 269.

[81] *Völkischer Beobachter* vom 7. August 1929, zitiert in Hans-Walter Schmuhl, *Rassenhygiene, Nationalsozialismus, Euthanasie*, 2. Auflage, Göttingen (Vandenhoeck & Ruprecht) 1992, S. 152.

[82] Kogon, *Massentötungen durch Giftgas*, S. 28 f.

[83] Burleigh, *Tod und Erlösung*, S. 122.

[84] Friedlander, *Weg zum NS-Genozid*, S. 117.

[85] Ebd., S. 84–105.

[86] Ebd., S. 117. Als die so genannte Operation T4 sich bei Albert Widmann, dem Leiter des Referats Chemie des Reichskriminalpolizeiamts, erkundigte, ob er große Giftmengen herstellen könne, fragte dieser: »Wozu? Zum Töten von Menschen?« – »Nein.« – »Zum Töten von Tieren?« – »Nein.« – »Wozu dann?« – »Zum Töten von Tieren in Menschengestalt.« Burleigh, *Tod und Erlösung*, S. 145.

[87] Friedlander, *Weg zum NS-Genozid*, S. 123 f.

[88] Ebd., S. 338.

[89] Kershaw, *Hitler. 1936–1945*, S. 359, 579 f. Siehe auch Burleigh, *Tod und Erlösung*, S. 170; Proctor, »Nazi Biomedical Policies«, S. 34; und Friedlander, *Weg zum NS-Genozid*, S. 190.

[90] Proctor, »Nazi Biomedical Policies«, S. 34.

[91] Friedlander, *Weg zum NS-Genozid*, S. 473.

[92] John K. Roth, »On Losing Trust in the World«, in: Roth and Berenbaum, *Holocaust*, S. 244.

[93] Friedlander, *Weg zum NS-Genozid*, S. 60. Gordon Horwitz argumentiert ähnlich: »Die Operationen demonstrierten die Effizienz von Fließbandverfahren für den Massenmord und stellten die technische Eignung der Gaskammer als Massentötungsinstrument unter Beweis. Die integrierte Mordanlage mit Gaskammer, Aufbewahrungsraum für die Leichen und Krematorium kam zuerst in den Euthanasiezentren zum Einsatz. 1942 waren die dort gemachten Erfahrungen bereits in gigantischem Maßstab auf die Vernichtungszentren – Treblinka, Sobibor, Belzec, Lublin-Maidanek, Auschwitz – angewandt worden. In diesem Jahr richtete auch Mauthausen seine eigene Gaskammer ein.« Gordon J. Horwitz, *In the Shadow of Death. Living Outside the Gates of Mauthausen*, New York (Free Press) 1990, S. 200 (Anmerkung 5).

[94] Friedlander, *Weg zum NS-Genozid*, S. 127, 88; Robert Jay Lifton, *The Nazi Doctors. Medical Killing and the Psychology of Genocide*. New York (Basic Books) 1986, S. 52. [In der deutschen Ausgabe fehlt der Passus, auf den hier Bezug genommen wird. A. d. Ü.]

[95] Friedlander, *Weg zum NS-Genozid*, S. 131, 332–336.

[96] Horwitz, *In the Shadow*, S. 79, 204 (Anmerkung 96).

[97] Friedlander, *Weg zum NS-Genozid*, S. 388 f., 386 f., 382, 373.

[98] Ebd., S. 383, 385. Hitlers persönlicher Leibwächter, Ulrich Graf, war ebenfalls ein

ehemaliger Metzger. John Toland, *Adolf Hitler*. Aus dem Amerikanischen von Uwe Bahnsen. Bergisch-Gladbach (Bastei-Lübbe) 1977, S. 151. Der Leiter der Krefelder Gestapo, Ludwig Jung, war der Sohn eines Metzgermeisters. Eric A. Johnson, *Der nationalsozialistische Terror. Gestapo, Juden und gewöhnliche Deutsche*. Aus dem Englischen von Udo Rennert. Berlin (Siedler) 2001, S. 63. In einer elf Kilometer vom KZ Mauthausen entfernten Stadt wurden einmal zwei entflohene KZ-Häftlinge eingefangen. Eine Österreicherin erinnerte sich, dass die Tochter des Metzgers rief: »Herein mit ihnen und auf den Fleischertisch, dann zerlegen wir sie wie Kälber!« Horwitz, *In the Shadow*, S. 133.
[99] Gitta Sereny, *Am Abgrund. Gespräche mit dem Henker*. Aus dem Englischen von Helmut Röhrling. München, Zürich (Piper) 1995, S. 280.

5. Ohne eine einzige Träne

[1] Boria Sax, *Animals in the Third Reich. Pets, Scapegoats, and the Holocaust*, New York (Continuum) 2000, S. 150.
[2] Judy Chicago ist der Ansicht, dass der Holocaust etwas sehr Modernes hat. »Das medizinische Denken, die wissenschaftliche Methode, die Technologie, die industrielle Revolution, das Fließband, das Konzept der Eroberung und Bezwingung – die Eroberung des Weltraums und fremder Länder, die Bezwingung des Krebses –, diese Realitäten haben die Welt geformt, in der wir leben, und diese Welt hat den Holocaust hervorgebracht.« Der industrialisierte Massenmord an den Juden ist für sie ein Auswuchs der modernen Industriegesellschaft. »Die Nazis hatten die Fließbandtechniken der industriellen Revolution in abgefeimter Weise auf die Endlösung angewendet; alles war mit maximaler, aber ganz und gar entmenschlichter Effizienz organisiert.« Judy Chicago, *Holocaust Project. From Darkness into Light*, New York (Viking Penguin) 1993, S. 58 und 60. Siehe auch Zygmunt Bauman, *Dialektik der Ordnung. Die Moderne und der Holocaust*. Aus dem Englischen von Uwe Ahrens. Hamburg (Europäische Verlagsanstalt) 2002, und Omer Bartov, *Murder in Our Midst. The Holocaust, Industrial Killing, and Representation*, New York (Oxford University Press) 1996.
[3] In seinem Buch Der Weg zum NS-Genozid erläutert Henry Friedlander, warum er sich dafür entschied, den Begriff ›killing centers‹ mit ›Mordzentren‹ zu übersetzen: »Das englische Wort ›to kill‹ wird im Deutschen mit ›töten‹ übersetzt. Auf subtile Weise unterscheiden sich aber diese beiden Wörter. Der englische Begriff hat aktiven Charakter, er beschwört jene Bilder herauf, welche die im Buch beschriebenen Ereignisse widerspiegeln. Das deutsche Wort ist weitaus schwächer und daher weniger geeignet. Beispielsweise lassen sich im Englischen ›mass murder‹ und ›mass killings‹ gleichermaßen verwenden, im Deutschen hingegen ist ›Massentötung‹ kein allgemein übliches Synonym für ›Massenmord‹. ... Die Schwierigkeit, eine deutsche Entsprechung zu finden, ergab sich ebenfalls bei dem Begriff ›killing center‹, mit dem seit den Nürnberger Prozessen die Anlagen zur Ausführung des fabrikmäßigen Massenmords beschrieben werden. In der deutschen Literatur werden sie meistens im Fall der Euthanasiemorde als ›Tötungsanstalten‹ bezeichnet, als ›Vernichtungslager‹ im Fall der Morde der Endlösung. Da ich aber den Entsprechungscharakter dieser beiden Orte des Massenmords aufzeigen wollte, entschied ich mich für den Begriff ›killing center‹, der dann ins Deutsche übersetzt werden musste. Nach einigen Diskussionen erschien uns der Begriff ›Mordzentrum‹ als geeignetste Übersetzung.« Henry Friedlander, Der Weg zum NS-Genozid. Von der Euthanasie zur Endlösung. Aus dem Amerikanischen von Johanna Friedman, Martin Richter und Barbara Schaden. Berlin (Berlin Verlag) 1997, S. 22 f. [A. d. Ü.]
[4] Eugen Kogon, Hermann Langbein und Adalbert Ruckerl (Hg.), *Nationalsozia-*

listische Massentötungen durch Giftgas. Eine Dokumentation, Frankfurt/Main (Fischer) 1983, S. 155.
[5] Friedlander, Der Weg zum NS-Genozid, S. 164.
[6] Neil J. Kressel, Mass Hate. The Global Rise of Genocide and Terror, New York (Perseus Books) 1996, S. 199.
[7] Upton Sinclair, Der Dschungel. Aus dem Amerikanischen von Otto Wilck. 3. Auflage, Berlin und Jossa (März bei 2001) 1980, S. 51 f.
[8] Kogon, Massentötungen durch Giftgas, S. 236.
[9] Gail Eisnitz, Slaughterhouse. The Shocking Story of Greed, Neglect and Inhumane Treatment Inside the U. S. Meat Industry, Amherst, NY, (Prometheus) 1997, S. 181.
[10] Ebd., S. 44.
[11] Ebd., S. 82.
[12] Ebd.
[13] Ebd., S. 119.
[14] Jimmy M. Skaggs, Prime Cut. Livestock Raising and Meatpacking in the United States, 1607-1983, College Station (Texas A&M University Press) 1986, S. 191.
[15] Donald D. Stull, »Knock 'em Dead. Work on the Killfloor of a Modern Beefpacking Plant«, in: Louise Lamphere, Alex Stepick, and Guillermo Grenier (Hg.), Newcomers in the Workplace. Immigrants and the Restructuring of the U. S. Economy, Philadelphia (Temple University Press) 1994, S. 57. Für Richard Rhodes war es ein »erschreckendes Erlebnis«, als er mitansah, wie Schweine durch einen »sich trichterförmig verengenden Pferch« zu einer beweglichen Rampe getrieben wurden: »Dieser Anblick – ihre Angst, die vielen Tiere, die an mir vorbeiliefen – erinnerte mich zwangsläufig an Dinge, an die niemand mehr erinnert werden will, an all die Menschenmassen, die Todesmärsche, Massenmorde und Ausrottungsaktionen.« Richard Rhodes, »Watching the Animals«, Harper's, März 1970. Zitiert in: Philip Kapleau, To Cherish All Life. A Buddhist Case for Becoming Vegetarian, 2. Auflage, Rochester, NY, (The Zen Center) 1986, S. 12.
[16] Kogon, Massentötungen durch Giftgas, S. 160.
[17] Ernst Klee, Willi Dreßen und Volker Rieß (Hg.), »Schöne Zeiten«. Judenmord aus der Sicht der Täter und Gaffer, Frankfurt/Main (Fischer) 1988, S. 218.
[18] Alexander Donat (Hg.), The Death Camp Treblinka. A Documentary, New York (Holocaust Library) 1979, S. 310 f.
[19] Gitta Sereny, Am Abgrund. Gespräche mit dem Henker. Aus dem Englischen von Helmut Röhrling. München, Zürich (Piper) 1995, S. 133, 171, 191.
[20] Kogon, Massentötungen durch Giftgas, S. 185.
[21] New York Times, 5. August 1997, C1, C6.
[22] Donat, Treblinka, S. 309.
[23] New York Times, 24. Juni 1865. Zitiert in Lawrence and Susan Finsen, The Animal Rights Movement in America, New York (Twayne) 1994, S. 1.
[24] Ebd.
[25] Eisnitz, Slaughterhouse, S. 130.
[26] Ebd., S. 199.
[27] Ebd., S. 219.
[28] Als man dem ehemaligen Landwirtschaftsminister Edward Madigan ein Video zeigte, auf dem zu sehen war, wie solche Downer behandelt werden, war er »angewidert und abgestoßen«. Gene Bauston, Battered Birds, Crated Herds. How We Treat the Animals We Eat, Watkins Glen, NY, (Farm Sanctuary) 1996, S. 47.
[29] Sue Coe, Dead Meat, New York (Four Walls Eight Windows) 1996, S. 116.
[30] Karen Davis, »UPC's Realtor Files Lawsuit to Stop Perdue«, in: Poultry Press, Herbst/Winter 1998, S. 5.
[31] Zitiert in: Extended Circle. A Commonplace Book of Animal Rights, New York (Paragon House) 1989, S. 355.

[52] Andrew Tyler, »Getting Away With Murder«, in: Laura A. Moretti (Hg.), *All Heaven in a Rage. Essays on the Eating of Animals*, Chico, CA, (MBK Publishing) 1999, S. 49.
[53] Eisnitz, *Slaughterhouse*, S. 43.
[54] Rynn Berry, *The New Vegetarians*, New York (Pythagorean Publishers) 1993, S. 116.
[55] Ebd.
[56] Ebd.
[57] Zitiert in Moretti, *All Heaven*, S. 43.
[58] Rapp wurde des Mordes schuldig befunden und zu zehnmal lebenslänglich verurteilt. Günter Lewy, »*Rückkehr nicht erwünscht*«. *Die Verfolgung der Zigeuner im Dritten Reich*, Berlin (Propyläen) 2001, S. 207.
[39] Klee, »*Schöne Zeiten*«, S. 185; Daniel Jonah Goldhagen, *Hitlers willige Vollstrecker. Ganz gewöhnliche Deutsche und der Holocaust*. Aus dem Amerikanischen von Klaus Kochmann. Berlin (Siedler) 1996, S. 470.
[40] Klee, »*Schöne Zeiten*«, S. 190.
[41] Raul Hilberg, *Die Vernichtung der europäischen Juden. Die Gesamtgeschichte des Holocaust*. Aus dem Amerikanischen von Christian Seeger u. a. Berlin (Olle und Wolter) 1982, S. 685.
[42] Raul Hilberg, *Täter, Opfer, Zuschauer. Die Vernichtung der Juden 1933–1945*. Aus dem Amerikanischen von Hans Günter Holl. Frankfurt/Main, Wien (Büchergilde Gutenberg) o. J., S. 73 ff.
[43] Dan Bar-On, *Die Last des Schweigens. Gespräche mit Kindern von Nazi-Tätern*. Deutsche Ausgabe herausgegeben von Christoph J. Schmidt. Reinbek bei Hamburg (Rowohlt) 1996, S. 246.
[44] James M. Glass, »*Life Unworthy of Life*«. *Racial Phobia and Mass Murder in Hitler's Germany*, New York (Basic Books) 1997, S. 123 f.
[45] Kogon, *Massentötungen durch Giftgas*, S. 227.
[46] Hilberg, *Täter*, S. 167.
[47] Kogon, *Massentötungen durch Giftgas*, S. 296.
[48] Richard Breitman, *Der Architekt der »Endlösung«. Himmler und die Vernichtung der deutschen Juden*. Aus dem Amerikanischen von Karl und Heidi Nicolai. Paderborn, München (Schöningh) 1996, S. 232.
[49] Rudolf Höss, *Kommandant in Auschwitz. Autobiographische Aufzeichnungen*, Stuttgart (Deutsche Verlags-Anstalt) 1958, S. 179; Robert Jay Lifton, *Ärzte im Dritten Reich*. Aus dem Amerikanischen von Annegrete Lösch, Sebastian Fetscher und Matthias K. Scheer. Stuttgart (Klett-Cotta) 1988, S. 366.
[50] Kogon, *Massentötungen durch Giftgas*, S. 160.
[51] Ebd., S. 186.
[52] Sereny, *Am Abgrund*, S. 193.
[53] Klee, »*Schöne Zeiten*«, S. 207.
[54] Inga Clendinnen, *Reading the Holocaust*, Cambridge (Cambridge University Press) 1999, S. 151.
[55] Melissa Müller, *Das Mädchen Anne Frank: die Biographie*, München (Claassen) 1998, S. 330.
[56] Kogon, *Massentötungen durch Giftgas*, S. 181.
[57] Donat, *Treblinka*, S. 312 f.; s. a. Sereny, *Am Abgrund*, S. 238.
[58] Yisrael Gutman and Michael Berenbaum (Hg.), *Anatomy of the Auschwitz Death Camp*, Bloomington (Indiana University Press) 1994, S. 55. Zur Sorge der Deutschen um die Gesundheit ihrer Polizeihunde vgl. Goldhagen, *Hitlers willige Vollstrecker*, S. 318 f.
[59] Charles G. Roland, *Courage Under Siege. Starvation, Disease, and Death in the Warsaw Ghetto*, New York (Oxford University Press) 1992, S. 174. Emmanuel Levinas freundete sich in einem Arbeitslager der Nazis mit dem Hund »Bobby« an und be-

zeichnete ihn als den »letzten Kantianer in Nazideutschland«. Emmanuel Levinas, »The Name of a Dog, or Natural Rights«, in: *Difficult Freedom: Essays on Judaism*, Baltimore (John Hopkins Press) 1990, S. 151–153. Siehe auch David Clark, »On Being ›The Last Kantian in Nazi Germany‹. Dwelling with Animals after Levinas«, in: Jennifer Ham and Matthew Senior (Hg.), *Animal Acts. Configuring the Human in Western History*, New York (Routledge) 1997, S. 165–198.

[60] Sax, *Animals in the Third Reich*, S. 22. Bella Fromm berichtete, mehrere Bauern aus einer kleinen Gemeinde hätten 1936 ihr Geld zusammengelegt, um einen Bullen für ihre Kühe zu kaufen; örtliche Beamte hätten jedoch entschieden, der Bulle sei »jüdisch« und dürfe sich daher nicht fortpflanzen. Ebd., S. 22 f.

[61] Jeffrey Moussaieff Masson, *Hunde lügen nicht: die großen Gefühle unserer Vierbeiner*. Aus dem Amerikanischen von Ursula Bischoff. München (Heyne) o. J., S. 232 f. Als der polnische Pianist Marian Filar im Warschauer Ghetto zur Wohnung von Bekannten ging, stellte er fest, dass sie bereits deportiert worden waren. Die Wohnung war leer, bis auf die Hündin der Familie, die auf ihre Rückkehr wartete. Als Filar die Hündin mit zu sich nehmen wollte, knurrte sie ihn an und weigerte sich, die Wohnung zu verlassen. Filar nimmt an, dass sie dort verhungert ist. Marian Filar and Charles Patterson, *From Buchenwald to Carnegie Hall*, Jackson (University Press of Mississippi) 2002, S. 64 f. In Isaiah Spiegels Kurzgeschichte *A Ghetto Dog* weigert sich eine alte Witwe, das Warschauer Ghetto mit ihrem Hund zu verlassen; deshalb erschießen die Deutschen alle beide. In: Saul Bellow (Hg.), *Great Jewish Short Stories*, New York (Dell) 1963.

[62] Sax, *Animals in the Third Reich*, S. 87.

[63] Ebd., S. 182.

[64] Victor Klemperer, *Ich will Zeugnis ablegen bis zum Letzten. Tagebücher 1942–1945*, Berlin (Aufbau) 1995, S. 86.

[65] Ebd., S. 90.

[66] Klee, *»Schöne Zeiten«*, S. 99.

[67] Goldhagen, *Hitlers willige Vollstrecker*, S. 316.

[68] Hamburger Institut für Sozialforschung (Hg.), *Vernichtungskrieg. Verbrechen der Wehrmacht 1941 bis 1944*, Ausstellungskatalog. Hamburg (Hamburger Edition) 1996, S. 90.

[69] Jochen von Lang, *Der Sekretär. Martin Bormann: Der Mann, der Hitler beherrschte*, Frankfurt/Main, Berlin (Ullstein) 1990, S. 158 f.

[70] Lifton, *Ärzte im Dritten Reich*, S. 474.

[71] Klee, *»Schöne Zeiten«*, S. 117.

[72] Als die ersten Einzelheiten über das Attentat vom 20. Juli 1941 bekannt wurden, sagte Hitler: »Nun habe ich endlich die Schweinehunde, die seit Jahren meine Arbeit sabotieren.« Ian Kershaw, *Hitler. 1936–1945*, Aus dem Englischen von Klaus Kochmann. Stuttgart (Deutsche Verlags-Anstalt) 2000, S. 899, s. auch S. 294; Fritz Redlich, *Hitler. Diagnose des destruktiven Propheten*. Aus dem Amerikanischen von Andrea Marenzeller und Michaela Adelberger. Wien (Eichbauer) 2002, S. 174.

[73] Kershaw, *Hitler. 1936–1945*, S. 601, 628, 527.

[74] Robert G. L. Waite, *The Psychopathic God Adolf Hitler*, New York (Basic Books) 1977, S. 90.

[75] Redlich, *Hitler*, S. 166.

[76] Henry Picker, *Hitlers Tischgespräche im Führerhauptquartier 1941–1942*, Stuttgart (Seewald) 1963, S. 244, 320 f., zitiert in James V. Compton, *Hitler und die USA. Die Amerikapolitik des Dritten Reiches und die Ursprünge des Zweiten Weltkrieges*. Ins Deutsche übertragen von Bruno Maurach. Oldenburg, Hamburg (Gerhard Stalling) 1968, S. 21.

[77] Adolf Hitler, *Mein Kampf*, 866.–870. Auflage, München (Franz Eher Nachf.) 1943, S. 685.

[78] Redlich, *Hitler*, S. 8.
[79] Ebd., S. 134. Hitler beharrte darauf, dass nur Begabte eine höhere Bildung bekommen sollten; für ihn war es »verbrecherischer Wahnwitz, einen geborenen Halbaffen so lange zu dressieren, bis man glaubt, aus ihm einen Advokaten gemacht zu haben.« Ebd., S. 142, 375.
[80] Institut für Zeitgeschichte (Hg.), *Hitler. Reden, Schriften, Anordnungen. Februar 1925 bis Januar 1933.* Bd. II,1. *Juli 1926–Juli 1927.* München, London (K. G. Saur) 1992, S. 229. Hier betete Hitler die Ansichten seines Idols Richard Wagner nach, der geschrieben hatte, die »minderwertigen Rassen« stammten »von den Affen« ab, die Arier hingegen »von den Göttern«. Sax, *Animals in the Third Reich*, S. 54.
[81] Redlich, *Hitler*, S. 365.
[82] Ian Kershaw, *Hitler. 1889–1936.* Aus dem Englischen von Jürgen Peter Krause und Jörg W. Rademacher. Stuttgart (Deutsche Verlags-Anstalt) 1998, S. 132.
[83] Waite, *Psychopathic God*, S. 155. 1926 prügelte Hitler seinen Hund in Gegenwart Mimi Reiters, eines 16-jährigen Mädchens, das ihm gefiel und das er offenbar beeindrucken wollte: »Er peitschte seinen Hund wie ein Irrsinniger mit seiner Reitgerte, während er ihn fest an der Leine hielt. Dabei geriet er in ungeheure Erregung ... Ich hätte nicht geglaubt, dass dieser Mann ein Tier so erbarmungslos schlagen würde – ein Tier, von dem er gerade eben noch behauptet hatte, er könne nicht ohne es leben. Doch nun peitschte er seinen treuesten Gefährten aus!« Ebd., S. 192. Als ihm sein Schäferhund ein andermal – und in Anwesenheit eines anderen Mädchens – nicht gehorchte, »demonstrierte er seine Vorstellung von Männlichkeit, Herrschaft und Macht, indem er das Tier brutal auspeitschte.« Ebd., S. 159.
[84] Louis P. Lochner (Hg.), *Goebbels' Tagebücher. Aus den Jahren 1942–1943*, Zürich (Atlantis) 1948, S. 134, 404; Albert Speer, *Erinnerungen*, Berlin (Propyläen) 1969, S. 314; Kershaw, *Hitler. 1936–1945*, S. 737; Am 29. April 1945, dem Tag vor seinem Selbstmord, vergiftete Hitler Blondi, um sich zu vergewissern, dass die Zyanidkapseln, die Himmler ihm gegeben hatte, richtig wirkten. Kershaw, *Hitler. 1936–1945*, S. 1059 f.; Waite, *Psychopathic God*, S. 489; Redlich, *Hitler*, S. 254.
[85] Ian Kershaw, *Hitler. 1889–1936*, S. 132.
[86] Redlich, *Hitler*, S. 79, 92.
[87] Kressel, *Mass Hate*, S. 133. Kressels Erörterung von Hitlers Geisteszustand siehe S. 132 ff. Einem engen Vertrauten zufolge bat Hitler im Wahlkampf von 1932 eines Tages, während er voller Selbstmitleid seine Gemüsesuppe aß, »in wehleidigem Ton um die Bestätigung, dass die vegetarische Kost seine Magenkrämpfe, das übermäßige Schwitzen und die Melancholie kurieren würde«. Waite, *Psychopathic God*, S. 47.
[88] Johannes von Müllern-Schönhausen, *Die Lösung des Rätsel's Adolf Hitler. Der Versuch einer Deutung der geheimnisvollsten Erscheinung der Weltgeschichte*, Wien (Verlag zur Förderung wissenschaftlicher Forschung) circa 1956, S. 195. Zitiert in: Colin Spencer, *The Heretic's Feast. A History of Vegetarianism*, London (Fourth Estate) 1990, S. 306.
[89] Waite, *Psychopathic God*, S. 27.
[90] Kapleau, *To Cherish All Life*, S. 103 (Anmerkung 71). Otto Wagener zufolge wurde Hitler strenger Vegetarier, nachdem er 1931 die Autopsie seiner jungen Nichte Angela (Geli) Raubal miterlebt hatte, aber Wagener ist keine zuverlässige Quelle, denn es wurde nie eine Autopsie durchgeführt. Redlich, *Hitler*, S. 92, 343.
[91] Redlich schreibt, Hitler habe gern Leberknödel gegessen. Redlich, *Hitler*, S. 92.
[92] Dione Lucas, *The Gourmet Cooking School Cookbook. Classic Recipes, Menus, and Methods as Taught in the Classes of the Gourmet Cooking School*, New York (Bernhard Geis Associates) 1964, S. 89. Zitiert in Rynn Berry, »Humankind's True Moral Test«, in: *Satya*, Juni 1994, S. 3.
[93] Robert Payne, *The Life and Death of Adolf Hitler*, New York (Praeger) 1973, S. 346.

Gegen Ende des Krieges wurde Hitler von seinem Leibarzt, Dr. Theodor, Morell, auf eine Diät gesetzt, zu der geringe Mengen Schinken sowie Butter, Schweineschmalz, Eiweiß, Buttermilch und Schlagobers gehörten. Redlich, *Hitler*, S. 296.

[94] Spencer, *Heretic's Feast*, S. 308 f.

[95] Payne, *Life and Death*, S. 346. Ralph Meyer weist in einem unveröffentlichten Manuskript darauf hin, dass Goebbels mit diesem Bild von Hitler als friedlichem Vegetarier selbst führende Staatsmänner und Biografen täuschte. »Dieser Schwindel wird noch immer *ad nauseam* wiederholt, um Vegetarier und Tierrechtler zu diskreditieren. Wie viele Menschen sind davon abgehalten worden, auch nur über diese Themen nachzudenken, weil sie alles verabscheuen, was mit Hitler in Verbindung gebracht werden könnte?« Ralph Meyer, »The ›Hitler Diet‹ for Disease and War«. Meyer, der schon mit neun Jahren Vegetarier wurde, verließ Nazideutschland im Jahr 1935. »Wenn die Menschen Hemmungen hätten, Tiere zu misshandeln«, fragt er, »könnte es dann vielleicht sein, dass sie auch Hemmungen hätten, einander zu misshandeln?« Persönliche Mitteilung an den Autor.

[96] Hitler »sammelte auch seltene Gemälde und Stiche, machte seiner Geliebten teure Geschenke und umgab sich mit Bediensteten, deren Vertrauenswürdigkeit dadurch gewährleistet war, dass sie von der SS beaufsichtigt wurden. Er hatte einen ganzen Fuhrpark, und ihm stand immer ein Flugzeug zur Verfügung. Fast jeden Abend fanden private Filmvorführungen statt. Sein Tischgeschirr bestand aus bestem Meissener Porzellan; in jeden Teller, jede Untertasse und Teetasse waren in Gold die Initialen ›A. H.‹ und ein Hakenkreuz eingraviert.« Payne, *Life and Death*, S. 346 f.

[97] In seinen Erinnerungen schrieb Albert Speer, nachdem Hitler einmal auf den Geschmack gekommen sei, habe er Kaviar »mit großem Appetit löffelweise« gegessen, bis er von Kannenberg erfahren habe, wie teuer er war. Obwohl die Kosten im Verhältnis zu den Gesamtausgaben der Reichskanzlei keine Rolle spielten, lehnte Hitler den Kaviar als Extravaganz ab, denn »dem Selbstverständnis Hitlers war ... ein kaviaressender Führer unerträglich.« Albert Speer, *Erinnerungen*, S. 143.

[98] Payne, *Life and Death*, S. 346. Im Endstadium des Krieges liebte Hitler nur noch für seine damalige Lieblingsmahlzeit: Schokolade und Kuchen. Robert Waite schreibt: »Während er in früheren Zeiten höchstens drei Stücke gegessen hatte, ließ er sich den Teller nun dreimal turmhoch füllen. Er sagte, er esse nicht viel zu Abend, darum könne er mehr Kuchen essen.« Waite, *Psychopathic God*, S. 479.

[99] Kershaw, *Hitler. 1936–1945*, S. 545, 548.

[100] Meyer, »Hitler Diet«.

[101] Kershaw, *Hitler. 1936–1945*, S. 766. Der Stärkste setze sich durch, behauptete Hitler. Das sei das Gesetz der Natur. Hugh Gregory Gallagher, *By Trust Betrayed: Patients, Physicians, and the License to Kill in the Third Reich*, New York (Henry Holt) 1990, S. 51.

[102] Peter Sichrovsky, *Born Guilty. Children of Nazi Families*, New York (Basic Books) 1988, S. 169. »Um jede Schwäche und Freundlichkeit auszumerzen, mussten manche SS-Leute zwölf Wochen lang einen deutschen Schäferhund großziehen und den Welpen dann unter Aufsicht eines Offiziers erdrosseln.« Sax, *Animals in the Third Reich*, S. 169.

[103] Kershaw, *Hitler. 1936–1945*, S. 243.

[104] Max Horkheimer und Theodor W. Adorno, *Dialektik der Aufklärung. Philosophische Fragmente*, Frankfurt/Main (Fischer) 1969, S. 270. Mein Dank gilt Roberta Kalechofsky von Jews for Animal Rights, die mich auf dieses Zitat aufmerksam gemacht hat.

[105] Sax, *Animals in the Third Reich*, S. 146 f.

[106] Klee, *»Schöne Zeiten«*, S. 154 f.

[107] Ebd., S. 157.

Anmerkungen 271

[108] Ebd., S. 158.
[109] Ebd., S. 232.
[110] Ebd., S. 235. Auch heute kann man in Auschwitz gut essen. Als Isabel Fonseca Auschwitz besuchte, um für ihr Buch über die Zigeuner zu recherchieren, gab es im Lager »eine Touristenunterkunft und ein Selbstbedienungsrestaurant mit Regalen voller Sandwiches«. Isabel Fonseca, *Begrabt mich aufrecht. Auf den Spuren der Zigeuner*. Aus dem Amerikanischen von Wolfgang Rhiel. München (Kindler) 1996, S. 343.
[111] Kremer in einem Verhör am 30. 7. 1947 in Krakau, zitiert in: Klee, »*Schöne Zeiten*«, S. 237.
[112] Ebd., S. 238.
[113] Ebd., S. 241.
[114] Lifton, *Ärzte im Dritten Reich*, S. 474.
[115] Sereny, *Am Abgrund*, S. 198, 195.
[116] Goldhagen, *Hitlers willige Vollstrecker*, S. 359.
[117] *Hitlers zweites Buch*, Stuttgart (Deutsche Verlags-Anstalt) 1962, S. 57. Zitiert in: Gallagher, *By Trust Betrayed*, S. 52.
[118] Friedlander, *Weg zum NS-Genozid*, S. 153. Hitlers Interesse am humanen Töten erstreckte sich sogar auf Hummer. Eine von Hitler genehmigte NS-Verordnung vom 14. Januar 1936 bestimmte, dass Hummer »in sprudelnd kochendes Wasser« gelegt werden sollten statt in kaltes Wasser, das dann langsam zum Sieden gebracht wurde, weil das abrupte Eintauchen in kochendes Wasser eine »humanere« Tötungsmethode sei. Waite, *Psychopathic God*, S. 45. Albert Speer zufolge fand Hitler die Krustentiere jedoch alles andere als attraktiv. »Als eines Tages die Helgoländer Fischer ihm einen riesigen Hummer zum Geschenk machten und diese Delikatesse zur Genugtuung der Gäste auf die Tafel kam, machte Hitler ... mißbilligende Äußerungen über die menschliche Verirrung, derart unästhetisch aussehende Ungeheuer zu verzehren.« Speer, *Erinnerungen*, S. 133.
[119] Redlich, *Hitler*, S. 202.
[120] Hilberg, *Vernichtung*, S. 237 f.
[121] Ervin Staub, *The Roots of Evil. The Origins of Genocide and Other Group Violence*, Cambridge (Cambridge University Press) 1989, S. 138.
[122] Kogon, *Massentötungen durch Giftgas*, S. 254 f.
[123] Ebd., S. 169 f.
[124] Ein Überblick über die Tierschutzgesetze in der Nazizeit findet sich bei Sax, *Animals in the Third Reich*, 11. Kapitel (»Animals, Nature, and the Law«) und Anhang 2 (»Brief Chronology of Legislation on Animals and Nature in the Third Reich«). Vgl. auch Arnold Arluke and Boria Sax, »Understanding Nazi Animal Protection and the Holocaust«, *Anthrozoos* 5 (1992), S. 6–31, und Lynda Birke, Paul Bookbinder et al., »Comment on Arluke and Sax: ›Understanding Nazi Animal Protection and the Holocaust‹«, *Anthrozoos* 6 (1993), S. 72–114. »Die ausführliche Beschäftigung der Nazis mit den Methoden der Tiertötung« in diesen Gesetzen, so Boria Sax, habe »etwas Unheilverkündendes« gehabt, weil sie die Menschen darauf programmiert habe, das Töten in positivem Licht zu sehen. »Durch die Desensibilisierung der Menschen bereitete auch das Töten von Tieren den Weg für den Massenmord an Menschen.« Sax, *Animals in the Third Reich*, S. 169.
[125] Gary Francione, *Rain Without Thunder. The Ideology of the Animal Rights Movement*, Philadelphia (Temple University Press) 1996, S. 95.
[126] Brian Klug, »Ritual Murmur. The Undercurrent of Protest Against Religious Slaughter of Animals in Britain in the 1980s«, in: Roberta Kalechofsky (Hg.), *Judaism and Animal Rights. Classical and Contemporary Responses*, Marblehead, MA, (Micah Publications) 1992, S. 149.
[127] Winthrop Jordan zufolge wurde die Sklaverei dank der Gesetze, die einige ihrer

grausamsten Exzesse im amerikanischen Süden wie z. B. die brutale Misshandlung von Sklaven unterbanden, tiefer denn je in der Gesellschaft verankert. Durch den Versuch, der grausamen Behandlung der Sklaven ein Ende zu setzen, »trug der humanitäre Impuls dazu bei, der Sklaverei ein freundlicheres und paternalistischeres Gesicht zu verleihen und sie dadurch für den Sklavenbesitzer und sogar für den Gegner der Sklaverei erträglicher zu machen. Insoweit die Sklaverei schon an sich grausam war, trugen die humanitären Linderungsversuche zur Aufrechterhaltung der Grausamkeit bei.« Winthrop D. Jordan, *The White Man's Burden. Historical Origins of Racism in the United States*, New York (Oxford University Press) 1974, S. 142 f.
[128] Francione, *Rain Without Thunder*, S. 96 ff.
[129] Hilberg, *Vernichtung*, S. 685.

6. »Uns ging es genauso«

[1] Leo Eitinger, »Auschwitz – A Psychological Perspective« in: Yisrael Gutman and Michael Berenbaum (Hg.), *Anatomy of the Auschwitz Death Camp*, Bloomington (Indiana University Press) 1994, S. 480. »Der Holocaust sensibilisiert uns für den Hass auf Fremde, Schwache und Verfolgte«, sagte Zevulan Hammer, ehemaliger israelischer Minister für Bildung und Kultur. »Das sind die universellen Botschaften des Holocaust.« Zitiert in: Michal Morris Kamil, »Learn to Remember. A New Year Message from The Minister of Education and Culture Zevulan Hammer«, *Yad Vashem Magazine*, Bd. 3, Tischri 5757, September 1996, S. 3.
[2] Alan L. Berger, *Children of Job. American Second-Generation Witnesses to the Holocaust*, Albany (State University of New York Press) 1997, S. 16; Alan L. Berger and Naomi Berger (Hg.), *Second Generation Voices: Reflections by Children of Holocaust Survivors and Perpetrators*, Syracuse, NY (Syracuse University Press), 2001, S. 3.
[3] Die folgenden Zitate beruhen auf einer persönlichen Mitteilung an den Autor.
[4] Dena Jones Jolma (ed.), *Hunting Quotations. Two Hundred Years of Writings on the Philosophy, Culture and Experience*, Jefferson (McFarland) 1992, Anmerkung 244.
[5] Persönliche Mitteilung von Anne Muller an den Autor.
[6] Persönliche Mitteilung an den Autor.
[7] Persönliche Mitteilung an den Autor.
[8] Loren Goloski, »Holocaust Survivor Heads State Animal Rights Group«, *Montgomery County Sentinel*, 21. November 1996.
[9] Persönliche Mitteilung an den Autor.
[10] In Verbindung mit dem Great American Meatout veranstaltet FARM jedes Frühjahr einen veganischen Lunch für Kongressmitarbeiter auf dem Capitol Hill. Die Rede beim Lunch im Jahr 1999 hielt der Abgeordnete Tom Lantos, ein Demokrat aus Kalifornien. Lantos ist Mitvorsitzender des Congressional Friends of Animals Caucus und der einzige Holocaust-Überlebende im Kongress. Tom und seine Frau Annette Lantos haben ihren Widerstand gegen die Vivisektion damit begründet, dass sie nicht einfach tatenlos zusehen könnten, wenn Tiere dasselbe Schicksal erlitten wie die Juden im Dritten Reich. Christa Blanke, *Da krähte der Hahn. Kirche für Tiere? Eine Streitschrift*, Eschbach (Verlag am Eschbach) 1995, S. 167 (Anmerkung 32).
[11] Andrew Silow Carroll, »The Oppressive Mindset is the Issue«, *Jewish World*, 15.–21. Juni 1990, S. 9.
[12] »Warning: This Book May Change Your Life«, *FARM Report* (Sommer 1998), S. 3.
[13] Die folgenden Zitate beruhen auf einer persönlichen Mitteilung an den Autor.
[14] Die folgenden Zitate beruhen auf einer persönlichen Mitteilung an den Autor.

[15] WASP (white anglo-saxon protestant).
[16] »Freedom Tour in Context. Evil Roots of Vivisection Demand Long-Term Commitment«, *Committee to End Primate Experiments (CEPE) News* (Frühjahr 1999), S. 7.
[17] Persönliche Mitteilung an den Autor.
[18] Die folgenden Zitate beruhen auf einer persönlichen Mitteilung an den Autor.
[19] »There Is Something I Can Do – I Can Teach People«, *The AV* (Januar/Februar 1996), S. 2.
[20] Ebd.
[21] Ebd.
[22] Pamela D. Frasch, Sonia S. Waisman, Bruce A. Wagman, Scott Beckstead (Hg.), *Animal Law*, Durham, NC, (Carolina Academic Press) 2000.
[23] Die folgenden Zitate beruhen auf einer persönlichen Mitteilung an den Autor.
[24] Die folgenden Zitate beruhen auf einer persönlichen Mitteilung an den Autor.
[25] Erik Marcus, *Vegan. The New Ethics of Eating*, 2. Auflage, Ithaca, NY, (McBooks Press) 2000, S. 186.
[26] Die folgenden Zitate beruhen auf einer persönlichen Mitteilung an den Autor.
[27] Die folgenden Zitate beruhen auf einer persönlichen Mitteilung an den Autor.
[28] »Princeton's New Philosopher Draws a Stir«, *New York Times*, 10. April 1999, A1, B11. Auch der junge Albert Schweitzer hatte eine Aversion gegen das Angeln. »Zweimal habe ich mit andern Knaben geangelt«, schrieb er. »Dann verbot mir das Grauen vor der Mißhandlung der aufgespießten Würmer und vor dem Zerreißen der Mäuler der gefangenen Fische weiter mitzumachen. Ja, ich fand sogar den Mut, andere vom Fischen abzuhalten.« Albert Schweitzer, *Aus meiner Kindheit und Jugendzeit*, 99. bis 105. Tausend, München (C. H. Beck) 1953, S. 25.
[29] Peter Singer, *Henry Spira und die Tierrechtsbewegung*, Aus dem Englischen von Hermann Vetter und Claudia Schorcht, Erlangen (Fischer) 2001., S. 62.
[30] »Living and Dying with Peter Singer«, *Psychology Today* (Januar/Februar 1999), S. 58.
[31] Singer, *Henry Spira*, S. 63 f.
[32] Ebd., S. 15 f.
[33] Zitiert in Singer, *Henry Spira*, S. 64.
[34] Aus dem Nachruf auf Spira in *Animals' Agenda* (November/Dezember 1998).
[35] Gespräch im Keller einer Kirche auf der West 40th Street in New York City am 28. April 1996.
[36] *Ms* (August 1983), S. 27.
[37] Aviva Cantor, *Jewish Women, Jewish Men. The Legacy of Patriarchy in Jewish Life*, San Francisco (Harper and Row) 1995, S. 84.
[38] Ebd.
[39] Ebd., S. 406.
[40] Die folgenden Zitate beruhen auf einer persönlichen Mitteilung an den Autor.
[41] Nachdem Kaplan in der internationalen Ausgabe der *Jerusalem Post* vom 5. Mai 2001 einen Artikel darüber gelesen hatte, dass der Vorsitzende des israelischen Rats für Tierversuche zurückgetreten war, nachdem er drei Morddrohungen erhalten hatte, schrieb er: »Ich bin dafür, Vivisektionen an Vivisektoren durchzuführen. Ich schlage ein Vivisektionslabor für Vivisektoren vor. Die Vivisektoren werden natürlich in Käfigen gehalten, unter Umständen und Bedingungen, die ihnen bestens vertraut sind. Und man wird Experimente an ihnen vornehmen, schließlich sind sie ja Versuchstiere. Alle Arten von Experimenten, die auf die Verbesserung der Lebensbedingungen nichtmenschlicher Tiere abzielen.« Persönliche Mitteilung an den Autor.

7. »Dieses grenzenlose Schlachthaus«

[1] Singer war der erste Träger des Literaturnobelpreises, der in einer Sprache ohne Land schrieb (Jiddisch), und er war der zweite Vegetarier, der den Preis bekam (der erste war George Bernard Shaw, dem er 1925 verliehen wurde). Rynn Berry zufolge war er auch »der erste Nichtalkoholiker unter den männlichen amerikanischen Literaturnobelpreisträgern (Steinbeck, Hemingway, Sinclair Lewis, Faulkner und Eugene O'Neill gehörten zu den trunksüchtigsten Schriftstellern der Welt).« Rynn Berry, »Humankind's True Moral Test«, in: *Satya* (Juni 1994), S. 3.

[2] Paul Kresh, *Isaac Bashevis Singer. The Story of a Storyteller*, New York (Dutton) 1984, S. 5. Auch einem anderen Nobelpreisträger, Albert Schweitzer (er bekam 1952 den Friedensnobelpreis), bereitete es Qualen, Tiere leiden zu sehen: »Der Anblick eines alten hinkenden Pferdes, das ein Mann hinter mir herzerrte, während ein anderer mit einem Stecken auf es einschlug – es wurde nach Kolmar ins Schlachthaus getrieben –, hat mich wochenlang verfolgt.« Albert Schweitzer, *Aus meiner Kindheit und Jugendzeit*, 99. bis 105. Tausend, München (C. H. Beck) 1953, S. 22.

[3] »The Beginning«, in: Isaac Bashevis Singer, *Love and Exile. A Memoir*, Garden City, NY, (Doubleday) 1984, S. xxi f.

[4] *Schoscha*. Aus dem Amerikanischen von Ellen Otten. München, Wien (Hanser) 1980. *Schoscha* wurde 1974 als Fortsetzungsroman im jiddischen *Forverts* veröffentlicht. Die englischsprachige Buchausgabe erschien 1978.

[5] Ebd., S. 275.

[6] »The Beginning«, in: *Love and Exile*, S. xxiii.

[7] *Die Familie Moschkat*. Deutsch von Gertrud Baruch. 7. Auflage. München (Deutscher Taschenbuch Verlag) 1998, S. 200.

[8] *Schoscha*, S. 90.

[9] »The Beginning«, in: *Love and Exile*, S. xxiii.

[10] *Das Visum*. Aus dem Amerikanischen von Gertrud Baruch. München, Wien (Hanser) 1998. *Das Visum* wurde 1967 als Fortsetzungsroman im *Forverts* veröffentlicht, die englischsprachige Buchausgabe erschien jedoch erst 1992.

[11] Ebd., S. 262.

[12] *Meschugge*. Aus dem Amerikanischen von Gertrud Baruch. München, Wien (Hanser) 1996. *Meschugge* wurde 1981–83 als Fortsetzungsroman im *Forverts* veröffentlicht. Die englischsprachige Buchausgabe erschien 1994.

[13] Ebd., S. 59 f.

[14] Richard Schwartz weist darauf hin, dass »Du sollst nicht töten« in der jüdischen Tradition meist mit »Du sollst nicht morden« übersetzt wird, weil sie das Töten unter gewissen Umständen erlaubt, zum Beispiel zur Selbstverteidigung und im Krieg. In einigen späteren Übersetzungen sei jedoch »töten« statt »morden« verwendet worden.

[15] *Verloren in Amerika. Vom Schtetl in die neue Welt*. Aus dem Amerikanischen von Ellen Otten. München, Wien (Hanser) 1983, S. 148. Albert Schweitzer fand die Religion, die ihm in seiner Kindheit weitergegeben worden war, ebenfalls zu beschränkt: »Ganz unfaßbar erschien mir – dies war schon, ehe ich in die Schule ging–, daß ich in meinem Abendgebete nur für Menschen beten sollte. Darum, wenn meine Mutter mit mir gebetet und mir den Gutenachtkuß gegeben hatte, betete ich heimlich noch ein von mir selbst verfaßtes Zusatzgebet für alle menschlichen Wesen. Es lautete: ›Lieber Gott. Schütze und segne alles, was Odem hat, bewahre es vor allem Übel, und laß es ruhig schlafen!‹« Albert Schweitzer, *Kindheit*, S. 23.

[16] Die folgenden Zitate aus: *Verloren in Amerika*, S. 263–266.

[17] Ebd., S. 277.

[18] Ebd., S. 385.

[19] Ebd., S. 335.

[20] Ebd., S. 301.
[21] *Das Erbe.* Deutsch von Thomas Kolberger. 6. Auflage. München (Deutscher Taschenbuch Verlag) 1998, S. 252 f.
[22] *Jakob der Knecht.* Deutsch von Wolfgang von Einsiedel. 54.–56. Tausend. Reinbek bei Hamburg (Rowohlt) 1998, S. 152.
[23] *Schatten über dem Hudson.* Aus dem Amerikanischen von Christa Schuenke. München, Wien (Hanser) 2000, S. 634.
[24] Vorwort zu Dudley Giehl, *Vegetarianism. A Way of Life*, New York (Harper and Row) 1979, S. viii.
[25] *Verloren in Amerika*, S. 391. Der Judaismus verurteilt die Vergnügungsjagd als mutwilliges Töten, und der Talmud untersagt den Umgang mit Jägern (*Awodah sarah 18b*). Als ein Mann den Rabbi Hesekiel Landau (1713–1793) fragte, ob er in den Wäldern und auf den Feldern seines großen Anwesens jagen dürfe, antwortete der Rabbi: »In der Thora wird der Jagdsport nur wilden Gesellen wie Nimrod und Esau zugeschrieben, aber niemals einem der Patriarchen oder ihrer Nachfolger ... Ich verstehe nicht, wie ein Jude auch nur davon träumen kann, Tiere allein des Jagdvergnügens wegen zu töten.« Richard Schwartz, *Judaism and Vegetarianism*, revised edition, New York (Lantern Books) 2001, S. 25.
[26] *Satan in Goraj.* Aus dem Amerikanischen von Ulla Hengst. Berlin (Volk und Welt) 1980. Die in Warschau erscheinende literarische Monatsschrift *Globus* veröffentlichte *Satan in Goraj* in mehreren Fortsetzungen zwischen Januar und September 1933, und die jiddische Sektion des Warschauer PEN-Clubs brachte den Roman 1935 auf Jiddisch heraus. Da Singer Polen im April 1935 verließ – vor dem Erscheinen des Buches –, sah er es erst nach seiner Ankunft in Amerika. In den Vereinigten Staaten wurde *Satan in Goraj* zusammen mit mehreren anderen Geschichten Singers 1943 auf Jiddisch veröffentlicht. 1955 brachte The Noonday Press eine englischsprachige Ausgabe heraus.
[27] Ebd., S. 46 f.
[28] Ebd., S. 108.
[29] Ebd., S. 115 f.
[30] Ebd., S. 134.
[31] Clive Sinclair, *The Brothers Singer*, London (Allison und Busby) 1983, S. 8.
[32] *Blut*, in: *Yentl*. Deutsch von Wolfgang von Einsiedel. München (Deutscher Taschenbuch Verlag) 2002, S. 88–127.
[33] *The Slaughterer*, in: *The Seance and Other Stories*, 4. Auflage, New York (Farrar, Straus and Giroux) 1964, S. 17–30, und in: *The Collected Stories*, New York (Farrar, Straus and Giroux) 1982, S. 207–216.
[34] *The Letter Writer*, in: *The Seance and Other Stories*, S. 239–276, und in: *The Collected Stories*, S. 250–276.
[35] Kresh, *Story*, S. 112.
[36] *Der Büßer.* Aus dem Amerikanischen von Gertrud Baruch. München, Wien (Hanser) 1987. *Der Büßer* wurde 1973 als Fortsetzungsroman im *Forverts* veröffentlicht. Die englischsprachige Buchausgabe erschien 1983.
[37] *Der Büßer*, S. 42 f.
[38] Ebd., S. 114 f.
[39] Ebd., S. 42 ff.
[40] Ebd., S. 124.
[41] Ebd., S. 44. In Singers Kurzgeschichte *Tanchum* wird ein junger Jeschiwa-Student auf ähnliche Weise von »Fragen und Zweifeln« geplagt, die »ihm keine Ruhe [ließen].« Obwohl er glaubt, dass es Gnade im Himmel gibt, will er wissen: »Warum mußten kleine Kinder und auch stumme Tiere leiden? Warum musste der Mensch sterben und der Stier unter dem Messer des Schächters?« Wie Joseph Shapiro verspürt Tanchum »eine Aversion gegen Fleisch«. Als er am Tisch seines künftigen

Schwiegervaters gefragt wird, was er vorzieht – Rindfleisch oder Huhn – bleiben ihm die Worte in der Kehle stecken. »Kein Zweifel, hier war alles streng koscher, aber das Fleisch schien ihm nach Blut zu riechen, und er glaubte, das Gebrüll des Ochsen unter dem Messer des Schächters zu hören.« *Tanchum*, in: *Old Love. Geschichten von der Liebe*. Deutsch von Ellen Otten. 3. Auflage. München (Deutscher Taschenbuch Verlag) 1994, S. 198–209.

[42] Vorwort zu *Der Büßer*, S. 6. Im Gespräch mit Richard Burgin erklärte Singer, er komme aus einem Elternhaus, wo man genauso gedacht habe wie Joseph Shapiro. Doch obwohl Joseph Shapiros Äußerungen in einigen Punkten seine eigenen Ansichten widergäben, sei es Unsinn, ihn mit Shapiro zu identifizieren. »Er stellt den Typus des orthodoxen Juden dar, dem die Thora alles bedeutet, während alles andere für ihn bedeutungslos ist.« Wenn er diesen Standpunkt teilen würde, so Singer, würde er nichts mehr publizieren. Isaac Bashevis Singer und Richard Burgin, *Ich bin ein Leser. Gespräche mit Richard Burgin*. Deutsch von Harald Raykowski. München (Deutscher Taschenbuch Verlag) 1988, S. 148 f.

[43] *Feinde, die Geschichte einer Liebe*. Deutsch von Wulf Teichmann. 14. Auflage. München (Deutscher Taschenbuch Verlag) 1998.

[44] Ebd., S. 41.

[45] Ebd., S. 50 f.

[46] Ebd., S. 98 f. Kleine Tiere faszinierten Singer. Als Boris Makaver in *Schatten über dem Hudson* einen Marienkäfer auf seinem Ärmel sitzen sieht, denkt er: »Für irgend etwas bist du gebraucht worden, das steht außer Frage.« *Schatten über dem Hudson*, S. 461. Am Ende von *Schoscha* erklärt eine in Israel lebende Holocaust-Überlebende ihre veränderte Einstellung zu Insekten: »Man kämpft hier ewig gegen Fliegen, Käfer, sogar gegen Mäuse. Früher habe ich Insekten und Mäuse nicht als Geschöpfe Gottes betrachtet, aber seitdem man mich selbst so behandelt hat, als sei ich ein Käfer, bin ich dazu gekommen, Dinge anzunehmen, die man nicht gern annimmt.« *Schoscha*, S. 317.

[47] In seinen Memoiren schrieb Singer: »Auf meinen langen Wanderungen durch New York kam ich an Fisch- und Fleischläden vorbei. Die riesigen Fische, die gestern noch im Atlantik geschwommen waren, lagen jetzt ausgestreckt auf Eis, mit blutigem Maul und toten Augen, Millionen von Mikroben preisgegeben und dem Appetit eines Vielfraßes, der sich den Wanst damit vollstopfen würde.« Singer, *Verloren in Amerika*, S. 389.

[48] *Feinde*, S. 217.

[49] Der in der Thora und im Talmud nicht erwähnte Brauch wird das erste Mal von jüdischen Gelehrten im Mittelalter erörtert. Richard H. Schwartz, »The Custom of Kapparot in the Jewish Tradition«; siehe auch Rabbi Chaim Dovid Halevy (der verstorbene sefardische Oberrabbiner von Tel Aviv), »The Custom of Kapparot Customarily Practiced Between Rosh Hashanah und Yom Kippur«.

[50] *Feinde*, S. 126. Eine ähnliche Situation gibt es in *Schoscha*, als Schoschas Mutter zwei Hühner für Jom Kippur kauft, eines für sich, das andere für Schoscha. »Für mich wollte sie einen Hahn kaufen«, sagt der Erzähler, »aber ich weigerte mich, einen Hahn für meine Sünden sterben zu lassen. ... Dennoch hörte man aus allen Wohnungen in der Krochmalna das Glucken der Hennen und das Krähen der Hähne.« *Schoscha*, S. 165.

[51] *Feinde*, S. 210.

[52] *Schatten über dem Hudson*, S. 135.

[53] Ebd., S. 307.

[54] Ebd., S. 187.

[55] Ebd., S. 435 f.

[56] Ebd., S. 447–450.

[57] Ebd., S. 525.

[58] Zu dem Massaker an Juden in einem rumänischen Schlachthaus siehe auch Anmerkung 30 in Kapitel 8.
[59] *Schatten über dem Hudson*, S. 599 f.
[60] Kresh, *Story*, S. 80.
[61] *Die Familie Moschkat*, S. 330.
[62] *Sehnsüchte*, in: *Leidenschaften. Geschichten aus der neuen und der alten Welt*. Aus dem Amerikanischen von Ellen Otten. 2. Auflage. München, Wien (Hanser) 1978, S. 97–112.
[63] *Kukeriku*, in: *Der Fatalist*. Aus dem Englischen und Jiddischen von Jürgen Rennert. Leipzig (Reclam) 1980, S. 295–305.
[64] *Das Visum*, S. 200.
[65] *The Parrot*, in: *The Seance and Other Stories*, S. 203–222.
[66] *Schoscha*, S. 20.
[67] Dorothea Straus, *Under the Canopy. The Story of a Friendship with Isaac Bashevis Singer That Chronicles a Reawakening of Jewish Identity*, New York (George Braziller) 1982, S. 20.
[68] Kresh, *Story*, S. 111.
[69] *Feinde*, S. 18.
[70] Ebd., S. 130.
[71] Ebd., S. 155.
[72] Ebd., S. 160.
[73] Marshall Breger und Bob Barnhart, »A Conversation with Isaac Bashevis Singer«, in: Irving Malin (Hg.), *Critical Views of Isaac Bashevis Singer*, New York (New York University Press) 1969, S. 27–43.
[74] Paul Kresh, *Isaac Bashevis Singer. The Magician of West 86th Street*, New York (Dial Press) 1979, S. 243 f.
[75] Straus, *Under the Canopy*, S. 19.
[76] Kresh, *Magician*, S. 271.
[77] Straus, *Under the Canopy*, S. 141.
[78] Dvorah Telushkin, *Master of Dreams. A Memoir of Isaac Bashevis Singer*, New York (Morrow) 1997, S. 40 f.
[79] Ebd., S. 179.
[80] *Feinde*, S. 176. Singers Tierliebe zeigt sich auch in seinen Kindergeschichten, die er erst im Alter von 62 Jahren zu schreiben begann, als er bereits ein weltberühmter Autor war. Seine erste – *Zlateh, die Geiß* – handelt von einem Jungen namens Aaron, der die Ziege der Familie, Zlateh, davor bewahrt, verkauft und geschlachtet zu werden. Zu Singers Tiergeschichten für Kinder gehören auch *Naftali, der Geschichtenerzähler*, *Ein Wellensittich namens Dredl*, *Die Katze, die sich für einen Hund hielt, und der Hund, der glaubte, er sei eine Katze*, *Herschele und Chanukka* und *Topiel und Tekla*.
[81] *Pigeons*, in: *A Friend of Kafka and Other Stories*, New York (Farrar, Straus and Giroux) 1970, S. 113–125.
[82] Breger and Barnhart, »Conversation«, S. 27–43.
[83] *Newsweek*, 16. Oktober 1978. Zitiert in *CHAI Lights* (Frühjahr 1992), S. 5. CHAI (Concern for Helping Animals in Israel) wurde 1984 von der amerikanischen Tierrechtlerin Nina Natelson gegründet. Die Organisation hat beim Tierschutzverein in Tel Aviv das »Isaac-Bashevis-Singer-Zentrum für Tierschutzunterricht« aufgebaut. Das Zentrum verfügt über eine umfangreiche Bibliothek mit Büchern und Videos über Tiere und Tierthemen. Es führt Bildungsprogramme durch, darunter CHAIs »Living Together«-Programm, bei dem jüdische und arabische Kinder gemeinsam etwas über Tiere lernen und ihnen helfen.
[84] Singer und Burgin, *Ich bin ein Leser*, S. 117, 149–150, 171–174.
[85] Vorwort zu Dudley Giehl, *Vegetarianism*, S. vii ff.

[86] »The Man Who Talked Back to God. Isaac Bashevis Singer, 1904–91«, *New York Times Book Review*, 11. August 1991. 1986 kürten die Jewish Vegetarians of North America Singer zu ihrem ersten »Jüdischen Vegetarier des Jahres«.

8. »Denn alles beginnt im Kleinen...«

[1] Die folgenden Zitate beruhen auf einer persönlichen Mitteilung an den Autor.
[2] Tom Regan, *The Case for Animal Rights*, Berkeley (University of California Press) 1983.
[3] Die folgenden Zitate beruhen auf einer persönlichen Mitteilung an den Autor.
[4] Bei der traditionellen »eingestellten« oder »deutschen« Jagd wird das Wild zum Abschuss in eine Umfriedung getrieben, aus der es nicht entkommen kann. *Canned hunting*, auch »Jagd aus der Konservendose« genannt, ist eine besonders in den USA und Südafrika betriebene, verschärfte Version dieser Jagdmethode. Dabei besteht das »Wild« aus zahmen, extra zu diesem Zweck gezüchteten Tieren. [A. d. Ü.]
[5] Die folgenden Zitate beruhen auf einer persönlichen Mitteilung an den Autor. Peter ist mit Anne Muller (vgl. Kapitel 6) verheiratet.
[6] »I Was Born as a Gift to Hitler. Liesel Appel's Unlikey Journey to Judaism«, *Palm Beach Jewish Times*, 30. Juni 1995.
[7] Robert Wistrich, *Wer war wer im Dritten Reich: ein biographisches Lexikon; Anhänger, Mitläufer, Gegner aus Politik, Wirtschaft, Militär, Kunst und Wissenschaft*. Aus dem Englischen von Joachim Rehork. Überarbeitet und erweitert von Hermann Weiss. München (Harnack) 1983, S. 158 f.
[8] Die folgenden Zitate beruhen auf einer persönlichen Mitteilung an den Autor.
[9] Dan Bar-On, *Die Last des Schweigens. Gespräche mit Kindern von Nazi-Tätern*. Deutsche Ausgabe herausgegeben von Christoph J. Schmidt. Reinbek bei Hamburg (Rowohlt) 1996. Siehe auch Gerald L. Posner, *Belastet. Meine Eltern im Dritten Reich. Gespräche mit den Kindern von Tätern*. Deutsch von Manfred Schmitz. Berlin (Verlag das Neue Berlin) o. J.; Peter Sichrovsky, *Schuldig geboren. Kinder aus Nazifamilien*, Köln (Kiepenheuer & Witsch) 1987; und Martin S. Bergmann and Milton E. Jucovy (Hg.), *Kinder der Opfer, Kinder der Täter. Psychoanalyse und Holocaust*. Aus dem Amerikanischen von Elisabeth Vorspohl. Frankfurt/Main (Fischer) 1995, S. 209–261.
[10] Bar-On, *Last des Schweigens*, S. 79 f.
[11] Gitta Sereny, *Am Abgrund. Gespräche mit dem Henker*. Aus dem Englischen von Helmut Röhrling. München, Zürich (Piper) 1995, S. 236.
[12] Ebd. S. 406.
[13] Robert Jay Lifton, *Ärzte im Dritten Reich*. Aus dem Amerikanischen von Annegrete Lösch, Sebastian Fetscher und Matthias K. Scheer. Stuttgart (Klett-Cotta) 1988, S. 230.
[14] Dan Bar-On, *Legacy of Silence. Encounters with Children of the Third Reich*, Cambridge (Harvard University Press) 1989, S. 31. [In der deutschen Ausgabe fehlt dieser Passus. A. d. Ü.]
[15] Bar-On, *Last des Schweigens*, S. 96.
[16] Ebd., S. 363.
[17] Bar-On, *Legacy*, S. 244 [In der deutschen Ausgabe fehlt das Kapitel, aus dem dieser Passus stammt. A. d. Ü.]
[18] Ich danke Peter Muller und Dietrich von Haugwitz für ihre Informationen über Edgar Kupfer-Koberwitz vor und nach seinen Jahren in Dachau.
[19] Edgar Kupfer-Koberwitz, *Die Tierbrüder*. Augsburg (Manu) 1947. Die folgenden Zitate sind dem Essay entnommen.
[20] Gandhi dachte ähnlich: »Ich behaupte, je hilfloser ein Geschöpf ist, um so mehr An-

spruch hat es, vom Menschen vor der Grausamkeit des Menschen beschützt zu werden.« *Mahatma Gandhis Autobiographie. Die Geschichte meiner Experimente mit der Wahrheit.* Nach der englischen Übersetzung aus dem Gujarati von Mahadev Desai. Ins Deutsche übertragen von Fritz Kraus. Freiburg, München (Karl Alber) 1960, S. 216.

[21] Auch Albert Schweitzer sorgte sich um das Wohlergehen von Würmern. Als er in England einmal mit einem Freund auf dem Weg zum Bahnhof war – beide trugen jeweils ein Ende des Stocks, an dem Schweitzers Rucksack hing –, blieb er plötzlich stehen, legte sein Ende des Stockes nieder und »hob aus einer Furche in der Straße behutsam einen armen, halb erfrorenen Wurm auf, den er sorgfältig unter die Hecke legte«. Als er zurückkam und sein Ende des Stockes aufhob, erklärte er mit einem Lächeln, wenn der Wurm noch ein paar Minuten dort gelegen hätte, so wäre er gewiss von einem Auto zermalmt worden. Sie eilten weiter zum Bahnhof, wo Schweitzer mit knapper Not seinen Zug erwischte. Albert Schweitzer, *The Animal World of Albert Schweitzer. Jungle Insights into Reverence for Life*, Boston (Beacon Press) 1950, S. 26.

[22] Die folgenden Zitate beruhen auf einer persönlichen Mitteilung an den Autor.

[23] Helmut Kaplan, »Tiere und Juden oder die Kunst der Verdrängung«, www.tierrechte.de-kaplan.org.

[24] Die folgenden Zitate beruhen auf einer persönlichen Mitteilung an den Autor.

[25] Im Juli 2000 erzählte Blanke einem israelischen Journalisten, ihre Kirche stehe dem Konzept der Tierrechte, das sie mit großem Engagement vertritt, vollkommen gleichgültig gegenüber. »Sie halten Tiere für minderwertige Wesen, die zum Nutzen der Menschen da sind. Sie sind nicht einmal bereit, über die Ideen zu diskutieren, für die ich mich einsetze. Ich betrachte die Tiere aus einem spirituellen und religiösen Blickwinkel heraus als meine Brüder und Schwestern in der Welt.« Zafrir Rinat, »Auch Schafe und Kühe haben ihre Schutzengel«, *Ha'aretz*, 2. August 2000.

[26] Ebd.

[27] Animals' Angels Infobrief, Mai 2000.

[28] Presseinformation des hessischen Sozialministeriums vom 12. 10. 1999.

[29] Rinat, »Auch Schafe und Kühe haben ihre Schutzengel«.

[30] Während der faschistischen Rebellion in Bukarest im Januar 1941 brachten Militante der rumänischen Eisernen Wache Juden in das Schlachthaus im Bucharestii Noi Distrikt. Das sollte keine Zwischenstation auf ihrem Weg in den Tod sein; sie wollten sie dort ermorden. Nachdem sie ihre Opfer zerstückelt und ausgeweidet hatten, hängten sie ihre Gedärme »wie Halstücher anderen Leichen um, die an Fleischerhaken zur Schau gestellt und als ›koscheres Fleisch‹ etikettiert wurden.« Radu Ioanid, *The Holocaust in Romania. The Destruction of Jews and Gypsies Under the Antonescu Regime, 1940–1944*, Chicago (Ivan R. Dee) 2000, S. 57 f.

[31] Marion Kaplan, *Der Mut zum Überleben. Jüdische Frauen und ihre Familien in Nazideutschland.* Aus dem Amerikanischen von Christian Wiese. Berlin (Aufbau) 2001, S. 266. In Dortmund schrieb eine Mischlingstochter, die in eine große Halle gegangen war, um sich von ihrer Mutter zu verabschieden: »Sie waren in der ›Börse‹, das war am Viehmarkt am Schlachthof, zum Schlachthof (!) waren sie gebracht worden ... Da lag dann die Familie Schacher ... Er [Herr Schacher] war halbtot.« Ebd.

[32] Eric A. Johnson, *Der nationalsozialistische Terror. Gestapo, Juden und gewöhnliche Deutsche.* Aus dem Englischen von Udo Rennert. Berlin (Siedler) 2001, S. 432 f. Die Nazis behandelten auch die Hitler-Attentäter des 20. Juli 1944 wie Tiere, die zum Verzehr geschlachtet wurden. Hitler ordnete an, dass alle Angeklagten an Fleischerhaken aufgehängt und langsam mit Klaviersaiten erdrosselt werden sollten. Er ließ die Szene auf Fotos und Farbfilm festhalten und sah sie sich angeblich des

Öfteren an. Der Film wurde »eine seiner Lieblingsvergnügungen«. Robert G. L. Waite, *The Psychopathic God Adolf Hitler*, New York (Basic Books) 1977, S. 23; Ian Kershaw, *Hitler. 1936–1945*. Aus dem Englischen von Klaus Kochmann. Stuttgart (Deutsche Verlags-Anstalt) 2000, S. 905 f.

[53] Am Sonntag, dem 30. August 1991, folgten die Teilnehmer eines Gedenkmarschs dem letzten Weg der ermordeten Wiesbadener Juden. Der Gedenkmarsch begann vor dem Rathaus und endete am Standort des ehemaligen Schlachthofs, wo noch ein paar Gitterroste zu sehen sind. Christoph Zehler, »Selbstmord war für viele der letzte Ausweg«. Artikelserie im *Wiesbadener Tagblatt*. Letzter Teil, 1. Juni 1992.

[54] Einer der Orte, an denen die sowjetische Geheimpolizei (NKWD) polnische Offiziere ermordete, war ein Schlachthaus in der Stadt Smolensk. Anschließend wurden die Leichen mit Lastwagen in den Wald von Katyn gebracht und in Massengräbern verscharrt. »Die Existenz eines Schlachthauses für Tiere erleichterte dem NKWD die Arbeit.« Ich danke Waclaw Godziemba-Maliszewski für diese Information.

[55] Nachdem zahlreiche kirchliche Publikationen, darunter auch die progressive katholische Zeitung *Publik-Forum*, die Veröffentlichung von Blankes Artikel abgelehnt hatten, erschien er schließlich in der Tierrechts- und Umweltschutzzeitschrift *Gaia*. Der größte Teil des Materials in dem Artikel findet sich auch in ihrem Buch *Da krähte der Hahn. Kirche für Tiere? Eine Streitschrift*, Eschbach (Verlag am Eschbach) 1995. Die folgenden Zitate stammen aus diesem Artikel.

Bibliografie

Adams, Carol, *Zum Verzehr bestimmt. Eine feministisch-vegetarische Theorie*. Aus dem Englischen von Susanna Harringer. Wien, Mülheim a. d. Ruhr (Guthmann-Peterson) 2002
dies. und Josephine Donovan (Hg.), *Animals and Women. Feminist Theoretical Explorations*, Durham, N. C., (Duke University Press) 1995
Adorno, Theodor W., *Minima Moralia. Reflexionen aus dem beschädigten Leben*, 22. Auflage, Frankfurt/Main (Suhrkamp)1994
ders., Else Frenkel-Brunswik, Daniel J. Levinson, and R. Nevitt Sanford, *The Authoritarian Personality*, New York (Harper and Row) 1950
Allen, Garland E., *Life Science in the Twentieth Century*, Cambridge (Cambridge University Press) 1978
Allison, Alida, *Isaac Bashevis Singer. Children's Stories and Childhood Memoirs*, New York (Twayne) 1996
Aly, Götz, Peter Chroust, and Christian Pross, *Cleansing the Fatherland. Nazi Medicine and Racial Hygiene*, Baltimore (John Hopkins University Press) 1994
Aptheker, Herbert, *Abolitionism. A Revolutionary Movement*, Boston (Twayne) 1989
Arendt, Hannah, *Eichmann in Jerusalem. Ein Bericht von der Banalität des Bösen*. Aus dem Amerikanischen von Brigitte Granzow. München (Piper) 1964
Aristoteles, *Werke, Bd. 6: Politik*. Hrsg. von Franz Susemihl. Aalen (Scientia) 1978
Ascione, Frank R. and Phil Arkow (Hg.), *Child Abuse, Domestic Violence, and Animal Abuse. Linking the Circles of Compassion for Prevention and Intervention*. West Lafayette, IN, (Purdue University Press) 1999
Augustinus, *Der Gottesstaat*, Erster Band. In deutscher Sprache von Carl Johann Perl. Paderborn, München (Schöningh) 1979
Bacon, Francis, *Weisheit der Alten*. Aus dem Lateinischen und Englischen übertragen von Marina Münkler. Frankfurt/Main (Fischer) 1990
Bar-On, Dan, *Die Last des Schweigens. Gespräche mit Kindern von Nazi-Tätern*. Deutsche Ausgabe herausgegeben von Christoph J. Schmidt. Reinbek bei Hamburg (Rowohlt) 1996

ders., *Legacy of Silence. Encounters with Children of the Third Reich*, Cambridge (Harvard University Press) 1989

Barrett, James R., *Work and Community in the Jungle. Chicago's Packinghouse Workers*, 1894–1922, Urbana (University of Illinois Press) 1987

Bartov, Omer (Hg.), *The Holocaust. Origins, Implementation and Aftermath*, New York (Routledge) 2000

ders., *Murder in Our Midst. The Holocaust, Industrial Killing, and Representation*, New York (Oxford University Press) 1996

Bauman, Zygmunt, *Dialektik der Ordnung. Die Moderne und der Holocaust*. Aus dem Englischen von Uwe Ahrens. Hamburg (Europäische Verlags-Anstalt) 1992

Bauston, Gene, *Battered Birds, Crated Herds. How We Treat the Animals We Eat*, Watkins Glen, NY, (Farm Sanctuary) 1996

Bellow, Saul (Hg.), *Great Jewish Short Stories*, New York (Dell) 1963

Belth, Nathan C., *A Promise to Keep. A Narrative of the American Encounter with Anti-Semitism*, New York (Times Books) 1979

Bentham, Jeremy, *Collected Works*, Bd. 8: *Principles of Legislation*, London (Athlone Press) 1970

Berger, Alan L., *Children of Job. American Second-Generation Witnesses to the Holocaust*, Albany (State University of New York Press) 1997

ders. und Naomi Berger (Hg.), *Second Generation Voices. Reflections by Children of Holocaust Survivors and Perpetrators*, Syracuse, NY, (Syracuse University Press) 2001

Bergmann, Martin S. und Milton E. Jucovy (Hg.), *Kinder der Opfer, Kinder der Täter. Psychoanalyse und Holocaust*. Aus dem Amerikanischen von Elisabeth Vorspohl. Frankfurt/Main (Fischer) 1995

Berkhofer, Robert F., Jr., *The White Man's Indian. Images of the American Indian from Columbus to the Present*, New York (Vintage Books) 1979

Berry, Rynn, *The New Vegetarians*, New York (Pythagorean Publishers) 1993

Black, Edwin, *IBM und der Holocaust. Die Verstrickung des Weltkonzerns in die Verbrechen der Nazis*. Aus dem Englischen von Cäcilie Plieninger, Heike Schlatterer und Ursel Schäfer. Berlin (Propyläen) 2001

ders., *The Transfer Agreement. The Untold Story of the Secret Agreement Between the Third Reich and Jewish Palestine*, New York (Macmillan) 1984

Blanke, Christa, *Da krähte der Hahn. Kirche für Tiere? Eine Streitschrift*, Eschbach (Verlag am Eschbach) 1995

Braunstein, Mark Mathew, *Radical Vegetarianism*, Los Angeles (Panjandrum Books) 1981

Breitman, Richard, *Der Architekt der »Endlösung« Himmler und die Vernichtung der deutschen Juden*. Aus dem Amerikanischen von Karl und Heidi Nicolai. Paderborn, München (Schöningh) 1996

Buchen, Irving, *Isaac Bashevis Singer and the Eternal Past*, New York (New York University Press) 1968

Burleigh, Michael, *Tod und Erlösung. Euthanasie in Deutschland 1900-1945*. Aus dem Englischen von Christoph Münz. Zürich, München (Pendo) 2002

Cantor, Aviva, *Jewish Women, Jewish Men. The Legacy of Patriarchy in Jewish Life*, San Francisco (Harper and Row) 1995

Caplan, Arthur L. (Hg.), *When Medicine Went Mad. Bioethics and the Holocaust*, Totowa, NJ, (Humana Press) 1992

Cartmill, Matt, *Tod im Morgengrauen. Das Verhältnis des Menschen zu Natur und Jagd*. Aus dem Englischen von Hans-Ulrich Möhring. Zürich (Artemis & Winkler) 1993. (späterer Titel: *Das Bambi-Syndrom. Jagdleidenschaft und Misanthropie in der Kulturgeschichte*. Reinbek bei Hamburg (Rowohlt) 1995)

Chang, Iris, *Die Vergewaltigung von Nanking. Das Massaker in der chinesischen Hauptstadt am Vorabend des Zweiten Weltkriegs*. Aus dem Amerikanischen von Sonja Hauser. Zürich, München (Pendo) 1999

Chicago, Judy, *Holocaust Project. From Darkness into Light*, New York (Viking Penguin) 1993

Clendinnen, Inga, *Reading the Holocaust*, Cambridge (Cambridge University Press) 1999

Clutton-Brock, Juliet, *Domesticated Animals from Early Times*, Austin (University of Texas Press) 1981

Coe, Sue, *Dead Meat*, New York (Four Walls Eight Windows) 1996

Coetzee, J. M., *Das Leben der Tiere*. Aus dem Englischen von Reinhild Böhnke. Frankfurt/Main (Fischer) 2000

Cohn, Norman, *Die Protokolle der Weisen von Zion. Der Mythos von der jüdischen Weltverschwörung*. Aus dem Englischen von Karl Röhmer. Köln (Kiepenheuer & Witsch) 1969

Compton, James V., *Hitler und die USA. Die Amerikapolitik des Dritten Reiches und die Ursprünge des Zweiten Weltkrieges*. Ins Deutsche übertragen von Bruno Maurach. Oldenburg, Hamburg (Gerhard Stalling) 1968

Davis, Karen, *Prisoned Chickens, Poisoned Eggs. An Inside Look at the Modern Poultry Industry*, Summertown, TN, (Book Publishing Company) 1995

Degler, Carl N., *In Search of Human Nature. The Decline and Revival of Darwinism in American Social Thought*, New York (Oxford University Press) 1991

Des Pres, Terrence, *The Survivor. An Anatomy of Life in the Death Camps*, New York (Oxford University Press) 1976

Diamond, Jared, *Arm und Reich. Die Schicksale menschlicher Gesellschaften*. Aus dem Amerikanischen von Volker Englich. Frankfurt/Main (Fischer) 1998

ders., *Der dritte Schimpanse. Evolution und Zukunft des Menschen*. Aus dem Amerikanischen von Volker Englich. Frankfurt/Main (Fischer) 1998

Donat, Alexander (Hg.), *The Death Camp Treblinka. A Documentary*, New York (Holocaust Library) 1979

Dower, John W., *War Without Mercy. Race and Power in the Pacific War*, New York (Pantheon) 1986

Drinnon, Richard, *Facing West. The Metaphysics of Indian-Hating and Empire-Building*, Norman (University of Oklahoma Press), 1997

Dudley, Edward and Maximilian E. Novak (Hg.), *The Wild Man Within. An Image of Western Thought from the Renaissance to Romanticism*, Pittsburgh (University of Pittsburgh Press) 1972

Ehrenreich, Barbara, *Blutrituale. Ursprung und Geschichte der Lust am Krieg*. Aus dem Englischen von Wolfgang Heuss. München (Kunstmann) 1997

Eisnitz, Gail, *Slaughterhouse. The Shocking Story of Greed, Neglect, and Inhumane Treatment Inside the U.S. Meat Industry*, Amherst, NY, (Prometheus) 1997

Engerman, Stanley L. and Eugene D. Genovese (Hg.), *Race and Slavery in the Western Hemisphere. Quantitative Studies*, Princeton (Princeton University Press) 1975

Feig, Konnilyn G., *Hitler's Death Camps*, New York (Holmes and Meier) 1981

Fein, Helen, *Accounting for Genocide. National Responses and Jewish Victimization During the Holocaust*, New York (Free Press) 1979

Fiddes, Nick, *Fleisch. Symbol der Macht*. Aus dem Englischen von Annemarie Telieps. 2. Auflage, Frankfurt/Main (Zweitausendeins) 1998

Filar, Marian and Charles Patterson, *From Buchenwald to Carnegie Hall*, Jackson (University Press of Mississippi) 2002

Finsen, Lawrence and Susan, *The Animal Rights Movement in America*, New York (Twayne) 1994

Fisher, Elizabeth, *Women's Creation. Sexual Evolution and the Shaping of Society*, New York (Doubleday) 1979

Fonseca, Isabel, *Begrabt mich aufrecht. Auf den Spuren der Zigeuner*. Aus dem Amerikanischen von Wolfgang Riehl. München (Kindler) 1996

Ford, Henry, *Mein Leben und Werk*. Unter Mitwirkung von Samuel Crowther. Übers. von Kurt und Marguerite Thesing. Einzige autorisierte deutsche Ausgabe. Leipzig (List) 1923

Francione, Gary, *Rain Without Thunder. The Ideology of the Animal Rights Movement*, Philadelphia (Temple University Press) 1996

Frasch, Pamela D., Sonia S. Waisman, Bruce A Wagman, Scott Beckstea (Hg.), *Animal Law*, Durham, NC, (Carolina Academic Press) 2000

Freud, Sigmund, *Gesammelte Werke Bd. XI*, Frankfurt/Main (Fischer) 1969

ders., *Gesammelte Werke Bd. XII*, 4. Auflage, Frankfurt/Main (Fischer) 1972

Friedlander, Henry, *Der Weg zum Genozid. Von der Euthanasie zur Endlösung.* Aus dem Amerikanischen von Johanna Friedman, Martin Richter und Barbara Schaden. Berlin (Berlin Verlag) 1997

Friedman, Lawrence S., *Understanding Isaac Bashevis Singer*, Columbia (University of South Carolina Press) 1988

Gaard, Greta (Hg.), *Ecofeminism. Women, Animals, Nature*, Philadelphia (Temple University Press) 1993

Gallagher, Hugh Gregory, *By Trust Betrayed. Patients, Physicians, and the License to Kill in the Third Reich*, New York (Henry Holt) 1990

Mahatma Gandhis Autobiographie. Die Geschichte meiner Experimente mit der Wahrheit. Nach der englischen Übersetzung aus dem Gujarati von Mahadev Desai. Ins Deutsche übertragen von Fritz Kraus. Freiburg, München (Karl Alber) 1960

Giehl, Dudley, *Vegetarianism. A Way of Life*, New York (Harper and Row) 1979

Glacken, Clarence J., *Traces on the Rhodian Shore. Nature and Culture in Western Thought from Ancient Times to the End of the Eighteenth Century*, Berkeley (University of California Press) 1967

Glass, James M., *»Life Unworthy of Life«. Racial Phobia and Mass Murder in Hitler's Germany*, New York (Basic Books) 1997

Godlovitch, Stanley and Roslind, and John Harris (Hg.), *Animals, Men and Morals. An Enquiry into the Maltreatment of Non-humans*, New York (Taplinger) 1972

Goldhagen, Daniel Jonah, *Hitlers willige Vollstrecker. Ganz gewöhnliche Deutsche und der Holocaust.* Aus dem Amerikanischen von Klaus Kochmann. Berlin (Siedler) 1996

Gossett, Thomas F., *Race. The History of an Idea in America*, second edition, New York (Oxford University Press) 1997

Gottlieb, Roger S. (Hg.), *This Sacred Earth. Religion, Nature, Environment*, New York (Routledge) 1996

Gould, Stephen J., *Der falsch vermessene Mensch.* Aus dem Amerikanischen von Günter Seib. Basel, Boston (Birkhäuser) 1883

Grandin, Temple, *Thinking in Pictures and Other Reports of My Life with Autism*, New York (Doubleday) 1995

Gutman, Yisrael and Michael Berenbaum (Hg.), *Anatomy of the Auschwitz Death Camp*, Bloomington (Indiana University Press) 1994

Hallie, Philip P., *Grausamkeit. Der Peiniger und sein Opfer.* Deutsch von Thomas M. Höpfner. Olten, Freiburg (Walter) 1971

Ham, Jennifer and Matthew Senior (Hg.), *Animal Acts. Configuring the Human in Western History*, New York (Routledge) 1997

Hamburger Institut für Sozialforschung (Hg.), *Vernichtungskrieg. Verbrechen der Wehrmacht 1941 bis 1944*, Ausstellungskatalog. Hamburg (Hamburger Edition) 1996

Higham, John, *Strangers in the Land. Patterns of American Nativism, 1860-1925*, New York (Atheneum) 1969

Hilberg, Raul, *Die Vernichtung der europäischen Juden. Die Gesamtgeschichte des Holocaust.* Aus dem Amerikanischen von Christian Seeger u. a. Berlin (Olle und Wolter) 1982

ders., *Täter, Opfer, Zuschauer. Die Vernichtung der Juden 1933–1945.* Aus dem Amerikanischen von Hans Günter Holl. Frankfurt/Main, Wien (Büchergilde Gutenberg) o. J.

Hitler, Adolf, *Mein Kampf, 2. Band: Die nationalsozialistische Bewegung*, München (Franz Eher Nachf.) 1927

ders., *Mein Kampf,* 866.–870. Auflage, München (Franz Eher Nachf.) 1943

Hitlers zweites Buch, eingeleitet und kommentiert von Gerhard L. Weinberg. Quellen und Darstellungen zur Zeitgeschichte, Bd. 7. Stuttgart (Deutsche Verlags-Anstalt) 1961

Hodgen, Margaret T., *Early Anthropology in the Sixteenth and Seventeenth Centuries*, Philadelphia (University of Pennsylvania Press) 1964

Horkheimer, Max und Theodor W. Adorno, *Dialektik der Aufklärung. Philosophische Fragmente*, Frankfurt/Main (Fischer) 1969

Horwitz, Gordon J., *In the Shadow of Death. Living Outside the Gates of Mauthausen*, New York (Free Press) 1990

Höss, Rudolf, *Kommandant in Auschwitz. Autobiographische Aufzeichnungen*, Stuttgart (Deutsche Verlags-Anstalt) 1958

Institut für Zeitgeschichte (Hg.), *Hitler. Reden, Schriften, Anordnungen. Februar 1925 bis Januar 1933.* Bd. II,1: *Juli 1926–Juli 1927.* München, London (K. G. Saur) 1992

Ioanid, Radu, *The Holocaust in Romania. The Destruction of Jews and Gypsies Under the Antonescu Regime, 1940–1944*, Chicago (Ivan R. Dee) 2000

Jacobs, Wilbur R., *Dispossessing the American Indian. Indians and Whites on the Colonial Frontier*, Norman (University of Oklahoma Press) 1984

Jennings, Francis, *The Invasion of America. Indians, Colonialism, and the Cant of Conquest*, Chapel Hill (University of North Carolina) 1975

Johnson, Allen W. and Timothy Earle, *The Evolution of Human Societies. From Foraging Group to Agrarian State.* Stanford, CA, (Stanford University Press) 1987

Johnson, Eric A., *Der nationalsozialistische Terror. Gestapo, Juden und gewöhnliche Deutsche.* Aus dem Englischen von Udo Rennert. Berlin (Siedler) 2001.

Jones Jolma, Dena (Hg.), *Hunting Quotations. Two Hundred Years of Writings on the Philosophy, Culture and Experience.* Jefferson (McFarland) 1992

Jordan, Winthrop D., *The White Man's Burden. Historical Origins of Racism in the United States*, New York (Oxford University Press) 1974

Kalechofsky, Roberta (Hg.), *Judaism and Animal Rights. Classical and Contemporary Responses*, Marblehead, MA, (Micah Publications) 1992

Kaplan, Helmut F., *Tierrechte. Die Philosophie einer Befreiungsbewegung*, Göttingen (Echo) 2000

ders., *Die Ethische Weltformel. Eine Moral für Menschen und Tiere*, Neukirch-Egnach (Vegi-Verlag) 2003

Kaplan, Marion, *Der Mut zum Überleben. Jüdische Frauen und ihre Familien in Nazideutschland*. Aus dem Amerikanischen von Christian Wiese. Berlin (Aufbau) 2001

Kapleau, Philip, *To Cherish All Life. A Buddhist Case for Becoming Vegetarian*, 2. Auflage, Rochester, NY, (The Zen Center) 1986

Kenrick, Donald und Grattan Puxon, *Sinti und Roma. Die Vernichtung eines Volkes im NS-Staat*. Übersetzt von Astrid Stegelmann. Göttingen und Wien (Gesellschaft für bedrohte Völker) 1981

Kershaw, Ian, *Hitler. 1889–1936*. Aus dem Englischen von Jürgen Peter Krause und Jörg W. Rademacher. Stuttgart (Deutsche Verlags-Anstalt) 1998

ders., *Hitler. 1936–1945*. Aus dem Englischen von Klaus Kochmann. Stuttgart (Deutsche Verlags-Anstalt) 2000

Kevles, Daniel J., *In the Name of Eugenics. Genetics and the Uses of Human Heredity*, Berkeley (University of California Press) 1985

Kiernan, V. G., *The Lords of Human Kind. Black Man, Yellow Man, and White Man in an Age of Empire*, Boston (Little, Brown) 1969

Klee, Ernst, Willi Dreßen und Volker Rieß (Hg.), *»Schöne Zeiten«. Judenmord aus der Sicht der Täter und Gaffer*, Frankfurt/Main (Fischer) 1988

Klemperer, Victor, *Ich will Zeugnis ablegen bis zum Letzten. Tagebücher 1942–1945*, Berlin (Aufbau) 1995

Kogon, Eugen, Hermann Langbein und Adalbert Ruckerl (Hg.), *Nationalsozialistische Massentötungen durch Giftgas*, Frankfurt/Main (Fischer) 1989

Krausnick, Helmut and Martin Broszat, *Anatomy of the SS State*, New York (Walker) 1968

Kresh, Paul, *Isaac Bashevis Singer. The Story of a Storyteller*, New York (Dutton) 1984

ders., *Isaac Bashevis Singer. The Magician of West 86th Street*, New York (Dial Press) 1979

Kressel, Neil J., *Mass Hate. The Global Rise of Genocide and Terror*, New York (Perseus Books) 1996

Kroeber, Theodora, *Der Mann, der aus der Steinzeit kam. Die Biographie des letzten wilden Indianers in Nordamerika*. Aus dem Englischen von Karl W. Mekiska. München, Esslingen (Bechtle) 1967

Kühl, Stefan, *The Nazi Connection. Eugenics, American Racism, and German National Socialism*, New York (Oxford University Press) 1994

ders., *Die Internationale der Rassisten. Aufstieg und Niedergang der internationalen Bewegung für Eugenik und Rassenhygiene im 20. Jahrhundert*, Frankfurt, New York (Campus) 1997

Kundera, Milan, *Die unerträgliche Leichtigkeit des Seins.* Aus dem Tschechischen von Susanna Roth. Frankfurt/Main (Fischer) 1992

Kuper, Leo, *Genocide. Its Political Use in the Twentieth Century*, New Haven (Yale University Press) 1981

Kupfer-Koberwitz, Edgar, *Die Tierbrüder.* Augsburg (Manu) 1947

Lamphere, Louise, Alex Stepick, and Guillermo Grenier (Hg.), *Newcomers in the Workplace. Immigrants and the Restructuring of the U.S. Economy*, Philadelphia (Temple University Press) 1994

Lang, Jochen von, *Der Sekretär. Martin Bormann: Der Mann, der Hitler beherrschte*, Frankfurt/Main, Berlin (Ullstein) 1990

Langer, Lawrence L., *Admitting the Holocaust. Collected Essays*, New York (Oxford University Press) 1995

Las Casas, Bartolomé de, *Kurzgefasster Bericht von der Verwüstung der westindischen Länder.* Deutsch von D. W. Andreä, Frankfurt (Insel) 1966

Leakey, Richard E. und Roger Lewin, *Wie der Mensch zum Menschen wurde. Neue Erkenntnisse über den Ursprung und die Zukunft des Menschen.* Aus dem Englischen von Angela Sussdorf. Hamburg (Hoffmann und Campe) 1996

Lee, Albert, *Henry Ford and the Jews*, New York (Stein and Day) 1980

Lee, Richard B. and Irven DeVore (Hg.), *Man the Hunter.* Chicago (Aldine Publishing Company) 1968

Lerner, Gerda, *Die Entstehung des Patriarchats.* Aus dem Englischen von Walmot Möller-Falkenberg. Frankfurt/Main, New York (Campus) 1991

Lerner, Richard M. *Final Solutions. Biology, Prejudice, and Genocide*, University Park (Pennsylvania State University Press) 1992

Levinas, Emmanuel, *Difficult Freedom. Essays on Judaism*, Baltimore (John Hopkins University Press) 1990

Lewis, David L., *The Public Image of Henry Ford. An American Folk Hero and His Company*, Detroit (Wayne State University Press) 1976

Lewy, Günter, *»Rückkehr nicht erwünscht.« Die Verfolgung der Zigeuner im Dritten Reich*, Berlin (Propyläen) 2001

Lifton, Robert Jay, *Ärzte im Dritten Reich.* Aus dem Amerikanischen von Annegrete Lösch, Sebastian Fetscher und Matthias K. Scheer. Stuttgart (Klett-Cotta) 1988

ders., *The Nazi Doctors. Medical Killing and the Psychology of Genocide.* New York (Basic Books) 1986

ders. und Eric Markusen, *Die Psychologie des Völkermords. Atomkrieg und Holocaust.* Aus dem Amerikanischen von Hans-Günther Holl. Stuttgart (Klett-Cotta) 1992

Linzey, Andrew und Dan Cohn-Sherbok, *After Noah. Animals and the Liberation of Theology*, New York (Cassell) 1997

Lochner, Louis P. (Hg.), *Goebbels' Tagebücher. Aus den Jahren 1942–1943*, Zürich (Atlantis) 1948

Lovejoy, Arthur O., *Die große Kette der Wesen. Geschichte eines Gedankens*. Übersetzt von Dieter Turck. Frankfurt am Main (Suhrkamp) 1985

Lucas, Dione, *The Gourmet Cooking School Cookbook. Classic Recipes, Menus, and Methods as Taught in the Classes of the Gourmet Cooking School*, New York (Bernhard Geis Associates) 1964

Malin, Irving (Hg.), *Critical Views of Isaac Bashevis Singer*, New York (New York University Press) 1969

Marcus, Erik, *Vegan. The New Ethics of Eating*, 2. Auflage, Ithaca, NY, (McBooks Press) 2000

Marrus, Michael R., *The Holocaust in History*, Hanover, NH, (University Press of New England) 1989

Mason, Jim, *An Unnatural Order. Why We Are Destroying the Planet and Each Other*, New York (Continuum) 1997

ders. und Peter Singer, *Animal Factories. What Agribusiness Is Doing to the Family Farm, the Environment and Your Health*, revised edition, New York (Crown) 1990

Masson, Jeffrey Moussaieff, *Hunde lügen nicht. Die großen Gefühle unserer Vierbeiner*. Aus dem Amerikanischen von Ursula Bischoff. München (Heyne) 2000

Miller, Stuart Creighton, *»Benevolent Assimilation«. The American Conquest of the Philippines, 1899-1903*, New Haven (Yale University Press) 1982

Montaigne, Michel de, *Essais nebst des Verfassers Leben nach der Ausgabe von Pierre Coste ins Deutsche übersetzt von Johann Daniel Tietz*, 3 Bände, Zürich (Diogenes) 1992

Moretti, Laura A., *All Heaven in a Rage. Essays on the Eating of Animals*, Chico, CA, (MBK Publishing) 1999

Morris, Desmond, *Der nackte Affe*. Aus dem Englischen von Fritz Bolle. München (Knaur) 1970

Müller, Melissa, *Das Mädchen Anne Frank. Die Biographie*, München (Claassen) 1998

Müller-Hill, Benno, *Tödliche Wissenschaft. Die Aussonderung von Juden, Zigeunern und Geisteskranken 1933-1945*, Reinbek bei Hamburg (Rowohlt) 1984

Müllern-Schönhausen, Johannes von, *Die Lösung des Rätsel's Adolf Hitler. Der Versuch einer Deutung der geheimnisvollsten Erscheinung der Weltgeschichte*, Wien (Verlag zur Förderung wissenschaftlicher Forschung) circa 1956

Nash, Gary B. and Richard Weiss (Hg.), *The Great Fear. Race in the Mind of America*, New York (Holt, Rinehart and Winston) 1970

Noske, Barbara, *Beyond Boundaries. Human and Animals*, Montreal (Black Rose Books) 1997

Der Nürnberger Prozess. Das Protokoll des Prozesses gegen die Hauptkriegsverbrecher vor dem Internationalen Militärgerichtshof 14. Novem-

ber 1945–1. Oktober 1946. Digitale Bibliothek, Bd. 20, Berlin (Directmedia Publishing) 1999

Oleson, Alexandra and John Voss (Hg.), *The Organization of Knowledge in Modern America, 1860–1920*, Baltimore (John Hopkins University Press) 1979

Pagden, Anthony, *The Fall of Natural Man. The American Indian and the Origins of Comparative Ethnology*, Cambridge (Cambridge University Press) 1982

Patterson, Charles, *Anti-Semitism. The Road to the Holocaust and Beyond*, New York (Walker) 1982

Patterson, Orlando, *Slavery and Social Death. A Comparative Study*, Cambridge, MA, (Harvard University Press) 1982

Payne, Robert, *The Life and Death of Adolf Hitler*, New York (Praeger) 1973

Pearce, Roy Harvey, *The Savages of America. A Study of the Indian and the Idea of Civilization*, revised edition, Baltimore (Johns Hopkins University Press) 1965

Picker, Henry, *Hitlers Tischgespräche im Führerhauptquartier 1941–1942*, Stuttgart (Seewald) 1963

Platon, *Sämtliche Werke. Philebos, Timaios, Kritias*. Nach der Übersetzung Friedrich Schleiermachers, ergänzt durch Übersetzungen von Franz Susemihl u. a. Frankfurt/Main (Insel) 1997

Posner, Gerald L., *Belastet. Meine Eltern im Dritten Reich. Gespräche mit den Kindern von Tätern*. Deutsch von Manfred Schmitz. Berlin (Verlag das Neue Berlin) o. J.

Rafter, Nicole Hahn (Hg.), *White Trash. The Eugenic Family Studies, 1877–1919*, Boston (Northeastern University Press) 1988

Redlich, Fritz, *Hitler. Diagnose des destruktiven Propheten*. Aus dem Amerikanischen von Andrea Marenzeller und Michaela Adelberger. Wien (Eichbauer) 2002

Regan, Tom, *The Case for Animal Rights*, Berkeley (University of California Press) 1983

Rifkin, Jeremy, *Das Imperium der Rinder. Der Wahnsinn der Fleischindustrie*. Übersetzt von Waltraud Götting. Frankfurt/Main (Campus) 1994

Ritvo, Harriet, *The Animal Estate. The English and Other Creatures in the Victorian Age*, Cambridge, MA, (Harvard University Press) 1987

Roland, Charles G., *Courage Under Siege. Starvation, Disease, and Death in the Warsaw Ghetto*, New York (Oxford University Press) 1992

Rost, Karl-Ludwig, *Sterilisation und Euthanasie im Film des »Dritten Reiches«*, Husum (Matthiesen) 1987

Roth, John K. and Michael Berenbaum (Hg.), *Holocaust. Religious and Philosophical Implications*, St. Paul, MN, (Paragon House) 1989

Ryder, Richard, *Animal Revolution. Changing Attitudes Towards Speciesism*, Oxford (Basil Blackwell) 1989

Sagan, Carl, *Die Drachen von Eden. Das Wunder der menschlichen Intelligenz.* Aus dem Amerikanischen von Elke vom Scheidt. München, Zürich (Droemer-Knaur) 1978
ders. und Ann Druyan, *Schöpfung auf Raten. Neue Erkenntnisse zur Entwicklungsgeschichte des Menschen.* Aus dem Amerikanischen von Hubert M. Stadler. München (Droemer-Knaur) 1993
Salisbury, Joyce E., *The Beast Within. Animals in the Middle Ages*, New York (Routledge) 1994
Samuel, Wolfgang W. E., *German Boy. A Refugee's Story*, Jackson (University Press of Mississippi) 2000
Sax, Boria, *Animals in the Third Reich. Pets, Scapegoats, and the Holocaust*, New York (Continuum) 2000
Schmuhl, Hans-Walter, *Rassenhygiene, Nationalsozialismus, Euthanasie*, 2. Auflage, Göttingen (Vandenhoeck & Ruprecht) 1992
Schwartz, Richard, *Judaism and Vegetarianism*, revised edition, New York (Lantern Books) 2001
Schweitzer, Albert, *The Animal World of Albert Schweitzer. Jungle Insights into Reverence for Life*, Boston (Beacon Press) 1950
ders., *Aus meiner Kindheit und Jugendzeit*, 99. bis 105. Tausend, München (C. H. Beck) 1953
Sereny, Gitta, *Am Abgrund. Gespräche mit dem Henker.* Aus dem Englischen von Helmut Röhrling. München, Zürich (Piper) 1995
Serpell, James, *Das Tier und wir. Eine Beziehungsstudie.* Aus dem Englischen von Brigitte Siegel. Rüschlikon-Zürich etc. (Müller) 1990
Sichrovsky, Peter, *Schuldig geboren. Kinder aus Nazi-Familien*, Köln (Kiepenheuer & Witsch) 1987
ders., *Born guilty. Children of Nazi Families*, New York 1988
Sinclair, Clive, *The Brothers Singer*, London (Allison and Busby) 1983
Sinclair, Upton, *Der Dschungel.* Aus dem Amerikanischen von Otto Wilck. 3. Auflage, Berlin und Jossa (März bei 2001) 1980
ders., *The Autobiography of Upton Sinclair*, New York (Harcourt, Brace and World) 1962
Singer, Isaac Bashevis, *Der Büßer.* Aus dem Amerikanischen von Gertrud Baruch. München, Wien (Hanser) 1987
ders., *The Collected Stories*, New York (Farrar, Straus and Giroux) 1982
ders., *Das Erbe.* Deutsch von Thomas Kolberger. 6. Auflage. München (Deutscher Taschenbuch Verlag) 1998
ders., *Die Familie Moschkat.* Deutsch von Gertrud Baruch. 7. Auflage. München (Deutscher Taschenbuch Verlag) 1998
ders., *Der Fatalist.* Aus dem Englischen und Jiddischen von Jürgen Rennert. Leipzig (Reclam) 1980
ders., *Feinde, die Geschichte einer Liebe.* Deutsch von Wulf Teichmann. 14. Auflage. München (Deutscher Taschenbuch Verlag) 1998
ders., *A Friend of Kafka and Other Stories*, New York (Farrar, Straus and Giroux) 1970

ders., *Jakob der Knecht.* Deutsch von Wolfgang von Einsiedel. 54.–56. Tausend. Reinbek bei Hamburg (Rowohlt) 1998

ders., *Leidenschaften. Geschichten aus der neuen und der alten Welt.* Aus dem Amerikanischen von Ellen Otten. 2. Auflage. München, Wien (Hanser) 1978

ders., *Love and Exile. A Memoir,* Garden City, NY, (Doubleday) 1984

ders., *Mein Vater der Rabbi. Bilderbuch einer Kindheit.* Deutsch von Otto F. Best. Reinbek (Rowohlt) 1987

ders., *Meschugge.* Aus dem Amerikanischen von Gertrud Baruch. München, Wien (Hanser) 1996

ders., *Old love. Geschichten von der Liebe.* Deutsch von Ellen Otten. München (Deutscher Taschenbuch Verlag) 1994

ders., *Satan in Goraj.* Aus dem Amerikanischen von Ulla Hengst. Berlin (Volk und Welt) 1980

ders., *Schatten über dem Hudson.* Aus dem Amerikanischen von Christa Schuenke. München, Wien (Hanser) 1999

ders., *Schoscha.* Aus dem Amerikanischen von Ellen Otten. München, Wien (Hanser) 1980

ders., *The Seance and Other Stories,* 4. Auflage, New York (Farrar, Straus and Giroux) 1964

ders., *Short Friday and Other Stories,* New York (Farrar, Straus and Giroux) 1964

ders., *Der Spinoza von der Marktstraße. Ausgewählte Erzählungen.* Aus dem Amerikanischen von Wolfgang von Einsiedel und Rolf Inhauser. Leipzig (Insel) 1982

ders., *Der Tod des Methusalem und andere Geschichten vom Glück und Unglück der Menschen.* Deutsch von Ellen Otten. München (Deutscher Taschenbuch Verlag) 1997

ders., *Verloren in Amerika. Vom Schtetl in die neue Welt.* Aus dem Amerikanischen von Ellen Otten. München, Wien (Hanser) 1983

ders., *Das Visum.* Aus dem Amerikanischen von Gertrud Baruch. München, Wien (Hanser) 1998

ders., *Yentl.* Deutsch von Wolfgang von Einsiedel. München (Deutscher Taschenbuch Verlag) 2002

ders. und Richard Burgin, *Ich bin ein Leser. Gespräche mit Richard Burgin.* Deutsch von Harald Raykowski. München (Deutscher Taschenbuch Verlag) 1988

Singer, Peter, *Henry Spira und die Tierrechtsbewegung.* Aus dem Englischen von Hermann Vetter und Claudia Schorcht. Erlangen 2001

Skaggs, Jimmy M., *Prime Cut. Livestock Raising and Meatpacking in the United States, 1607–1983,* College Station (Texas A&M University Press) 1986

Smith, Bradley F., *Heinrich Himmler 1900–1926. Sein Weg in den deutschen Faschismus.* Übersetzt von Elisabeth Nussbaumer. München (Bernhard und Graefe) 1979

Speer, Albert, *Erinnerungen*, Berlin (Propyläen) 1969

Spencer, Colin, *The Heretic's Feast. A History of Vegetarianism*, London (Fourth Estate) 1990

Spiegel, Marjorie, *The Dreaded Comparison. Human and Animal Slavery*, revised edition, New York (Mirror Books) 1996

Stampp, Kenneth M., *The Peculiar Institution. Slavery in the Ante-Bellum South*, New York (Knopf) 1956

Stannard, David, *American Holocaust. The Conquest of the New World*, New York (Oxford University Press) 1992

Staub, Ervin, *The Roots of Evil. The Origins of Genocide and Other Group Violence*, Cambridge (Cambridge University Press) 1989

Stoltzfus, Nathan, *Widerstand des Herzens. Der Aufstand der Berliner Frauen in der Rosenstraße*. Aus dem Amerikanischen von Michael Müller. München (Hanser) 1999

Straus, Dorothea, *Under the Canopy. The Story of a Friendship with Isaac Bashevis Singer That Chronicles a Reawakening of Jewish Identity*, New York (George Braziller) 1982

Stull, Donald D., Michael J. Broadway, and David Griffith (Hg.), *Any Way You Cut It. Meat-Processing and Small-Town America*, Lawrence (University Press of Kansas) 1995

Sward, Keith, *The Legend of Henry Ford*, New York (Rinehart) 1948

Swierenga, Robert P., *Faith and Family. Dutch Immigration and Settlement in the United States, 1820–1920*, New York (Holmes and Meier) 2000

Telushkin, Dvorah, *Master of Dreams. A Memoir of Isaac Bashevis Singer*, New York (Morrow) 1997

Thomas, Keith, *Man and the Natural World. A History of the Modern Sensibility*, New York (Pantheon Books) 1983

Tillyard, E. M. W., *The Elizabethan World Picture*, New York (Random House) 1959

Todorov, Tzvetan, *Die Eroberung Amerikas. Das Problem des Anderen*. Aus dem Französischen von Wilfried Böhringer. Frankfurt/Main (Suhrkamp) 1985

Toland, John, *Adolf Hitler*. Aus dem Amerikanischen von Uwe Bahnsen. Bergisch-Gladbach (Bastei-Lübbe) 1977

ders., *Adolf Hitler*, Garden City, NY, (Doubleday) 1976

Toynbee, J. M. C., *Tierwelt der Antike*. Übersetzt von Maria R.-Alföldi und Detlef Misslbeck. Mainz am Rhein (von Zabern) 1983

Ucko, Peter J. and G. W. Dimbleby (Hg.), *The Domestication and Exploitation of Plants and Animals*, Chicago (Aldine Publishing Company) 1969

Wagener, Otto, *Hitler aus nächster Nähe. Aufzeichnungen eines Vertrauten 1929–1932*, Frankfurt/Main (Ullstein) 1978

Waite, Robert G. L., *The Psychopathic God Adolf Hitler*, New York (Basic Books) 1977

Weiss, John, *Der lange Weg zum Holocaust. Die Geschichte der Judenfeindschaft in Deutschland und Österreich*. Aus dem Amerikanischen von Helmut Dierlamm und Norbert Juraschitz. Hamburg (Hoffmann und Campe) 1996

Wiesel, Elie, *Gesang der Toten. Erinnerungen und Zeugnis. Mit den Nobelpreisreden von Oslo*. Freiburg (Herder) 1987

Wilbur, George W. and Warner Muensterberger (Hg.), *Psychoanalysis and Culture. Essays in Honor of Géza Róheim*, New York (International Universities Press) 1951

Wirth, Andrzej (Hg.), »*Es gibt keinen jüdischen Wohnbezirk in Warschau mehr*«. *Der Stroop-Bericht*, Neuwied, Berlin u. a. (Luchterhand) 1960

Wise, Steven M., *Rattling the Cage. Toward Legal Rights for Animals*, Cambridge, MA, (Perseus Books) 2000

Wistrich, Robert, *Wer war wer im Dritten Reich: ein biographisches Lexikon; Anhänger, Mitläufer, Gegner aus Politik, Wirtschaft, Militär, Kunst und Wissenschaft*. Aus dem Englischen von Joachim Rehork. Überarbeitet und erweitert von Hermann Weiss. Frankfurt/Main (Fischer) 1983

Wolfson, David J., *Beyond the Law. Agribusiness and the Systemic Abuse of Animals Raised for Food or Food Production*, New York (Archimedian Press) 1996

Wynne-Tyson, Jon (Hg.), *The Extended Circle. A Commonplace Book of Animal Rights*, New York (Paragon House) 1989

Zeuner, Frederick E., *Geschichte der Haustiere*. Aus dem Englischen von Renate Ross-Rahte. München, Basel, Wien (Bayerischer Landwirtschaftsverlag) 1967

Register

Abel, Wolfgang 121
Aberdeen Saturday Pioneer 51
Adams, Charles Francis, Jr. 50
Addams, Jane 98
Adorno, Theodor W. 69, 71, 154
Aktion Kirche und Tiere 236
Aktion Reinhard 100
Aleichem, Scholem 184
Allah 65
Altes Testament 189
Ambrosius 33
American Anti-Vivisection Society (AAVS) 174
American Association of Agricultural Colleges and Experiment Stations (AAACES) 102
American Breeders' Association (ABA) 102 f.
American Eugenics Society (AES) 114, 120
American Humane Association (AHA) 160
American Jewish Committee (AJC) 98
American Journal of Anatomy 46
American Meat Institute (AMI) 160
American Medical Association (AMA) 117
American Medicine 46
American Museum of National History (New York) 120, 182

Amnesty International (AI) 228
Animal Defense League (ADL) 179
Animal Legal Defense Fund (ALDF) 170
Animal Liberation Front (ALF) 11, 170
Animal Rights Foundation (ARF) 229
Animals' Angels 237 f., 240
Anonymous for Animals Rights 238
Anti-Defamation League (ADL) 97, 99
Antonius von Padua 33
Appel, Lisa 226 ff.
The Appeal to Reason 78
Aquin, Thomas von 32 f., 35
Arche 2000 Welt-Tierhilfe 234
Archiv für Rassen- und Gesellschaftsbiologie 114, 116
Aristoteles 30 f., 33 f., 43
Armour, Philip 94
Armour and Company 76 f., 92
Asmodäus 202
Augustinus 32
Auschwitz 17, 64, 66 f., 92, 100, 125 f., 135, 147 f., 150, 156 f., 159, 165, 167 f., 171, 178, 224, 229 ff., 239 f.
Auschwitz-Lüge 234
Avon 182

Bach-Zelewski, von dem 158 f.
Bacon, Francis 36
Bankier, David 9
Bar-On, Dan 146, 229 ff.
Barnes, A. A. 54
Barrett, James 79, 94
Barth, Karl 30
Basilius 33
Bauer, Yehuda 9
Baum, L. Frank 51
Bauston, Gene 92
Bean, Robert Bennett 46
Beeckman, Daniel 42
Beef Inspection Act 84
Beethoven, Ludwig van 151
Belzec (Vernichtungslager, Polen) 100, 129 f., 134, 137, 159, 239
Bentham, Jeremy 23
Berenbaum, Michael 62, 126
Berger, Dan 179
Berkowitz, Marc 167
Berliner Tageblatt 110
Bernburg (Vergasungsanstalt) 128 ff.
Bibel 28 f., 32 f.
Binding, Karl 110, 128
Bingley, William 37
Birkenau (Außenlager von Auschwitz) 126, 135, 170
Blanke, Christa 236 f., 239–242
Blendung 21, 25
Bloomingdale's 229
Bolschewismus 63
Bonaventura 33
Bormann, Martin 124, 150
Bouhler, Philip 126
Brack, Victor 130
Brackenridge, Hugh 49
Brailoff (Ukraine) 150
Brandeis, Louis 97
Brandenburg (Vergasungsanstalt) 128 ff.
Brandmarkung 26 f.
Brandt, Karl 126, 128, 158
Brasol, Boris 95

Braun, Eva 153
Breitman, Richard 124 f.
Broad, Perry 147
Broca, Paul 44
Brown, George 228
Bruckner, Bruno 130
Buchenwald (KZ) 11, 170
Burbank, Luther 102
Burgin, Richard 218
Burleigh, Michael 126

Cadogan, Sir Alexander 57
California Christian Advocate 52
Cameron, William J. 95
Camus, Albert 10
Canned-Hunting-Methode 224
Cantor, Aviva 23, 183 f.
Cantor, David 172
Cartmill, Matt 32
Cassius Dio 32
Center for Compassionate Living 175
Chaffee, Adna 53
Chanca, Diego 47
Chelmno (Vernichtungslager, Polen) 64, 100, 147, 180
Chicago, Judy 65 ff.
Chicago → Union Stock Yards
Chicago Tribune 96
Chrysostomus, Johannes 60
Churchill, Winston 56
Cicero 31 f.
Cincinnati (Schlachthäuser) 74 f., 108
Cobb, John 33
Coe, Sue 86–90, 141
Coetzee, J. M. 69, 93
Cohn-Sherbok, Dan 29
Committee to Abolish Sport Hunting (CASH) 166, 225 f.
Concern for Helping Animals in Israel (CHAI) 183
Cope, Edward D. 44
Cortez, Hernando 72
Cuneo, Miguel 47

Custer, George 53
Cuvier, Georges 43 f.

Dachau (KZ) 11, 153, 170, 177, 194, 231 f.
Dallas Crown Packing Inc. 141
Dante Alighieri 90, 156
Darré, Richard Walther 123 ff.
Darrow, Clarence 98
Darwin, Charles 38, 101
Davenport, Charles B. 103–106, 111, 123
Davis, Karen 141
Dearborn Independent 94
Degler, Carl 108
DeJarnette, Joseph S. 117
Des Pres, Terrence 64
Descartes, René 36 f.
Detroit News 97
Deutsche Statistische Gesellschaft 112
Devine, Tom 135
Diamond, Jared 15 ff.
Dobroszycki, Lucjan 9
Doubleday, Page and Company 78
Dower, John 52, 55, 57
Draize-Test 182
Drinnon, Richard 48
Drittes Reich 69, 90
Druyan, Ann 14, 38
Dubois, Werner 130
Dugdales, Richard L. 107, 116
Duxbury, Robin 176 f.

Earle, Timothy 15
Ehrenreich, Barbara 16
Einstein, Albert 84
Eisnitz, Gail 91, 170
Eitinger, Leo 165
Ellinger, T. U. H. 121
Equalitarian Haggadah 183
Erbkrank 118 f.
Erster Weltkrieg 96, 110 f., 151, 183

Esterwegen (KZ) 177
Eugenic News 115, 117, 119
Eugenic Record Office (ERO) 103, 106, 118
Eugenics Research Association (ERA) 118
Eugenik 71, 101 ff., 107 ff., 112, 114, 118, 123–126
– amerikanische Eugenikbewegung 103–107, 109, 111, 114, 116 f., 120
– deutsche Eugenikbewegung 110 f., 117
Euthanasia Society of the United States 120
Euthanasie 101, 121, 127, 129, 133, 180, 239

Farm Animal Reform Movement (FARM) 169 f.
Farm Sanctuary 92
Fisher, Elizabeth 23
Fließband 71, 76, 80, 84, 89, 91–94, 100 f., 135
Flossenbürg (KZ) 177
Flower, B. O. 45
Ford, Henry 92, 94–101
Ford, Henry II. 100
Ford Motor Company 100
Ford Werke AG 100
Fortescue, Sir John 34
Frank, Leo 94
Franz, Kurt 131, 148 f.
Franz von Assisi 33
Frenzel, Karl 131
Freud, Sigmund 13 f., 22, 41
Friedlander, Henry 129, 134
Fritsch, Theodor 95 f., 98 f.
Frobisher, Martin 48
Frost, Robert 98

Galton, Francis 101
Gandhi, Mahatma 154
Gaskammer 129 f., 134 f., 137, 146, 148, 159, 167, 220, 230

Register 299

Genesis 28 f.
Geronimo (Häuptling) 53
Gestapo 147, 150, 153, 178, 231, 239
Giehl, Dudley 219
Gleockler, Emily 161
Glücks, Richard 159
Goddard, Henry H. 107, 116
Goebbels, Joseph 63, 153
Göbel, Ernst 144
Goldfarb, Abraham 148
Goldhagen, Daniel Jonah 64
Goldsmith, Oliver 37
Gosney, Eugene S. 115
Gould, Stephen Jay 105
Government Accountability Project (GAP) 135
Grafeneck (Vergasungsanstalt) 129 ff.
Grandin, Temple 138
Grant, Medison 105, 114
Great American Meatout 170, 179
Gregorius von Nyssa 61
Groß, Walter 119
Günther, Hans F. K. 116
Gütt, Arthur 113
Gutman, Yisrael 126

Ha'aretz 238
Hadamar (Vergasungsanstalt) 128–131
Haeckel, Ernst 39
Häfele, Alois 64
Häfner (Obersturmführer) 146
Hailer, Fritz 99
Hall, Granville Stanley 51
Hallie, Philip P. 45
Halsey (Admiral) 57
Hamin, Abd-al Latif 65
Hammer-Verlag 96
Harriman, Edward Henry, Mrs. 103
Hartheim (Vergasungsanstalt) 128 ff.
Haugwitz, Dietrich von 221–224

Hays, Willet M. 102 f.
Heeresgruppe Süd 145
Hefelmann, Hans 130
Hegel, Georg Wilhelm Friedrich 61
Hendrickx, Marie 33
Herbert, Sir Thomas 42
Hershaft, Alex 169 f.
Hessischer Tierschutzpreis 237
Hilberg, Raul 144, 161
Himmler, Heinrich 63, 100, 122–125, 147, 158 f.
Hiroshima 55
Hitler, Adolf 52, 62, 64, 95–100, 112 ff., 118, 122, 124, 126 f., 151–154, 158, 176, 194, 202, 220, 225 ff., 238, 243
Hitler-Stalin-Pakt 225
Hoche, Alfred 110 f.
Hoechst AG 234, 236
Höss, Rudolf 123, 125, 148
Holmes, Oliver Wendell 50, 109
Holocaust 9 f., 14, 23, 46, 65 f., 71, 90 f., 123, 144, 161, 163, 165 ff., 171–176, 178 ff., 183–187, 203, 206, 215, 219, 221, 225, 227 f., 234–237, 240, 242
Holocaust Memorial Museum (Washington) 172
Homo sapiens 14 f.
Horkheimer, Max 154
Horn, Otto 130
Howells, William Dean 50
Human Betterment Foundation (HBF) 115
Humane Farming Association (HFA) 91
Humane Information Services 161
Humane Slaughter Act 160 f.
Huschke, E. 44

In Defense of Animals (IDA) 173
Independent 95, 97 f.
Indiana State Reformatory 108

Ingold, Tim 22
International Institute for Humane Education 175
International Society for Yad Vashem 9
Der internationale Jude 95–98
Iowa Beef Packers (IBP) 136

Jacob, Fritz 63
Jacoby, Karl 23
Jagd 22, 30 ff., 38 ff., 53 f., 60, 150, 167, 192 ff., 217, 219, 223 f., 226
Jaworzno (Außenlager von Auschwitz) 149
Jennings, Francis 49
Jesaja 30
Jesus 193
Jewish Chronicle 183
Jewish Telegraphic Agency 183
Jewish Vegetarian Society 185
Johnson, Allen 15
Johnson, Robert 48
Jom Kippur 208
Journal of American Psychiatric Association 128
Journal of Heredity 121
Judentum 29 f.
Jührs, Robert 159

Kabbala 198
Kafka, Franz 10
Kaindl, Anton 159
Kaiser Wilhelm-Institut für Anthropologie, menschliche Erblehre und Eugenik 111 f., 121
Kaiser Wilhelm-Institut für Genealogie 112
Kaiser Wilhelm-Institut für Psychiatrie 111
Kalev, Susan 168 f.
Kannenberg, Willy 154
Kaplan, Albert 184, 186
Kaplan, Helmut F. 163, 234 f.

Kaplan, Lucy 170 f.
Kaplan, Marion 239
Kapleau, Philip 28
Kapp, Karl 99
Kapparot 208
Kastration 17 ff., 21, 24 ff., 101, 108
Kelemen, Anne 167
Kennedy, Foster 120
Kershaw, Ian 62, 152
Klemperer, Eva 150
Klemperer, Victor 149
Klug, Brian 160
Koch, Erich 227
Koch, Robert 62
Kolumbus, Christoph 47, 72
Konzentrationslager 53, 64, 130, 143, 153, 159, 165 ff., 171, 177, 180, 182, 185, 207, 220, 231 f., 234, 237, 239
Kremer, Johannes Paul 156 f.
Kressel, Neil 42, 134
Kretschmer, Karl 155 f.
Kristallnacht 181
Ku Klux Klan 94
Kues, Nikolaus von 35
Kundera, Milan 11, 29
Kuper, Leo 40
Kupfer-Koberwitz, Edgar 153, 231 ff.
– *Dachauer Tagebücher* 232
– *Die Tierbrüder* 232 f.

L'Osservatore Romano 33
Lagarde, Paul de 61
Lancaster, C. S. 15
Landau, Felix 150
Landesanstalt Brandenburg-Görden 127
Lang, Jochen von 124
Las Casas, Bartolomé de 47
Latto, Gordon 143
Laughlin, Harry H. 105 f., 114 f., 118–121, 123
Lawton, Henry 53

Leakey, Richard 14
Leatherneck 58
Lee, Ron 11
Leibniz, Gottfried 36
Lenz, Fritz 111, 115
Leonardo da Vinci 160
Lewin, Roger 14
Lewis, C. S. 33
Lewis, David 95
Liebold, Ernest 95, 97
Lifton, Robert Jay 230
Lilith 183
Linnaeus, Carolus 36
Linzey, Andrew 29, 33
Livestock Conservation Institute 161
Livingston, Sigmund 99
Locke, John 36
Lodz (Ghetto, Polen) 9, 63, 180
Long, Alan 142 f.
Long, Edward 43
Lorent, Friedrich 130
Lucas, Dione 152
Luther, Martin 61
Lyell, Sir Charles 43

MacArthur, Arthur 53
Macfarlane, John 160 f.
Magda V. 64
Majdanek (KZ, Polen) 239
Mandela, Nelson 228
Marcosson, Isaac 78 f.
Marcus, Erik 177 f.
Marshall, John 49
Marshall, Louis 98
Martyrdom and Resistance 9
Mason, Jim 23, 45
Massachusetts Society for the Prevention of Cruelty to Animals 160 f.
Matienzo, Juan de 48
McHarg, Ian 28
Mecklin, John 60
Mendel, Gregor Johann 102
Mengele, Josef 64, 167

Mentz, Willi 130 f.
Meritt, Wesley 53
Miete, August 131
Mills, Elisha 74
Minnesota Experiment Station 102
Mohammed 65
Montaigne, Michel de 13 f.
Morris, Desmond 18
Morris, Philip 77
Morton, Samuel George 45
Mose (Bücher) 28 ff., 183, 189
Mosiek-Urbahn, Marlies 238
Muffett, Thomas 72
Muller, Anne 165 ff.
Muller, Peter 225 f.
Mussolini, Benito 99

Nachtsheim, Hans 121
Nagasaki (Japan) 55
Nanking (China) 58 f.
National Packing Company 77
National Veal Ban Campaign 170
Nationalsozialismus 63, 221, 234
Nazis 46, 64, 66 f., 71, 93, 100, 109, 111–122, 124 f., 128 ff., 133 f., 144, 146, 168, 170–173, 175, 178, 181 f., 187 f., 200, 204, 206, 208, 211, 221 f., 225, 227, 229, 231, 234 f., 238 ff.
Nebe, Arthur 158 f.
New York (Schlachthäuser) 73
New York Herald Tribune 58
New York Review of Books 181
New York Times 139, 220
New York Times Book Review 220
The New Yorker 57
Newsweek 217
North American Newspaper Alliance 121
North Carolina Network for Animals 223 f.
Nott, Josiah Clark 49
NSDAP 96, 113, 123, 125 f., 130

Nürnberger Ärzteprozess 127
Nürnberger Kriegsverbrecherprozess 96

O'Brien, Mary 24
Ono (Leutnant) 59
Opfer der Vergangenheit 118
Osborn, Henry Fairfield 120
Ostindiengesellschaft 42
Otis, Ewell 53
Ovington, John 42

Pagden, Anthony 31, 35
Parkman, Francis 49
Passah 195, 208
Pasteur, Louis 62
Patriarchat 23 f., 31, 183
Payne, Robert 153
Pearl Harbor 55, 99
Pentateuch 209
People for the Ethical Treatment of Animals (PETA) 171, 229
Pfannenstiel, Wilhelm 159
Philadelphia Ledger 55
Platon 34
Ploetz, Alfred 110
Plutarch 32
Pohl (Obergruppenführer) 156
Pompeius 32
Popenoe, Paul 115
Proctor, Robert 112
Project Equus 177
Protokolle der Weisen von Zion 95–98
Psychology Today 181
Punch 57
Purchas, Samuel 48
Pure Food and Drug Act 84
Pyle, Ernie 55

Rapp, Albert 144
Rassenhygiene 110, 112, 115 f., 122
Rassenpolitische Auslandskorrespondenz 118
Rassenpolitisches Amt der NSDAP 118 f.
Rassentheorie 41, 43 ff., 116
Ravensbrück (KZ) 64
Reader's Digest 57 f.
Reagan, Ronald 91
Redlich, Fritz 123
Reed, Danny 86 ff.
Reed, Martha 86 f.
Regan, Tom 223
Reichsministerium des Inneren 113
Remington Arms 160
Responsa 30
Revlon Corp. 182
Rifkin, Jeremy 76, 93 f.
Ritchie, Carson I. A. 77
Rockefeller Foundation 111
Roosevelt, Franklin D. 56, 83
Rosenberg, Itzik 184
Roth, John 62, 129

SA 97
Sabri, Ikrama 65
Sachsenhausen (KZ) 130, 159
Sagan, Carl 14, 16, 18, 38
Sanstedt, Becky 139
Sapir, Zeev 149
Satan 202
Sax, Boria 133, 149
Schächtung 160, 196, 200, 208 f.
Schirach, Baldur von 96
Schlachthof bzw. Schlachthaus 66, 71, 73 f., 78 f., 86, 91–94, 101, 130, 134 ff., 139, 141 ff., 155, 161, 169 f., 175, 178 f., 187 f., 190, 192, 195, 200, 223 f., 227, 230 f., 235, 237, 239, 241 f.
Schneider, Carl 120 f.
Schumann, Ernst 63, 144
Schutt, Hans-Heinz 137
Schwartzschild 77
Schweitzer, Albert 165 f.
Scotland, Lisa 228
Selektion 229 f., 241

Sereny, Gitta 65, 90, 131, 157, 230
Serpell, James 37
Sexismus 11
Sharp, Harry 108
Shulchan Aruch 30
Shumsky, Vladislav 65
Silverman, Herb 21
Simmons, Steven 10
Sinclair, Clive 196
Sinclair, Upton 78, 84 ff., 89, 135
– *Der Dschungel* 78–84, 89
Singer, Isaac Bashevis 10, 171, 187–192, 194, 196 f., 203, 206, 209–215, 217–220, 234
– *Blut* 196 f.
– *Der Büßer* 203–206
– *Das Erbe* 193
– *Die Familie Moschkat* 188, 211
– *Feinde, die Geschichte einer Liebe* 206 ff., 213 f.
– *Jakob der Knecht* 193 f.
– *Kukeriku* 212
– *The Letter Writer* 200–203
– *Meschugge* 190
– *The Parrot* 212
– *Pigeons* 215 ff.
– *Rebellion und Gebet oder über den wahren Protest* 219 f.
– *Satan in Goraj* 194 ff.
– *Schatten über dem Hudson* 194, 209 ff.
– *Schoscha* 188, 212
– *Sehnsüchtig* 211 f.
– *The Slaughterer* 197–200
– *Das Visum* 189 f.
Singer, Joseph 211
Singer, Joshua 187
Singer, Peter 180 ff.
Skaggs, Jimmy 73, 75, 126
Sklaverei 10 f., 23–28, 31, 34 f., 38 f., 41, 43, 45, 48, 51, 133, 242 f.
Slim, General 56
Smith, Jacob 53
Smith, John 48

Sobibor (Vernichtungslager, Polen) 129, 131, 137, 148
Sonnenstein (Vergasungsanstalt) 128 ff.
Southwestern Christian Advocate 45
Spira, Henry 165, 180 ff.
Srebnik, Simon 147
SS 64, 121, 123 ff., 128, 130 f., 137, 144–147, 149 f., 155–159, 171, 230, 239
Stagno, Barbara 173 f.
Stalin, Josef 151, 192, 202, 220, 225
Stangl, Franz 65, 90, 131, 148, 157, 230
Stanley-Robinson, Ralph 40
Stannard, David 41, 46, 49 f., 60, 71
Steffens, Heinrich 226
Sterilisation → Zwangssterilisation
Stevenson, Robert Louis 141
Stierkampf 33, 223
Stimme Palästinas 65
Stoddard, Lothrop 121 f.
Stoiker 31
Straus, Dorothea 212, 214
Stull, Donald 137
Suhl, Yuri 9
Sward, Keith 95
Swift, Gustav 94
Swift and Company 76 f., 92, 138

Täubner (Untersturmführer) 63 f., 144
Taft, William Howard 98
Talmud 30, 169
Tasaki, Hanama 59
Taylor, Maxwell 60
Telushkin, Dvorah 214
Theresienstadt (KZ, Tschechische Republik) 180, 239
Thomas, Keith 22, 25, 37 f., 72
Thora 30, 199, 203

Tierschutz 84, 90, 92, 161, 165–177, 179 f., 183, 221, 223 f., 226, 229, 234 ff., 238
Tiertransporte 237 f., 240
Tierversuche 33, 38, 224, 235
Todorov, Tzvetan 48
Toland, John 52
Totemismus 22
Treblinka (Vernichtungslager, Polen) 65, 90, 100, 129 ff., 137 f., 146, 149, 157, 173, 206 f., 221
T4-Programm 126–131, 134, 158

Union Stock Yards (Chicago) 76–79, 82 f., 92 ff., 135
United Poultry Concerns 141

Vasektomie 108
Veganismus 169, 177 ff., 185, 229
Vegetarian Society of the United Kingdom 142
Vegetarismus 141, 153, 169 ff., 176 ff., 180, 185, 187, 189, 191 f., 203, 205, 208 f., 217–220, 225, 231, 235
Vietnamkrieg 54
Villalobos, Gregorio de 72
Vivisektion 11, 174, 182, 185, 192, 223 f.
Volk und Rasse 114

Wagener, Otto 113
Wagner, Cosima 62
Wagner, Gerhard 113, 126
Wagner, Richard 62, 151
Waisman, Sonia 175 f.
Ward, Robert DeC. 104
Warschau (Ghetto) 146, 149, 169
Washburn, Sherwood 15
Wehrmacht 222

Weil, Zoe 174 f.
Weiss, John 35, 61
Weißes Haus 83
Weissmandel, Michael 184
Westmoreland, William C. 60
White, Charles 43
White, Hayden 35
Whitney, Leon 114, 118
Widmann, Albert 128
Wiernik, Yankel 146
Wiesbaden (Schlachthof) 239
Wiesel, Elie 71, 163
Wildlife Commission 224
Wildlife Watch 166
Wilhelm II. 61
Wilson, Edward O. 15
Wilson, James 102
Wirths, Eduard 150, 157
Wirtschaftswunder 222
Wistrich, Robert 9
Wöger, Jacob 130
Wolfson, Yossi 238
World Farm Animals Day 170
Wounded Knee (Massaker, South Dakota) 51

Yad Vashem 9, 175
Yad Vashem Institute for Holocaust Education 9
Yank 56
YIVO Institute for Jewish Research 9

Zahn, Friedrich 112
Zbonshin (KZ, Polen) 194
ZDF 236
Zeitschrift für Rassenkunde 116
Zwangssterilisation 101 f., 104, 108 ff., 112–119, 122, 127, 133
Zweiter Weltkrieg 54, 63, 99, 121, 209, 225, 234

Über den Autor

Charles Patterson graduierte 1970 am Amherst College der Columbia University und ging 1983 ans Yad Vashem Institut in Jerusalem. Er lehrt Geschichte, ist als Psychotherapeut tätig und schreibt seit 17 Jahren Rezensionen für *Martyrdom and Resistance*, eine von der International Society in Yad Vashem herausgegebene Zeitschrift. Sein erstes Buch, *Anti-Semitism. The Road to the Holocaust and Beyond* (1982) gilt als Lehrbuch des Holocaust an amerikanischen Universitäten. Seine Biographie über die schwarze Sängerin Marian Anderson (1897–1993) wurde 1989 mit dem Carter G. Woodson Book Award ausgezeichnet. Es folgten *The Oxford 50th Anniversary Book of the United Nations* (1995), *The Civil Rights Movement* (1995), mehr als 140 Beiträge in *The Encyclopedia of the Middle Ages* (1999) und das in Zusammenarbeit mit dem polnischen Pianisten Marian Filar entstandene Buch *From Buchenwald to Carnegie Hall* (2002). Der Autor lebt in New York.